Coleção
FILOSOFIA
ATUAL

Impresso no Brasil, agosto de 2013

Título original: *Philosophers of Consciousness: Polanyi, Lonergan, Voegelin, Ricoeur, Girard, Kierkegaard*
Copyright © 1988 University of Washington Press
Todos os direitos reservados.

Os direitos desta edição pertencem a
É Realizações Editora, Livraria e Distribuidora Ltda.
Caixa Postal: 45321 · 04010 970 · São Paulo SP
Telefax: (5511) 5572 5363
e@erealizacoes.com.br · www.erealizacoes.com.br

Editor
Edson Manoel de Oliveira Filho
Gerente editorial
Sonnini Ruiz
Produção editorial
Liliana Cruz
Preparação de texto
Nelson Barbosa
Revisão
Célia Maria Cassis
Capa, projeto gráfico e diagramação
Mauricio Nisi Gonçalves e André Cavalcante Gimenez / Estúdio É
Pré-impressão e impressão
Geográfica Editora

Reservados todos os direitos desta obra.
Proibida toda e qualquer reprodução desta edição
por qualquer meio ou forma, seja ela eletrônica ou mecânica,
fotocópia, gravação ou qualquer outro meio de reprodução,
sem permissão expressa do editor.

Coleção
FILOSOFIA ATUAL

FILÓSOFOS DA CONSCIÊNCIA

POLANYI, LONERGAN, VOEGELIN, RICOEUR, GIRARD, KIERKEGAARD

EUGENE WEBB

APRESENTAÇÃO À EDIÇÃO BRASILEIRA
MENDO CASTRO HENRIQUES

TRADUÇÃO
HUGO LANGONE

Realizações
Editora

Sumário

Apresentação à edição brasileira
por Mendo Castro Henriques 9

Prefácio 33

Introdução 35

1. Michael Polanyi:
consciência como atenção focal e subsidiária 61

2. Bernard Lonergan:
consciência como experiência e operação 95

3. Eric Voegelin:
consciência como experiência e simbolização 141

4. Paul Ricoeur:
consciência como campo hermenêutico 197

5. René Girard:
consciência e a dinâmica do desejo 255

6. Søren Kierkegaard:
consciência como subjetividade encarnada 307

7. Diferenciação e integração da
consciência no indivíduo e na história 375

Bibliografia 417

Índice remissivo 433

Para minha filha Christina, um livro só para si.

Apresentação à Edição Brasileira

por Mendo Castro Henriques[1]

1. O Despertar da Consciência

Conheci Eugene Webb em 1991, em Washington, D.C., em uma das conferências organizadas pela Eric Voegelin Society, dirigida pelo professor Ellis Sandoz. Sua figura alta, magra e austera como que anunciava o empenhamento na fronteira entre estudos filosóficos e religiosos sobre os quais publicou livros como *Eric Voegelin: Filósofo da História* (1981) e *A Pomba Escura: o Sagrado e o Secular na Literatura Moderna* (1975). A par disso, através de Glenn Hughes, conheci seu interesse pelo teatro, sendo autor de duas obras sobre Samuel Beckett. Contudo, o que desde logo me fascinou foi este livro agora traduzido, *Filósofos da Consciência*, pelo panorama exigente e abrangente de autores como Polanyi, Lonergan, Girard, Voegelin, Kierkegaard e Ricoeur.

A análise dos atos de consciência foi sempre um desiderato dos filósofos, a começar pelo grande mestre Aristóteles. No início do século XX, o pensador alemão Edmund Husserl praticou-a

---

[1] Mendo Castro Henriques nasceu em Lisboa, em 1953. É licenciado, mestre e doutor em Filosofia, tendo feito estágios de pré-doutorado na Universidade de Munique e na Universidade Stanford. É professor da Universidade Católica Portuguesa. Estudioso de dois dos maiores filósofos do século XX – Eric Voegelin e Bernard Lonergan –, tem-se dedicado a traduções, pesquisa e divulgação desses pensadores.

de modo notável com influência sobre pensadores como Martin Heidegger, Max Scheler e Jean-Paul Sartre, entre outros. Outra linhagem resulta de Platão e foi desenvolvida no século XX por autores que articulam a consciência em diálogo, tais como Franz Rosenzweig, Mikhail Bakhtin, Gabriel Marcel, Emmanuel Levinas e, sobretudo, Martin Buber. E em toda a história da filosofia encontramos essa tensão entre analistas da consciência como conhecimento e como reconhecimento, desde que Sócrates lhe deu expressão mediante o aforismo *gnothi se authon*, que podemos traduzir como "Reconhece-te!".

Cada um de nós sabe o que são os momentos de consciência, momentos em que procuramos o que devemos fazer nas encruzilhadas da vida, o que devemos dizer a alguém, para cumprir um propósito, um desejo ou um pedido, etc., mesmo que a sorte não nos sorria nessa demanda. Um momento de consciência surge quando um evento, uma pessoa ou mesmo uma coisa inanimada – um ser, como dizem os filósofos – nos desperta do cotidiano corrente e nos faz contrastar possibilidades. É como se ficássemos entre dois mundos, em que ainda não conseguimos antecipar o definitivo, mas já não estamos presos ao provisório.

O que encontramos nesses momentos vai e vem, ganha forma e depois se dispersa. Mas através desse processo vou ganhando consciência do que me acontece, da minha participação no ser, dizem os filósofos. A consciência aproxima-se do ponto de ruptura, do ponto em que quebra os laços que a ligam às coisas, preparando-se para uma resolução, um pedido, uma descoberta, um conflito. Parece sozinha, mas está em comunicação com tudo. Parece isolada, mas manifesta uma fortíssima presença do outro. Experimenta-se como eu, mas é porque chama tu aos outros e às coisas. Enfrenta-se a si mesma, mas afinal está ligada aos outros, não só às coisas que tem a conhecer como às pessoas que reconhece serem importantes, e talvez mesmo decisivas na sua existência. Manifesta o eu com tanta plenitude como o outro.

A consciência surge, manifesta-se, acompanha-nos, evidencia-se, revela-se quando criamos espaço e disponibilidade reflexiva, quando não sufocamos os dias com a correria das horas, repletas de afazeres cotidianos, com a aflição de cumprir um qualquer compromisso inadiável. Não é por acaso que se diz que a filosofia nasceu do ócio, do tempo livre, da não urgência de fazer coisas após coisas. A complexidade escapa dos olhares apressados. Há sempre mais realidade para além daquilo que nossos olhos veem e para além daquilo que nossa razão compreende. A consciência não tem pressa em resolver os enigmas. Precisa de tempo, tempo longo de maturação, tempo de gestação, tempo de hibernação, tempo de amadurecimento, tal como nas sementeiras é preciso saber esperar pela época das colheitas. A consciência exige uma atividade morosa, trata-se de um mergulho em profundidade, no qual não estamos navegando na superfície das águas. O mergulho em águas profundas exige preparação; a descida deve ser lenta porque a pressão aumenta.

A consciência exige disponibilidade. Os negócios nascem da negação do ócio e da premência de pôr a circular bens e serviços, num movimento que se designou de comércio, e no qual ocorrem as trocas. O filósofo, em vez de negar o ócio, aproveitou esse tempo e transformou-o em disponibilidade interior de interrogar, de querer reconstituir o nosso encontro originário com o ser. Como é doce e maravilhosa a inutilidade da consciência, porque só ela serve para voar mais alto e pensar melhor. Ócio, tempo de lazer, sem pressa, é chão fértil para quem souber aproveitar. A sociedade vive sempre em alta velocidade, a consciência não. Não pode haver correria, senão o pensamento tropeça e a pressa é inimiga da consciência, tal como é da perfeição.

A consciência não se desfruta como um romance ou um filme. Não somos espectadores. Não somos consumidores. Não somos assistentes. Não somos público. Temos pela frente um caminho virgem por desbravar. Não há instruções nem rosa dos ventos. Não há guia turístico ou mapa desenhado como nas grandes capitais. O percurso não está definido, não há um menu de escolhas. Avançamos ou recuamos mediante a nossa capacidade de caminhar. Quando a altitude é grande, o esforço de subir ou de descer implica um ajustamento fisiológico à variação de oxigênio, tornando necessário efetuar paragens. Nenhuma atividade arriscada se faz em correria, todas as escaladas têm etapas e pontos de parada. Exigem esforço e preparação. É preciso preparar a bagagem. Trata-se de descobrir o que é conhecer e ser reconhecido.

À medida que a consciência se afirma, transforma-se; como que ganha substância e passa a funcionar na dimensão de sujeito que experimenta, manipula e aprecia objetos. Passa a tratar o que é "por si", dominando-o, através do conhecimento. Afirma-se como um eu, e destaca-se perante as coisas que começou por encontrar. Passa a examinar informações, como quem usa um microscópio para um exame minucioso, ou um telescópio para ter uma visão de conjunto da paisagem. Os objetos surgem isolados ou em conjunto e a consciência dá-lhes nomes, substantiva-os para falar deles, para nomeá-los e classificá-los. São os atos de conhecimento que levarão a consciência do encontro empírico e da compreensão inteletual à identificação mediante juízos racionais, à apreciação que dá notas e valores, à adesão entusiástica.

Após a consciência passar pela relação originária com as coisas é que as experimenta como objetos, como agregados de qualidades que permanecem na memória após o encontro inicial. A partir da memória da relação, conforme o tipo de pessoa que se é, a consciência complementa a substância das coisas que se revelou. Só então a consciência coloca as coisas em um lugar no espaço, um momento no tempo, liga-as por causas e atribui a cada coisa uma medida, uma condicionalidade.

Surge, então, a outra palavra fundamental da consciência, o reconhecimento. Conhecem-se objetos, mas reconhecem-se sujeitos. Queremos conhecer o ser mas o ser quer ser reconhecido. Os seres com quem entramos em relação podem ser mais do que simples objetos, coisas resultantes da percepção individual. Podem ser "em si", como dizem os filósofos, trazendo pronomes para a linguagem com que falamos das coisas. Estavam despercebidos, mas esperavam entrar em relação. E então as coisas manifestam-se no espaço, mas com uma exclusividade, a que tudo o mais serve de fundo de onde emergem, sem limites nem medida. Manifestam-se no tempo, mas num processo que não faz parte de uma sequência organizada mas com uma "duração" muito intensa. Manifestam-se, simultaneamente, como agente e agido, fora de uma cadeia de causas, e em reciprocidade com nosso eu, o início e o fim do evento. Para assim falar das coisas precisamos de pronomes, e assim passamos a tratá-las por *tu*.

Essa é uma parcela da verdade básica do mundo – somente o mundo pode ser conhecido. Só quando as coisas deixam de ser nosso tu e se tornam nosso eu ficam sujeitas a coordenações e classificações. Quanto ao tu, não tem coordenadas. Mas, tendo chegado aqui, devemos também dizer que um mundo ordenado e classificado não é toda a ordem e classificação do mundo. Há momentos de consciência em que o mundo é por nós reconhecido. É como se escutássemos de repente a música, cuja partitura não nos é acessível e de que até então só tínhamos escutado notas soltas. São momentos únicos e, num certo sentido, imortais. São terrivelmente evanescentes. Não deixam um conteúdo que possa ser plenamente conhecido. Mas sua força penetra nosso conhecimento e ação, e a irradiação da sua força penetra no mundo. Assim nascem nossas descobertas, nossas decisões, nossas revoltas, nossos amores, nossas lutas e reconciliações. À sua maneira, são uma festa, a festa da consciência. E por isso quando atingimos esses estados em que sentimos repercutir todo o universo povoado de seres, pessoas e coisas, podemos consagradamente repetir: "Olá, consciência!".

2. As Manifestações da Consciência

Antes de avançarmos, temos de deixar claro que a consciência de que falam os filósofos não se confunde com o *eu* da psicologia, nem com o *ego* da psicanálise, nem com o epifenômeno estudado pela neurofisiologia. São abordagens muito diferentes e temos de afastar alguns mal-entendidos.

O termo *inconsciente* foi criado pelo filósofo Eduard von Hartmann, discípulo de Schopenhauer. Mas foi sobretudo Sigmund Freud (1856-1939) que lhe atribuiu um alcance psicanalítico, afirmando que a consciência não é mais que a ponta de um *iceberg* em que a massa é o inconsciente. O mundo dos sonhos e dos atos falhos é usado pela psicanálise para provar a tensão entre consciente e inconsciente. Freud utiliza os termos *Id*, *Eu* e *Supereu* para indicar o subconsciente, a consciência e o supraconsciente que, em conjunto, formam o psiquismo. E, neste, a consciência seria apenas a antecâmara de uma vasta e imensa sala, o inconsciente, com baús repletos de desejos, recalcamentos, frustrações e outros conteúdos latentes. O estudo desses conteúdos forneceria as chaves para a compreensão das patologias e perturbações comportamentais.

No século XIX, a psicologia procurou investigar a consciência usando o método de introspecção, ou seja, observar a própria mente e relatar o que se observa. Essa visão da consciência como uma faculdade mental caiu em descrédito no início do século XX, mas foi reabilitada em algum grau sendo combinada com técnicas para o exame da atividade cerebral, de modo a investigar se são válidas as verbalizações de nossos pensamentos durante a execução de tarefas.

As neurociências contemporâneas consideram a consciência um produto do desenvolvimento biológico e um espelho da complexidade cerebral. Estar em vigília e ter uma identidade são processos cerebrais diferenciados, em que o grau de emoção é um marcador da importância relativa de cada um deles. Em seu *Livro da Consciência*, António Damásio sugere que a consciência se forma a partir de um "protoeu", seguido de um "eu nuclear" e coroado por um "eu autobiográfico". Essas três entidades, fruto de uma evolução neurofisiológica complexa, não se excluem, mas antes se sobrepõem na rede neuronal. A consciência cria uma espécie de filme multimídia, sempre em constante atualização, cujo público somos nós próprios. Ou seja, criamos mapas cerebrais cujas imagens não são observáveis por outros e, assim, somos os únicos espectadores de nossa própria consciência. Contudo, a neurofisiologia não fornece uma explicação cabal de como a consciência emerge da atividade física do cérebro, nem sabe se pode emergir de sistemas não biológicos, como os computadores.

Finalmente, a confusão entre a consciência e o "eu" também é afirmada por algumas filosofias. A consciência seria um fluxo no qual poderíamos conhecer um objeto irredutível que se chamaria "eu" ou "sujeito" e que capta o mundo exterior. Apesar de algumas correntes ainda manterem esse tipo de investigação, sucessivos filósofos do século XX deixaram claro que é uma concepção ultrapassada. O "eu" é um fenômeno secundário diante da força do ser consciente, é uma perspectiva dentre outras que se apresentam na consciência. Como afirmou o filósofo Eric Voegelin, "eu sou eu, mas não sou um eu". A introspecção apenas realça certos aspectos da consciência; não a revela nem a modifica essencialmente.

O eu não é uma substância, como queria o solipsismo cartesiano denunciado pelo filósofo Merleau-Ponty.

3. Corpo e Consciência

Muito poderemos aprender com as neurociências sobre o modo como o mundo percebido pela consciência é construído dentro do cérebro, mediante o processamento de dados sensoriais e mediante a memória, que permite situar a informação sensorial num contexto e integrar a informação de modo a gerar uma representação estável ao longo do tempo. Mas a consciência nunca será um termo exclusivamente científico. O termo será sempre usado de muitas maneiras diferentes e por vezes ambíguas porque envolve a comunicação entre os seres e os atos de conhecer e de ser reconhecido.

No livro *Matéria e Memória,* o filósofo Henri Bergson comparou a relação entre consciência e corpo à que existe entre um cabide e um casaco. Tiremos o cabide e o casaco cai no chão. Mas penduremo-lo devidamente, e a sua forma impõe-se, sem percebermos que o cabide continua por detrás. Esta imagem ajuda a entender a diferença profunda dos modos como ciências e filosofia analisam as relações entre corpo e consciência. A conclusão comum que emerge é que a consciência realiza fins de autoconservação e de reprodução através dos padrões biológicos do corpo. O neurológico e o psíquico estão articulados com a capacidade intelectual e racional. As alterações no sistema nervoso e no cérebro provocam imagens, desejos, gestos e ações. A memória, a imaginação, a emoção, o prazer e a dor suscitam processos neurológicos específicos. E esses processos neuronais que já atingem grande complexidade nos mamíferos superiores permitem ao homem os atos racionais e livres que caracterizam nosso repertório de comportamentos.

A consciência surge quando há um *eu* que dá sentido às imagens cerebrais e as torna suas, e, nessa medida, os conteúdos passam a ser sua "propriedade". A consciência tem início, no sentido neurofisiológico, quando o *eu* entra na mente e se apropria dela como criador de mapas cerebrais. Mapeamos e cartografamos a realidade de forma dinâmica e interativa. A atividade cerebral assemelha-se à de um pintor de telões que produz pinturas dinâmicas que se cruzam e se modificam, com luz, cor, memória e emoção. A consciência transforma o *eu* num criador, alguém que pinta com uma paleta de muitas cores e cujos mistérios a ciência continua a pesquisar.

O que desde logo chama a atenção nessas abordagens é que, do ponto de vista estritamente biológico, o ser humano jamais conseguiria impor-se ao conjunto dos animais, nem explorar e dominar o mundo natural. O ser humano é um animal muito imperfeito. A vista é de pouco alcance, o olfato apenas perceptível, o ouvido fraco. Faltam-lhe armas naturais, como garras e chifres. A força é insignificante. Apesar das proezas olímpicas, pouco corre, salta e nada em comparação com outras espécies. Além disso, é nu e muito exposto ao frio e ao calor, tem um longo período de infância em que fica desprotegido, sofre de muitas mais doenças que os outros animais, etc. Do ponto de vista biológico, o ser humano não teria direito à existência. Há muito que já deveria ter perecido, como aconteceu a tantas espécies animais. E, contudo, sucedeu o contrário, e o ser humano dominou o ambiente em que vive e transformou o mundo.

4. Os Caminhos da Sensibilidade

A consciência atinge um patamar diferente ao manifestar-se como independente das finalidades do corpo. Nossos desejos não são apenas pulsões e nunca são apenas impulsos biológicos. Comemos e bebemos, separados da animalidade por convenções e instituições como o matadouro e a cozinha, a mesa e as maneiras. Vestimo-nos não só para nos resguardar, mas para nos adornar. A sexualidade torna-se um motivo de apreciação erótica ou romântica porque o corpo é mais do que uma unidade biológica. As crianças apreciam as brincadeiras e a alegria espontânea que proporcionam porque assim se libertam dos constrangimentos imediatos da vida. Proferimos frases espontâneas que revelam nosso espanto originário perante as coisas. Envolvemo-nos com admiração interessada a olhar para uma paisagem, a escutar um som. Numa palavra, nossa sensibilidade torna-nos diferentes.

É certo que, na luta pela sobrevivência, muitos dos aspectos que envolvem nossa vida – sons, vistas, movimentos, lugares, momentos, palavras – tornaram-se pouco mais do que instrumentais.

Os sons são campainhas de alarme que me fazem levantar ou sair da aula ou seguir os uivos da ambulância que transporta feridos graves. As luzes são os vermelhos ou verdes dos semáforos, instruindo-nos para parar ou avançar. Os movimentos são nossas pernas a andar, para não chegarmos atrasados ao emprego. O espaço pode ser o do elevador que tomamos para subir até ao apartamento onde vivemos ou ao escritório aonde vamos. O tempo pode ser o do relógio digital que se arrasta até o fim do dia de trabalho. A linguagem pode apenas ser as banalidades que se ouvem na televisão, o jargão dos especialistas que devo conhecer ou os comandos do telefone celular.

Contudo, nossa criatividade revolta-se contra estes desertos de sentidos e significados e procura transformar a vida cotidiana. É a criatividade estética que liberta a sensibilidade das funções vitais e a inteligência dos constrangimentos da argumentação, da tirania do senso comum, da verificação científica. Podemos cultivar o belo no que nos cerca: "O estilo é o próprio homem", como escreveu Pascal, e por aí começa a arte. O som, em vez de ruído, pode ser transformado em música, deixando o ouvido livre para desfrutá-la. A cor pode encantar através da pintura. O movimento pode ser posto em liberdade pela dança. O espaço pode tornar-se uma celebração através da escultura e da arquitetura. Cada bairro da cidade, com seus parques, praças, igrejas, mercados, lojas e cafés, é uma possibilidade de reunião. O tempo pode ser celebrado na memória de um povo, ao reviver sua história. E podemos desfrutar da linguagem através da poesia e da literatura, pois, segundo Paul Valéry, "a poesia é a linguagem a nascer, a língua a tornar-se livre". Toda arte – seja fruída, seja criada – é um modo de desinstrumentalizarmos os sentidos, libertá-los do que os rodeia, deixando-nos livres para eleger nossos horizontes.

Os criadores e os executores de arte nos libertam da redução ao imediato e da fúria do utilitarismo e nos orientam para a beleza. Quem tem arte exerce sua inteligência em descobrir novas formas que relacionam os conteúdos e os atos da experiência e descobre a alegria espontânea da livre criação nas palavras, formas, cores, sons e movimentos que organiza. O controle sobre sensações específicas – vista, som, movimento – confere ao artista uma flexibilidade que nós não temos. E por isso o pintor anda sempre de caderno na mão; o músico com um instrumento; o cineasta olha para as formas enquadrando-as num *écran*; um escritor está sempre a ensaiar mentalmente frases e estilos, etc. Os artistas são, essencialmente, criadores de formas que atribuem significação às coisas. Apresentam verdades e valores sem os definir. Maravilham-se perante as coisas sem ter de se preocupar com a sistematização da inteligência.

E como um artista consegue tudo isso? Liliana Cosi, ex-primeira bailarina no teatro La Scala, de Milão, fala da dolorosa disciplina exigida aos artistas para transformarem seu trabalho em atividade estética:

> Todos os movimentos de uma bailarina no palco são contra a natureza. Cada posição tem seu preço. O mais difícil arabesco para mim é o que mais bonito parece aos espectadores. Um dia, ao ver dançar Margot Fonteyn, perguntei-lhe: "Por que colocou sua perna nessa posição para esse movimento?" Ela respondeu-me: "Porque é o caminho mais difícil". Não havia outro motivo. E esta é a fonte da beleza de nossa arte... A dança é verdadeiramente uma arte que une a terra e o céu: une o cansaço muscular, como o de um estivador, à expressão da mais profunda vida interior.[2]

Toda a interação estética, entre minha orientação e meu horizonte de apreciação, acontece numa comunidade. O que o artista faz é inspirado ou criado para essa comunidade. E o *tu*, o público a que o artista se dirige, deve estar preparado para fazer a mesma experiência, através da obra de arte, e partilhar as experiências do artista. Conta o violinista Yehudi Menuhin como Béla Bartók exprimiu seu agradecimento após ambos terem estreado a *Primeira Sonata para Piano e Violino* no modesto apartamento de Bartók em Nova York: "Eu julgava que só era possível tocar assim muito depois de o compositor ter morrido", disse-lhe Bartók. E acrescenta Menuhin: "Foi uma experiência inesquecível saber que tinha penetrado até ao coração de um compositor através da sua música, e que ele, ainda vivo e que dera tudo, sabia-se compreendido".[3]

---

[2] Liliana Cosi, "I Am a Dancer". *New City*, vol. 6, n. 63, 1976, p. 89-90.
[3] Yehudi Menuhin, *Unfinished Journey*. Londres, Futura, 1978.

A obra de arte é modo de expressão através da beleza para chegar aos outros:

> A grande função da arte é a comunicação, uma vez que o entendimento mútuo é uma força para unir as pessoas, e o espírito de comunhão é um dos aspectos mais importantes da criatividade artística. Eu não consigo acreditar que um artista apenas trabalhe para se exprimir. A expressão só tem sentido se encontrar uma resposta. Criarmos vínculos com as outras pessoas é um processo que custa muito, e sem ganho prático: em última instância, é um ato de sacrifício. E, certamente, não valeria a pena o esforço só para ouvirmos o eco de nós mesmos.[4]

5. O Percurso Intelectual

Em sua dimensão intelectual, a consciência ordena o fluxo de experiência a fim de descobrir a realidade. A memória mobiliza situações que comprovam ou invalidam os juízos. A imaginação antecipa possibilidades que verificam ou falsificam uma resposta. E assim se acende uma luz na consciência e se esclarecem as dúvidas. Ao atingir a plenitude de suas capacidades racionais, a consciência capta as realidades de modo virtualmente incondicionado e exibe o que considera ser as coisas mesmas.

Um bom ponto de partida para analisar essa dimensão intelectual é o fenômeno da atenção. Mas não é a atenção que constitui a consciência. Pelo contrário. A consciência é que nos permite estar atentos. Somos conscientes, mesmo sem pensar. Temos consciência, mesmo distraídos. O que sucede é que a atenção realça a realidade da consciência, intensificando um só conteúdo e fixando-nos nos atos de conhecimento. Se nos concentrarmos num objeto, restringimos o horizonte a considerar e aumentamos a transparência do que consideramos.

Suponhamos uma pintura diante de nós. À primeira vista, pareceria suficiente abrir os olhos para ver tudo o que nela há. Mas não é assim. As superfícies pintadas têm um fundo, perante o qual

---

[4] Andrey Tarkovsky, *Sculpting in Time*. Austin, University of Texas Press, 1989, p. 39.

se destaca a cor. O fundo deve ser diferente da cor da superfície que estamos a fixar. Podemos reparar, em seguida, que a superfície não só tem cor, mas também extensão, ou seja, comprimento e largura. A extensão não é a cor, mas algo de diferente, embora unida à cor. À extensão corresponde uma figura, uma forma na superfície que pode ser, por exemplo, mais angulosa ou mais redonda. Constatamos que as cores também não são simples: na cor amarela existem muitos tons possíveis, cada qual com um matiz especial. Duas formas amarelas num quadro, se bem vistas, raramente possuem a mesma cor. E uma atenção mais intensa revela-nos diferentes intensidades. Notamos, ainda, que a pintura aparece sobre uma tela que suporta a cor. Descobrimos, assim, muitos elementos: fundo, cores, extensão, figuras, tons, intensidade e suporte. E isso não é tudo.

Se soubermos que se trata de um quadro célebre, por exemplo, *Girassóis* de Van Gogh, a experiência é ainda mais rica pois envolve a apreciação de uma obra de arte. Nossa atenção ficará, provavelmente, absorvida pelo tema do quadro, pelos sentimentos e expectativas que inspira, e pelos valores estéticos presentes nas cores, na composição e outras características da mancha. À medida que desenvolvemos essas apreciações, falando com alguém ou passando-as para o papel, o fluxo de conteúdos na consciência vai perdendo importância. Se a obra nos encantar, nem sequer damos pelo passar do tempo, ou só o notamos se alguma coisa ou alguém nos interromper. Mas também pode suceder que a obra de arte nos impaciente. Podemos pensar "Para que serve a beleza se ela não resolve o problema da fome no mundo?".

Falamos de um exemplo bastante simples de um objeto material. Mas quando se passa a objetos mentais, como liberdade ou justiça, ou beleza ou solidariedade, pode-se imaginar a infinidade de aspectos que neles podemos descobrir, e quanta atividade se requer para compreender os conteúdos que a consciência nos apresenta. O saber não ocupa lugar, mas decerto que leva muito tempo a ser adquirido. Para dizer algo de verdadeiramente novo e ter mais do que "quinze minutos de fama", é preciso anos de esforço de compreensão, em que o intelecto vai adquirindo perspectivas sucessivas até alcançar a verdade que deseja.

O desejo de conhecer traduz-se pela necessidade de compreender tudo o que nos rodeia. Um conhecimento não verdadeiro corresponde sempre a um não conhecimento. Quando se conhece alguma coisa, afirma-se a verdade sobre isso mesmo. A verdade pode ser entendida de diferentes maneiras e pode-se expressar de muitos modos. O que não se pode é pensar que não existe.

Mas há outro significado da verdade além da correspondência entre nossas afirmações e a realidade: é a verdade, ou autenticidade, como coerência entre o que dizemos e fazemos. Quando estamos despertos para esse horizonte, o que está em jogo já não é dizer ou obter verdades, mas sim alcançá-las; não é descobrir princípios verdadeiros, mas sim vivê-los. O filósofo Albert Camus costumava dizer que demorava uns dez anos até nos apropriarmos de uma ideia e viver conforme o que ela nos exige. E existe uma passagem dos *Analectos* de Confúcio que diz assim: "As palavras de Fa Yu são absolutamente comoventes, mas o que importa é que mudem nossas ações. As palavras de Hsuan Chu são absolutamente recomendáveis, mas o que importa é que as devemos realizar. Pelos que aprovam as ideias mas nada realizam, e pelos que sentem o apelo mas nada mudam, nada posso fazer".[5]

Essa realização do desejo de verdade através da coerência alcançada entre quem somos e como de fato vivemos é a busca de sentido. Ao defender-se de acusações contra sua integridade, o filósofo John Henry Newman exprimiu na sua *Apologia* (1864) como no cerne do nosso intelecto está essa orientação para a busca do sentido:

> Meu acusador pergunta-me, "Afinal, o que o Sr. Newman quer dizer?" (...) Perguntam-me o que eu quis dizer. Não me perguntam o que eu disse, nem quais meus argumentos, nem minhas ações, mas sim sobre a inteligência viva, a partir da qual eu sinto, penso, escrevo, argumento e atuo (...) É nisso, disse eu, que reside a verdadeira chave para a minha vida.[6]

---

[5] Confúcio, *Analects*. Nova York, Vintage, 1972, p. 143.
[6] John Henry Newman, *Apologia Pro Vita Sua*. Londres, Longmans Green, 1905, p. XXIV.

6. Confrontos Dramáticos

A consciência tem uma dimensão dramática porque vive da relação entre o eu e os outros. O homem é um animal social e aprecia ser confirmado pela admiração dos outros. Nasce numa família. Cria instituições. Sua arte e ciência acumulam-se durante séculos. Mas a rede de relações humanas não tem a fixidez do formigueiro, nem é apenas o produto da razão: assenta na libertação estética e criatividade, é limitada pela exigência biológica, inspirada pela emulação, confirmada pela admiração e sustentada por afetos.

Em nossa vida, a experiência envolve uma sucessão e uma direção porque temos a possibilidade e a preocupação de fazer as coisas pensando nos outros. São esses motivos e propósitos que nos permitem falar de uma componente dramática da consciência. Cada um de nós procura e descobre papéis que pode representar. A partir da plasticidade inicial da criança, por meio de educação e disciplina, mas também da transgressão e da inovação, formamos nosso caráter. A consciência tem aqui importância particular porque introduz a reflexão e a escolha. Mas nós não deliberamos quem vamos ser. Viver não é reunir materiais para depois lhes sobrepor uma forma. Não existem primeiro os materiais e depois o padrão. A vida é aprendizagem constante e resposta a apelos permanentes. Como escreveu Schopenhauer, tornamo-nos quem somos ao descobrir o nosso verdadeiro caráter.

O filósofo Søren Kierkegaard debateu essa questão da escolha de um valor objetivo em seu *Diário* (1853-1855):

> Existem muitas diferenças entre as pessoas, e a eternidade pode seguramente removê-las todas. Mas existe uma diferença que a eternidade não removerá: a diferença entre quem viveu de tal forma que havia verdade na sua vida, que algo maior existia pelo qual realmente sofreu, e quem viveu de tal forma que converteu tudo em seu próprio proveito.[7]

O momento de consciência em nossa vida moral é quando tomamos a decisão de viver como somos. É um ponto crítico

---

[7] Søren Kierkegaard, *Journals, 1853-1855*. Londres, Fontana, 1968, p. 248.

na autonomia do sujeito, um momento de viragem na vida moral. Alcançamo-lo quando descobrimos o que nos cabe decidir e o que devemos fazer. À primeira vista, fazer por si mesmo, decidir por si mesmo e descobrir por si mesmo são atos relativos a coisa e objetos. Mas, refletindo mais detalhadamente, compreendemos que todos esses atos, decisões e descobertas afetam o sujeito muito profundamente. Esses atos acumulam-se em nós, como nossas disposições e hábitos, e nos tornam em quem somos e em quem devemos ser. Como escreveu o filósofo Bernard Lonergan, "a autonomia permite decidir o que a autonomia deve ser".[8]

Os exemplos de vida ajudam muito. A ação moral, como observa Aristóteles na *Ética*, é "mais verdadeira" que os princípios gerais de ética. O cerne da vida moral gira em torno de como eu realmente me comporto, e não dos princípios morais que sou capaz de formular.

Entre os muitos exemplos que poderíamos dar, escolhemos o eleito pelo escritor Alexander Solzhenitsyn sobre uma mulher, uma pobre camponesa que fora o seu senhorio na aldeia de Torfoprodukt. Em *A Casa de Matryona* (1963), Solzhenitsyn narra como ela morreu a ajudar seus parentes cobiçosos a desmantelar um anexo à casa:

> Incompreendida e rejeitada pelo marido, uma estranha para sua própria família, apesar do temperamento alegre e amável, cômico, e mesmo tão tolo que trabalhava para os outros sem recompensa, essa mulher, que já assistira ao enterro dos seus seis filhos, não guardava bens terrenos. Nada possuía exceto um bode branco, um gato coxo e uma fila de figueiras. Todos vivíamos a seu lado e não entendemos que ela era aquela pessoa sem a qual, conforme o provérbio, a aldeia não permaneceria. Nem a cidade. Nem toda a nossa terra.[9]

Matryona é a melhor testemunha do momento moral da consciência.

---

[8] Bernard Lonergan, *Collection*. Londres, Darton Longmann and Todd, 1968, p. 242.
[9] Alexander Solzhenitsyn, *Stories and Prose Poems*. Londres, Penguin, 1974, p. 46.

7. A Dimensão do Apaixonado

Em um texto que moldou a civilização chinesa há 2500 anos, Lao-Tsé comenta seu próprio ato de partilhar a sabedoria de vida: "O sábio não acumula. Ao oferecer tudo o que tem aos outros, ele tem ainda mais. Tendo dado tudo de si aos outros, ficou ainda mais rico!".[10] Será assim porque eu quis ajudar os outros, dando minha contribuição à sociedade? Estarei consciente da estranha situação de ser ao mesmo tempo único, e parte dessa grande família, a humanidade? Terei responsabilidades para com essa comunidade universal? Experimentarei alegria se agir em benefício dos outros? Segundo Aristóteles, a alegria mais profunda vem desse tipo de ação, executada em benefício dos outros, e é essa a atividade mais característica dos verdadeiros amigos. O meu horizonte de sentido e de valor amplia-se através da relação Eu-Tu que estabeleço com os outros e pode-se reduzir brutalmente, até a mais completa angústia e ansiedade, se eu ficar cortado dessa relação.

A amizade pode ir além da relação pessoal e servir de base para uma ética da sociabilidade que nos permita repensar as relações humanas, mesmo em sociedades complexas e multiculturais como as nossas. Mas pode também desenvolver-se como uma emoção poderosa que envolve uma ligação intensa a um objeto e uma avaliação intensa e apaixonada – mormente se esse objeto é um sujeito, uma pessoa. Nesse caso, é amor. Para alguns, o amor não implica tanto a emoção, mas um interesse ativo no bem-estar do objeto. Para outros, o amor é relação que exige sobretudo reciprocidade. E são tantas as descrições do amor, tantos os tipos de amor reconhecidos por culturas diferentes e tantas as ligações que coexistem na mesma pessoa que seria errado tentar unificar essa realidade tão rica.

É decerto um tema da arte, da grande poesia, da grande literatura, das novelas de televisão, da música tocada e cantada. Tal como os italianos diziam no passado que só eles entendiam de amor, todos conhecemos árias de ópera ou grandes cenas de filmes românticos e passagens de romances que evocam esse

---

[10] Lao-Tsé, *Tao Te Ching*. Londres, Penguin, 1971, p. 143.

sentimento considerado maravilhoso... Os moralistas falam do amor como uma realidade poderosa a ter em conta e as teorias contemporâneas do sexo e do gênero conferem enorme importância à expressão e transformação dos afetos. O amor é um tema estudado nos gabinetes de psicologia e é desconstruído pela psicanálise como um conjunto de pulsões. Os antropólogos comparam sistemas de noivado e casamento e os sociólogos acumulam interpretações sobre o seu papel na relação social. Os teólogos falam do amor divino e mesmo os políticos no tempo em que eram estadistas falavam do amor à pátria.

Afinal, se o tratamento do amor é efetuado pela arte, e disciplinas como ética, religião, antropologia e política lhe atribuem um papel central, por que razão que se perceba não há de a natureza do amor, e o seu impacto na vida humana, ser tratada pela filosofia? Não estamos a falar de realidades diferentes. Em inglês, a palavra *love*, que deriva do sânscrito *lubh* (desejo), é definida de modo amplo e impreciso. Também em português, a palavra *amor* abrange significados que vão desde sexualidade, erotismo e amizade até os altos significados transcendentes do amor de quem se sacrifica por outros, seja esse outro divino ou humano. E como em quase todos os outros domínios da filosofia, os gregos introduziram termos específicos como *eros*, *philia* e *agape* para distinguir sentidos do amor. A tarefa da filosofia da consciência é apresentar essas questões de modo apropriado, com os argumentos sobre a sua origem e algumas das suas implicações.

A dimensão do apaixonado é um tema decisivo da filosofia da consciência, pois a relação amorosa tem um peso decisivo na existência. *"All you need is love..."* A frase soa bem e na verdade os meio hippies Beatles até poderão tê-la copiado de Santo Agostinho, um pensador que se situava nas antípodas intelectuais mas que escreveu *ama et fac quod vis...* Até poderemos aceitar que tudo o que precisamos é amor, mas de que tipo de amor é que precisamos? Isso é mais difícil de responder. Exige uma discussão filosófica. E isso implica saber se o amor tem "uma natureza", um propósito, uma racionalidade. Será o amor irracional, no sentido de que não pode ser descrito em termos significativos? Ou não será apenas uma das emoções que desafiam o exame racional? Mas mesmo que assim seja, surgem outras interrogações: se carecemos de amor, mas dele não podemos falar racionalmente, isso é bom ou ruim?

A categoria que se destaca em todas essas interrogações é a de que o amor é uma relação e não existe filosofia da consciência sem a analisar. O amor não é possuído pelo eu como se fosse um sentimento. Os sentimentos são nossos, nós os possuímos, porém o amor é algo que acontece entre dois seres, além do eu e aquém do tu, numa esfera comum a ambos. Do mesmo modo, escreveu Martin Buber, uma comunidade não nasce do fato de as pessoas terem sentimentos umas para com as outras – embora não possa nascer sem sentimentos –, mas sim de estarem todas em relação viva e mútua com um centro vivo e de estarem unidas umas às outras em relação viva e mútua.

8. A Descoberta dos Atos da Consciência

Falamos de como a consciência se manifesta em diferentes níveis, manifestações e atividades que se cruzam entre si, de formas muitas vezes inesperadas. A orientação para a beleza que encontramos nas obras de arte pode transmitir verdades e preceitos éticos. Se há coisa peculiar numa obra de arte que achamos bela, é que ela nos convence. Visitamos uma exposição e há uma fotografia que se destaca absolutamente. Escolhemos um romance e há um que elegemos. Talvez a velha ideia de que a verdade, a bondade e a beleza estão associadas não seja apenas um estereótipo dos livros de metafísica e uma fantasia de sábios para jovens materialistas que todos fomos.

> Se os cumes dessas três árvores se fundem e entrelaçam, como diziam os sábios da Antiguidade, mas os ramos demasiado óbvios e retos da Verdade e Bondade são sufocados, derrubados e suprimidos – então talvez os fantásticos, imprevisíveis e inesperados ramos da Beleza possam fazer o seu caminho até ao topo e assim realizar a tarefa comum.[11]

---

[11] Alexander Solzhenitsyn, *One Word of Truth*. Londres, Bodley Head, 1972, p. 6.

A filosofia, desde Aristóteles até Max Scheler, sempre considerou que o ser humano tem uma *natureza sintética* pela qual participa em todos os graus do ser; que é um microcosmo que incorpora as leis do universo exterior. Ao mesmo tempo, a filosofia sempre considerou que, através da consciência, o ser humano transcende a variedade desses estratos em que participa. A consciência manifesta-se em termos biológicos, estéticos, intelectuais, morais e apaixonados porque a realidade a transcende de múltiplas maneiras. A consciência rompe o absolutismo inicial do ser através desses atos em que pode proceder de maneira atenta, inteligente, racional, responsável e apaixonada. É assim que irá gerir o corpo em que vive e viver num determinado mundo. É mediante esses atos que entra em contato com o outro, com a sua sociedade e que cria uma história sua e da comunidade onde se afirma. E para lá dos horizontes pessoal, social e histórico da existência, a consciência reconhece-se como participante da humanidade universal.

A filosofia sempre apresentou essa narrativa de que a consciência vive entre dois mundos, ou de que nosso mundo varia de acordo com a atitude que adotamos.

No que é, talvez, o mais célebre trecho filosófico, a *Alegoria da Caverna*, Platão descreve maravilhosamente essa dualidade. Ele compara os homens que vivem numa caverna sombria a contemplar sombras de objetos a um deles que, após ser liberto dessa prisão e após um processo cheio de dificuldades, consegue vir para o exterior a fim de contemplar as coisas mesmas à luz do sol. Após mais um difícil processo de adaptação, o homem livre regressa à caverna para tentar libertar os outros. A dualidade está estabelecida entre o "mundo das aparências", ou seja, o mundo das coisas com que nos satisfazemos no dia a dia; e o "mundo das ideias" ou, antes, o mundo das coisas como elas são mesmo, identificadas na sua unidade. A aparência caracteriza-se pelas notas da dispersão e da multiplicidade, pelas atribuições enganadoras da ignorância, dos medos e das pulsões negativas. O ser caracteriza-se porque captamos as coisas na sua unidade, e nesse processo defrontamo-nos com essa insustentável leveza do ser, ou, na alegoria de Platão, com esse insustentável brilho do sol que dá luz e calor e assim permite a vida.

Mais de dois mil anos depois de Platão, Arthur Schopenhauer apresentou essa mesma dualidade em *O Mundo como Vontade e Representação*, com a linguagem da filosofia crítica, posterior ao grande Immanuel Kant. Disse, então, que nós consideramos o mundo um conhecimento criado a partir da experiência sensorial e dos conceitos criados pelo intelecto. Carecemos de um princípio de razão suficiente – nada existe sem razão – para orientar os diversos tipos de conhecimento que usamos, no dia a dia, nas ciências naturais, na lógica e na matemática, na psicologia. Mas além desse conhecimento do mundo há um outro modo de considerar o universo em que vivemos e que emerge em momentos bem definidos da consciência. Quando contemplamos as obras de arte ou uma paisagem natural nos interpela; quando praticamos um ato de solidariedade e tratamos o outro como se fosse eu; ou quando, finalmente, nos deixamos misticamente absorver pelo grande mistério da existência que parece um "nada" a quem está absorvido com "este universo com seus sóis e estrelas" mas que tem todo o valor do mundo porque nos libertou deste mundo de preocupações e aparências...

Através do diálogo podemos afirmar que a consciência entende a realidade em que participa como conjunto de coisas que a rodeiam, como processos que a envolvem, coisas que possuem qualidades e que são compostas por momentos, coisas registradas por coordenadas no espaço e no tempo, coisas e processos limitados por outras coisas e processos, suscetíveis de serem medidos e comparados entre si, formando um mundo ordenado.

Este mundo do conhecimento é confiável, e tem densidade e duração nas suas articulações; podemos entrar e sair dele incontáveis vezes; podemos lembrá-lo, fechando os olhos, e verificá-lo depois, com os olhos bem abertos. Podemos considerar que está bem à nossa frente, se assim quisermos falar, ou alojá-lo dentro de nós, se preferirmos essa linguagem. Em qualquer dos casos, é um conjunto de objetos. Se experimentarmos, entendermos e julgarmos corretamente, conhecemos o que é um objeto verdadeiro, e podemos partilhar essa informação. Podemos chegar a um acordo com outras pessoas sobre o que ele é, embora nem todos o experimentemos, entendamos nem julguemos do mesmo modo.

Precisamos dele para viver, mas, se nele morrêssemos, desapareceríamos no que os filósofos chamam "o nada".

Por contraste, quando a consciência reconhece o ser das coisas, é sempre com um só ser e com cada coisa como um ser que ela se confronta. O que existe revela-se numa ocorrência singular, num determinado sítio, num lugar específico, com uma certa pessoa, num tal dia e numa tal hora, numa dada conjuntura. Onde conhecemos alguém que nos importa não foi num espaço qualquer, mas numa dada casa, parque, restaurante ou rua. Onde descobrimos nossa vocação não foi num tempo indiferente, mas num momento preciso e precioso, ou numa época da nossa vida. Perante a imensa importância do que então nos aconteceu, o resto pouco importa. As medidas e as comparações deixam de ser relevantes. Cada um de nós absorveu e ficou absorvido por essa realidade. E esses encontros decisivos não se ordenam como o mundo dos fenômenos, embora cada um deles seja um sinal de ordem do mundo. São os reconhecimentos que garantem nossa associação ao mundo.

Esse mundo do reconhecimento não é tão confiável como o que se apresenta no espaço e no tempo. Aparece sempre como novo e a exigir uma nova linguagem. Tem a imaterialidade do que se costuma chamar o "espírito". Nós o reconhecemos mas, depois, ele foge à nossa frente. Falta-lhe densidade, porque permeia tudo e tudo o permeia. Falta-lhe duração, porque surge sem ser chamado e pode desaparecer quando o queremos manter. Se o queremos investigar ou conhecer exaustivamente, perdemo-lo de vista. De certo modo vem ter conosco de modo inesperado e se não nos alcança, desaparece por uns tempos para regressar, depois, transformado.

A consciência não o sente como exterior nem interior, mas como um chão que é seu e não é demais chamar-lhe "alma da minha alma". Mas não o podemos transpor como sendo nosso, e menos ainda é um "mundo interior", porque isso seria destruir sua qualidade de ser comum a quem nós reconhecemos.

É nosso presente, e podemos convertê-lo em objeto da experiência e utilizá-lo. Mas, se o fizermos repetidamente, deixamos de ter presente. Entre nós e o mundo do ser existe uma reciprocidade:

cada um de nós pode entregar-se a ele, e esse mundo entrega-se a cada um de nós. Podemos não nos entender sobre ele com outras pessoas, porque existe uma qualidade íntima nesse reconhecimento, mas ele nos ensina a encontrarmo-nos com os outros e a mantermo-nos no nosso chão, a assegurar as nossas convicções; é um dom gratuito pelo qual nos sentimos gratos de ter acontecido. E podemos mesmo agradecer com um "obrigado" se ele aconteceu através de outra pessoa. E por meio da graça do seu advento e da melancolia de sua partida, através da saudade com que o sentimos presente na sua ausência, pode conduzir cada um de nós no mundo em que se cruzam ser e fenômenos. Não ajuda a sobreviver, mas ajuda a que o nosso espaço e tempo sejam cruzados por sugestões de eternidade.

A intersecção entre o mundo dos fenômenos e o mundo do ser é permanente. Se o indivíduo torna-se um objeto de conhecimento após o evento do reconhecimento, o indivíduo conhecido pode tornar-se reconhecido ao entrar no evento da relação.

Estas são as duas prerrogativas básicas do que chamamos preferencialmente "o mundo". Já que vivemos nele, podemos viver confortavelmente com todo tipo de estímulos, atividades e conhecimentos. No afã do dia a dia, os momentos de consciência aparecem-nos quase como episódios líricos. São episódios sedutores mas que nos puxam perigosamente para situações extremas, afrouxando os laços tranquilizantes do dia a dia, deixando por vezes mais dúvidas do que satisfação, abalando nossa segurança e apresentando-se enigmáticos, mas contudo estranhamente indispensáveis.

Uma vez que a consciência vive no "mundo" dos fenômenos, por que motivo não há de sempre permanecer nele? Por que não chamar à ordem o que reconhecemos e remetê-lo para a objetividade segura? E quando não conseguirmos suportar a intimidade com que deveríamos lidar com nossos pais, filhos, amigos e companheiros, acabamos por tratá-los como objetos. E afinal, não basta falar da intimidade do ser. Mesmo se sussurrarmos "amo-te" a alguém, se o não fizermos com todo o nosso coração e seriedade, pode apenas significar que estamos a usar e experimentar essa pessoa.

Um dos grandes filósofos do século XX, Martin Heidegger, deixou escrito em *Ser e Tempo* que o ser humano (*Dasein*) é o lugar – *Da* – em que o ser – *Sein* – manifesta-se a uma consciência que não só vê, ouve, sente, manipula e fabrica os objetos do dia a dia, como também é capaz de articulá-los com a linguagem e de entendê-los de maneira única porque experimenta a angústia e a ansiedade. Mas essa ansiedade da consciência não é necessariamente negativa, pois lembra o fato de que nós não controlamos o mundo; encontramo-lo e o modo como dele dispomos ou como o transcendemos fará toda a diferença na nossa vida.

Não conseguiríamos viver no puro presente do mundo do ser: ele iria consumir-nos como um incêndio com que se não toma cuidado. De fato, só conseguimos viver no tempo. Só aí podemos organizar a vida. Só aí preenchemos todos os momentos que a experiência nos permite, sem que o puro presente do ser nos queime. Contudo, há sempre um "mas", e os filósofos sempre disseram com toda a gravidade a quem verdadeiramente os escuta: sem o conhecimento do mundo dos fenômenos, o ser humano não pode viver. Mas quem vive só com esse conhecimento não experimentou o que há de mais plenamente humano, que é reconhecer o outro.

Prefácio

Este livro nasceu, sobretudo, da força dos problemas suscitados ao longo de meus estudos anteriores: *A Pomba Escura: O Sagrado e o Secular na Literatura Moderna* e *Eric Voegelin: Filósofo da História*.[1] No entanto, ele também teve origem nos diálogos e correspondências que travei com uma série de amigos e colegas – de modo especial, John A. Campbell, Dale Cannon, Douglas Collins, Ray L. Hart, Howard V. Hong, Rodney W. Kilcup, Thomas J. McPartland e William M. Thompson –, que levantaram questões ulteriores, elaboraram sugestões e me instigaram a novos esclarecimentos. Se agora a obra se mostra capaz tanto de comunicar aquilo que julgo ser a urgência das questões levantadas quanto de explorá-las e esclarecê-las, muito disso se deve a essas pessoas. De igual maneira, devo-a enormemente aos meus diálogos com Eric Voegelin. Minhas expressões de gratidão não devem ser interpretadas, claro, como se todos os mencionados concordassem com o que foi dito aqui. Em alguns casos, as objeções por eles levantadas me forçaram a esclarecer coisas que, no final das contas, não reduziram nossas diferenças, mas as ampliaram. De todo modo, quando for esse o caso, sou grato pelo estímulo, pela amizade e pela paciência que me foram

---

[1] Eugene Webb, *A Pomba Escura: O Sagrado e o Secular na Literatura Moderna*. Trad. Hugo Langone. São Paulo, É Realizações, 2012; Eugene Webb, *Eric Voegelin: Filósofo da História*. São Paulo, É Realizações, no prelo. (N. E.)

destinados. Desejo também registrar meu agradecimento especialíssimo a Marilyn, minha esposa, que ao longo de 24 anos abençoados tem sido uma companheira constante em todas as minhas investigações.

Seattle, janeiro de 1988.

Introdução

Filósofos da Consciência: o leitor pode muito bem questionar o que esse título significa. O que se deve entender, aqui, por "filosofia" e "consciência"? E por que a escolha destas figuras – Michael Polanyi, Bernard Lonergan, Eric Voegelin, Paul Ricoeur, René Girard e Søren Kierkegaard – como objeto de discussão? Temos aí perguntas sobre as quais poderíamos nos debruçar exaustivamente, e na verdade este livro como um todo será uma tentativa de respondê-las. Procurarei, porém, fazê-lo de maneira muito breve aqui, logo no início.

Embora seu variado emprego ao longo da história a tenha tornado um tanto esquiva, a palavra "filosofia" não é inerentemente problemática. Ela sempre se referiu à investigação sistemática e racional, e seu gênero e escopo variam de acordo com os interesses daquele que nela se empenha. O que é pertinente perguntar, nesse contexto, é o que a palavra significa no âmbito em que se empenham os pensadores estudados aqui. Para eles, a filosofia é especialmente a investigação reflexiva do que é funcionar conscientemente como investigador e como agente responsável. Isso significa que, ao contrário das ciências, eles não se concentraram em questões referentes a um conhecimento específico, e sim no desenvolvimento de uma estrutura ampla que fosse capaz de elucidar o que o conhecimento, a avaliação, a deliberação e a decisão são por si só e o que significa ser o tipo de criatura que se dedica a tais atividades.

Talvez Lonergan possa ser visto como porta-voz das figuras estudadas neste volume, em geral quando comenta a relação de sua concepção de filosofia com as diferentes escolas filosóficas e com as várias ciências em particular:

> A emergência das ciências autônomas tem repercussões na filosofia. Como as ciências têm se responsabilizado pela explicação de todos os dados sensíveis, é possível concluir, junto com os positivistas, que a função da filosofia é anunciar que a própria filosofia nada tem a dizer. Como a filosofia não possui qualquer função teórica, é possível concluir, com os analistas linguísticos, que a função da própria filosofia é elaborar uma hermenêutica que busque esclarecer as variações locais da linguagem cotidiana. Porém, resta ainda a possibilidade – e é esta nossa opção – de a filosofia não ser nem uma teoria à maneira da ciência, nem uma forma um tanto técnica do senso comum, nem um regresso à sabedoria pré-socrática. A filosofia encontra seus dados próprios na consciência intencional. Sua função primeira é promover uma autoapropriação que chegue às raízes das diferenças e incompreensões filosóficas. Além disso, possui também funções secundárias, como a de distinguir, relacionar e fundamentar os vários âmbitos do significado e a de fundamentar os métodos científicos para promover sua unificação.[1]

Caso Lonergan possa de fato falar – em determinada medida e valendo-se de sua linguagem um tanto especial – por esse grupo de pensadores, o uso do termo "filosofia" nesse contexto se refere à reflexão sistemática sobre a consciência, sobre as diversas formas possíveis de se operar de maneira humanamente consciente e sobre a natureza basilar dos vários correlatos objetivos dessas operações.

Obviamente, isso faz que cheguemos à questão, mais problemática, do que vem a ser de fato a consciência. O próprio termo possui uma história longa e complexa. Tentarei apenas mencionar algumas das principais ênfases que foram desenvolvidas no passado e que continuam influentes; em seguida, indicarei brevemente de que maneira as figuras aqui tratadas se vinculam a

---

[1] Bernard Lonergan, *Método em Teologia*. Trad. Hugo Langone. São Paulo, É Realizações, 2012, p. 114.

alguns desses significados tradicionais e o que, na minha opinião, o termo significa em seus escritos.

Os primeiros empregos do termo "consciência", tal como mencionados pelo *Oxford English Dictionary*, datam do século XVII, quando apontavam para duas direções bastante distintas: para a partilha do conhecimento em comum e para a percepção interior privada. Um exemplo fornecido para esclarecer o primeiro desses usos vem de Thomas Hobbes: "Onde dois ou mais homens conhecem o mesmo fato, dizemos que estão mutuamente conscientes dele".[2] Como a ênfase posterior tendeu a obscurecê-lo, temos aí um emprego da palavra que pode soar um pouco estranho; no entanto, tal como espero esclarecer na parte final deste livro, ele é pertinente à escola de pensamento conhecida na França como *la psychologie interdividuelle*, representada aqui por René Girard e Jean-Michel Oughourlian. Ambos afirmam que o "eu" – ou o centro da consciência – humano não é um objeto ou atributo estritamente individual, mas algo que se forma continuamente nas e pelas relações travadas entre seres humanos diferentes (daí o termo *interdividuel* ou "interdividual", como será explicado no capítulo destinado a Girard). Ademais, à luz de tudo isso, eles também veem a consciência não apenas como algo inerentemente social, e sim como algo que tende ao conflito. Esse é um aspecto do problema da consciência que não tem sido enfatizado pelo discurso filosófico, mas que, segundo espero mostrar, é importante demais para ser negligenciado.

O uso moderno predominante do termo, porém, deriva da segunda das duas ênfases mencionadas anteriormente – a ênfase que se refere ao que, em geral, dizemos ser as "percepções interiores" daquilo que é concebido como indivíduo mais ou menos autônomo. John Locke, outro nome importante a figurar entre os exemplos do *Oxford English Dictionary*, formulou a seguinte definição em seu *Ensaio acerca do Entendimento Humano*, II, i, 19 (1690): "Consciência é a percepção daquilo que se dá na mente do próprio homem". Em seguida, ele explica (II, i, 20-24) que, de acordo com seu ponto de vista, isso implicava primeiro a

---

[2] Thomas Hobbes, *Leviatã*, I, vii, 31 (1651).

percepção das sensações e, depois, a percepção das "operações" (como exemplo, ele lista "apreensão, recordação, reflexão, raciocínio etc.") pelas quais os dados da experiência sensitiva são, de diversas maneiras, processados.[3]

Grosso modo, essa é a forma como a maioria das figuras aqui estudadas costumava empregar o termo – como quando Voegelin se referia à "diferenciação noética" da consciência como "a ascensão da razão que busca articular a autoconsciência" ou "a articulação e simbolização adequadas da consciência interrogativa".[4] Obviamente, era isso também o que, na passagem citada, Lonergan chamou de objeto da filosofia; ademais, ele muitas vezes se referiu ao processo aí envolvido como um processo de "diferenciação da consciência".

O que sobretudo distingue a concepção de consciência de Voegelin – tal como a de Polanyi, Lonergan, Ricoeur e Kierkegaard – daquela de Locke é o escopo atribuído à experiência sobre a qual se reflete. No pensamento de Locke e dos outros empiristas que seguem a sua tradição, a noção de experiência costumava se limitar consideravelmente aos dados dos sentidos, ao passo que as operações pelas quais os dados eram processados vinham tratadas quase como se fossem os movimentos de um mecanismo. As figuras estudadas neste livro, por sua vez, em geral trataram tanto as operações da consciência quanto o seu dinamismo experimentado como dados importantes para a reflexão filosófica. Voegelin, por exemplo, refere-se a uma "tensão existencial" fundamental que exige a interpretação como princípio estruturador da consciência humana, enquanto Polanyi, Lonergan, Ricoeur e Kierkegaard falam, de maneira semelhante, daquilo que chamam de "dinamismo", "paixão" ou "interesse". Lonergan, em determinada ocasião, definiu a consciência como "mera experiência", mas a experiência pela qual estava particularmente interessado em sua análise era a experiência de um "estado dinâmico", e não de uma coleção de sensações. Além disso, seu objetivo era distinguir

---

[3] Retirado da edição da Oxford University Press. Ed. Alexander Campbell Fraser. Reimpresso em *Great Books of the Western World*, 35. Chicago, William Benton, 1952, p. 127.

[4] Eric Voegelin, "Reason: The Classic Experience". In: *Anamnesis*. Trad. e ed. Gerhart Niemeyer. Notre Dame/Londres, University of Notre Dame Press, 1978, p. 89, 93.

a consciência como tal do conhecimento: "Dizer que esse estado dinâmico é consciente não é dizer que ele é conhecido. Afinal, a consciência é apenas experiência, ao passo que o conhecimento é uma mistura de experiência, compreensão e juízo".[5] Em outras palavras, há a experiência que pode ser tratada como parte constitutiva do polo objetivo das operações listadas por Lonergan, mas há também a experiência do polo subjetivo daquelas mesmas operações (isto é, a experiência de desempenhá-las).

Falar da consciência como se estivesse estruturada entre polos objetivos e subjetivos é algo típico desse grupo de pensadores, constituindo também outra grande diferença entre eles e o modelo de pensamento exemplificado pela passagem de Locke, que ainda seguia um esquema fundamentalmente cartesiano que formulava a questão a partir de termos como "interior" e "exterior" ou "espírito" e "matéria". Há, obviamente, uma longa história por trás do movimento que fez que a discussão desses âmbitos mutuamente excludentes desse lugar à análise da "consciência intencional" (termo popularizado em nosso século por Edmund Husserl) como algo estruturado pela relação entre polos objetivos e subjetivos, e grande parte dessa história envolveu o entrelaçamento contínuo desses termos com o dualismo cartesiano e com várias versões de idealismo.

Foi no intuito de romper por completo com o modelo de pensamento idealista que, no famoso ensaio "Does 'Consciousness' Exist?",[6] William James formulou seu argumento aparentemente paradoxal contra a existência da consciência. James se opunha ao que julgava ser uma tendência equivocada, verificada de modo especial na filosofia alemã posterior a Kant: a de falar da consciência como se ela fosse uma espécie de substância ou matéria, em sentido metafísico, que constituísse um "ego transcendental". Ele, por outro lado, não tinha como objetivo negar que vivenciamos experiências e desempenhamos operações intencionais. Em vez disso, seu objetivo era afirmar algo muito semelhante ao que

---

[5] Bernard Lonergan, op. cit., p. 126.
[6] O texto foi incluído em *Essays in Radical Empiricism* (1912) como seu primeiro capítulo. William James, *Essays in Radical Empiricism and a Pluralistic Universe*. Ed. Ralph Barton. Gloucester, Mass., Peter Smith, 1967, p. 1-38.

afirmara Lonergan na passagem anterior, quando declarou que a consciência é "mera experiência". Nas palavras de James:

> Negar subitamente a existência da "consciência" parece tão absurdo – uma vez que os "pensamentos" de fato existem – que, receio, meus leitores acabariam por abandonar-me. Deixem-me logo explicar, portanto, que tudo o que nego é que a palavra se refira a um ente, enquanto insisto com grande ênfase em que ela designa uma função. O que quero dizer é que não existe qualquer matéria primitiva ou qualidade do ser que, em contraste com aqueles de que os objetos materiais são feitos, constituam nossos pensamentos sobre estes; no entanto, há na experiência uma função que o pensamento desempenha e para cujo desempenho essa qualidade do ser é evocada. Essa função é a do *conhecimento*.[7]

Em seguida, James propõe, ao fenômeno em questão, uma explicação corretiva que, apesar das diferenças terminológicas, assemelha-se à de Lonergan:

> Minha tese é a de que, se tomarmos como pressuposto que há apenas uma substância ou material no mundo – uma substância de que tudo é composto – e se chamarmos essa substância de "experiência pura", o conhecimento pode ser facilmente explicado como uma espécie particular de relação mútua passível de ser adentrada por porções de experiência pura. A relação em si é parte da experiência pura; um de seus "termos" se torna sujeito ou portador do conhecimento – o conhecedor –, enquanto o outro se converte no objeto conhecido.[8]

James afirma ainda que o sujeito e o objeto não são radicalmente diferentes e podem alternar em suas funções: do mesmo modo como certa quantidade de tinta talvez não passe de "material vendável" numa loja especializada, numa imagem ela "desempenha uma função espiritual";

> o mesmo (...) acontece com uma porção indivisa da experiência: tomada num contexto de associados, ela desempenha o papel do

---

[7] Ibidem, p. 3-4.
[8] Ibidem, p. 4.

conhecedor ou do estado de espírito da "consciência", enquanto num contexto diferente esse mesmo fragmento indiviso de experiência desempenha o papel da coisa conhecida, de um "conteúdo" objetivo. Em suma, num grupo ela figura como pensamento; no outro, como coisa.[9]

Embora Lonergan, que lera à exaustão os principais pensadores alemães de Kant a Husserl, demonstre poucos indícios da influência de James, ele claramente nutriu uma concepção de consciência semelhante, vendo-a como experiência e operações ou como relações funcionais; além disso, também ele considerava os polos subjetivo e objetivo da consciência intercambiáveis, muito embora haja aí implicações diferentes daquelas que James teria defendido. Caso formulasse a questão com tantas palavras, Lonergan teria dito que um objeto é tudo aquilo sobre o qual se pode fazer perguntas, de modo que questionar um sujeito é tornar esse sujeito objeto e, até mesmo, possibilitar uma concepção do sujeito como ente.

Esta última, porém, é uma afirmação que opõe Lonergan e as outras figuras deste estudo numa discórdia de implicações importantes. Para Lonergan, como veremos no capítulo a ele dedicado, um dos pontos culminantes da reflexão filosófica é aquilo que chama de autoafirmação racional do conhecedor enquanto ente metafísico, e ele se opôs muito veementemente a Voegelin por sua rejeição desse movimento e da metafísica das substâncias como um todo. Como verificaremos ao ver como Lonergan define a questão, esse é um problema que afasta o que ele mesmo chamou de seu "realismo crítico" de toda forma de "existencialismo", por ele rejeitado como fruto da incapacidade de completar o movimento do realismo "ingênuo" para o realismo crítico.

Isso também o afasta de James, cujo *Radical Empiricism* exerceu importante influência sobre Voegelin.[10] Era precisamente a metafísica tradicional das substâncias entitativas o que, segundo

---

[9] Ibidem, p. 9-10.
[10] Cf. a descrição dessa influência pelo próprio Voegelin em "Autobiographical Memoir", citado em Ellis Sandoz, *A Revolução Voegeliniana: Uma Introdução Biográfica*. Trad. Elpídio Mário Dantas Fonseca. São Paulo, Editora É, 2010, p. 240-45. Trata-se da transcrição de uma série de entrevistas gravadas que Sandoz realizara em 1973 e que foi extensivamente citada em seu livro.

James, os idealistas tendiam a promover com suas noções de "ego transcendental" ou de "sujeito" substancial; foi disso, também, que Voegelin buscou se libertar quando interpretou o "sujeito" como um conceito mítico que é tratado de maneira mais adequada não pela linguagem do que ele chamava de metafísica reificante (ou, como gostava de dizer, "hipostasiante"), e sim pela linguagem dos mitos filosóficos da tradição grega que ele privilegiava. À passagem, citada antes, em que falava do "sujeito ou portador do conhecimento", o próprio James acrescentou uma nota de rodapé em que declara: "Na minha *Psicologia*, procurei mostrar que não necessitamos de nenhum conhecedor além do 'pensamento transitório'".[11] Formulando a questão de modo a aproximá-la da linguagem de Lonergan – quiçá até mesmo de sua concepção –, o que de fato podemos experimentar, compreender e afirmar é o ato de investigar, de pensar e de conhecer – as operações mesmas, sem a necessidade de especular nenhum ente chamado "sujeito" para além delas.

Nesse aspecto, Voegelin se dizia alinhado a James, e ele de fato afirma que fora a leitura de James que o estimulou a examinar o problema muito antes de encontrar uma linha de pensamento paralela em Platão. Ele relatou a evolução de seu pensamento sobre o tema em "Autobiographical Memoir":

> No centro da consciência encontrei a experiência de participação, significando, com isso, a realidade do ser em contato com a realidade fora de mim mesmo. (...) Entre os filósofos encontrei uma confirmação importante no empirismo radical de William James. O estudo de James da questão – "Existe consciência?" (1904) – impressionou-me naquela época, e ainda me impressiona, como um dos mais importantes documentos filosóficos do século XX. Desenvolvendo seu conceito de experiência pura, William James põe o dedo na realidade da consciência de participação, visto que o que ele chama experiência pura é algo que pode ser posto no contexto *ou* do fluxo de consciência do sujeito, *ou* dos objetos no mundo externo. Essa iluminação fundamental de William James identifica aquilo que jaz entre o sujeito e objeto de participação

---

[11] William James, *Essays*, p. 4. James se referia a seu *Principles of Psychology*. A passagem mencionada pode ser encontrada em *Great Books of the Western World*, vol. 53, p. 220.

como a experiência. Mais tarde descobri que o mesmo tipo de análise tinha sido conduzida numa escala muito mais vasta por Platão, daí resultando seu conceito de *metaxy*, o Entremeio. A experiência não está nem no sujeito, nem no mundo dos objetos, mas no Entremeio, e isso significa Entre os polos do homem e da realidade que ele experimenta. (...) Um bom número de problemas que assola a história da filosofia agora se torna claro, como hipóstases dos polos de uma experiência pura no sentido de William James, ou das experiências de *metaxy* de Platão. Por hipóstases quero dizer a suposição falaciosa de que os polos da experiência participatória são entidades autocontidas que formam um contato misterioso por ocasião de uma experiência.[12]

Foi a partir dessas considerações que, segundo Voegelin, sua concepção da melhor forma de interpretar a consciência se desenvolveu:

O termo *consciência*, portanto, já não pode significar para mim uma consciência humana que é consciente de uma realidade fora da consciência humana, mas tinha de significar a realidade Entremeio da pura experiência participatória que, então, pode ser analiticamente caracterizada por meio de tais termos como os polos da tensão experiencial e a realidade da tensão experiencial na *metaxy*.[13]

A questão de se o sujeito pode ser considerado necessariamente objeto depende, é claro, de como essas palavras são utilizadas, mas podem haver problemas substanciais por trás da escolha linguística. Uma vez que essa questão desempenhará um papel crucial na disputa entre a ênfase intelectualista de Lonergan e a ênfase, mais existencial, dos outros pensadores aqui estudados, será proveitoso esclarecer um pouco do que ela implica.

O problema fundamental, nesse caso, não se refere apenas à maneira como um "sujeito" pode ser concebido, mas ao que se entende por "objeto". Se agora, por questões de simplicidade, limitarmos nossa análise aos objetos de apenas três operações intencionais – atentar, compreender e conhecer –, falando delas de

---

[12] Citado em Ellis Sandoz, op. cit., p. 242-43.
[13] Ibidem, p. 244.

maneira bastante simples, podemos identificar os objetos dessas operações como dados experienciais, como ideias ou proposições e como proposições, respectivamente. Nós "atentamos" para um dado experiencial dirigindo a ele nossa percepção. Nós "compreendemos" um modelo desses dados, uma ideia ou uma proposição assimilando a maneira como seus elementos ou suas partes se relacionam entre si. Nós "conhecemos" a verdade de uma proposição após tê-la verificado de alguma forma. Em todos esses casos, a percepção se foca em algo em particular, seja um objeto da experiência, da compreensão ou do conhecimento.

O que Lonergan sublinha é que é possível fazer algum tipo de pergunta sobre absolutamente tudo: sobre os objetos das operações intencionais, sobre as operações em si e sobre o que poderia ser chamado de fonte interior ou subjetiva dessas operações. E isso, claro, é a mais pura verdade. Por outro lado, o que o modelo de pensamento oposto – "existencial" – tende a enfatizar (sem negar, porém, que aquelas perguntas possam ser formuladas) é o fato de sempre haver, para adotarmos a linguagem que logo veremos introduzida por Polanyi, uma dimensão irredutivelmente "subsidiária" na consciência, em contraste com a percepção "focal" que podemos lançar sobre aquilo que se torna explícito como objeto das operações intencionais.

Ao atentarmos para algo, poder-se-ia dizer, temos aquilo a que se atenta, aquilo por meio do qual se atenta e a atenção propriamente dita. É possível contemplar uma paisagem através de uma lente, por exemplo, mas também é possível voltar a atenção da paisagem para a lente, fazendo dela "focal". No entanto, não é possível atentar para a atenção do mesmo modo como se atenta para um objeto particular, seja esse objeto uma paisagem ou uma lente. Ou seja, a atenção continua sendo um ato subjetivo mesmo que alguém consiga lhe cunhar uma palavra, imaginar um exemplo ou construir uma definição. A ideia da atenção, independentemente de como é concebida, é sempre algo distinto da ideia mesmo de atentar. Para Polanyi e Voegelin de maneira um tanto explícita, mas também, cada qual à sua maneira, para Ricoeur, Girard e Kierkegaard, faz grande diferença conservar clara essa distinção na experiência e não deixar que a ânsia pela compreensão de ideias turve a irredutibilidade última da dimensão subjetiva da consciência. O significado disso e de todas as suas implicações será um tema recorrente na discussão de cada um desses pensadores.

As seis figuras aqui discutidas foram selecionadas porque, juntas, suscitam questões incisivas e inter-relacionadas sobre problemas semelhantes a esses que mencionamos antes; além disso, as diferenças de perspectiva que verificamos entre elas podem ser particularmente úteis no desvelamento de questões cruciais para a exploração do fenômeno da consciência humana. Esses pensadores têm muito em comum para serem colocados em diálogo, mas ao mesmo tempo são suficientemente diferentes para que, nesse contexto de discussão, revelem as aporias que existem ou podem existir nas tradições de pensamento que lhes dão respaldo. Ao fazê-lo, eles indicam onde se encontram problemas que exigem investigações ulteriores.

Isso não quer dizer que não haja muitos outros nomes capazes de substituir, muito sensatamente, um ou mais de um desses. Talvez seja útil, portanto, explicar brevemente como esse processo de seleção se deu. Meu objetivo inicial era escrever um estudo sobre o pensamento de Polanyi, Lonergan, Voegelin e Ricoeur. Eu tinha isso em mente porque percebi, quando de minha leitura e, especialmente, da redação de meu estudo sobre o pensamento de Eric Voegelin, que esses pensadores lançavam uns sobre os outros alguns esclarecimentos sobre questões referentes tanto à estrutura e à dinâmica da consciência humana quanto ao problema de como podemos conhecê-la e abordá-la.[14] Naquela obra, fiz inúmeras referências a Lonergan, Polanyi e Ricoeur porque julgava que suas análises eram complementares o bastante para que a comparação do modo como formulavam determinada questão fosse útil para o esclarecimento de alguns dos problemas em que Voegelin estava interessado. Além disso, depois de ter conversado com alguns colegas de áreas diferentes (dos estudos religiosos, da filosofia, da ciência política e da teoria literária), descobri que

---

[14] Eugene Webb, *Eric Voegelin: Philosopher of History*. Seattle e Londres, University of Washington Press, 1981. [Em português: *Eric Voegelin: Filósofo da História*. São Paulo, É Realizações, no prelo.]

todo aquele que se interessava por um desses quatro pensadores em geral também se interessava por dois ou três de nossa seleção. Com efeito, muito embora Polanyi ou Ricoeur não pareçam tê-los lido, o próprio Voegelin elaborou um estudo cuidadoso de cada um dos outros três – e isso também fez Lonergan. Como jamais foi realizado qualquer estudo que comparasse sistematicamente os quatro, julguei que uma obra assim poderia ser útil. Eu sabia, é claro, que um estudo profundo das abordagens filosóficas dadas ao tema da consciência deveria incluir muitas outras figuras importantes – como Kant, Fichte, Hegel, Schelling, Martin Heidegger, Hans-Georg Gadamer, Henri Bergson, Jean-Paul Sartre e Maurice Merleau-Ponty, para nomearmos apenas alguns –, mas era meu objetivo também escrever um livro de extensão manejável (na verdade, eu esperava algo muito menor do que este). No início do projeto, cheguei a cogitar a inclusão de um capítulo sobre Gadamer. Tendo sido aluno de Heidegger, ele poderia trazer a esta obra tanto a perspectiva heideggeriana quanto as suas próprias contribuições à hermenêutica da história intelectual e cultural, complementando assim aquela de Voegelin, Lonergan e Ricoeur. Ademais, por ser quase contemporâneo aos outros quatro, ele também estaria em perfeito acordo com o intervalo de tempo compreendido por este estudo.

No início, contudo, eu não cogitei incluir as outras duas figuras. Se decidi que, caso a inclusão de uma quinta figura se fizesse necessária, essa figura deveria ser Kierkegaard, foi porque, à medida que meu estudo sobre Lonergan e Voegelin abria meus olhos para as diferenças existentes entre ambos, ele também me mostrava que essas diferenças correspondiam àquelas que haviam contraposto Hegel e Kierkegaard no século XIX. Como os problemas que separavam Lonergan tanto de Voegelin quanto de Ricoeur pareciam intimamente relacionados com a tradição existencial e, de modo particular, com o legado de Kierkegaard, a quem estes dois últimos se vinculavam por meio de Karl Jaspers, seu ancestral intelectual, pareceu-me útil inserir Kierkegaard explicitamente na discussão.

Obviamente, em princípio pode parecer estranho que o capítulo dedicado a Kierkegaard venha após a discussão de todos os outros nomes, mas isso se dá exatamente porque sua obra me parece seminal a todas as questões que exploro aqui. Se meu objetivo fosse o estudo histórico da filosofia da consciência, Kierkegaard teria de preceder todos os outros; além disso, ele provavelmente precisaria vir ao lado de uma série de outras figuras do século XIX. Meu projeto, porém, era começar com o grupo mais recente e evocar, do plano de fundo, os nomes que se fizessem mais relevantes à compreensão daquelas figuras (como Kant, Hegel, Schelling). No caso de Kierkegaard, optei por colocá-lo no final para que as questões que surgem no "diálogo" entre todos os outros pudessem ser estabelecidas antes que a contribuição dele se revelasse. Ao contrário dos outros cinco nomes, Kierkegaard parecia conhecido o bastante para prescindir de uma exposição geral, e qualquer tentativa de fazer jus a uma figura tão rica exigiria um espaço excessivo. Ainda assim, seu capítulo é o mais longo do livro, muito embora seu pensamento seja explorado apenas para esclarecer como seus interesses e suas estratégias interpretativas se vinculam e esclarecem as explorações dos outros cinco.

Girard, a figura que resta, também é pensador do século XX. Não pertence, porém, à faixa etária dos outros quatro: é uma geração mais novo, sendo muito provavelmente, ainda, o menos conhecido no mundo de língua inglesa – ainda que sua reputação venha crescendo rapidamente na França, onde suas teorias psicológicas e sociológicas exerceram considerável influência sobre uma ampla gama de disciplinas. Seu principal valor para a presente discussão jaz na nova abordagem que dá à compreensão da psicologia humana.

Ao explorar os problemas levantados pelos outros, cresceu minha certeza de que um tratamento da consciência humana que não dê grande atenção às possíveis distorções causadas pelas várias formas de inclinação inconsciente será inevitavelmente conduzido às suas próprias distorções. Uma das principais contribuições de Paul Ricoeur foi sua tentativa de unir a tradição filosófica da reflexão sobre a consciência à crítica psicológica do viés inconsciente desbravado por Freud. Tal como formulou o próprio Ricoeur, uma hermenêutica que se dedique a determinada tradição de pensamento na esperança de encontrar ou recuperar seus vislumbres mais legítimos precisa ser contrabalançada com uma "hermenêutica da suspeita" que a ajudará a resistir às possíveis ingenuidade e inclinação daquela tradição mesma. Na psicologia girardiana do desejo mimético, encontrei aquela que me parece ser uma hermenêutica da suspeita muito mais penetrante do que Ricoeur ou Freud teriam crido possível. Nessa análise, portanto, optei por colocar o pensamento de Girard ao lado do pensamento de Ricoeur a fim de promover o que me parece ser um equilíbrio necessário à ênfase, mais tradicionalmente filosófica, dos outros pensadores. No capítulo final, "Diferenciação e Integração da Consciência no Indivíduo e na História", também discutirei o pensamento do psiquiatra Jean-Michel Oughourlian, colaborador muito próximo a Girard.

A ordem dos capítulos e a sequência dos pensadores aí abordados estão de acordo com o que acabei por considerar a lógica imanente dessa investigação. Ela tem início com Polanyi porque, na qualidade de cientista convertido em filósofo da ciência, ele apresenta de modo bastante basilar e direto algumas considerações sobre a forma como o pensamento e a investigação sistemática exigem ser compreendidos. Polanyi foi levado a tanto pelo que julgava ser a inadequação do paradigma positivista predominante, à época, na filosofia da ciência. O capítulo seguinte se debruça sobre Lonergan porque, muito embora fosse ele um pensador religioso cujo estímulo imediato advinha de questões teológicas, seu ponto de partida, tal como o de Polanyi, foi a reflexão sobre a prática da investigação científica. Além disso, Lonergan me parece ter ido mais fundo que o próprio Polanyi em algumas das questões que este mesmo levantou acerca da teoria cognitiva, ainda que em relação às ciências naturais.

A filosofia da ciência tende a se debruçar sobre questões referentes aos métodos de conhecer a realidade objetiva. A análise que Polanyi e Lonergan fazem desse conhecimento, porém, introduz tanto o problema da dimensão subjetiva da consciência quanto a questão de seu papel na cognição objetiva. Lonergan insistiu mais do que Polanyi no desenvolvimento do conhecimento "objetivo" da subjetividade, e como resultado desenvolveu-se, na dialética interior de seu pensamento, o que segundo minha leitura parece ser uma tensão persistente entre o ímpeto de questionamento voltado à especificidade do polo objetivo e aquilo que, para Polanyi, jamais deixou de ser a não especificidade do polo subjetivo – ou, como ele muitas vezes chamava, sua "dimensão tácita".

Pode-se formular a questão dizendo que, muito embora Lonergan estimasse verdadeiramente as qualidades únicas da subjetividade e jamais abandonasse por completo a ideia de que a dimensão subjetiva da consciência não pode ser reduzida a um objeto científico, a lógica do questionamento por ele concebida sugeria um movimento nessa direção. As obras tardias de Lonergan enfatizaram cada vez mais aquilo que o autor acabou por denominar "sujeito existencial", mas ele jamais desenvolveu uma análise do tema que fosse tão profunda e minuciosa quanto aquela da cognição objetiva realizada em seu *Insight*. Além disso, até mesmo a atribuição do nome "sujeito" ao foco desse tema tende a conferir-lhe, como mencionado antes, uma condição entitativa. Isso pode não passar de uma questão de ênfase, mas para os outros pensadores aqui estudados a noção do que Lonergan chamava de "sujeito existencial" implica menos um operador entitativo do que um modo de operação. Mesmo sendo uma questão de ênfase, tanto ambiguidade dessa ideia quanto a forma lonerganiana de expressá-la exige certa elucidação, e grande parte desta obra se dedica à forma como os outros pensadores esboçam as possibilidades desse esclarecimento.

Encontrar uma forma de explorar a subjetividade humana que transcendesse qualquer conotação entitativa foi uma preocupação central do pensamento de Voegelin. Isso não quer dizer que ele, nem qualquer um dos pensadores sobre os quais nos debruçamos, fosse incapaz de avaliar as exigências da objetividade cognitiva. Na verdade, esses pensadores não apenas respeitavam as exigências do pensamento científico; eles a compreendiam genuinamente – incluindo Kierkegaard, que muitas vezes é visto (de maneira equivocada, como procurarei mostrar) como um irracionalista anticientífico. Cada um, porém, fez questão de atentar para a diferença, assinalada com gosto por Kierkegaard, entre aquilo que se sabe e aquilo que não se sabe. Ou, então, na linguagem de Gabriel Marcel, nome que será tratado como importante influência de Ricoeur e Girard, eles tendiam a enfatizar a importância de se reconhecer a diferença entre um mistério e um problema. Como ficará claro após o exame de Voegelin, Ricoeur e Kierkegaard, a distinção posterior está intimamente correlacionada com aquela que diferencia as dimensões subjetiva e objetiva da consciência.

Foi com essa questão em mente que Voegelin deu tanta ênfase ao modo como os seres humanos sempre sentiram a necessidade de explorar o mistério da subjetividade, fazendo-o a partir do meio analógico da imaginação mítica. Lonergan, como veremos, por vezes falou do mito como se não passasse de um substituto pré-científico e inadequado da ciência. Voegelin, por sua vez, tinha a ciência em tão alta conta quanto qualquer outro pensador moderno, mas também via o mito – ou, para sermos mais precisos, a metáfora – como um modo de pensamento indispensável em relação à dimensão subjetiva da consciência. Seu próprio pensamento assumiu como ponto de partida as formas como essa exploração metafórica do mistério divino se desenvolveu e operou desde a época de nossos registros mais primitivos até o presente. Ele imaginava a existência do homem como uma peça em que todos nós nos descobrimos atores chamados a desempenhar bem nossos papéis, mas sem possuir nenhum conhecimento claro de quais esses papéis seriam ou poderiam ser. A variedade de mitos desenvolvidos pelo ser humano, pensava Voegelin, nascera da própria tentativa de obter alguma noção do roteiro dessa peça em que se achava envolvido. Além disso, uma vez que essa peça é experimentada como uma atividade em que tanto o sucesso quanto o fracasso são possíveis e em que um significado possivelmente transcendente da existência está em jogo, a questão do mal humano passa a ter uma urgência que não é somente teórica.

Ricoeur tinha em comum com Voegelin o interesse pela imaginação mítica e o problema de compreender a vocação humana como algo orientado tanto à ação no mundo quanto a uma forma de transcendência possível; além disso, ele também partilhava seu interesse pela compreensão de nossas formas de pensar o mal humano. As próprias reflexões de Ricoeur, no entanto, fizeram que ele desse mais ênfase que Voegelin aos possíveis perigos da imaginação mítica e à consequente importância, já mencionada antes, da hermenêutica da suspeita como contrapeso às tentações do mito e da filosofia. Como estratégia, Voegelin tendia a identificar, com base em seu simbolismo historicamente originário – ou, como ele chamava, "primário" –, aqueles mitos passíveis de serem considerados existencialmente autênticos ou fidedignos. Esses mitos expressam o que Voegelin, seguindo Bergson, chamou de existência "aberta", distinguindo-se daqueles que expressavam uma existência "fechada" e que constituíam exemplos de "descarrilamento" existencial. Voegelin não era nada ingênuo quanto à necessidade de olhar com desconfiança os mitos norteadores das comunidades humanas, mas ainda assim é provável que Ricoeur o julgasse ingênuo por crer que os mitos pudessem ser claramente divididos entre autênticos e inautênticos. Ricoeur sente forte afinidade pelo mito adâmico da queda humana universal. O traço da hermenêutica da suspeita que acabou por valorizar em Freud, portanto, foi o fato de nele a suspeita ser antes direcionada contra o próprio indivíduo e sua suscetibilidade às tentações das imagens egoístas e enganadoras. Os mitos, diria Ricoeur, podem nos desviar ou podem nos guiar rumo à verdade existencial, e cada um deles traz às nossas vidas um claro-escuro de vislumbre e tentação que exige uma vigilância constante.

A contribuição especial de Girard nesse contexto jaz na forma como ele procurou descobrir os mecanismos psicológicos que governam nossas imaginações e que nos impelem, na medida em que inconscientemente os deixamos controlar-nos, aos males da destruição mútua ou da vitimização. Tanto Voegelin quanto Ricoeur tendiam a tratar o mal humano como um mistério, bem ao estilo de Marcel. Girard, por sua vez, trata-o como um problema dotado de estrutura inteligível definida, ainda que sua solução possa implicar certa dimensão misteriosa. O mal do homem sempre nos pareceu um mistério, sugere ele, porque os mecanismos de controle da psicologia humana não apenas passam despercebidos, mas são sistematicamente falsificados por uma série de evasões chamadas "românticas" – das quais a ênfase dada por Freud à força objetiva do desejo sexual constitui um exemplo entre tantos outros. Girard e Oughorlian acreditam que, em seu nível mais basilar, todos os seres humanos se deixam mover pelo ímpeto de imitar inconscientemente não apenas o comportamento objetivo dos outros, mas também suas atitudes subjetivas. Isso os levou a revisar por completo toda a estrutura da psicologia freudiana. De modo muito especial no pensamento de Girard, essa revisão culminou numa crítica radical da religiosidade tradicional e suas mitologias. Para que se esclareça como tudo isso se desenvolveu, será preciso aguardar tanto o capítulo sobre Girard quanto o capítulo final; no entanto, poderíamos formular suas implicações para o estudo de Voegelin dizendo que, enquanto ambos tendem a usar a hermenêutica da recuperação a fim de encontrar alguma sabedoria no pensamento mítico – ainda que tal hermenêutica venha em alguma medida contrabalançada por uma hermenêutica da suspeita –, Girard coloca a hermenêutica da suspeita em posição central e a direciona contra todo o pensamento mítico. Se Voegelin e Ricoeur buscam discernir, na peça universal da vida humana e de suas expressões mitológicas, certos traços do roteiro que lhes ofereçam pistas do significado inerente da existência do homem, Girard acredita ter descoberto o esboço essencial do roteiro mítico e o considera completamente sinistro: trata-se da matança infindável, duplicada, negligente e compulsiva da vítima sacrificial.

Girard aborda o tema com um fervor profético exatamente porque também crê que, por mais compulsivo que seja esse cenário, ele não é inevitável. O deciframento e a desmistificação desse roteiro sinistro, tal como o desvelamento do mecanismo que nos leva a interpretar repetidamente, podem ao menos servir para aplacá-lo. No entanto, Girard se mostra pouco otimista quanto a essa possibilidade. Na verdade, ele crê que o *mécanisme victimaire* – ou "mecanismo vitimário" – encontra-se tão enraizado na natureza humana que tudo o que nos resta é esperar que, por meio da consciência de seu funcionamento, possamos adquirir uma pequena libertação em nossas vidas que possibilite o exercício da verdadeira liberdade. Isso exige vigilância constante – sobretudo, uma vigilância que se debruce sobre nós mesmos. Além disso, mesmo em seu mais alto grau de lucidez, essa vigilância jamais extirpará de nossas vidas o poder do mecanismo e a possível sedução do pensamento mítico que ele emprega para nos atrair a suas redes.

Já pude mencionar aqui o fato de que, embora Girard siga a concepção de Marcel e veja o mal humano como um problema, e não como um mistério, a solução desse problema conserva, para ele, uma dimensão misteriosa. Apesar de sua descrença em todas as tradições de pensamento mítico e de sua crítica veemente àquilo que chama de "cristianismo histórico", Girard recorre à linguagem teológica cristã para falar da possibilidade da transcendência. Suas obras que antecedem *A Violência e o Sagrado* nada dizem sobre isso, mas os escritos posteriores – a maioria ainda não traduzida do francês – veem Cristo como a encarnação do Deus não violento que é tanto inteligência quanto amor e que sempre toma partido da vítima. Com seu pensamento religioso já elaborado, Girard vê Cristo não apenas como o símbolo, mas como a presença verdadeiramente viva daquilo que, para alguns dos outros pensadores deste estudo, seria chamado de subjetividade existencial plenamente desenvolvida. Ao mesmo tempo, porém, Girard é tão crítico quanto todos os outros da noção de sujeito entitativo, a qual considera mitológica não somente no sentido pré-científico do termo, mas também, e de maneira mais importante, naquilo que julga ser o sentido distintamente sinistro que é parte necessária da mentalidade sacrificial nascida do *mécanisme victimaire*. Para Girard, o "cristianismo histórico" e sua concepção de Jesus como sacrifício expiatório invertem essa mentalidade e revelam o que para ele é a verdade essencial da fé cristã.

A antropologia teológica a que Girard um tanto esboçadamente aponta envolve uma demitologização muito mais radical do que Lonergan e Rudolf Bultmann jamais imaginaram. Ela também implica uma teologia e uma cristologia que enfatizam que o verdadeiro Deus deve ser encontrado em Cristo e que Cristo não deve ser entendido como um sujeito entitativo sacralizado; só se deve buscá-lo na vida transcendente representada pela presença subjetiva, e potencialmente universal, do Deus encarnado.

Expressar-se dessa maneira, claro, é empregar a linguagem de Kierkegaard e começar a sondar temas de obras como *Migalhas Filosóficas* e *Post Scriptum Final Não Científico às Migalhas Filosóficas*, tal como de outros títulos cruciais a seu cânone, como *Temor e Tremor*, *O Desespero Humano* e *O Conceito de Angústia*. Creio que, após ter percorrido a dialética dos outros cinco pensadores, o leitor notará alguns dos vários motivos que levaram essa investigação a culminar no reexame do pensamento de Kierkegaard e de suas implicações para a filosofia cristã de nossa época.

Um dos principais pontos a unir as figuras aqui estudadas é o fato de cada uma delas estar intimamente associada ao pensamento cristão e ter procurado assinalar caminhos para seu desenvolvimento futuro – ainda que, em alguns casos, essa relação possa ser um tanto problemática do ponto de vista do ortodoxo.

Uma grande dose de controvérsia, por exemplo, circundou a questão de se Voegelin, muito embora fizesse inúmeras referências positivas a Cristo e à doutrina da Encarnação, de fato poderia ser considerado um pensador cristão. Eu mesmo explorei esse tema num artigo publicado em 1978 na *The Thomist* e num dos capítulos, intitulado "Filosofia da Religião", de meu livro sobre o autor.[15] Não há necessidade de detalhar minha análise aqui. Bastará talvez expressar, uma vez mais, sua conclusão básica: a de que, embora não frequentasse qualquer igreja e claramente não fosse um cristão *ortodoxo*, Voegelin ainda se via como um pensador cristão, sendo sensato, portanto, falar dele como se fosse um. Ele não foi o primeiro pensador cristão heterodoxo de relevância e nem será o último – e talvez se mostre extremamente importante para a saúde e o futuro do cristianismo que continuem a haver figuras dissidentes que, não obstante, ainda o levem a sério e o vejam como um portador de verdades espirituais, apesar do que julgam ser sua decadência histórica.

Algo que afirmei sobre o pensamento de Voegelin naquele estudo e que pode ajudar a esclarecer sua relevância para o problema da filosofia cristã tanto em nossa época quanto entre o presente grupo de pensadores foi o fato de que, "do ponto de vista de Eric Voegelin, a encarnação não é algo que ocorre exclusivamente em Jesus, mas é o mesmo mistério da participação divino-humana na qual todos os seres humanos estão

---

[15] Eugene Webb, "Eric Voegelin's Theory of Revelation". *The Thomist*, vol. 42, 1978, p. 95-122. Cf. Eugene Webb, *Eric Voegelin: Philosopher of History*, op. cit., p. 211-36. O artigo sobre a teoria da revelação de Voegelin foi também reimpresso em *Eric Voegelin's Thought: A Critical Appraisal*. Ed. Ellis Sandoz. Durham, Duke University Press, 1982, p. 157-78.

envolvidos – a ponto de que se mostram à altura de sua humanidade potencial".[16] Também reproduzi uma citação do próprio Voegelin: "A encarnação transfiguradora (...) não tem início com Cristo, como Paulo supunha, mas se torna consciente por meio de Cristo e da visão paulina como o *telos* escatológico do processo transfigurador que se dá na história antes e depois de Cristo e que constitui seu significado".[17]

Essa breve citação deve esclarecer onde o ortodoxo provavelmente encontrará a principal diferença entre seu pensamento e o pensamento de Voegelin. Se lida à luz da discussão sobre Girard exposta antes, ela também deve esclarecer algo aquilo que ele e Voegelin têm em comum. Também espero que o capítulo dedicado a Kierkegaard elucide o que o pensamento de cada um deles tem em comum com as reflexões deste último sobre o significado da fé cristã.

Em seus escritos, Polanyi não falou tanto quanto Voegelin sobre o pensamento cristão, mas ainda assim são inúmeras as suas referências aos Evangelhos. Além disso, ele sempre se considerou intimamente relacionado à tradição cristã, ainda que com leves desvios. Polanyi também não pertencia a igreja alguma; no entanto, em diversos momentos de sua vida, ele parece ter se esforçado mais do que Voegelin para alinhar-se com alguma tradição eclesiástica. Seu filho, John Polanyi, contou-me que o pai gostava de frequentar a Igreja Anglicana em suas principais festividades, tendo mesmo discutido, com alguns padres, a possibilidade de uma filiação formal. Tais discussões jamais deram frutos, mas o fato de terem existido indica tanto a afinidade de Polanyi pela tradição cristã quanto um sentimento de estranheza com relação a alguns aspectos de sua expressão tradicional. O cristianismo protestante de Ricoeur, por sua vez, sempre se mostrou claro, mas a maneira como o autor explorou a tradição também foi original, minuciosa e até mesmo desafiadora, tal como no caso de Voegelin e Polanyi.

---

[16] Eugene Webb, *Eric Voegelin: Philosopher of History*, op. cit., p. 233.

[17] Eric Voegelin, *Order and History*. Vol. 4: *The Ecumenic Age*. Baton Rouge, Louisiana State University Press, 1974, p. 269-70.

Lonergan, claro, foi eminentemente ortodoxo como sacerdote e teólogo da Igreja Católica Romana. Ele é menos conhecido do público em geral do que figuras como Karl Rahner, Hans Küng ou Edward Schillebeeckx, para nomearmos apenas alguns dos outros proeminentes pensadores católicos modernos; contudo, na condição de professor de teologia sistemática da Universidade Gregoriana, ele formou uma geração inteira de teólogos nas décadas de 1950 e 1960, procurando estabelecer – com aparente sucesso, a julgar por sua influência – os fundamentos metodológicos do pensamento teológico para o século seguinte.

Do mesmo modo, talvez Lonergan seja a única figura aqui estudada que não incluiu Kierkegaard entre suas influências ou, até mesmo, entre as figuras sobre as quais se debruçou. Como teólogo católico de formação tradicional, ele esteve imerso no pensamento de Santo Tomás de Aquino; além disso, apesar das críticas que lhe faz, ele também fala de Hegel como um importante ponto de retorno à redescoberta do mundo da interioridade que Tomás de Aquino havia explorado antes de Scot ou Ockham conduzirem o pensamento subsequente por outros caminhos. A ênfase particularmente protestante de Kierkegaard, por sua vez, não parece ter suscitado em Lonergan nenhum interesse especial.

Já pude mencionar como a comparação de Lonergan e Voegelin me levou a concluir, quando de minha pesquisa para este volume, que a diferença entre ambos encontra um importante paralelo na diferença que existira entre Hegel e Kierkegaard no século precedente. Em grande medida, podemos dizer que Hegel e Kierkegaard estabeleceram a linha demarcatória ao longo da qual as possibilidades da filosofia cristã moderna necessariamente se dividem, e as tensões – quiçá os conflitos – entre o pensamento de Lonergan e o pensamento dos outros pensadores aqui representados refletem essa divisão fundamental.

Colocando a questão nos termos mais simples possíveis, Hegel acreditava que o objetivo do pensamento e do desenvolvimento espiritual humano se encontra na transcendência definitiva da diferença entre sujeito e objeto. Essa transcendência deveria ser conquistada na contemplação da Ideia Absoluta em que toda a história humana – e até mesmo cósmica – culminava. A afinidade do pensamento de Lonergan pelo estímulo hegeliano pode ser observada naqueles trechos de seu *Insight* em que a questão da existência de Deus é vinculada à "ideia do ser", tratada como "o conteúdo de um ato irrestrito de compreensão que inicialmente se compreende a si próprio e, consequentemente, apreende toda a outra inteligibilidade".[18] A ideia da união definitiva entre sujeito e objeto no alto da hierarquia do ser é enfatizada ainda mais quando Lonergan se refere a Deus como o "ser primeiro" que deve ser compreendido como "espiritual no sentido pleno da identidade do inteligente e do inteligível".[19] A diferença entre o pensamento de Lonergan e o pensamento de Hegel está no fato de Lonergan designar essa ideia de ser como algo que é sobrenatural e que não tem continuidade com o desenvolvimento intelectual humano. Ainda assim, do ponto de vista de um Kierkegaard ou de algumas das figuras aqui discutidas que enfatizam a irredutibilidade final da distinção sujeito-objeto, essa diferença entre Lonergan e Hegel pode não ser tão importante quanto a semelhança que ela procura negar.

Num dos mitos filosóficos esboçados no *Fedro*, Platão faz seu Sócrates imaginar o universo como se demarcado por uma linha divisória entre o cosmo e o que está além dele. Os deuses, diz Sócrates, podem se colocar no alto do céu e contemplar, em visão direta e clara, o reino das Ideias que se encontra além dali. Recorrendo ao poder de um deus, os seres humanos também podem ascender, mas continuam incapazes de obter algo além de vislumbres fragmentados e confusos das Ideias. Esse mito muito agradava a Voegelin, que enfatizou a importância de aceitar as limitações ali delineadas da posição do homem no cosmo. Aquilo que Voegelin chamou de descarrilamentos "gnósticos" da verdadeira filosofia nada mais era do que a presunção de transcender a condição humana e de contemplar diretamente, à maneira dos deuses de Platão, o conteúdo do Além. As críticas constantes que Voegelin dirigia a Hegel tinham como base a

---

[18] Bernard Lonergan, *Insight: Um Estudo do Conhecimento Humano*. Trad. Mendo Castro Henriques e Artur Morão. São Paulo, É Realizações, 2010, p. 601.
[19] Ibidem.

crença de que essa contemplação não era apenas possível, mas essencial à vocação filosófica.

Voegelin, contudo, talvez não tenha atentado o bastante para a ambiguidade inerente ao mito platônico. O mito claramente coloca os seres humanos abaixo dos deuses na hierarquia do conhecimento, mas também descreve essa hierarquia como se culminasse num reino em que o conhecimento ideal e a perfeição do ser são uma coisa só. Dependendo do aspecto enfatizado, ele pode apontar tanto para a imperfeição do conhecimento humano do Além quanto para a ideia de que pelo menos alguns vislumbres dele são possíveis e de que seu conhecimento perfeito cabe aos conhecedores que transcendem a condição humana. Cada qual à sua maneira, tanto Hegel quanto Voegelin se deixaram seduzir pelas implicações demasiadamente ambíguas da imagística de Platão.

Grande parte da tradição filosófica ocidental desde Platão esteve empenhada no mesmo tipo de pensamento e aspiração expresso por Hegel. *A Grande Cadeia do Ser*, clássico estudo de Arthur O. Lovejoy, rastreia os diversos modos pelos quais as ideias da hierarquia ontológica foram exploradas desde Platão até os idealistas alemães do século XIX. O que se faz relevante para a nossa análise é a clareza com que se revela, no retrato desenvolvido por Lovejoy, que a diferença entre um Tomás de Aquino e um Hegel nessa tradição pouco ultrapassa uma diferença de ênfase ou tonalidade, com a semelhança de sua linhagem sendo mais importante do que quaisquer divergências. Nesse aspecto, ambos os pensadores – tal como o Lonergan de *Insight*, seu descendente intelectual – podem ser vistos como membros de uma tradição geral que concebia Deus e o homem como se unidos numa ordem abrangente do ser, a qual possui o caráter último da idealidade lógica e culmina na identidade entre pensamento e ser.

Na tradição cristã europeia, houve também uma escola de pensamento divergente, da qual Guilherme de Ockham foi um importante porta-voz no século que sucedeu Tomás de Aquino. Para ela, Deus não devia ser concebido de modo que sua liberdade e soberania absolutas fossem reduzidas pela subordinação à necessidade de uma ordem ideal abrangente.²⁰ Para Ockham, afirmar, como fizera Tomás de Aquino, que Deus desejava o bem por necessidade de sua própria natureza insinuava que Deus estava subordinado à lógica imanente de seu ser ou essência. Como solução, Ockham enfatizou a autonomia soberana de Deus a ponto de declarar até mesmo que, por uma simples ordem, Ele poderia desejar o mal e converter o mal em bem. No passado, grande parte do pensamento cristão se dividiu entre esses dois extremos: entre o essencialismo objetivista e o existencialismo subjetivista – entre um Deus de estrutura lógica e a caricatura monstruosa de um egoísmo humano voluntarista.

Esses dois caminhos primitivos do pensamento cristão parecem ter se esgotado e perdido sua clientela, tal como pode acontecer com o cristianismo como um todo, caso não se converta em algo diverso da racionalização de uma mitologia decadente. Assim, ao menos para alguns leitores, um outro valor a ser encontrado no estudo desses seis pensadores está no fato de eles terem se empenhado, como exploradores de novas possibilidades para o pensamento religioso, na busca de um caminho que está além desses impasses primitivos, abordando em vez disso a relação entre a subjetividade e a objetividade na consciência. Nas páginas que se seguem, procurarei esclarecer como eles o fizeram e como, pela exploração de ponderações intelectuais e psicológicas, acabaram trazendo à tona questões que deverão ser examinadas por qualquer pensamento cristão que deseje ser levado a sério.

Nem todos os leitores deste livro, porém, estarão interessados nesses pensadores como filósofos especificamente religiosos – e isso por razões compreensíveis. Muitos investigadores modernos costumam agir com cautela diante da linguagem altamente conotativa das tradições religiosas, e para alguns deles a linguagem da psicologia acabou por servir como uma ótima substituta. Eu mesmo acredito que, em nosso século, uma filosofia da religião adequada, tal como uma filosofia da consciência adequada, deverá

---

²⁰ Para um estudo sobre o tema explicitamente destinado a complementar o de Lovejoy, ver Francis Oakley, *Omnipotence, Covenant, and Order: An Excursion in the History of Ideas from Abelard to Leibniz*. Ithaca/Londres, Cornell University Press, 1984.

levar em consideração as ideias desenvolvidas pelas várias escolas psicanalíticas, e no último capítulo eu examinarei com certa minuciosidade as teorias especificamente psicológicas do colaborador de Girard, o psiquiatra Jean-Michel Oughourlian.

Independentemente do interesse e do ponto de partida do leitor – seja ele filosófico, teológico ou psicológico –, espero que o estudo desses seis pensadores sirva para abrir as portas à exploração do problema e do mistério que existem no âmago de toda experiência humana. No mundo do pensamento moderno, o desafio filosófico fundamental que cada um de nós enfrenta é aquele de descobrir uma forma de reconciliar as exigências da diferenciação da consciência com a necessidade de integrá-la. Esse não é um desafio inteiramente novo, claro. Como insistiu Voegelin, trata-se de algo que, para os que pertencem à tradição europeia, vem desde a Grécia antiga, com os primeiros sopros de reflexão sistemática acerca da estrutura e do dinamismo da consciência interrogativa. De qualquer forma, temos aí um desafio que tem se tornado cada vez mais premente, a ponto de já não haver mais ninguém entre nós que não experimente com clareza a insistência de suas reivindicações e não se sinta, assim, de algum modo ameaçado pela possível perda da integridade psíquica e do senso de orientação espiritual. Sem dúvida, muitas das perturbações da cultura moderna resultam de tentativas individuais ou coletivas de recuperar o senso de integridade ou orientação por meio do descarte desse desafio em prol de determinada forma de afirmar uma intuição imediata da verdade, do ser ou do bem. Quaisquer que sejam as suas diferenças, os seis pensadores aqui estudados concordam que essa não é uma alternativa legítima e que o único caminho rumo à verdadeira integração da consciência não é aquele que contorna, e sim aquele que atravessa a experiência de sua diferenciação. Nosso desafio, sugerem eles, é percorrer esse caminho esperançosamente até o fim, onde também esperam que encontremos a plenitude da vida pela qual ansiamos.

1. Michael Polanyi: consciência como atenção focal e subsidiária

Dos quatro pensadores a serem estudados neste livro, Michael Polanyi é o único – exceção feita, talvez, a Eric Voegelin – a oferecer algo particularmente exuberante no que diz respeito ao seu plano biográfico. Até mesmo no caso de Polanyi, devemos dizer, tal exuberância repousa menos em sua própria vida do que na vida de sua família: os Polanyi deixaram a Hungria no início do século XX para frequentar diversos ambientes e desempenhar, em cada um deles, papéis importantes. Peter Drucker, amigo próximo de Karl, irmão mais velho de Polanyi, escreveu recentemente sobre a família em sua biografia, *Adventures of a Bystander*.[1] Ele afirma que o pai de Polanyi "nascera entre 1825 e 1830 num pequeno assentamento judeu localizado nas montanhas húngaras" e que, após tomar parte na revolta da Hungria contra os Habsburg em 1848, "fugiu para a Suíça, onde estudou engenharia e tornou-se um calvinista inflexível".[2] Lá, afirma Drucker, casou-se com uma condessa russa anarquista que também fugira para a Suíça após planejar um ataque a bomba (para o qual ela mesma construíra o artefato no laboratório químico da Escola do Czar para as Filhas da Nobreza). Na década de 1920, o mais velho dos

---

[1] Peter Ferdinand Drucker, *Adventures of a Bystander*. Nova York, Harper and Row, 1979.
[2] Ibidem, p. 127.

irmãos de Polanyi, Otto, tornou-se um grande industrialista na Itália, onde mudou seu nome para Otto Pol.³ Ele também se tornou marxista e patrocinador do jornal socialista *Avanti*, editado por Mussolini. Mais tarde, Otto se decepcionou com o marxismo e se converteu a uma ideologia política nacionalista de unidade social que se baseava no Estado coletivo. Foi essa, claro, a ideologia que acabou conhecida como fascismo. Otto sem dúvida desempenhou um papel de relevância na conversão de Mussolini a ela. Em seguida, contudo, decepcionou-se também com o fascismo e com Mussolini, tornando-se, segundo Drucker, "um velho arruinado e amargo".⁴ O próximo irmão em idade, Adolph, migrou para o Brasil no intuito de buscar "uma sociedade inter-racial em que brancos, negros e índios se misturassem para criar uma civilização nova, ao mesmo tempo moderna e tribal, livre mas sem traços de individualismo".⁵

Depois de Otto e Adolph havia Mousie, a irmã que já aos 19 anos, por volta de 1900, liderava o movimento *folk* húngaro.⁶ Esse movimento ostentava tanto um lado artístico (Bartók e Dohnanyi) quanto uma visão política e social – aquela de uma vida centrada na aldeia comunitária. Mousie Polanyi editou a revista do grupo e, valendo-se dela, ajudou a defini-lo e direcioná-lo. Um de seus seguidores era Josip Broz, futuro Marechal Tito, cujas ideias sobre

---

³ Devo assinalar, contudo, a dificuldade de precisar o quão confiável é a descrição que Drucker faz da história da família. Ele aparentemente obteve de Karl as suas informações. Procurei confirmá-las com John, filho de Michael Polanyi que seguiu o pai na área da físico-química e é hoje professor da Universidade de Toronto. John não tinha conhecimento de algumas das coisas relatadas por Drucker, e em alguns casos sua impressão da história da família era bastante distinta. John, por exemplo, jamais ouvira falar do tio Otto, e a descrição de seu avô como "calvinista inflexível" e de sua avó como condessa russa também lhe era completamente nova. Para ele, seus ancestrais judeus tinham se tornado agnósticos liberais na época de seu avô. É possível, no entanto, que esses aspectos da história familiar simplesmente não tenham sido discutidos na casa de John após Michael ter deixado aquele outro mundo para trás, mudando-se para a Inglaterra a fim de escapar da Alemanha de Hitler. Além disso, como membro da geração de Karl e velho amigo da família, Drucker teria conhecimento em primeira mão de certos acontecimentos que, enquanto John crescia, há muito já faziam parte do passado.

⁴ Peter Ferdinand Drucker, op. cit., p. 129.

⁵ Ibidem.

⁶ John Polanyi diz que o nome de sua tia na verdade era Laura, mas que de fato todos a chamavam de Mousie.

a aldeia comunitária e a comunidade industrial autogovernantes, segundo Drucker, não se fundamentavam no marxismo, mas no movimento da "sociologia rural" de Mousie.[7]

Karl Polanyi, que acabou tornando-se professor de história da economia em Bennington e Columbia, estava entre Mousie e Michael em idade. Quando, no deprimente período que sucedeu a Primeira Guerra Mundial, Drucker o conheceu em Viena, Karl editava o *Austrian Economist* e vivia na pobreza, destinando a maior parte de sua renda ao amparo dos refugiados húngaros. Ele é hoje mais conhecido por seu *A Grande Transformação*,[8] um estudo sobre os efeitos sociais e culturais das economias capitalistas de mercado, escrito após sua imigração para os Estados Unidos, pouco antes da Segunda Guerra Mundial. Sua principal afirmação é a de que, no desenvolvimento, o que mais importava era a extensão do sistema de mercado e da lei impessoal da oferta e da procura não somente aos bens e ao capital – em relação aos quais funcionavam apropriadamente –, mas também à terra e, de modo especial, ao trabalho. Assim, as pessoas eram vistas como mercadorias dotadas tão somente de valor econômico. A fim de combater essa tendência desumanizadora, Karl defendeu a redistribuição das riquezas e a reciprocidade dos compromissos e obrigações de acordo com normas que fossem sociais e políticas, e não econômicas. Ele esperava encontrar na história algum precedente desse sistema – tanto o exemplo de alguma alternativa possível quanto uma prova de sua viabilidade –, mas acabou passando toda a vida nessa busca: jamais lhe foi possível descobrir qualquer caso que merecesse um escrutínio cuidadoso. Não obstante, ele acreditava que, se sua alternativa não fosse colocada em prática, o fim lógico e inevitável do capitalismo estaria na tirania fascista. Foi a necessidade de continuar se opondo a esse destino trágico e iminente que, apesar de todas as frustrações, moveu sua vida. "Se há um artigo de fé", diz Drucker, "ao qual todos os Polanyi – do pai de Karl em diante – subscreveram foi o que diz que aqueles liberais da Escola de Manchester que adotavam o *laissez-faire* estavam equivocados

---

[7] Peter Ferdinand Drucker, op. cit., p. 130-31.

[8] Edição brasileira: Karl Polanyi, *A Grande Transformação. As Origens de Nossa Época*. Rio de Janeiro, Campus, 2011.

ao afirmar que o mercado é a única alternativa para a servidão. Com efeito, o credo mercadológico dos liberais de Manchester pode ser considerado o inimigo hereditário da Casa dos Polanyi".[9] "Todavia, quanto mais Karl mergulhava na pré-história, na economia primitiva e na Antiguidade clássica", continua ele, "mais encontrava provas a favor do credo odiado e desprezado de Ricardo e Bentham, tal como do credo dos bichos-papões contemporâneos Ludwig von Mises e Frederick Hayek, da Escola Austríaca".[10]

Drucker insinua que também Michael Polanyi buscou uma alternativa naquilo que denominou – de modo um tanto estranho, se colocado à luz dos escritos de Polanyi – "indivíduo estoico isento de desejos".[11] Afirma Drucker:

> No início, a exemplo de todos os Polanyi, seu interesse se dirigiu à sociedade e aos processos sociais. Ele se voltou à ciência a fim de encontrar um meio de escapar tanto do capitalismo burguês que negava a comunidade quanto do socialismo marxista, que negava a liberdade e a pessoa. Em pouco tempo, contudo, desistiu da sociedade e tornou-se filósofo humanista, opondo-se tanto ao positivismo e racionalismo dos "liberais" tradicionais quanto ao coletivismo anti-humano dos socialistas e marxistas. A existência humana, segundo Michael Polanyi, é a existência de um indivíduo isolado, o qual fundamenta-se em valores e na ética, e não na lógica e na razão.[12]

Este último comentário muito provavelmente teria desconcertado Polanyi, uma vez que seus escritos, além de terem implicações políticas e sociais importantes, se dedicavam sobretudo, e com apaixonada intensidade, à compreensão e elucidação do funcionamento da verdadeira inteligência – à abertura, portanto, de um caminho mais claro para a vida da razão. Era isso o que ele buscava, mais do que qualquer outra coisa, para solucionar os problemas que haviam se tornado prementes entre os vários Polanyi de sua geração e da geração de seu pai. Porém, muito longe de desistir da sociedade, ele afirmava que apenas com a cooperação

---

[9] Peter Ferdinand Drucker, op. cit., p. 138.
[10] Ibidem, p. 138.
[11] Ibidem.
[12] Ibidem, p. 131-32.

mútua no avanço do entendimento e na ação responsável é que o progresso pleno da pessoa humana pode se realizar.[13] Ademais, não fica claro, nos escritos de Polanyi, o que Drucker poderia ter encarado como defesa do indivíduo "isento de desejos", dado que Polanyi se opõe à ideia do cientista inteiramente desapegado e defende o papel necessário da paixão intelectual nas investigações.[14]

Esse cenário de preocupações políticas e culturais é importante porque torna claro o que, de outro modo, talvez acabasse ignorado em virtude da ênfase dada por este estudo a questões teóricas referentes à consciência e à cognição. De fato, as implicações práticas, éticas e políticas dessas questões foram de crucial importância para cada um dos pensadores que serão examinados. Voegelin é sem dúvida reconhecido como filósofo político, e ele mesmo esteve intimamente ligado, quando em Viena, aos círculos intelectuais dos dois "bichos-papões" de Karl: Hayek e Mises. Além disso, não obstante sua reputação – em grande medida injustificável – de intelectual "conservador", Voegelin também diferia desses economistas políticos do mesmo modo como, segundo Drucker, Michael o fazia. Mesmo sem acreditar na coerção – ainda que para fins louváveis –, ele se oporia tanto quanto Polanyi à ideologia do *laissez--faire*. No plano prático, o princípio fundamental dessa crença é a centralização de todo valor genuíno nos desejos egoístas dos agentes econômicos – princípio que Voegelin criticou explicitamente em seu estudo sobre Helvétius, no qual assinala a correspondência entre o conceito de *amour de soi* por este desenvolvido e o *amor sui* que Agostinho opôs ao que, segundo acreditava, era o verdadeiro centro da vida da alma, no *amor Dei*.[15]

Como autor de ensaios políticos e membro do comitê editorial do periódico católico de esquerda *Esprit*, Paul Ricoeur também se mostrou interessado em questões políticas. Quando reitor da Universidade de Paris em Nanterre, esteve também ativamente envolvido nos acontecimentos da França do final da década de

---

[13] Ver, por exemplo, Michael Polanyi, *The Study of Man*. Chicago/Londres, University of Chicago Press, 1959, p. 60.

[14] Ibidem, p. 36-37.

[15] Eric Voegelin, *From Enlightenment to Revolution*. Ed. John H. Hallowell. Durham, Duke University Press, 1975, p. 45-51.

1960.[16] René Girard, compatriota mais novo que Ricoeur, não esteve envolvido na política de modo particular, o que talvez se explique, em parte, pelo fato de sua carreira acadêmica ter sido construída fora da França; no entanto, as implicações sociais e políticas de algumas de suas ideias atraíram a atenção de muitos pensadores franceses contemporâneos, incluindo aí economistas, cientistas políticos e sociólogos.[17]

Bernard Lonergan, que passou toda a carreira como professor jesuíta de teologia, talvez pareça a figura menos propensa a envolver-se diretamente com questões políticas e econômicas; no entanto, segundo revelam estudos recentes sobre o seu pensamento, os escritos do autor expressam uma filosofia da história altamente desenvolvida, e na década que antecedeu a sua morte, dada em 1984, seus principais esforços acadêmicos se destinavam à conclusão de um livro sobre teoria econômica iniciado na década de 1930.[18]

Podemos solucionar, com grande facilidade, o suposto paradoxo existente no fato de os pensadores que enfatizaram uma teoria aparentemente abstrata também se mostrarem dedicados à cultura, à sociedade, à política e à economia. Isso nada mais é do que a expressão da crença no princípio platônico de que a ordem social e política tanto nasce quanto depende da ordem correta que há no interior do indivíduo: a ação inteligente e adequada no mundo depende da compreensão adequada de si mesmo e da própria situação no contexto abrangente da realidade.

Retornando, porém, a Michael Polanyi, sua própria carreira foi a de um cientista que acabou se dedicando ao processo cognitivo que experimentara na prática da ciência. Seu trabalho científico se

---

[16] Para traduções de alguns dos seus escritos políticos, ver Paul Ricoeur, *Political and Social Essays*. Ed. David Stewart e Joseph Bien. Athens, Ohio University Press, 1975.

[17] Ver, por exemplo, os ensaios do Colloque de Cerisy, realizado em junho de 1983: Paul Dumouchel (ed.), *Violence et Verité: Autour de René Girard*. Paris, Grasset, 1985.

[18] Sobre a filosofia da história de Lonergan, ver Thomas J. McPartland, *Horizon Analysis and Historiography: The Contribution of Bernard Lonergan toward a Critical Historiography*. Washington, University of Washington, 1976 (Tese de Doutorado). Sobre a teoria econômica de Lonergan, ver William Mathews, "Lonergan's Economics", *Method: Journal of Lonergan Studies*, vol. 3, n. 1, março de 1985, p. 9-30.

destacou, e dizem que, certa feita, seu nome foi aventado como possível candidato ao Prêmio Nobel de física ou química.[19] Sua obra abarcou ambas as disciplinas. Em 1923, ele foi selecionado para o Kaiser Wilhelm Institut für Physikalische Chemie, tornando-se membro perpétuo em 1929 – muito embora renunciasse à posição em 1933, quando se instalou permanentemente na Inglaterra e tornou-se professor de físico-química da Universidade de Victoria, em Manchester. Em 1944, foi eleito membro da Royal Society.

A partir da descrição que ele mesmo faz, temos a impressão de que o interesse de Polanyi pela reflexão filosófica acerca da ciência e da cognição nasceu, em grande medida, de seu desgosto pelos argumentos do positivismo que então vigoravam. Essa corrente fora representada, na Viena de sua juventude, por Ernst Mach, enquanto na Inglaterra sua manifestação se deu sob a influência de figuras advindas do "Círculo de Viena" de Moritz Schlick. Para que fiquem claras as questões aí envolvidas, será útil examinar de modo conciso o positivismo com que Polanyi provavelmente esteve familiarizado.

Embora o termo "positivismo" derive de Saint-Simon e Auguste Comte, a maior influência da tradição positivista da Europa Central vinha de John Locke e David Hume, filósofos britânicos mais antigos. A história desse desenvolvimento foi muito bem contada por David F. Lindenfeld em *Transformation of Positivism: Alexius Meinong and European Thought, 1880-1920*. Dos empiristas britânicos, diz Lindenfeld, vieram três pontos de partida cruciais: (1) o modelo atomístico dos conteúdos mentais e da realidade correspondente; (2) a abordagem analítica do conhecimento; e (3) o critério introspectivo, a ideia de que todo conhecimento real advém da percepção interior e dos conteúdos mentais. Acerca do modelo atomístico, ele afirma ter sido Locke quem consolidou a ideia da mente como algo constituído "sobretudo de uma série de experiências distintas, e semelhantes a pepitas, chamadas 'ideias' ou 'representações'".[20] Associada à concepção de Locke encontrava-se a teoria corpuscular da

---

[19] Peter F. Drucker, op. cit., p. 131. Seu filho, John Polanyi, ganhou o Prêmio Nobel de Química em 1986.

[20] David F. Lindenfeld, *The Transformation of Positivism: Alexius Meinong and European Thought, 1880-1920*. Berkeley e Los Angeles, University of California Press, 1980, p. 17.

realidade física e a tendência de ver as "ideias" e as unidades físicas corpusculares como fundamentalmente semelhantes em estrutura e em sua constância temporal.

Intimamente relacionada ao modelo atomístico estava a abordagem analítica, a crença em que "a melhor forma de descrever um tema complexo – a mente humana, por exemplo, ou então a propriedade de corpos físicos brutos – era fragmentando-o em seus elementos ou 'partes' conceituais mais simples e descrevendo-os separadamente".[21] O resultado natural dessa abordagem, claro, foi "a inclinação ao reducionismo – isto é, a tendência de derivar todas as ideias de um único tipo homogêneo".[22] Uma realidade que só poderia ser conhecida a partir de elementos concebidos atomisticamente jamais poderia ser concebida, sem qualquer inconsistência intelectual, como se envolvesse sistemas abrangentes com unidade, totalidade e integridade próprias.

A contribuição especial de Ernst Mach, que veio a ocupar a cadeira de Franz Brentano na Universidade de Viena, foi a recuperação e o esclarecimento desses princípios derivados dos empiristas britânicos. "A função de Mach na transformação do pensamento positivista", diz Lindenfeld,

> pode ser resumida da seguinte forma: ele foi capaz de realinhar o positivismo com a tradição empirista, enfatizando o modelo atomístico e a abordagem analítica que tanto Comte quanto Spencer haviam desprezado. Ao contrário de John Stuart Mill e Brentano, Mach interpretava essas noções de maneira reducionista: a homogeneidade de elementos é uma das características mais impressionantes de seu pensamento. Alinhando-se a Mill e opondo-se a Brentano, porém, Mach não valorizava tanto o critério introspectivo.[23]

A vantagem que a abordagem analítica do conhecimento parecia oferecer era a precisão, isto é, a redução de todo conhecimento, tal qual defendida por Descartes, a "ideias claras e distintas"

---

[21] Ibidem, p. 22.
[22] Ibidem, p. 19.
[23] Ibidem, p. 85.

conhecidas com uma certeza imediata e intuitiva. O oposto disso seria a abordagem "holística" representada na tradição germânica anterior por figuras como Goethe e Hegel e, depois, por nomes como Freud ou Wolfgang Koehler. Trata-se da ideia de que tentar compreender uma parte sem examinar o todo é distorcê-la. O próprio Polanyi se coloca do lado dos pensadores holísticos e se afasta dos atomisticamente analíticos; como resultado, segundo veremos, os pensadores analíticos o têm criticado por sua falta de precisão.

Polanyi nutria várias objeções contra o positivismo enquanto filosofia da ciência. Uma delas jazia no fato de o positivismo, ao debruçar-se analiticamente sobre os elementos de determinado sistema, não conseguir avaliar as relações sintéticas que os uniam num plano mais alto e mais abrangente. Outra objeção era o fato de o positivismo, muito embora tivesse certo valor real como crítica dos falsos pressupostos, carecer de fecundidade própria: ele podia eliminar certas teias de aranha, mas não conduzia a nenhum conhecimento genuíno. Se empregada de maneira consistente, dizia ele, uma teoria positivista da ciência não apenas seria incapaz de orientar um processo de descobrimento verdadeiro, como ela também o inibiria.

Polanyi começou a formular essas críticas já em 1946, em *Science, Faith, and Society*. "O movimento positivista certamente teve suas razões de ser", escreveu ele,

> conseguindo purificar a ciência de suas tautologias e de suas implicações injustificáveis. No entanto, as grandes descobertas obtidas a partir desse processo não podem ser atribuídas a nenhuma operação puramente analítica. O que se deu foi que a intuição científica empregou a crítica positivista a fim de reformular seus pressupostos criativos a respeito da natureza das coisas.[24]

Na ciência, contudo, a verdadeira criatividade e a verdadeira descoberta não vêm da metodologia positivista, mas da crença fundamental do cientista em que a realidade é objetivamente

---

[24] Michael Polanyi, *Science, Faith, and Society*. Chicago/Londres, University of Chicago Press, 1964, p. 88.

conhecível ainda que o processo de seu conhecimento não possa ser completamente explicitado. O valor purgativo do positivismo, reconheceu Polanyi, deriva da herança que recebeu do ceticismo no que diz respeito àquilo que não pode ser conhecido explicitamente. No entanto, suas próprias reflexões sobre o método da ciência o convenceram de que o cientista em ação na verdade não age com base em concepções estritamente positivistas. Ao contrário das afirmações do positivismo e da crença popular por ele influenciada, uma atitude consistentemente positivista, após ter removido as superficialidades com as quais está apta a lidar, apenas solaparia a obra do verdadeiro cientista: "(...) ela na realidade destruiria aquela crença na verdade e no amor pela verdade que é condição de existência de todo pensamento livre".[25]

O fato de uma filosofia positivista da ciência – a qual Polanyi remonta a Bacon e Descartes – ter predominado por tanto tempo "apenas demonstra que as pessoas podem prolongar uma grande tradição mesmo quando professam uma filosofia que nega suas premissas. Os adeptos de uma grande tradição, afinal, costumam ignorar as próprias premissas, as quais se encontram profundamente enraizadas nas fundações inconscientes da prática".[26] Mesmo ali onde o próprio cientista se mostra incapaz de percebê-las e compreendê-las com clareza, as premissas fecundas da ciência, incrustadas como são na prática, continuam a operar:

> Desse modo, nos últimos trezentos anos a ciência tem sido conduzida por cientistas que acreditavam praticar o método baconiano, que na verdade não pode produzir resultado algum. Longe de perceber a contradição interna em que estão envolvidos, aqueles que praticam determinada tradição à luz de uma teoria falsa estão convictos – e assim se encontram gerações de empiristas descendentes de Locke – de que suas teorias falsas são justificadas pelo sucesso de sua prática correta.[27]

Polanyi acreditava saber, a partir de seu próprio trabalho como cientista, o que um cientista de fato realiza ao desenvolver o

---

[25] Ibidem, p. 76.
[26] Ibidem.
[27] Ibidem, p. 76-77.

conhecimento científico. Porém, ele também percebia a influência que a explicação positivista exerce sobre a imaginação, de modo a falsificar inconscientemente a história da descoberta científica para que se alinhasse aos pressupostos do positivismo. *Personal Knowledge*, seu principal tratado teórico, tem início com a discussão desse problema. Partindo do processo de descoberta da teoria da relatividade por Einstein, Polanyi explica como a história desse desvelamento, longe de confirmar a visão positivista amplamente difundida, fornece um excelente instrumento de refutação.

De acordo com o que geralmente dizem os livros didáticos, afirma ele, Einstein desenvolveu sua teoria a fim de explicar os resultados negativos da experiência de Michelson-Morley, realizada em 1887 para medir o que se acreditava ser a diferença entre a velocidade da luz que se aproximava e se afastava do movimento da Terra. Para sua surpresa, Michelson e Morley descobriram que tal velocidade se mantinha constante independentemente de como se movesse o observador. Essa experiência aconteceu muito antes de Einstein publicar sua teoria; porém, e isso Polanyi afirma ter confirmado com o próprio Einstein, a teoria da relatividade não se fundamentou nas novidades advindas dela, e sim num pensamento completamente independente que havia surgido muito antes: "Suas descobertas foram intuídas racionalmente, com base em especulações, antes que tomasse conhecimento dela".[28] Desse modo, diz Polanyi, a explicação positivista é "uma invenção" que "resulta de um preconceito filosófico": "Quando Einstein descobriu a racionalidade na natureza, não sendo para isso auxiliado por qualquer observação que não tivesse sido formulada pelo menos cinquenta anos antes, nossos livros positivistas rapidamente encobriram o escândalo embelezando o relato de sua descoberta".[29]

As implicações desse exemplo para a crítica da teoria positivista da ciência são muito mais relevantes, segundo Polanyi, do que indicaria o mero ato de transformar a história científica numa ficção. Einstein afirmou que *Die Mechanik in ihrer Entwicklung*

---

[28] Michael Polanyi, *Personal Knowledge: Towards a Post-Critical Philosophy*. Edição corrigida. Chicago, University of Chicago Press, 1962, p. 10.

[29] Ibidem, p. 11.

(1889), de Ernst Mach, exercera "profunda influência" sobre seu pensamento.[30] Essa influência representou uma força positiva no desenvolvimento da teoria da relatividade, mas resta a ironia de que essa não era o tipo de influência que o próprio Mach imaginaria exercer. Ela nasceu da objeção, feita por Mach, à ideia newtoniana do espaço absoluto, segundo a qual ela seria insignificante por não poder ser colocada à prova. Einstein, contudo, aceitando o critério empirista de que o espaço é aquilo que pode ser medido, dedicou-se a demonstrar que a concepção espacial de Newton na verdade poderia ser testada e que ela não era insignificante, e sim falsa. Como descreve Polanyi, a fecundidade da crítica de Newton feita por Mach encontrava-se não em seu positivismo, mas em intimações que apontavam para direções bastante diferentes:

> O grande mérito de Mach estava na insinuação de um universo mecânico em que a crença de Newton num ponto em repouso absoluto era eliminada. Sua visão era uma visão supercopernicana, estando em completo desacordo com nossa experiência cotidiana. Afinal, todo objeto que percebemos é instintivamente visto contra um plano de fundo considerado em repouso. Colocar de lado esse impulso de nossos sentidos – o qual Newton incrustara em seu axioma do "espaço absoluto" dito "inescrutável e imóvel" – era um passo importante rumo a uma teoria que se fundamentava na razão e na transcendência dos sentidos. Sua força se encontrava precisamente naquele recurso à racionalidade que Mach desejava eliminar das fundações da ciência. (...) Assim, Mach prefigurou a grande visão teórica de Einstein, notando sua racionalidade inerente mesmo ao tentar exorcizar a capacidade da mente humana pela qual tivera esse vislumbre.[31]

A passagem da crença no espaço e tempo absolutos à crença na relatividade possui consequências importantes para o pensamento de cada um dos três primeiros pensadores estudados neste livro. Lonergan elaborou suas próprias reflexões sobre o problema partindo do vínculo da teoria cognitiva com sua análise da

---

[30] *Albert Einstein: Philosopher-Scientist*. Evanston, 1949, p. 21, citado em Michael Polanyi, *Personal Knowledge*, op. cit., p. 11.
[31] Ibidem, p. 12.

distinção entre consciência empírica e consciência racional.[32] Voegelin discutira o compromisso de Newton com o espaço absoluto em contraste com a rejeição que Leibniz destinara a isso e em ligação com sua crítica do cientificismo.[33] Para Polanyi, isso é interessante como ilustração do modo como o processo do conhecimento científico de fato acontece, transcendendo quaisquer restrições artificiais impostas por uma falsa teoria heurística.

Independentemente do que o cientista é levado a crer, diz Polanyi, seu trabalho na verdade parte de uma questão que busca a ordem racional implícita, passando então a uma solução baseada na certeza fundamental de que a realidade é inerentemente inteligível e conhecível. O processo do conhecimento científico tem início com a experiência que insinua a possibilidade da compreensão e culmina na verificação desse entendimento por meio de seu cotejo com a experiência; no entanto, diz Polanyi, é a antecipação daquilo que é verdadeiramente inteligível o que constitui a força motriz de todo o processo. Tal como afirmou no ensaio "Knowing and Being" (1961),

> deparar com um problema é o primeiro passo rumo a toda e qualquer descoberta e a todo e qualquer ato criativo. Vislumbrar um problema é vislumbrar algo oculto que ainda pode ser acessível. O conhecimento de determinado problema, portanto, se assemelha ao conhecimento dos não especificáveis – um conhecimento que é superior à sua possibilidade de expressão. No entanto, nossa percepção dos objetos não especificáveis, trate-se aí de particularidades ou da coerência das particularidades, é aqui intensificada até tornar-se uma instigante intimação de sua presença oculta. Trata-se da cativante posse do conhecimento incipiente que apaixonadamente se esforça para validar-se.[34]

Segundo indicou Polanyi ao referir-se ao conhecimento que é superior à capacidade de expressá-lo, o processo de investigação

---

[32] Bernard Lonergan, *Insight: Um Estudo do Conhecimento Humano*. São Paulo, É Realizações, 2010, p. 316-26.

[33] Eric Voegelin, "The Origins of Scientism", *Social Research*, vol. 15, 1948, p. 467-70, 477-82.

[34] Michael Polanyi, *Knowing and Being: Essays by Michael Polanyi*. Ed. Marjorie Grene. Chicago, University of Chicago Press, 1969, p. 131-32.

que se inicia e procede dessa forma contém um elemento de inespecificidade que constitui o que ele chama de "dimensão tácita" do conhecimento. Sua principal contribuição filosófica consistiu sobretudo na análise da estrutura da consciência cognitiva à luz dessa dimensão irredutivelmente implícita no interior do saber. Tanto os positivistas quanto toda a tradição racionalista da epistemologia, de Descartes a Kant, haviam enfatizado o princípio de que o conhecimento genuíno não deve ser apenas completamente explícito; ele também deve ser alcançável por meio de passos igualmente evidentes. A forma paradigmática que os racionalistas em geral admitiam era a geometria, na qual premissas autoevidentes e raciocínios cujas deduções se davam passo a passo conduziam a resultados considerados logicamente certos e necessários.

Isso equivale a exigir que não apenas o conhecimento, mas todo o processo de conhecer se torne perfeitamente objetivo. Polanyi não se opunha à objetividade como tal, mas àquilo que julgava ser um objetivismo exagerado fundamentado na ingenuidade quanto ao que de fato se dá no conhecimento. Ou seja: ele acreditava que a exigência positivista de que toda subjetividade fosse finalmente eliminada do conhecimento jamais poderia ser satisfeita. Além disso, insistir nessa supressão seria potencialmente destrutivo para a verdadeira inteligência, que inclui, por natureza própria, um elemento subjetivo. A exigência objetivista, na verdade, fundamenta-se no pressuposto de que pode haver conhecimento sem a participação ativa de um conhecedor.

Polanyi apresentou uma série de exemplos para esclarecer o que está envolvido na questão. Para mencionarmos apenas um, em *The Study of Man* ele se refere ao modo como utilizamos mapas a fim de localizarmo-nos em terrenos desconhecidos. Tanto os homens quanto os animais, diz ele, são capazes de empregar o conhecimento tácito na forma de observações diretas e inarticuladas a fim de encontrar o caminho certo. No entanto, os seres humanos possuem ainda a capacidade de fazer uso de mapas, o que faz que ao menos uma parte de nosso conhecimento do terreno deixe de ser apenas tácito, tornando-se explícito e comunicável a outras pessoas. Isso nos traz vantagens singulares, mas também alguns prejuízos: o mapa pode apresentar alguns detalhes equivocados e, portanto, precisa ser cotejado criticamente com aquilo que o observador verifica no local. "O risco que de modo muito particular corremos quando confiamos em qualquer conhecimento explicitamente formulado", diz ele, "é compensado pela peculiar oportunidade que nos é ofertada pelo conhecimento explícito de refletir sobre ele criticamente".[35]

Um mapa é elaborado de acordo com regras rígidas, fundamentadas em observações coletadas de maneira sistemática. A função do pensamento crítico é reexaminar tanto os dados quanto a cadeia de medidas lógicas em busca de algum elo fraco. Quando nenhum elo fraco é encontrado, sabemos que o mapa é confiável. É compreensível, portanto, que aspiremos a tornar todo conhecimento explícito e crítico dessa maneira. Como afirma Polanyi, "parece quase inevitável (...) aceitar como ideal o estabelecimento de uma representação completamente precisa e lógica do conhecimento, tal como encarar qualquer participação pessoal em nossa explicação científica do universo como uma falha residual que deveria ser integralmente eliminada no momento certo".[36]

Diz Polanyi, no entanto, que tomar essa clareza como nosso objetivo nos lançaria na autocontradição. Isso nada mais seria que negligenciar que o processo inerentemente tácito do conhecimento não é idêntico ao conhecimento explícito em que ele aporta. Antes de mais nada, "ainda que admitíssemos que o conhecimento exato do universo é nossa propriedade mental mais elevada, o ato de pensamento mais distinto do homem consiste em *produzir* esse conhecimento" valendo-se de atos fundamentados "no tipo de reorientação profunda que partilhamos com os animais": "A novidade fundamental só pode ser descoberta por meio das mesmas capacidades tácitas que os ratos utilizam ao desbravar um labirinto".[37] Ainda mais importante, uma vez que se fundamenta na estrutura da própria consciência, é o fato de não poder haver conhecimento sem conhecer, isto é, nenhum produto cognitivo objetivo sem o processo cognitivo subjetivo, e o fato de,

---

[35] Michael Polanyi, *The Study of Man*, op. cit., p. 15.
[36] Ibidem, p. 18.
[37] Ibidem, p. 18.

nesse processo, "encontrar-se em toda parte – em todos os níveis mentais – não as funções das operações lógicas articuladas, mas as capacidades tácitas decisivas da mente".[38]

Essencialmente, o que Polanyi quer dizer é que o conhecimento é subjetivo: trata-se de um processo executado de modo consciente. Ele é orientado a um polo objetivo, mas jamais consegue objetivar-se de maneira tão completa a ponto de restar apenas um objeto. Ou, em outras palavras, não há nenhuma forma de fazer que o desempenho das operações pelas quais investigamos, compreendemos e sabemos seja transformado em algo além de uma formulação – pois é a isso que se resume a exigência de que o conhecer se torne totalmente explícito e objetivo. Como o próprio Polanyi afirmou,

> muito embora a superioridade intelectual do homem sobre o animal se fundamente no emprego de símbolos, esse mesmo emprego – o acúmulo, a ponderação e o reexame de vários objetos com relação aos símbolos que os designam – é (...) um processo tácito e acrítico. É uma *performance*. (...) Todo o nosso aparato articulado não passa de uma mera caixa de ferramentas, uma forma supremamente eficaz de implementar nossas faculdades inarticuladas.[39]

Além de seu polo objetivo explícito e articulado, portanto, o processo de conhecer inevitavelmente possui uma dimensão implícita ou tácita como polo subjetivo.[40] Mesmo que tudo – incluindo os passos e os níveis do próprio processo de conhecer – possa em princípio ser transformado em objeto explícito do conhecimento humano, essas várias facetas da realidade objetiva não poderiam ser conhecidas simultaneamente. O conhecedor precisaria atentar para algumas delas antes de atentar para outras, pois pelo menos parte da realidade, segundo Polanyi, estaria incorporada no desempenho das operações relacionadas a objetos diversos do desempenho propriamente dito.

---

[38] Ibidem, p. 19.
[39] Ibidem, p. 25.
[40] Cf. Michael Polanyi, *The Tacit Dimension*. Garden City, NY, Doubleday, 1966, p. 87.

Foi desse fato que Polanyi retirou o princípio central de sua teoria cognitiva: a distinção entre atenção focal e subsidiária. A consciência, descobriu ele, envolve o polo objetivo sobre a qual, podemos dizer, as operações subjetivas se debruçam, mas também envolve necessariamente um substrato não focal constituído da experiência imediata e do desempenho. Apenas o que é focal pode ser explicitado e, assim, conhecido com clareza e objetividade crítica – e isso apenas durante o tempo em que permanece focal. Aquilo que é subsidiário continua tácito e inerentemente "acrítico", de modo que, querendo ou não, somos obrigados a colocar nossa confiança nele ainda quando fazê-lo traz o risco do erro. Tal como afirmou em *Personal Knowledge*, "o coeficiente tácito é um ato de confiança, e toda confiança pode estar no lugar errado".[41]

Esta última afirmação torna clara a radical diferença entre a epistemologia de Polanyi e a epistemologia que, ao menos há pouco tempo, predominava no pensamento ocidental moderno. Descartes exigira a certeza irrefutável e fizera do ceticismo a sua base; apenas aquilo que sobrevivesse a toda dúvida possível seria digno de confiança. Kant, embora diferisse de Descartes em vários aspectos, continuou a achar que o conhecimento verdadeiro deve ser comprovadamente universal e necessário. Polanyi, por sua vez, afirmou que seu principal objetivo ao escrever *Personal Knowledge* era "alcançar uma disposição mental em que pudesse me ater com firmeza ao que creio ser verdade, muito embora eu reconheça que pode se tratar aí de algo falso".[42] Essa não era uma expressão de irracionalismo por parte de Polanyi. Antes, expressava a admissão de que nosso conhecimento da realidade empírica e contingente jamais é uma certeza, mas uma questão de juízo. Do mesmo modo, temos aí o reconhecimento de que, por meio de sua dimensão tácita, o processo de conhecer encontra-se inextricavelmente vinculado ao âmbito dos acontecimentos contingentes que buscamos conhecer. Polanyi também reconheceu quão necessária é a confiança fundamental na possibilidade de se desempenhar adequadamente as operações tácitas envolvidas no conhecimento.

---

[41] Michael Polanyi, *Personal Knowledge*, op. cit., p. 250.
[42] Ibidem, p. 214.

Sem essa disposição para confiar na própria capacidade de reflexão e juízo críticos, todo investigador estaria incapacitado; ninguém conseguira sequer dar o primeiro passo no caminho rumo ao descobrimento. Do mesmo modo, ninguém jamais conseguiria se submeter ao amor pela verdade que convida à busca desse caminho e que agiliza e orienta a mente durante a viagem. Ao referir-se, em *The Tacit Dimension*, à afirmação feita por Karl Popper de que o cientista deve buscar não a verificação, mas a falsificação, Polanyi declarou: "Isso não apenas contradiz a experiência, mas é logicamente inconcebível. As suposições de um cientista em ação *nascem da imaginação que busca a descoberta*. Tal esforço está *suscetível* à derrota, mas jamais a *procura*; na verdade, é a ânsia pelo êxito o que leva o cientista a correr o risco do fracasso".[43] A objetividade é almejada porque o amor pela verdade assim o exige, mas a ingênua exigência de uma objetividade pura corroeria a confiança fundamental em que todo conhecimento verdadeiro inevitavelmente se assenta.[44]

Isso deixa clara a natureza da rejeição, por parte de Polanyi, da metodologia cartesiana da dúvida sistemática. Além disso, ele também abordou o que julgava ser a inadequação fundamental do pensamento kantiano. Segundo Polanyi, esta em parte derivava da adoção, por Kant, do princípio cartesiano da indubitabilidade, tal como formulado na *Crítica da Razão Pura*: "A razão deve, em todas as suas tarefas, sujeitar-se à crítica; caso limite a liberdade da crítica por meio de quaisquer proibições, sairá ela mesma prejudicada, trazendo sobre si mesma uma suspeita nociva".[45] Com o fato de que a proibição de questões relacionadas à possibilidade do erro não deveria ser imposta, Polanyi concorda; no entanto, segundo sua interpretação, isso para Kant significava que, na falta de provas perfeitas e criticamente explícitas de cada uma das fases, uma pessoa sensata deveria abster-se de

---

[43] Michael Polanyi, *The Tacit Dimension*, op. cit., p. 78-79.

[44] Poder-se-ia afirmar, no entanto, sensatamente, que nesse caso Polanyi parece incapaz de compreender a afirmação de Popper, para quem aquele que busca a sério a verdade desejará submeter suas hipóteses a uma verificação cautelosa, sem conformar-se com uma confirmação medíocre. Polanyi desejou tanto quanto Popper justificar o juízo medíocre.

[45] Immanuel Kant, *A Crítica da Razão Pura*, B 766, citado em Michael Polanyi, *Personal Knowledge*, op. cit., p. 271-72.

todo e qualquer juízo de verdade.[46] Polanyi assinalou o que julgava ser a falácia fundamental desse empenho num ensaio de 1962 intitulado "The Unaccountable Element in Science".[47] A falácia encontra-se na impossibilidade de execução desse plano – fato que, segundo ele, o próprio Kant reconhecera: "Mesmo um autor como Kant, tão propenso a determinar rigorosamente as regras da razão pura, acabou por admitir que em todos os atos de juízo há, e deve haver, uma decisão pessoal que regra alguma é capaz de explicar. Kant afirma que nenhum sistema de regras pode prescrever o procedimento pelo qual as regras mesmas devem ser aplicadas".[48] O que, para Kant, dá forma à decisão nas aplicações das regras é nosso "bom senso" inescrutável, "uma faculdade que se encontra tão profundamente arraigada na alma humana que dificilmente desvelaremos a artimanha secreta que a Natureza, aqui, emprega".[49] O fato de Kant afirmar isso, porém, equivalia a solapar implicitamente todo o esforço crítico por ele concebido. "Pode-se questionar", diz Polanyi,

> como uma crítica da razão pura reconhece as operações de uma atividade mental tão poderosa, isenta de qualquer análise, sem fazer mais do que algumas referências esporádicas a ela. Pode-se questionar ainda como gerações de pesquisadores deixaram passar inconteste essa submissão última da razão às decisões inexplicáveis. Talvez tanto Kant quanto seus sucessores tenham optado instintivamente por deixar esses monstros adormecidos, temendo que, uma vez despertos, eles viessem a destruir sua concepção fundamental do conhecimento. Pois, uma vez diante da ubíqua posição de controle das capacidades mentais que não podem ser formalizadas, de fato encontramos dificuldades para

---

[46] Michael Polanyi, *Personal Knowledge*, op. cit., p. 273. A referência que Polanyi faz aqui é à *Crítica da Razão Pura*, B 851. Para uma crítica mais recente da imposição kantiana do rigor absoluto na filosofia, tal como de sua inconsistência ao buscá-lo, ver Walter Kaufmann, *Discovering the Mind*, vol. 1: *Goethe, Kant, and Hegel*, Nova York, McGraw-Hill, 1980, p. 106-09, 189-90. As particularidades da crítica de Kaufmann a Kant serão discutidas no capítulo sobre Kierkegaard.

[47] Michael Polanyi, *Knowing and Being*, op. cit., p. 105-20.

[48] Ibidem, p. 105.

[49] Immanuel Kant, *Crítica da Razão Pura*, A 133 e A 141, citados em Michael Polanyi, *Knowing and Being*, op. cit., p. 105.

fornecer aquela justificativa do conhecimento de que não se pode prescindir no contexto do racionalismo.[50]

Poder-se-ia questionar, sensatamente, se o próprio Polanyi foi capaz de superar esses obstáculos; no entanto, seu pensamento tem a vantagem de não partir da rejeição desse problema fundamental, e sim de um reconhecimento claro dele. Polanyi admitiu que o conhecimento já se dava antes de a filosofia começar a refletir sobre o ato de conhecer e que ele pode ser genuíno mesmo quando não é perfeitamente explicado. Seus próprios esforços não visavam tanto a justificava plena do conhecimento quanto a descrição adequada do processo de conhecer tal como o vivenciamos. Fundamental a esse esforço descritivo era seu reconhecimento da existência, no interior mesmo desse processo, de "capacidades mentais que não podem ser formalizadas", as quais operam implicitamente mesmo quando não as percebemos de maneira explícita.

Toda a obra filosófica de Polanyi consiste em comentários sobre essa realidade fundamental da consciência. Sua distinção entre as dimensões tácita e explícita do conhecimento é apenas uma expressão desse fato, e a diferenciação paralela entre a atenção focal e a atenção subsidiária encontra-se no centro de sua análise. Daí deriva a distinção entre o "saber que", referente à verdade do conhecimento focal e explícito, e o "saber como", que está relacionado ao desempenho hábil que experimentamos quando da atenção subsidiária. É também da distinção entre subsidiário e focal que deriva a noção da presença "habitante" ou corporal como algo que é fundamental ao ato de conhecer. Em *Personal Knowledge*, ele ilustra esses conceitos a partir de exemplos de nossa experiência com as ferramentas.

Em primeiro lugar, Polanyi se refere ao uso do martelo: "Quando usamos um martelo para cravar um prego, atentamos tanto para o prego quanto para o martelo, *mas de maneira diferente. Nós observamos* o efeito de nossas pancadas sobre o prego e tentamos empunhar o martelo de modo a acertar o objeto da maneira mais eficaz".[51] Nós estamos cientes das sensações advindas de nossa palma e de nossos dedos, mas é no impacto do martelo sobre o

---

[50] Ibidem, p. 106.
[51] Michael Polanyi, *Personal Knowledge*, op. cit., p. 55.

prego que nossa atenção se centra. "Podemos enunciar a diferença", afirma Polanyi, "dizendo que, ao contrário do prego", as sensações captadas pela mão "não são objetos de nossa atenção, mas instrumentos dela. Não as observamos por si sós; observamos outra coisa enquanto nos mantemos intensamente cientes delas. Dou, à sensação que advém da palma da minha mão, uma *atenção subsidiária* que se funde com a *atenção focal* que se volta para a cravadora do prego".[52]

Para que se reconheça o que Polanyi quer dizer, é importante notar o caráter *funcional* da atenção subsidiária, evitando confundir a distinção entre atenção subsidiária e atenção focal com outras distinções passíveis de serem feitas à luz de outros interesses. Polanyi, por exemplo, não está falando sobre uma diferença entre a atenção focal e uma atenção que poderia ser chamada de periférica. Em "The Structure of Cousciousness" (1965), ele insistiu em que "[é] um erro identificar a atenção subsidiária tanto com a atenção subconsciente ou pré-consciente quanto com a periferia da consciência descrita por William James".[53] Tanto a atenção focal quanto a atenção subsidiária são plenamente conscientes. A diferença está no fato de a atenção subsidiária consistir na experiência de desempenhar verdadeiramente o processo do conhecimento, ao passo que a atenção focal se concentra no objeto ao qual o processo diz respeito. Ou seja, a subsidiária consiste na experiência imediata; a focal, naquela sobre a qual a atenção se debruça por meio das (isto é, pela reflexão sobre) operações e instrumentos, dos quais alguns podem até mesmo ocupar a posição focal.

Após o exemplo do martelo, em *Personal Knowledge*, Polanyi passa ao exemplo da sonda – aquela que o cientista pode usar para examinar algo escondido numa cavidade ou que o cego pode empregar para tatear o caminho pela rua. Quando alguém se vale de tal recurso, sua atenção não mais se volta para a ponta de seus dedos, mas para a ponta do instrumento. Seu organismo corpóreo e o instrumento formam, juntos, uma unidade, um "corpo" prolongado habitado por sua atenção subsidiária:

---

[52] Ibidem, p. 55.
[53] Michael Polanyi, *Knowing and Being*, op. cit., p. 212.

> Nossa atenção subsidiária das ferramentas e das sondas pode ser vista agora como o ato de torná-las parte de nosso próprio corpo. A forma como usamos um martelo ou como um cego usa sua bengala demonstra que, em ambos os casos, nós modificamos exteriormente os pontos em que travamos contato com as coisas que são observadas como objetos externos. Enquanto confiamos num instrumento ou numa sonda, eles não são manejados como objetos exteriores. Podemos testar a eficácia da ferramenta ou a adequação da sonda, (...) mas ambas jamais se encontram no âmbito dessas operações; elas permanecem necessariamente do nosso lado, constituindo parte de nós mesmos, as pessoas que operam. Nós nos lançamos para cima delas e as assimilamos como partes de nossa existência. Nós as aceitamos existencialmente ao habitarmos nelas.[54]

Tal como formulado por um comentador de Polanyi, isso traz consigo a insinuação de que "nosso campo experiencial se bifurca em duas regiões": uma se encontra do lado da atenção subsidiária e do sujeito operador, incluindo tanto o organismo quanto todos os seus instrumentos; a outra jaz no lado dos objetos para os quais ele focalmente atenta.[55] Essa, sugere Polanyi, é a base experiencial da compreensão concreta da diferença entre o eu e o outro, entre o interno e o externo, entre a consciência e seus objetos. "A exterioridade", afirma, "só será definida com clareza se pudermos examinar deliberadamente um objeto externo, localizando-o de maneira clara no espaço exterior".[56] Ou, como formulou em *The Tacit Dimension*, examinando-a com relação não ao polo objetivo da consciência, mas a seu polo subjetivo, "quando fazemos uma coisa funcionar como o termo próximo do conhecimento tácito, nós a incorporamos a nosso corpo – ou o prolongamos para incluí-la – a fim de que possamos habitá-la".[57]

Obviamente, o que Polanyi entende por "corpo" aqui não é bem aquilo que queremos dizer quando empregamos o termo no dia a

---

[54] Ibidem, p. 59.
[55] Robert Innis, "The Logic of Consciousness and the Mind-Body Problem in Polanyi", *International Philosophical Quarterly*, vol. 13, 1973, p. 83.
[56] Michael Polanyi, *Personal Knowledge*, op. cit., p. 59.
[57] Idem, *The Tacit Dimension*, op. cit., p. 16.

dia. Ele está se referindo ao complexo de instrumentos da atenção subsidiária e do desempenho que serve como ponto de partida para toda atenção e investigação extrovertidas. É tanto uma força quanto uma possível fraqueza dos escritos de Polanyi o fato de ele em geral usar palavras comuns até mesmo quando está tentando desdobrar seus significados por caminhos mais teóricos. Trata-se de uma força porque esse traço é provavelmente uma das principais razões a explicar por que ele tem mais leitores como um todo do que as outras figuras contemporâneas discutidas neste estudo; no entanto, trata-se também de uma fraqueza por dar margem a certa ambiguidade. Lonergan, como veremos no capítulo seguinte, foi muito além de Polanyi na elaboração plenamente explícita das concepções teóricas que se mostram fundamentais às questões a que Polanyi se dedica. Por ora, no entanto, bastará dizer que para Polanyi as noções convencionais de "interno" e "externo" ou "mente" e "corpo" são inadequadas à investigação séria da relação entre sujeito e objeto enquanto polos da consciência.

A própria forma como Polanyi aborda o problema é semelhante à de Aristóteles: no ato de conhecer, o conhecedor e o conhecido estão de alguma forma unidos, sendo distinguidos não por estarem espacialmente dentro ou fora de uma forma corpórea, mas por aquilo que poderia ser chamado de polaridade sujeito-objeto. No lado do polo subjetivo, encontra-se a atenção e a operação subsidiárias; no do objetivo, a atenção focal e aquilo que se tem em vista quando da operação. Embora em geral seja vista como questão de exterioridade, a alteridade, segundo esse ponto de vista, não é resultado da localização espacial, mas da relação entre os polos subjetivo e objetivo dos atos constituintes da consciência.

Esse princípio também se estende aos elementos imateriais, como as crenças e os sistemas de interpretativos, por exemplo, ou a linguagem. Também esses agem subsidiariamente a fim de estender o alcance de nossa atenção. E esse alcance é reduzido, ao menos temporariamente, no momento em que atentamos focalmente para eles. "A atenção subsidiária e a atenção focal", assinala Polanyi, "são mutuamente excludentes. Se um pianista volta sua atenção da peça que está tocando para a observação daquilo que faz com os dedos enquanto a toca, ele se confunde, e então pode ser necessário parar".⁵⁸ De maneira semelhante, o uso fluente da linguagem depende de sua "transparência". É preciso atentar focalmente para o significado que se tem em vista, e não às particularidades do som, da tipografia etc. "Todas as particularidades", diz ele, "tornam-se insignificantes se perdermos de vista o padrão que, juntas, elas formam".⁵⁹

Essa última afirmação tem implicações tanto para o aspecto subjetivo quanto para o aspecto objetivo do processo de conhecer, isto é, tanto para a estrutura daquilo que é conhecido quanto para o desempenho das operações pelas quais o conhecemos. A "habitação" da atenção subsidiária também se estende ao objeto no plano de suas particularidades, de modo que, assim como nos voltamos *das* sensações *para* o objeto que se encontra na ponta de uma sonda, também nos voltamos *dos* elementos discerníveis no interior do objeto *para* a totalidade que constitui seu significado. Em *The Tacit Dimension*, Polanyi trata isso como parte constituinte de "uma afinidade estrutural entre sujeito e objeto".⁶⁰ Como exemplo, ele recorda como entendemos determinado desempenho ao observá-lo:

> Aqui, dois tipos de habitação se encontram. Aquele que desempenha coordena seus movimentos habitando neles como se fossem partes de seu corpo, ao passo que o espectador procura correlacionar esses movimentos enquanto tenta habitar neles do lado de fora. Ele habita nesses movimentos ao interiorizá-los. Por meio dessa habitação exploratória, o pupilo se familiariza com a perícia do mestre e pode aprender a rivalizar com ele.⁶¹

Outro exemplo é o do jogo de xadrez, de cujos movimentos é possível desenvolver algum juízo da mente que os produziu. No entanto, diz Polanyi, tal princípio se aplica também a todo e qualquer objeto, seja ele animado ou inanimado: "Pois também um objeto sólido inanimado é conhecido pela compreensão de suas particularidades, *a partir das quais* nós atentamos *para ele*

---

⁵⁸ Michael Polanyi, *Personal Knowledge*, op. cit., p. 56.
⁵⁹ Ibidem, p. 57.
⁶⁰ Michael Polanyi, *The Tacit Dimension*, op. cit., p. 30.
⁶¹ Ibidem, p. 30.

enquanto objeto".[62] Daí, acreditava Polanyi, seguia-se que na raiz de todo conhecimento existe uma "correspondência entre a estrutura da compreensão e a estrutura do ente compreensivo que constitui seu objeto".[63]

Também aí se insinua, como corolário, o fato de que atentar focalmente para as partes pode equivaler a perder o todo de que elas são parte integrante. Do mesmo modo como direcionar a atenção focal para aquilo que antes era subsidiário modifica a relação do indivíduo com ele e pode pôr fim a determinado desempenho, concentrar-se em elementos aparentemente distintos pode impedir a avaliação da unidade que eles demonstram quando encarados à luz de um ponto de vista que os integra. "Dê liberdade a um grupo de físicos e químicos para que analisem e descrevam, com grandes detalhes, um objeto que se quer identificar como uma máquina", afirmou Polanyi em *The Study of Man*: "você então descobrirá que o resultado jamais revelará que o objeto é uma máquina ou que, caso assim ele seja revelado, a que propósitos ela se presta e de que forma o realiza".[64] Um engenheiro poderia resolver a questão, mas não o químico *qua* químico. Atentar para os elementos pode revelar algo acerca das condições que tornam a operação possível num nível superior de integração, porém é incapaz de explicar as operações propriamente ditas.

Partindo dessas observações, Polanyi concluiu que a realidade como um todo – tanto a subjetiva quanto a objetiva – representa um "universo repleto de estratos de realidades, reunidos significativamente em pares de estratos superiores e inferiores", os quais se vinculam numa "série hierárquica".[65] Para ilustrar esses sistemas de nivelamento, ele recorda os papéis do tijoleiro, do arquiteto e do urbanista na construção e os papéis da voz, das palavras, da frase, do estilo e da composição na declamação de um discurso. Muitos outros exemplos poderiam ser fornecidos, incluindo o do funcionamento das partes do relógio na comunicação das horas e a integração dos planos mineral, vegetal,

---

[62] Ibidem, p. 31.
[63] Ibidem, p. 33-34.
[64] Michael Polanyi, *The Study of Man*, op. cit., p. 47-48.
[65] Michael Polanyi, *The Tacit Dimension*, op. cit., p. 35.

animal e racional no interior do ser humano. Qualquer que seja o sistema ou o agrupamento de níveis, diz Polanyi, "cada nível está sujeito a um controle duplo: primeiro, pelas leis que se aplicam aos elementos e, depois, pelas leis que controlam o ente compreensivo formado por eles".[66] Não é possível derivar o vocabulário da fonética ou a gramática de determinada língua de seu vocabulário; do mesmo modo, não se pode explicar a vida a partir das leis que governam a matéria inanimada ou elucidar a senciência por meio dos princípios da mecânica.

A refinar a descrição da afinidade estrutural que existe entre o conhecer e o conhecido e entre os níveis de organização da realidade, Polanyi traz a discussão da operação tácita pela qual passamos do conhecimento de um nível ao conhecimento de outro. Em "The Structure of Consciousness", ele explica esse movimento fazendo referência ao modo como vemos uma cena tridimensional por meio de fotografias estereoscópicas. Nesse caso, percorremos duas figuras, à qual atentamos apenas subsidiariamente, a fim de direcionar nosso foco à cena tridimensional. Nós não olhamos as duas figuras como tais, mas "encaramo-las como pistas de sua aparição conjunta na imagem final".[67] O que se faz relevante é a *forma* pela qual elas servem como pistas: "A relação das pistas com aquilo que elas indicam é uma *relação lógica* semelhante àquela que existe entre a premissa e as inferências dela retiradas, mas com uma importante diferença: as inferências tácitas obtidas a partir das pistas não são explícitas. Elas são informais, tácitas".[68] Do mesmo modo, elas não devem ser interpretadas como pistas das quais se *deduz* uma conclusão: "A fusão de ambas as imagens estereoscópicas numa única imagem espacial não é o resultado de um raciocínio; além, se seu resultado é ilusório – o que pode muito bem acontecer –, um raciocínio não o abalará. A fusão das pistas na imagem com a qual elas contribuem *não é uma dedução*, mas uma *integração*".[69] Aqui, no que diz respeito aos polos objetivo e subjetivo, o conceito crucial é o de "integração":

---

[66] Ibidem, p. 36.
[67] Michael Polanyi, *Knowing and Being*, op. cit., p. 212.
[68] Ibidem, p. 212.
[69] Ibidem, p. 212.

A consciência ativa alcança sua coerência pela integração das pistas àquilo que elas produzem ou pela integração das partes ao todo que elas formam. Isso faz nascer *os dois níveis de atenção*: o inferior, para as pistas, as partes ou outros elementos subsidiários, e o superior, para aquele ente compreensivo que é apreendido focalmente e para o qual aqueles elementos apontam.[70]

O centro mesmo da questão, alguém poderia dizer, diz respeito à distinção entre a inferência ou o raciocínio, de um lado, e a realização ou o ato do *insight*, do outro. Trata-se, como afirmou um dos recentes comentaristas de Polanyi, da diferença entre processo e ato:

> Ora, a principal importância epistemológica do traço integrativo do conhecimento da realidade mediada jaz na percepção da distinção entre ele e o processo de raciocínio dedutivo. (...) Para começar, um é *ato* e o outro, *processo*. Isso não quer dizer que o ato integrativo não se dê no tempo, mas apenas que se trata de um fenômeno de tipo "tudo ou nada", aquilo a que Gilbert Ryle atribuiu o verbo "captar". A inferência, por sua vez, é um procedimento passo a passo sobre o qual é possível dizer, por exemplo, que foi interrompido enquanto alguém nele se empenhava.[71]

Outra diferença entre o ato integrativo e o processo de inferência está no fato de aquele não ser reversível. É possível percorrer de trás para a frente os passos de um raciocínio, mas, exceto no caso de esquecimento, é impossível fazer isso com um *insight*. Ou, retomando o exemplo da imagem estereoscópica, podemos retirar a fotografia conjunta do estereoscópio e contemplá-la diretamente, substituindo assim, nas palavras de Polanyi, "um ente compreensivo" por "seus fragmentos relativamente insignificantes".[72]

---

[70] Ibidem, p. 214.

[71] Jerry H. Gill, "Reasons of the Heart: A Polanyian Reflection", *Religious Studies*, vol. 14, 1978, p. 147. Gill também examinou a possível relação da diferença entre a inferência dada em passos e a assimilação instantânea da totalidade com pesquisas recentes sobre a relação entre os hemisférios esquerdo e direito do cérebro humano (cf. ibidem, p. 148, tal como Jerry H. Gill, "Of Split Brains and Tacit Knowing", *International Philosophical Quarterly*, vol. 20, 1980, p. 49-58).

[72] Michael Polanyi, *Knowing and Being*, op. cit., p. 213.

Polanyi, porém, não foi plenamente consistente no que diz respeito à distinção aqui abordada, e parece ter sido incapaz de trabalhar o problema com clareza. Em certas ocasiões ele notou a distinção, mas em outras acabou tratando tanto o conhecimento tácito quanto o conhecimento explícito como formas de inferência – e disso dá exemplo o ensaio "The Logic of Tacit Inference" (1964).[73] O deslize é significativo porque indica os limites da análise de Polanyi. O restante deste capítulo indicará ainda outras limitações.

O caráter problemático dos esforços de Polanyi para elucidar o processo cognitivo e aquilo que de fato conhecemos por meio dele fica ainda mais claro à luz do tipo de crítica que os filósofos da escola analítica lhe podem destinar. Um exemplo bom e recente disso vem da objeção levantada por A. Olding contra o que Polanyi chama de "mistura ilícita das alegações ontológicas com as alegações que podem ser chamadas, de maneira um tanto imprecisa, de metodológicas".[74] Acompanhar cada passo do ataque de Olding esclarecerá os pontos de vulnerabilidade mais importantes do pensamento de Polanyi, assim como possibilitará a discussão de outro conceito crucial do autor, por ele chamado "emergência".[75] Trata-se de um conceito que, na verdade, não é tão crucial ao pensamento do autor quanto a noção de dimensão tácita, mas ainda assim tem sua importância. Sua relevância enquanto tema ficará mais clara quando nos voltarmos para o exame de Lonergan, que dele se vale de modo muito mais apropriado do que Polanyi.

Olding começa a atacar Polanyi num ponto em que este se mostra particularmente suscetível: sua abordagem da correspondência entre o código genético da molécula de DNA e o significado do texto impresso. Olding cita Polanyi: "Assim como a disposição da página impressa é extrínseca à química da página

---

[73] Ibidem, p. 138-58. Cf. Gill, "Reasons of the Heart", op. cit., p. 148.
[74] A. Olding, "Polanyi's Notion of Hierarchy", *Religious Studies*, vol. 16, 1980, p. 97.
[75] Para a discussão do conceito pelo autor, ver, por exemplo, Michael Polanyi, *Personal Knowledge*, op. cit., p. 382-404, e Michael Polanyi, *The Tacit Dimension*, op. cit., p. 29-52.

impressa, também a sequência básica da molécula de DNA é extrínseca às forças químicas que atuam na molécula de DNA".[76] Em nossa discussão anterior, já nos familiarizamos com a ideia que Polanyi expressa aqui: ele está falando sobre o vínculo entre a relação parte-todo e o conhecimento tácito. Essa ideia relacionada à diferença de nível no objeto que tem correlação com a diferença de nível entre as particularidades subsidiárias e a totalidade focal em que as particularidades se encontram integradas. É possível compreender por que Polanyi encontraria aí um paralelo. Em ambos os casos, a estrutura do conhecimento é a mesma; e se existe, tal como ele supunha, uma afinidade estrutural entre o conhecer e o conhecido, os níveis existentes nesses dois tipos diferentes de objeto também deveriam ser paralelos.

Olding deduz que Polanyi rejeita o modelo do determinismo mecanicista: "Deve-se concluir que a estrutura das moléculas isoladas de DNA não se origina no modo como suas partes constituintes, na qualidade de entes originalmente independentes, colidem e reagem umas com as outras (...)".[77] Falar do ordenamento das bases moleculares como se funcionasse como um código, continua, é apenas confundir uma noção literal de "conteúdo informativo" (tal como utilizada com relação a um texto) com uma noção metafórica referente à molécula, "como se atuar como um código", nesse caso, "envolvesse algo além de agir quimicamente". Assim, falar desse código como se ele fosse "lido" pelo organismo em desenvolvimento nada mais é do que aumentar o erro. "Essa promoção grosseira de mistérios", diz Olding, "tem sua razão de ser. Afinal, Polanyi deseja ver a molécula de DNA como uma união entre planta e engenheiro que de alguma forma *constrói* o organismo".[78] De modo semelhante, quando Polanyi aborda as partes da máquina como se fossem "exploradas" por seu projeto, ele está empregando, segundo Olding, "uma metáfora completamente capciosa".[79] Na realidade, "não há aqui qualquer questão

---

[76] Michael Polanyi, "Life's Irreducible Structure". In: *Topics in the Philosophy of Biology*. Ed. Marjorie Grene e Everett Mendelsohn. D. Reidel Publishing Co., 1976, p. 132, citado em A. Olding, "Polanyi's Notion of Hierarchy", op. cit., p. 98.

[77] A. Olding, op. cit., p. 98.

[78] Ibidem, p. 99.

[79] Ibidem.

relacionada a 'princípios' superiores ou inferiores, e portanto não temos qualquer ameaça à posição do reducionista".[80] A essência do problema, diz ele, jaz na "confusão das questões ontológicas com as questões metodológicas, uma vez que recorrer ao engenheiro suscita também o exame dos *interesses*".[81]

Ademais, afirma Olding, desse tipo de confusão depende tudo aquilo que Polanyi tem a dizer sobre a "emergência", a evolução de formas significativas a partir de uma matriz de aleatoriedade. Aqui Olding detecta uma espécie de "vitalismo" – e com razão. Em *Personal Knowledge*, Polanyi afirmara: "A aleatoriedade não pode produzir, por si só, um padrão significativo, pois ela consiste precisamente na ausência de qualquer padrão; além disso, não devemos tratar a configuração de um acontecimento aleatório como um padrão repleto de significado (...)".[82] Não obstante, embora não sejam causados por ela, da aleatoriedade nascem exemplos da ordem e da "intensidade da existência coerente".[83] Como isso pode acontecer? Ao discutir a emergência da vida a partir de origens inanimadas, Polanyi afirma:

> Claro está que, para esse acontecimento se dar, duas condições são necessárias: (1) os seres vivos devem ser possíveis, isto é, devem existir princípios racionais cujas operações sustentem seus portadores indefinidamente; e deve haver (2) condições favoráveis capazes de iniciar tais operações e conservá-las. Nesse sentido, reconhecerei que o *princípio ordenador* que *originou* a vida é a possibilidade de um sistema aberto estável. A matéria inanimada da qual a vida se alimenta é apenas uma *condição* a *sustentá-la*, do mesmo modo como a configuração acidental da matéria que deu início à vida apenas *desencadeou* as operações vitais. Então diremos que a evolução, tal como a própria vida, foi *originada* pela *ação* de um princípio ordenador, uma ação *desencadeada* por oscilações aleatórias e *sustentada* por *condições ambientais* favoráveis.[84]

---

[80] Ibidem.
[81] Ibidem, p. 100.
[82] Michael Polanyi, *Personal Knowledge*, op. cit., p. 37.
[83] Ibidem, p. 37.
[84] Ibidem, p. 383-84.

Por si só, isso não parece envolver quaisquer contradições lógicas por parte de Polanyi, e se tudo se resumisse a isso as objeções de Olding à ideia de emergência nada mais expressariam do que uma diferença de pressupostos fundamentais. Essa diferença, claro, de fato existe. Quando conclui seu ensaio com a rejeição da ideia de um plano superior de "forças vitais", reduzindo-os a "fragmentos do universo que interagem com outros fragmentos – de modo particular, a sistemas químicos complexos que são também organismos vivos", o que Olding na verdade está dizendo é que prefere soluções mecanicistas a soluções vitalistas.[85] Polanyi tem razão quando diz que, no caso dos seres conscientes – e do homem, em particular –, algo mais parece estar envolvido do que meras partículas em interação. Reconhecer isso, contudo, não é o mesmo que explicá-lo, e os esforços que Polanyi faz para se aproximar de uma explicação poderiam ter dado a Olding novos alvos para sua crítica caso este tivesse se aprofundado ainda mais no problema.

O "xis" da questão está no âmbito da teleologia, à qual Olding alude quando fala da intrusão ilegítima da ideia de "interesses" na abordagem dada por Polanyi ao DNA. Polanyi debruçou-se explicitamente sobre a questão da teleologia ao discutir "a ascensão do homem" no último capítulo de *Personal Knowledge*. Ali, fazendo referência à ação humana, ele pôde afirmar confiantemente que um tratamento adequado deveria "dividir-se em duas partes: a primeira trataria o determinismo *a fronte* a partir da meta universal do compromisso; a outra o faria *a tergo* pelo mecanismo corporal da pessoa que adere a um compromisso".[86] Ele está certo, diriam muitos, ao afirmar que as ações humanas não podem ser explicadas integralmente a partir de concepções mecanicistas, sendo necessário ter em mente os compromissos que as pessoas estabelecem com os padrões segundo os quais procuram viver. No caso do desenvolvimento da inteligência humana, diz ele, "a mente criativa procura a todo momento por algo considerado real, e por ser real ele ganhará o direito, quando descoberto, de declarar-se universalmente válido. (...) São esses os atos pelos quais o homem

---

[85] A. Olding, op. cit., p. 102.
[86] Michael Polanyi, *Personal Knowledge*, op. cit., p. 395.

aprimora a própria mente; e tais são os passos pelos quais nossa noosfera ganhou existência".[87]

No que diz respeito ao homem, seria mesmo exagero falar dessa maneira? Nesse caso, isso só aconteceria se alguém afirmasse que seus processos de pensamento jamais objetivam uma compreensão cuidadosa da realidade objetiva ou que não há relevância alguma em fazê-lo. No entanto, a conclusão que Polanyi dá a essa linha de pensamento, tal como sua extensão às formas inferiores de vida, parece mais questionável:

> Passando, então, da pessoa de um grande homem ao nível do recém-nascido e, para além deste, dos animais inferiores, encontramos uma série de centros cujas decisões acríticas explicam, em última análise, toda ação da individualidade senciente. Assim, o polo pessoal do compromisso conserva sua autonomia em toda parte, exercendo sua vocação num ambiente material que condiciona suas ações, mas jamais as determina. Sem encontrar oposições, as circunstâncias do compromisso subjugariam e eliminariam o impulso do compromisso mesmo; contudo, um centro que se compromete ativamente resiste e limita tais circunstâncias a ponto de transformá-las em instrumentos de suas próprias operações.[88]

Resta-nos, parece, uma visão das amebas em que elas não apenas "leem" os códigos do DNA para construírem seus corpos, mas também se esforçam para escrever códigos melhores. Talvez Polanyi não tivesse essa intenção, mas o crítico não estaria sendo implicante se cogitasse ter sido esse ou seu objetivo e se assinalasse que a abordagem do autor dá margens a isso.

Aqui, encontramos no uso do termo "compromisso" outro exemplo de ambiguidade, semelhante àquele que Olding sublinhou ao comparar o significado literal da palavra "código" – tal como utilizado em relação ao significado de um texto – com seu emprego metafórico no caso da molécula de DNA. Na verdade, apesar de seus férteis *insights* cognitivos acerca da realidade de

---

[87] Ibidem, p. 396.
[88] Ibidem, p. 397.

nossos processos de conhecimento, Polanyi constantemente encontrou dificuldades para formular com precisão o que de fato compreendia em seus vislumbres. Como resultado, repetimos, um resíduo considerável de ambiguidade pode ser verificado em seus conceitos básicos.

Temos um exemplo dessa ambiguidade em seu conceito de "corpo" como aquele sistema do qual, na atenção subsidiária, a percepção procede ao se voltar para os objetos da atenção focal. Isso quer dizer, como explicamos antes, que o que geralmente encaramos como "objeto externo" (uma caneta ou uma chave de fenda, por exemplo) pode tornar-se parte do "corpo" da pessoa quando esta o utiliza na qualidade de instrumento dos próprios processos de consciência – quando ele é utilizado como sonda, por exemplo. Ora, essa forma de falar do corpo tem sentido no contexto da teoria cognitiva de Polanyi, mas também estende o significado da palavra para além de suas conotações habituais – de modo particular, para além da conotação daquilo a que nos referimos como ente objetivo distinto da "mente". O que se fazia necessário era um exame mais extenso das consequências de se trocar a noção comum pelo conceito que ele então desenvolvia. Na análise, incluída no último capítulo deste livro, daquilo que significa ser uma "pessoa", sugerirei que a abordagem dada por Polanyi à ideia de "corpo" pode representar uma contribuição valiosa para o entendimento da noção de subjetividade encarnada, mas ainda assim ela não deixa de ser um conceito cujo desenvolvimento careceu de clareza.

Ainda outra ambiguidade pode ser encontrada em seu uso do termo "conhecimento". A ênfase que Polanyi dá à importância da dimensão tácita do processo cognitivo funciona como um corretivo valioso à exigência crítica irreal de que todo conhecimento seja explicável à luz de passos inteiramente explicitáveis. Porém, deveríamos nós olhar para o caráter inescapável da dimensão tácita como se indicasse que podemos obter algum conhecimento objetivo que não esteja suscetível a nenhum tipo de exame ou verificação críticos? Caso a resposta seja positiva, o termo "conhecimento" poderia ter o mesmo significado ao referir-se tanto a isso quanto àquilo que é verificável? E se, tal como sugere Polanyi, tanto uma parte quanto a totalidade do conteúdo daquilo que é tacitamente conhecido podem não ser especificáveis, nós então seríamos capazes de saber algo sem saber o que é aquilo que de fato afirmamos saber?

Por fim, somos levados à questão de por que o conhecimento tácito é uma forma de conhecer. O que é que fazemos, ao realizá-lo, que o torna exemplo de conhecimento? Essa questão poderia ser respondida pela análise do processo cognitivo no interior de um campo de experiência e de um conjunto de operações normativas que ocorrem em relação a ele, mas ela em geral permanece implícita na discussão de Polanyi. Bernard Lonergan, por sua vez, desenvolveu um sistema conceitual que pode complementar a análise a que Polanyi apenas alude e que é capaz de solucionar suas várias ambiguidades por meio de formulações teóricas mais precisas; no entanto, isso significa que os *insights* válidos de Polanyi não poderão ser completamente justificados até que prossigamos à análise do pensamento de Lonergan. O esforço para traduzir os conceitos de Polanyi na linguagem de Lonergan e para inseri-los no sistema analítico lonerganiano deve nos ajudar a esclarecer e deduzir o que as ideias de cada um deles implicam.

2. BERNARD LONERGAN:
CONSCIÊNCIA COMO EXPERIÊNCIA E OPERAÇÃO

Insight, a principal obra filosófica de Lonergan, contém uma passagem que poderia muito bem ter sido redigida por Polanyi:

> O fato simples é que o homem não pode reconstruir sua mente por meio do processo da análise explícita, pois a análise explícita leva mais tempo do que os procedimentos espontâneos da mente; cada um de nós levou uma vida inteira para atingir as mentalidades que agora possui, por meio de procedimentos espontâneos; por isso, se fosse necessário submetermos a nossa mentalidade a uma análise totalmente explícita, seria também necessário termos vidas duplas: uma vida para viver e outra vida, mais longa, na qual fosse analisada a vida que é vivida.[1]

A semelhança é clara, mas o mesmo excerto insinua também algumas diferenças significativas entre os dois pensadores. Em princípio, Lonergan concorda com Polanyi no que diz respeito à nossa incapacidade de tornar todo o conhecimento explícito num determinado momento; contudo, se a tomarmos em seu contexto, o que a passagem expressa é algo bem mais específico: o fato de que cada um de nossos pensamentos se fundamenta em camadas de crenças acumuladas, de modo a ser impraticável examinar

---

[1] Bernard Lonergan, *Insight: Um Estudo do Conhecimento Humano*. São Paulo, É Realizações, 2010, p. 650.

um por um. Esse fato não impossibilita que qualquer elemento da crença implícita se torne explícito ou tenha sua precisão verificada. Polanyi empregou seu conceito de dimensão tácita para abarcar tudo o que a qualquer momento estivesse implícito na consciência – parte do que seria passível de explicação, parte não. Uma diferença característica entre os dois pensadores, e que se faz clara nesse caso, é a maior especificidade do pensamento de Lonergan – sua referência aos juízos de verdade, e não a todos os passos e elementos do processo implícito do pensamento, tal como sua clareza a respeito tanto daquilo que, segundo julga, deve permanecer implícito quanto do motivo por que isso deve acontecer.

Outro lugar importante, porém, em que podemos encontrar tanto as semelhanças quanto as diferenças entre Polanyi e Lonergan é a maneira de interpretar o fenômeno que ambos tomam como ponto de partida de suas reflexões: a investigação. Os dois, por exemplo, discutiram o problema apresentado no *Mênon*, de Platão: como podemos buscar o conhecimento de algo sem que, de alguma forma, já o conheçamos. Aquilo que está oculto mas permanece questionável constitui, para Lonergan, um "desconhecido conhecido", algo para o qual não podemos ainda fornecer uma explicação explícita, mas sobre o qual sabemos o bastante para levantar questões.[2] Polanyi fala de modo semelhante em *The Tacit Dimension*, afirmando: "O tipo de conhecimento tácito que resolve o paradoxo do *Mênon* consiste na insinuação de algo oculto, que ainda podemos descobrir".[3] Ao explicar o que tem em mente, porém, Polanyi acaba por sugerir uma abordagem que suscita mais perguntas do que respostas. "O *Mênon*", afirma ele, "demonstra conclusivamente que, se todo conhecimento é explícito, isto é, capaz de ser enunciado com clareza, nós então somos incapazes de conhecer um problema ou buscar sua solução".[4] Para além da questão de se Platão de fato provaria a teoria do conhecimento tácito de Polanyi, poder-se-ia perguntar, como sugerido ao final do capítulo anterior, se a palavra "conhecer" pode ter o mesmo significado ao referir-se aos indícios tácitos e aos juízos de

---

[2] Ver, por exemplo, Bernard Lonergan, *Insight*, op. cit., p. 508.
[3] Michael Polanyi, *The Tacit Dimension*. Nova York, Anchor Books, 1967, p. 22-23.
[4] Ibidem, p. 22.

verdade examinados. A análise de Polanyi não sondou a questão, mas a de Lonergan o fez.

A resposta de Lonergan afirma que se faz necessário diferenciar duas concepções distintas de saber: aquela que é apenas uma apreensão dos dados experienciais e aquela que é fruto da compreensão e da reflexão crítica. O que antecede a compreensão explícita e o juízo reflexivo não constitui conhecimento no sentido pleno e adequado do termo. Trata-se de algo consciente, mas no âmbito da consciência Lonergan distingue, de um lado, a experiência em sentido estrito – a qual nada mais é do que a percepção simples dos dados experienciais, um mero ponto de partida para a investigação – e, de outro, o conhecimento propriamente dito. A experiência pode ser compreendida ou não. Quando é, a correção desse entendimento pode ser questionada; se for confirmada, temos aí o "conhecimento" no sentido que Lonergan atribui ao termo. O conhecimento, em sentido próprio, é a compreensão conscientemente correta, e apenas seu objeto é o que pode ser chamado de realidade. "O real", afirma Lonergan, "é o verificado; é o que há de ser conhecido mediante o conhecimento feito de experiência e investigação, de intelecção e hipótese, de reflexão e verificação".[5] Em seguida, porém, ele diz que

> além do conhecer nesse sentido algo complexo, há também um "conhecimento" em sentido elementar, no qual os gatinhos conhecem a "realidade" do leite. (...) Ambos os tipos de conhecimento possuem a sua validade. Não se pode afirmar que um concerne à simples aparência, enquanto o outro diz respeito à realidade. Pois o conhecimento elementar reivindica a sua validade pela sobrevivência, para não mencionar a evolução das espécies animais. Por outro lado, toda tentativa de discutir a validade do conhecer plenamente humano implica o exercício desse conhecimento (...).

Pode-se perceber e atentar para a experiência, mas apenas quando ela é interpretada e essa interpretação é verificada é que ela constitui o substrato do conhecimento no sentido próprio e crítico do termo.

---

[5] Bernard Lonergan, *Insight*, op. cit., p. 257.

Polanyi e Lonergan não discordam quanto a isso, mas Lonergan foi mais além que Polanyi no desenvolvimento de uma terminologia técnica precisa para expressá-lo e na enunciação detalhada das implicações da ruptura que ele representa com relação à concepção empirista de conhecimento, segundo a qual o conhecimento mais incontestavelmente genuíno que podemos ter é aquele que é obtido a partir dos dados sensíveis e em que o único papel ativo que o conhecedor deve desempenhar é o do observador atento.

Uma das declarações mais dramáticas e reveladoras de Lonergan acerca da história da filosofia aparece na página 359 de *Insight*, na qual afirma: "Quinhentos anos separam Hegel de Scot. (...) esse notável intervalo de tempo foi amplamente dedicado a elaborar, numa diversidade de modos, as possibilidades da pressuposição de que conhecer consiste num olhar-para. A conclusão derradeira foi a de que ele não o fez nem podia fazer". Essa afirmação indica a própria posição de Lonergan nessa história, em que se encontra como alguém cujas raízes filosóficas repousam em pensadores que tanto antecedem quanto sucedem esse episódio e alguém que se vê elaborando as implicações da percepção de que o ato de conhecer é muito mais que o ato de olhar, de que ele não pode ser um processo basicamente passivo em que um objeto imprime a si mesmo ou sua imagem num observador.

Ao afirmar que, após quinhentos anos de verificação da teoria da cognição passiva, é possível concluir definitivamente que ela não se sustenta, Lonergan não estava falando em nome de muitos pensadores, e mesmo aqueles que aceitariam a mesma conclusão julgaram difícil aplicar suas implicações de maneira consistente. De todo modo, ele estava falando em nome de alguns, e entre esses se destacam os filósofos abordados neste estudo. E, ao mostrar Hegel como figura historicamente essencial ao movimento moderno de fuga da epistemologia passiva, ele demonstrou uma avaliação sensata do papel de Hegel e do principal teor de seu pensamento.

Em grande medida, Hegel tem sido mal interpretado. Por exemplo, a suposta dialética de tese e antítese que culmina de maneira quase mecânica numa síntese nada mais é do que um mito. Como bem mostrou Walter Kaufmann, ela não se encontra nos escritos de Hegel.[6] O que era verdadeiramente central ao pensamento de Hegel era a ideia de que todo conhecimento envolve uma relação entre os polos subjetivo e objetivo no ato de cognição. Tratava-se aí, na verdade, do retorno a algo que mais se assemelhava à concepção aristotélica, segundo a qual conhecer sempre envolve uma participação ativa por parte do sujeito e uma união formal – ou um isomorfismo – entre sujeito e objeto.[7] Kaufmann cita uma passagem retirada do prefácio à *Lógica* de Hegel que deixa claras as raízes clássicas do pensamento hegeliano e que também ecoa subsequentemente na obra de Lonergan:

> a metafísica antiga possuía (...) uma concepção de pensamento que é superior àquela que acabou por prevalecer nos últimos tempos. Afinal, ela pressupunha que somente aquilo que o pensamento reconhece nas coisas é de fato verdadeiro nelas – ou seja, não elas em sua imediação, mas apenas quando elevadas à forma do pensamento. Essa metafísica, portanto, afirmava que o pensamento e as determinações do pensamento não eram estranhas aos objetos, e sim sua essência, ou que as *coisas* e *pensar* nas coisas (...) estão de acordo em si e para si.[8]

Implícitos nessa forma de pensamento estão três princípios que são também fundamentais ao pensamento de Lonergan: (1) o conhecimento é um processo ativo; (2) esse processo resulta no compartilhamento estrutural dos polos subjetivo e objetivo do processo; e (3) essa identidade formal da estrutura une o conhecedor e o conhecido.

Esses pressupostos também eram admitidos por Polanyi, mas Lonergan vai muito além na dedução de suas implicações. Ler Polanyi é, na maior parte do tempo, permanecer no mundo do senso

---

[6] Walter Kaufmann, *Hegel: A Reinterpretation*. Notre Dame, University of Notre Dame Press, 1978. Ver, por exemplo, p. 161. A verdadeira fonte do esquema tripartite, afirma Kaufmann, é Fichte.

[7] Cf. Aristóteles, *De Anima*, livro 3, cap. 8, 431b, 20-28; cf. também Tomás de Aquino, *Suma Teológica*, I, q. 14, a. 2.

[8] Edição de 1812, p. v; edição de 1841, p. 27; citado em Kaufmann, *Hegel: A Reinterpretation*, op. cit., p. 179.

comum, onde ainda é fácil imaginar uma divisão clara entre sujeito e objeto em termos espaciais. Polanyi, como vimos, correlaciona os termos "interior" e "exterior" com os modos focal e subsidiário de atenção, e não com a localização espacial, mas para explicar tais conceitos ele tende a empregar imagens da percepção visual (a sondagem de uma cavidade, o uso de um estereoscópio etc.) que fortalecem nosso hábito de assimilar concepções teóricas ao mundo imaginativamente familiar da percepção sensitiva – isto é, àquele mundo em que o real supostamente está "lá fora" e deve ser conhecido pelo "olhar-para".[9]

Lonergan, no entanto, empurra toda a sua discussão para o âmbito da teoria. Isso exige tanto o refinamento da linguagem – para que assuma significados tecnicamente precisos – quanto a ruptura radical com a imaginação. A imaginação está imediatamente enraizada nos dados da experiência, constituindo um passo inicial e rudimentar rumo à forma; no entanto, a forma que ela descobre é apenas um esquema experiencial – e, por mais que pareça "real" ou "significativa", ela não é nem fundamentada criticamente, nem completamente inteligível. É um grande desafio realizar essa ruptura com a imaginação que Lonergan cria necessária caso se deseje examinar adequadamente todas as implicações do pensamento teórico – uma exigência que tem se tornado cada vez mais insistente à medida que a investigação teórica se desenrola nas várias ciências.

Até pouco tempo atrás, o paradigma predominante do conhecimento era perceptivo: presumia-se que todo conhecimento genuíno se dava por meio de uma observação clara e precisa. Para a ciência moderna, porém, isso não é mais defensável. Heinz Pagels, em sua história do desenvolvimento da física quântica, formulou a questão em termos praticamente iguais:

> Tal como afirmou Max Born, "a geração a que Einstein, Bohr e eu pertencemos aprendeu que existe um mundo físico objetivo, o qual se desvela de acordo com leis imutáveis que independem de nós. Nós assistimos a esse processo do mesmo modo como o

---

[9] Cf. Lonergan acerca daquilo que julgava ser a falácia do "já, fora, lá, agora, real" (Bernard Lonergan, *Insight*, op. cit., p. 256).

público assiste a uma peça de teatro". (...) Com a teoria quântica, no entanto, a intencionalidade humana influencia a estrutura do mundo físico.[10]

O próprio Lonergan talvez formulasse a última afirmação de maneira um pouco diferente, uma vez que sua ideia de "influência" ainda comunica a imagem de um objeto externo já constituído que é alterado por nossa observação. Afirmar isso seria presumir que a realidade propriamente dita deve ser encontrada não no plano daquilo que foi interpretado e criticamente verificado, mas no plano do dado. Lonergan mesmo colocaria a questão dizendo que o objeto enquanto dado é apenas experiencial e que apenas como elemento do conhecimento ou do possivelmente conhecível é que ele pode ser considerado real. De acordo com esse ponto de vista, o maior problema para a reflexão humana é eliminar a influência que as imagens acríticas exercem sobre nossas tentativas de compreensão. Como Lonergan afirmou na introdução de seu *Insight*:

> Mesmo antes de Einstein e de Heisenberg, era assaz patente que o mundo descrito pelos cientistas era estranhamente diferente do mundo representado pelos artistas e habitado pelos homens de senso comum. Mas coube aos físicos do século XX encarar a possibilidade de que os objetos da sua ciência só poderiam ser alcançados cortando-se o cordão umbilical que os unia à imaginação maternal do homem.[11]

Polanyi não discordaria. Pelo contrário, ele estava tão convicto quanto Lonergan de que, em sentido estrito, o real é aquilo que é conhecido por meio de um ato da inteligência crítica, e não por meio da sensação ou da imaginação. É por isso que, como mencionamos no capítulo anterior, uma concepção espacial estritamente teórica ("uma visão supercopernicana, estando em completo desacordo com nossa experiência cotidiana") lhe parecia um avanço importante com relação ao espaço absoluto de Newton, sendo "uma teoria que se fundamentava na razão e

---

[10] Heinz Pagels, *The Cosmic Code: Quantum Physics as the Language of Nature*. Nova York, Simon and Shuster, 1982, p. 95.
[11] Bernard Lonergan, *Insight*, op. cit., p. 30.

transcendia os sentidos".[12] Polanyi estava tão interessado quanto Lonergan numa concepção consistentemente teórica do real, muito embora sua forma de expressão soasse menos austera – o que pode ajudar a explicar por que seu público leitor é comparativamente maior.

O paradigma perceptivo do conhecimento talvez seja o pressuposto mais fundamental da época filosófica a que Hegel deu termo. Embora esse sistema de pensamento não nascesse com a Idade Média tardia – sendo sempre uma postura aberta do senso comum –, foi nos pensadores daquela época que ele assumiu um caráter mais teórico. Por fim, tornou-se um crucial pressuposto a unir figuras tão díspares como Scot, Ockham, Descartes, Locke e Kant.[13] Seu dogma característico afirma que o objeto conhecido é algo que está "aí fora", sendo completamente distinto do indivíduo que o conhece. O conhecedor o observa por sobre uma lacuna que é tanto física quanto ontológica; e, se tiver do objeto uma visão que não seja por nada distorcida, obterá dele impressões precisas. O principal problema do ponto de vista dessa epistemologia é, claro, como se certificar de que o objeto de fato está lá ou de que suas impressões são transmitidas precisamente pela lacuna. A questão da certeza se tornou a preocupação característica da era epistemológica a que nos referimos, e sua força ainda se faz sentir por aqueles que continuam a partilhar de suas suposições. O que um pensador do outro modelo busca é menos a certeza do que a confiança fundamentada racionalmente – aquilo que John Henry Newman, ele mesmo uma importante influência de Lonergan, denominou "convencimento".[14]

Obviamente, alguém que esteja seguro da epistemologia perceptiva perguntaria, aqui, como seria possível ter certeza do próprio convencimento. No entanto, do ponto de vista de Newman

---

[12] Michael Polanyi, *Personal Knowledge*, op. cit., p. 12.

[13] Para uma discussão da relação entre Kant e Lonergan, ver Giovanni Sala, "The *A Priori* in Human Knowledge: Kant's *Critique of Pure Reason* and Lonergan's *Insight*", *The Thomist*, vol. 40, 1976, p. 179-221.

[14] Sobre Newman, Lonergan disse: "Tive como principal mentor e guia a *Grammar of Assent*, de John Henry Newman". "Reality, Myth, and Symbol", in: Alan M. Olson (ed.), *Myth, Symbol, and Reality*, Notre Dame, University of Notre Dame Press, 1980, p. 34. Para uma descrição geral da influência de Newman sobre Lonergan, ver George S. Worgul, "The Ghost of Newman in the Lonergan Corpus", *Modern Schoolman*, vol. 54, maio de 1977, p. 317-32.

e Lonergan, o verdadeiro fundamento da confiança intelectual é a percepção, por parte do conhecedor, da base de seu juízo de verdade e do cuidado com que ele o realiza. Tal como formulado por Newman,

> o convencimento não é uma impressão passiva feita sobre a mente a partir de fora, por meio de uma compulsão argumentativa [ou então, Lonergan poderia acrescentar, pela percepção de um dado empírico]; em todas as questões concretas, (...) ele é um reconhecimento ativo da veracidade das proposições, tal como cabe a cada indivíduo exercer a convite da razão e não exercer quando ela assim o proíbe.[15]

Todo aquele que deseja chegar ao conhecimento genuíno, portanto, deve desempenhar por si só as operações que o produzem.

Newman apenas iniciou a análise do processo cognitivo, e sua abordagem era sobretudo descritiva; no entanto, em virtude da ênfase dada ao papel do juízo, foi grande a sua contribuição à linha de pensamento desenvolvida por Lonergan. Se a ele comparado, Hegel dedicou pouca atenção ao problema. Como afirmou Lonergan: "O âmbito da visão de Hegel é enorme; é, na verdade, irrestrito em extensão. Mas é sempre restrito no conteúdo, pois mostra tudo como seria, se não houvesse fatos".[16] O que Lonergan retirou de Hegel – ou ao menos julgou adequado – foi seu conceito de *Aufhebung* (em geral traduzido como "elevação" ou "sublimação") e sua ideia do desenvolvimento na consciência:

> Assim como sua *Aufhebung* rejeita e retém, assim também o fazem, à sua maneira, os nossos pontos de vista superiores. Assim como ele repetidamente progride do *an sich,* através do *für sich,* para o *an und für sich,* assim também todo o nosso argumento é um movimento desde os objetos da compreensão matemática, científica e do senso comum, por meio dos próprios atos de compreensão, para uma compreensão da compreensão.[17]

---

[15] John Henry Newman, *An Essay in Aid of a Grammar of Assent.* Ed. Charles Frederick Harrold. Nova York, Longmans, Green and Co., 1947, p. 262.
[16] Bernard Lonergan, *Insight*, op. cit., p. 360.
[17] Ibidem, p. 361-62, n. 8.

O juízo, porém, não era o foco de Hegel, enquanto para Newman se tratava de algo tão crucial quanto subsequentemente tornou-se para Lonergan.

O que Newman ofereceu a Lonergan foi um ponto de partida para a investigação sistemática das operações cognitivas do homem. Tal como Lonergan a concebe, essa investigação tem como norte três perguntas básicas: (1) o que fazemos quando estamos conhecendo? (2) O que está produzindo esse conhecimento? E (3) o que sabemos quando o fazemos? À resposta da primeira ele dá o nome de teoria cognitiva. À da segunda, epistemologia. À da terceira, metafísica.

É a primeira dessas perguntas que lhe parece fundamental; nós partimos de um processo cognitivo que já está em andamento e passamos à sua compreensão descobrindo o que é aquilo em que estamos empenhados. Ao atentar cuidadosamente para nossas operações cognitivas, diz Lonergan, podemos descobrir que elas se dividem em três categorias básicas: a da atenção, a da compreensão e a do juízo.

Segundo a análise de Lonergan, essas três operações são o fundamento de todo ato genuinamente cognitivo e formam uma sequência invariante; ou seja, elas repousam umas sobre as outras. O juízo da verdade se baseia numa interpretação e a interpretação se baseia em algum tipo de experiência. Para Lonergan, esses termos se referem não a objetos, mas a atos: a experiência envolve a atenção ativa aos dados, pertençam eles ao sentido ou à consciência; a interpretação consiste na leitura dos dados segundo um esquema formal capaz de relacioná-los entre si; e o juízo é o arremate de todo o processo de reflexão referente à adequação de determinada leitura aos dados que ela tenta examinar. O que acontece na prática é que a experiência inicial e relativamente passiva de um dado dá origem a uma questão, a qual se torna a força motriz de um exame mais detalhado e das outras operações de questionamento acerca do significado. Tal como Platão e Aristóteles, Lonergan também acreditava que o início da filosofia está na experiência de intrigar-se. É a força da pergunta enigmática que faz que o indivíduo arrisque uma interpretação e tente descobrir se ela se ajusta aos dados sobre os quais se debruça.

Quando plenamente realizado, o processo cognitivo culmina num juízo reflexivo cujo objetivo é garantir que a interpretação seja suficientemente abrangente e cuidadosa e que ela seja ao menos a melhor que se pode conceber por ora. Questionamentos ulteriores, é claro, nunca deixam de ser uma possibilidade: dados adicionais podem ser percebidos, exigindo explicações; novas possibilidades de interpretação podem se revelar. Isso, porém, não necessariamente impossibilita o "sim" ou "não" definitivo do juízo porque, ainda que o julgamento se volte para uma interpretação que é apenas relativamente adequada, o juízo em si pode ser inteiramente adequado, desde que leve o "relativo" em consideração. Se, por exemplo, alguém estimasse uma probabilidade em mais de 50%, o juízo de verdade não seria uma afirmação de que o acontecimento em questão necessariamente ocorreria; ele estaria declarando apenas que, segundo as evidências, o acontecimento tem mais probabilidades de ocorrer do que de não ocorrer, e isso por uma margem mensurável. Ou, para recorrermos a outro exemplo, se examinássemos a adequação da física newtoniana em comparação com a física quântica, veríamos que um pensador do século XVIII ou XIX era capaz de afirmar de maneira bastante sensata que a física de Newton explicava com precisão suficiente os fenômenos que à época ele estava interessado em explicar, e um tal juízo não insinuaria necessariamente a crença em que jamais um sistema melhor poderia ser encontrado na física. Acreditar nisso seria insensato, mas não por se referir a algo que era apenas relativamente adequado, e sim por ser incapaz de reconhecer a relatividade envolvida. Os juízos são realizados, e quando isso acontece eles necessariamente assumem a forma de uma expressão booliana: sim ou não, verdadeiro ou falso. Um juízo é sempre definitivo, mesmo quando diz respeito a algo que é relativo.

Isso não significa, é claro, que os juízos serão sempre sensatos. Sua adequação depende tanto dos atos da atenção e da interpretação que lhes dão suporte quanto da sensibilidade da consciência intelectual do investigador, que pode dar fim aos seus esforços investigativos de modo muito precoce ou deixar-se distrair por outros interesses que não o amor radical pela verdade. Juízos cuidadosos, porém, podem acontecer, e quando isso se dá eles constituem, segundo Lonergan, o único conhecimento que o investigador humano pode obter: aquele que é formado pelo conjunto de operações inter-relacionadas e cumulativas por ele descrito.

A descrição do conhecimento feita por Lonergan, que o explica como algo constituído das operações da atenção, da interpretação e do juízo, poderia parecer óbvia a ponto de beirar a trivialidade, e em certo sentido é isso mesmo o que acontece. Toda e qualquer tentativa de provar que essas três operações não desempenham papel algum no conhecimento ou que qualquer uma delas poderia ser descartada logo destruiria a si própria por meio de uma *reductio ad absurdum* involuntária. O próprio Lonergan descreveu as implicações de maneira bastante direta:

> Apesar das dúvidas e das negações levantadas pelos positivistas e behavioristas, ninguém, exceto se tiver um órgão deficiente, dirá que jamais teve a experiência do ver ou do ouvir, do tocar, do cheirar ou do degustar, do imaginar ou do perceber, do sentir ou do mover-se; do mesmo modo, ninguém dirá, se parecer ter tal experiência, que ela ainda assim não passa de mera aparência, uma vez que por toda a vida viveu como um sonâmbulo, sem ter qualquer ciência das próprias atividades. Além disso, quão raro é o homem que inicia suas conferências reafirmando a certeza de que jamais experimentou nem a mais fugaz curiosidade intelectual, a investigação, a busca e a conquista da compreensão, a expressão do que entendera! Raro também é o homem que inicia seus artigos recordando, aos possíveis leitores, que jamais em sua vida experimentou algo que poderia ser chamado de reflexão crítica, que jamais hesitou diante da verdade ou falsidade de uma afirmação, que, se um dia pareceu exercitar sua racionalidade julgando apenas a partir da evidência disponível, isso deveria ser encarado como uma mera aparência, pois ignora por completo tal exercício ou até mesmo sua tendência a realizá-lo.[18]

Apesar da obviedade inerente ao esquema estruturado invariante das operações cognitivas, vários são os motivos que explicam por que assinalá-lo não é algo nada banal. Um deles está no fato de muitas outras epistemologias terem se fundamentado em pressupostos diferentes, em especial naqueles do percepcionismo. Outro encontra-se

---

[18] Bernard Lonergan, *Método em Teologia*. São Paulo, É Realizações, 2012, p. 31-32.

no fato de que, por mais fundamentais que as operações possam ser, elas são facilmente negligenciáveis na prática (o que talvez explique a popularidade das epistemologias rivais). Há ainda o fato de que aplicar consistentemente o princípio segundo o qual aquilo que pode ser conhecido é o que conhecemos ao desempenhar as operações traz conclusões acerca dos objetos de nosso conhecimento que entram em conflito com a maior parte de nossos pressupostos habituais. A deficiência das epistemologias percepcionistas já foi discutida. Examinemos cada um dos últimos dois pontos.

Figura 1. Espiral de Fraser

Um exemplo útil para ilustrar tanto a presença das três operações básicas quanto a dificuldade de observá-las na prática pode ser encontrado numa figura visual como a da Espiral de Fraser (ver Figura 1). O sr. Ernst Gombrich a utiliza em *Art and Illusion* a fim de exemplificar o que chama de "princípio do etc.".[19] Com essa expressão, Gombrich se refere ao fato de que, havendo várias marcas visuais de determinado padrão numa imagem, a tendência do espectador é presumir que o padrão se repete consistentemente. Nesse caso, as marcas sugerem a convergência das várias linhas no centro da imagem, e por essa razão tendemos a observar o que parece ser uma espiral sarapintada movendo-se da periferia rumo ao centro. Na verdade, porém, muito embora muitos sinais indi-

---

[19] Ernst Hans Gombrich, *Art and Illusion: A Study in the Psychology of Pictorial Representation*. 5. ed., Londres, Phaidon, 1977, p. 184.

quem um padrão espiralado, não há espiral alguma na imagem. Para que se perceba isso, pode-se tentar percorrer a suposta espiral com um lápis; assim, descobre-se que o objeto sempre retorna ao seu ponto de partida e que a imagem na realidade traz uma série de círculos concêntricos. Geralmente, isso causa surpresa, uma vez que o observador está convicto de que a figura representa uma espiral. Esse sentimento de convicção advém de um processo de interpretação despercebido e de um juízo acrítico. O "princípio do etc." de Gombrich se refere à fase interpretativa desse processo. O sentimento de convicção nasce da adoção acrítica da interpretação mais próxima, aquela que vem espontaneamente à cabeça. Nada desse processo, claro, é de fato consciente, o que significa que não o percebemos nem atentamos para ele. Os dados da figura – as marcações preta, cinza e branca, tal como suas formas – são percebidos, mas o processo interpretativo não o é. As operações pelas quais os dados do sentido são processados e acondicionados ocorrem, nesse caso, no interior de uma pessoa consciente, mas essa pessoa não tem ciência de tais operações nem é capaz de dizer, como sujeito, que as está desempenhando; ela só tem consciência dos dados e do pacote perceptivo entregue pelo processo que se dá, no interior de seu sistema nervoso, entre o ponto do estímulo sensorial e o pacote final. A única operação que ela desempenha conscientemente é a de atentar para os dados e para a espiral que crê ver; em outras palavras, suas únicas operações conscientemente intencionais são empíricas, e não intelectuais ou racionais.

Formulando isso na linguagem de Polanyi, as marcas sobre o papel se configuram numa espiral, e essa espiral perceptiva é focal na atenção do sujeito. Tanto os dados interpretados quanto a interpretação são subsidiários. O processo pelo qual os dados são acondicionados e se tornam uma forma interpretada representa aquilo que Polanyi teria denominado "conhecimento tácito":

> Esse ato de integração – o qual podemos identificar tanto na percepção visual dos objetos quanto na descoberta das teorias científicas – é a capacidade tácita que temos procurado. A ela darei o nome *conhecimento tácito*. Facilitará meu exame do conhecimento tácito se às pistas ou às partes subsidiariamente conhecidas for atribuída a expressão *termo proximal* do conhe-

cimento tácito e, àquilo que é conhecido focalmente, a expressão *termo distal* do conhecimento tácito. No caso da percepção, nós atentamos para um objeto separado da maior parte das pistas que integramos à sua aparência; os termos proximal e distal são, portanto, objetos muito diferentes, unidos pelo conhecimento tácito. Isso não se dá quando conhecemos uma totalidade integrando suas partes à aparência conjunta ou quando a descoberta de uma teoria integra observações à sua aparência teórica. Nesse caso, o termo proximal consiste em coisas vistas de maneira isolada, ao passo que o termo distal consiste nessas mesmas coisas vistas como um ente coerente.[20]

No caso da Espiral de Fraser, as marcas sobre o papel são, na linguagem de Polanyi, proximais e subsidiárias, enquanto a suposta espiral é focal. É característico da diferença entre as perspectivas de Lonergan e Polanyi o fato de Polanyi voltar sua atenção à distinção entre focal e subsidiário – ou distal e proximal –, enquanto Lonergan se debruça sobre a descoberta das operações pelas quais é possível passar de um a outro. Também é característico que Polanyi diferencie a percepção da teorização científica, mas sem desdobrar a relevância dessa diferenciação. Para Lonergan, essa distinção tem importância crucial.

Lonergan não tem se interessado em particular pela percepção, concentrando-se na investigação teórica a fim de distingui-la daquilo que chama de "senso comum" (da qual o mundo perceptual seria parte integrante). É por essa razão que sua análise das operações cognitivas se refere às operações realizadas com intencionalidade consciente. No entanto, o exemplo da Espiral de Fraser ainda assim é útil, pois ela demonstra quão disseminadas são as operações interpretativas e ajuda a esclarecer por que as epistemologias rivais, fundamentadas no pressuposto de que conhecer se resume a olhar, poderiam obter e conservar um controle tão grande sobre a imaginação. Na maioria dos casos, as percepções que nascem dos processos inconscientes de interpretação são precisas o bastante para nossos objetivos, e assim não sentimos necessidade de sondar mais profundamente o modo

---

[20] Michael Polanyi, *Knowing and Being*. Chicago, University of Chicago Press, 1969, p. 140.

como conhecemos o que conhecemos. O padrão clássico do desenvolvimento da postura cética começa com a aceitação ingênua dos produtos dessa interpretação automática, como se elas fossem não interpretações, mas visões diretas da realidade nua e crua. Então, quando nota que a percepção sensorial não é necessariamente precisa (como no clássico exemplo da vareta que parece torta sob a água), o cético incipiente conclui que tudo o que julga conhecimento é ilusório. Ele parte do princípio de que, se todo conhecimento real fosse possível, ele viria por meio de um "olhar-para"; e, se o "olhar-para" é suspeito, não pode haver certeza alguma. Se continuarmos a investigação, diria Lonergan, levando-a para além de seu colapso no ceticismo, poderemos começar a descobrir o papel que o entendimento e o juízo desempenham na cognição. Nesse momento, o indivíduo se encontra em posição de descobrir o que havia de errado numa percepção incorreta, como aquela da vareta na água ou da Espiral de Fraser.

Como o interesse de Lonergan se destinava sobretudo às operações conscientes pelas quais alcançamos o conhecimento propriamente dito (para ele, o "conhecimento tácito" de Polanyi não seria de fato conhecimento, uma vez que não é verificado criticamente), seria adequado examinar brevemente suas concepções de consciência e de sujeito consciente. O tema da consciência é central a cada um dos filósofos abordados neste livro, mas Lonergan é, de modo muito característico, o único a oferecer-lhe uma definição técnica. Talvez a definição mais sucinta do que ele entende por "consciência" apareça num manual de latim escrito para o curso de cristologia que lecionou na Universidade Gregoriana (e no qual foi discutida a consciência de Jesus de uma forma que veio a gerar certa controvérsia entre os teólogos católicos): "A consciência é a experiência interna de si e dos próprios atos, onde experiência é tomada em sentido estrito".[21] "A experiência", diz ele, "pode ser tomada tanto em sentido amplo quanto em sentido estrito.

---

[21] Bernard Lonergan, *De Constitutione Christi Ontologica et Psychologica*. Roma, Gregorian University Press, 1965, parte 5, seção 1. Cito diretamente da tradução datilografada inglesa preparada pelo reverendo Timothy P. Fallon, S. J., membro da Universidade de Santa Clara. Para a resposta dada por Lonergan a um crítico de seu tratamento da consciência de Cristo, ver seu "Christ as Subject: A Reply", in *Collection: Papers by Bernard Lonergan, S. J.* Ed. Frederick E. Crowe, S. J. Nova York, Herder and Herder, 1967, p. 164-97.

Falando de maneira geral, trata-se de um conhecimento rudimentar anterior que é pressuposto e complementado pela investigação intelectual". No sentido estrito que lhe atribui Lonergan, a experiência é composta de meros dados, os quais, quando tomados e abarcados por investigações ulteriores, podem se tornar os elementos de uma intepretação.

Com "experiência interna", Lonergan indicava algo muito semelhante ao que Polanyi indicara ao falar do "corpo" como aquilo de que partimos, na atenção subsidiária, rumo a determinado objeto focal. Para Lonergan, a distinção entre "interno" e "externo" e entre sujeito e objeto é essencialmente equivalente. Como explicou ele:

> O que experimentamos externamente é apreendido como objeto e por meio de um ato peculiarmente seu. Nós vemos as cores como objetos, ouvimos sons como objetos, sentimos os gostos como objetos (...). No entanto, aquilo que experimentamos internamente não ingressa no campo do conhecimento por meio de um ato peculiarmente seu nem é apreendido como objeto. No ato mesmo de ver uma cor, vejo dois elementos adentrando o campo do conhecimento: a cor, do lado objetivo, e tanto aquele que vê quanto o ato da visão, do lado subjetivo.[22]

Polanyi diria que a experiência do ato de ver é subsidiária àquilo que é visto (isto é, àquilo que é focal); Lonergan, em essência, concordaria, mas também afirmaria que, nesse caso, o subsidiário é o experiencial em senso estrito e que é precisamente isso o que a consciência é. No nível subsidiário, experimentam-se as próprias operações, mas também é possível levar o foco da investigação ao sujeito operador, sendo possível tanto "conhecer" a si próprio quanto meramente experimentar a si mesmo operando:

> Ora, essa percepção daquele que vê e do ato de ver, daquele que compreende e do ato de compreender, daquele que julga e do ato de julgar, é pressuposta e satisfeita quando se investiga o que aquele que vê, compreende e julga é, quando se investiga o que o ver, o compreender e o julgar são e, por fim, quando são julgadas as ideias formadas em resposta a essa investigação. Assim, também

---

[22] Ibidem.

essa percepção é anterior e rudimentar. É também, além disso, aquilo que chamamos de experiência em sentido estrito.[23]

Para que fique plenamente claro o que Lonergan afirma aqui, é necessário enfatizar que, ao falar da investigação que conduz à compreensão do sujeito, ele não está se referindo a uma percepção aparente ou a um modo especial de consciência introspectiva. Ao contrário, ele afirma que

> a consciência é uma coisa e a introspecção, outra completamente diferente. (...) A consciência é o conhecimento anterior e rudimentar de si mesmo e dos próprios atos; a introspecção é a investigação intelectual consequente em que assimilamos a inteligibilidade, a ecceidade, a verdade e o ser daquilo que foi assimilado pela consciência como algo experimentado.[24]

Em outras palavras, a única introspecção possível a um conhecedor humano é a investigação racional; a possibilidade de conhecer a si próprio como sujeito apenas por meio do "olhar" não passa de um fogo-fátuo, a exemplo de todas as outras aspirações percepcionistas.

A consciência, para Lonergan, é a experiência de um sujeito, e não a percepção de um objeto; além disso, não se pode dizer nunca que a consciência conhece algo como objeto.[25] A consciência não possui objeto algum; é o sujeito quem, por meio de suas operações, volta-se para ele. Ou seja, não é a consciência, e sim o sujeito consciente, que ao atentar, interpretar e verificar não apenas sente, mas também compreende e conhece os objetos da experiência, da compreensão e do conhecimento. Essas operações são os atos conscientes que constituem o sujeito, pois, como afirma Lonergan, "o sujeito ou o 'eu', enquanto consciente, é esse homem que existe e que opera psicologicamente em sua capacidade de sujeito que experimenta o próprio processo de conhecer. (...) Ninguém é

---

[23] Ibidem.
[24] Ibidem. Cf. Bernard Lonergan, *Método em Teologia*, op. cit., p. 23.
[25] Bernard Lonergan, *De Constitutione Christi Ontologica et Psychologica*, op. cit., 5, 3.

consciente se não estiver psicologicamente operante".[26] Como ele mesmo afirmou em 1958, na conferência intitulada "The Subject":

> O estudo do sujeito (...) é o estudo de si mesmo na medida em que se é consciente. Ele prescinde da alma, de sua essência, de suas potências e de seus hábitos, visto que nada disso se dá na consciência. Esse estudo atenta tanto para as operações quanto para seu centro e sua fonte, que é o eu. Ele distingue diferentes níveis de consciência – a consciência do sonho, do sujeito em vigília, do sujeito que investiga com inteligência, do sujeito que reflete racionalmente, do sujeito que delibera de maneira responsável. Ele examina as operações em seus vários níveis e em suas inter-relações.[27]

Ser um sujeito, segundo o uso que Lonergan dá ao termo, é ser alguém que desempenha operações intencionais. É na exata medida em que as desempenha conscientemente que ele existe como sujeito. Quando apenas experimenta, o indivíduo permanece na mera imediação, existindo tão somente como sujeito experiencial ou empírico, e não como sujeito intelectual ou racional. Quando, porém, uma pessoa não apenas atenta para a experiência imediata, mas também busca o significado e, por meio dessa busca, chega à intelecção da forma inteligível, compreendendo os fragmentos empíricos como elementos de uma totalidade coerente e estruturada, ela existe como sujeito entendedor tanto quanto existe como sujeito que experimenta. Quando esse sujeito reflete criticamente sobre a adequação de sua compreensão aos dados experienciais que ela interpreta, ele opera como sujeito racional tanto quanto como sujeito empírico e intelectual. Se um indivíduo se mostra incapaz de perceber que é precisamente em suas operações – e apenas nelas – que existe como sujeito real, ele talvez seja incapaz de desempenhá-las e de tornar-se, de fato, um sujeito. Como Lonergan afirmou em "The Subject": "O sujeito negligenciado não conhece a si mesmo. O sujeito truncado não apenas não conhece a si mesmo, mas também ignora sua ignorância e, de uma forma ou de outra, conclui que aquilo que ele desconhece não existe".[28]

---

[26] Ibidem, 5, 2.

[27] Bernard Lonergan, *Second Collection*. Ed. William F. Ryan, S. J., e Bernard J. Tyrell, S. J.. Philadelphia, Westminster Press, 1974, p. 73.

[28] Ibidem, p. 73.

Em contraste com o sujeito negligenciado e truncado, encontra-se o sujeito existencial, aquele que sabe o que agir significa e que o faz conscientemente:

> À primeira vista, esse fazer afeta, modifica e transforma o mundo dos objetos. No entanto, ele afeta ainda mais o sujeito em si. Pois o fazer humano é livre e responsável. Nele está contida a realidade da moral, da construção ou da destruição do caráter, da conquista da personalidade ou da incapacidade de alcançá-la. Por meio de seus próprios atos, o sujeito humano faz de si mesmo aquilo que ele deve ser (...).[29]

Tal como concebido por Lonergan, portanto, o sujeito é quem desempenha de modo consciente as operações intencionais. Isso significa que o sujeito deve ser examinado à luz de três aspectos: como ser consciente; como ser que opera; e como ser capaz de operar.

A consciência, como já foi dito, é definida por Lonergan como mera experiência. Ela representa um traço crucial do sujeito operador, mas não é por si só uma operação distinta; em vez disso, trata-se da autopresença imediata do sujeito nas operações. A consciência, diz ele, "não é uma operação distinta que está além da operação experimentada. É essa mesma operação que, além de ser intrinsecamente intencional [isto é, orientada para objetos], é também intrinsecamente consciente".[30] Ou, como afirmou no *Insight*: "por consciência entenderemos que há uma apercepção imanente nos atos cognitivos. (...) Afirmar a consciência é afirmar que o processo cognitivo não é meramente um cortejo de conteúdos, mas também uma sucessão de atos".[31]

As operações conscientes do sujeito são intenções dinâmicas. De modo específico, elas têm em vista a percepção dos dados do sentido e da consciência a compreensão daquilo que é possivelmente inteligível, a verificação da compreensão como verdade e, por fim, a opção pelo bem, isto é, pelo que é verdadeiramente desejável. "As operações, portanto", afirma Lonergan, "encontram-se no

---

[29] Ibidem, p. 79.
[30] Bernard Lonergan, *Método em Teologia*, op. cit., p. 23.
[31] Idem, *Insight*, op. cit., p. 316.

interior de um processo que é formalmente dinâmico, que evoca e reúne seus próprios componentes e que o faz de modo inteligente, racional e responsável", e é a força unificadora desse dinamismo que explica "a unidade e a relação das várias operações".[32]

A aptidão ativa para essas intenções unificadas, conscientes e dinâmicas foi chamada por Lonergan de "noção transcendental". Ele, contudo, que tinha como hábito fornecer definições para seus termos cruciais, não apenas não definiu o que entendia por "noção", como também empregou o termo de maneiras distintas e em diferentes associações. Muitas vezes, utilizou-o à maneira da fala comum, a fim de referir-se à ideia imprecisa de algo (chamarei esse significado de "sentido A"); em outras ocasiões, atribuiu-lhe sentido mais raro (ao qual darei o nome de "sentido B"), enfatizando assim a atividade subjetiva – como quando, no *Método*, refere-se às noções transcendentais como "potências ativas (...) reveladas nas questões para a inteligência, a reflexão e nas questões para deliberação".[33] Quando, imediatamente adiante,[34] passa a abordar essa concepção de operação subjetiva como se ela deslocasse ideias antiquadas – como a "noção de intelecto ou razão pura" e a "noção de vontade" –, ele está usando o termo no sentido A. Talvez a melhor forma de elucidar sua noção (no sentido A) de "noção" transcendental (no sentido B) seria dizendo que, ao empregar este último termo, Lonergan não indicava uma ideia ou um conceito – nem mesmo em sentido rudimentar –, e sim uma antecipação dinâmica do objetivo da intencionalidade. Interpretada dessa forma, a noção transcendental do inteligível, por exemplo, é a antecipação ativa, por parte do indivíduo, de uma possível compreensão. O indivíduo vivencia uma experiência que ainda não é compreendida, mas que parece conter em si a possibilidade da relevância; em seguida, ele mobiliza seus esforços interpretativos para alcançar, "do barulho, da efervescência e da confusão", nas palavras de William James, um padrão que englobará e ordenará satisfatoriamente os dados. A noção é transcendental por ser uma antecipação do inteligível, e não de um outro modelo qualquer – o qual, na terminologia

---

[32] Idem, *Método em Teologia*, op. cit., p. 31.
[33] Ibidem, p. 142.
[34] Ibidem.

de Lonergan, seria chamado de "categórico", não "transcendental". (Com "transcendental", Lonergan assinalava tão somente aquilo que ultrapassa as fronteiras de categorias particulares; não se tratava de nada "sobrenatural" ou "místico".) O que ele parece ter indicado é que a noção transcendental do inteligível tem em vista não tanto o objeto inteligível particular, mas o gratificante ato de compreender o que o sujeito será capaz de desempenhar quando o processo de interpretação tiver termo.

Existem várias noções transcendentais no esquematismo de Lonergan – uma para cada tipo de operação. A noção transcendental da verdade é a antecipação dinâmica do conhecimento verificado; a do bem, a antecipação da satisfação como tal. (Desse modo, Lonergan pode tratar a verdade como bem do intelecto.) Em outras palavras, as noções transcendentais são antecipações dinâmicas da satisfação do anseio humano por experimentar, por compreender, por conhecer e por agir adequadamente no contexto da realidade. "As noções transcendentais", afirma Lonergan, "são o dinamismo da intencionalidade consciente. Elas conduzem o sujeito dos níveis inferiores de consciência aos níveis superiores, do experiencial ao intelectual, do intelectual ao racional e do racional ao existencial".[35] Além disso, o objetivo delas "não é apenas conduzir o sujeito à consciência plena e orientá-lo rumo a seus objetivos; elas também fornecem os critérios que revelam se esses objetivos estão sendo alcançados. O anseio por entender é satisfeito quando o entendimento é alcançado, mas permanece insatisfeito com qualquer realização incompleta", e assim impele o indivíduo a questionamentos ulteriores.[36] De maneira semelhante, os impulsos rumo à verdade e ao valor são satisfeitos quando as condições de um assentimento sensato ou de uma escolha sábia também o são. Assim, as noções transcendentais estimulam o sujeito num processo que é seu devir, como sujeito real, e não meramente potencial, nos sucessivos níveis de operação consciente.

Os níveis de consciência, a exemplo das operações que os constituem, são inter-relacionados e cumulativos, o que também acontece com as noções dinâmicas que lhes dão origem.

---

[35] Ibidem, p. 49.
[36] Ibidem, p. 50.

A compreensão se baseia na experiência que compreende; a reflexão crítica reflete sobre a compreensão que tenta verificar; e a questão do que fazer busca adequar a ação à situação experimentada, compreendida e conhecida. É nessa integração dinâmica das operações, dada nos diversos níveis, que deve ser encontrado o paralelo entre Lonergan e o *Aufhebung* – ou "elevação" – de Hegel. Nas palavras de Lonergan, "nós descrevemos a interioridade nos termos dos atos intencionais e conscientes realizados nos níveis da experiência, da compreensão, do juízo e da decisão. Os níveis superiores pressupõem e complementam os inferiores; eles os elevam".[37] A compreensão eleva a experiência porque, sem os dados experienciais, nada haveria a ser compreendido; ademais, nesse caso a experiência não desaparece: ela se torna apenas experiência compreendida. Do mesmo modo, a compreensão não desaparece quando o juízo a define correta; ao contrário, temos uma única consciência composta de atos distintos, mas mutuamente intricados, que têm em vista um objeto que é a experiência compreendida e verificada. Formulando a questão na linguagem de Polanyi, tanto os níveis operativos inferiores quanto seus objetos se tornam subsidiários aos níveis superiores à medida que os níveis superiores se tornam focais. A realidade ou a verdade são focais para o juízo, mas só são alcançadas *por meio das* particularidades subsidiárias da experiência e da compreensão.

À medida que esses níveis de intencionalidade se elevam sucessivamente, a unidade em que se integram torna-se uma unidade alcançada. Ela é o resultado do desempenho consciente das operações. Quando examinamos nossa percepção da Espiral de Fraser, não tínhamos ali um exemplo dessa unidade, uma vez que as únicas operações conscientes nela envolvidas se davam no plano empírico, a saber: a atenção dada às marcas sobre o papel e a atenção dada ao desenho espiralado, as quais haviam resultado de um processo inconsciente de acondicionamento dado no sistema nervoso central. Os níveis superiores de operação podem ter análogos inconscientes, mas para Lonergan eles só constituem operações de um sujeito real quando desempenhados conscientemente.

---

[37] Ibidem, p. 142.

Além da unidade de consciência resultante das operações sucessivas e elevatórias, pode haver também aquela unidade aparente que verificamos em quem percebe a Espiral de Fraser. Temos, nesse caso, muitas operações distintas, mas nem todas são conscientes e, portanto, genuinamente subjetivas; trata-se de meros processos que afetam o sujeito na medida em que este percebe seus resultados. Apesar das impressões do sujeito, contudo, essa consciência resultante não é nem intelectual nem racional, mas apenas empírica. Ou, então, no caso em que não há apenas experiência, mas também certo grau de intepretação consciente que, não obstante, passa incólume a críticas, pode haver tanto uma consciência intelectual quanto uma consciência empírica, mas nunca racional.

O desenvolvimento da capacidade de desempenhar, de maneira distinta e proposital, as diversas operações foi chamado por Lonergan de "diferenciação da consciência". Em regra, o indivíduo começa com uma mentalidade que conduz facilmente a conclusões; ela turva as operações ou permite que algumas delas esmoreçam por completo, e assim o indivíduo percebe apenas o que é óbvio ou aparentemente vantajoso, toma a fantasia ou o sonho por realidade etc. Geralmente, só a dificuldade e a desilusão estimulam a autopercepção reflexiva e o desenvolvimento da capacidade de distinguir as várias operações cognitivas e de desempenhar cada uma delas com cautela. Nem mesmo uma pessoa capaz de desempenhá-las de maneira distinta e proposital quando bem lhe aprouver se furtará, muitas vezes, a reagir como se elas não fossem distintas, e sim uma única força pela qual a verdade ou o bem é imediatamente assimilado. Tal como descrito antes, o "conhecimento tácito" de Polanyi era precisamente esse tipo de resposta indiferenciada: nele, em termos lonerganianos, as operações são experimentadas, mas não de forma distinta; elas são desempenhadas, mas sem que se atente para elas.

Numa de suas obras dedicadas à história da teologia, Lonergan descreveu concisamente, nos seguintes termos, a diferenciação da consciência:

> A consciência é indiferenciada quando a pessoa se encontra envolvida por inteiro, operando de maneira simultânea e homogênea

com todas as suas capacidades. A consciência diferenciada, por sua vez, é capaz de operar exclusivamente – ou principalmente – num único nível, enquanto os outros se subordinam por completo ao objetivo deste ou, ao menos, são mantidos sob controle, de modo a não impedirem a sua realização. (...) [O] cientista, ou então o pensador especulativo, tende a um objetivo que não é o do homem completo, mas apenas de seu intelecto. A vontade, portanto, fica restrita a desejar o bem do intelecto, que é a verdade; a imaginação só organiza aquelas imagens que induzem a compreensão ou sugerem um juízo; e, por fim, os sentimentos e as emoções parecem anestesiados, tal é a forma como são mantidos sob controle.[38]

Correspondendo à distinção entre consciência indiferenciada e consciência diferenciada, temos a distinção paralela entre os âmbitos do significado. À consciência indiferenciada corresponde aquilo que Lonergan chama de mundo do "senso comum". Esse mundo é formado por nossa experiência cotidiana e por nossas interpretações e juízos comparativamente irrefletidos, mas não necessariamente inadequados. O senso comum tende a ser um mundo de suposições e intuições partilhadas que a maioria dos indivíduos considera verdadeiras porque parecem naturais e óbvias – como se as conhecessem pelo "olhar" que se volta a fatos objetivos – e porque muitos outros também lhes dão crédito sem quaisquer questionamentos. À consciência diferenciada, porém, correspondem dois âmbitos cognitivos diferentes, dependendo de se o foco é o polo objetivo ou o polo subjetivo da consciência: o âmbito da teoria e o âmbito do que Lonergan denomina "interioridade".[39]

Quando conclui que o que conhece objetivamente é aquilo que só pode conhecer na medida em que percebeu os dados experienciais, interpretou-os e verificou criticamente a interpretação, o indivíduo acaba sendo levado a perceber também, caso deseje

---

[38] Bernard Lonergan, *The Way to Nicea: The Dialectical Development of Trinitarian Theology*. Traduzido, por Conn O'Donovan, da primeira parte de *De Deo Trino: Pars Analytica*. Roma, Gregorian University Press, 1961, p. 2-3.
[39] Ver *Método em Teologia*, op. cit., p. 102. Aí, Lonergan também se refere brevemente a um quarto âmbito do significado, aquele da "transcendência". Esse âmbito será examinado na parte final deste capítulo.

comunicar-se, que é preciso desenvolver uma linguagem precisa que descreva os objetos de sua investigação teórica. O mundo do senso comum pode ser descrito em linguagem trivial, e nesse caso todos aqueles a quem nos dirigirmos compreenderão mais ou menos o que estamos dizendo, uma vez que os conceitos e a linguagem são partilhados – ainda quando de modo impreciso. O âmbito discursivo do senso comum, do qual todos nós tomamos parte em nossa vida e conversas cotidianas, não é um âmbito em que significados precisos são tão exigidos. A mudança para a teoria, ao contrário, traz consigo a necessidade da precisão, dado que apenas aquilo que é formulado com acuidade pode ser criticamente testado, e a investigação teórica não pode ser satisfeita com hipóteses vagas ou afirmações não verificadas.

Historicamente, o desvelamento do âmbito da teoria antecedeu o desvelamento do âmbito da interioridade porque, segundo Lonergan, os pensadores se conscientizaram de que era necessário descrever com precisão o objetivo antes de se conscientizarem do fundamento de objetividade existente nas operações subjetivas desempenhadas com cautela. Em outras palavras, a transição do senso comum para a teoria se deu aos poucos, havendo um período intermediário de transição – ainda não concluído para muitos pensadores – em que se difundiu a certeza de que a objetividade teórica deveria ser alcançada por uma receptividade passiva no sujeito (trata-se da epistemologia do olhar nu), e não por um processo ativo e internamente diferenciado de interpretação cautelosa.

O desvelamento do âmbito da interioridade, porém, também tem sido um processo na história humana, e Lonergan insiste em que, no final das contas, ele é inexorável, uma vez que a epistemologia do olhar-para não se sustenta na prática; quando sucumbe, ela conduz a questões sobre o fundamento do conhecimento. Tais questões estimulam a descoberta da interioridade, a qual, segundo o emprego que Lonergan dá ao termo, refere-se a nossas operações cognitivas enquanto algo que é desempenhado conscientemente por um sujeito movido pelo dinamismo das noções transcendentais. Na verdade, a descoberta da interioridade é precisamente aquilo que, acima, foi descrito como a objetificação introspectiva da consciência realizada por meio da investigação de suas operações. Como declarou Lonergan no *Método em Teologia*, "a transição do senso comum e da teoria à interioridade nos conduz da consciência do eu ao seu conhecimento".[40] Ao fazê-lo, ela fornece um fundamento crítico ao âmbito da teoria, uma vez que a clareza referente à interioridade torna claro aquilo que nossa perspectiva cotidiana pode muito facilmente obscurecer: o fato de que a única realidade que viremos a conhecer é aquela que podemos compreender e verificar.

Na linguagem do senso comum, a "realidade" é composta de "objetos externos" que podemos perceber por meio dos sentidos. No mundo da teoria, por sua vez, a realidade não é aquilo que se percebe, e sim aquilo que é conhecido criticamente. Além disso, o que é conhecido dessa forma não é o objeto da experiência, mas a compreensão e o juízo reflexivo. O mundo da teoria, tal como afirma Lonergan, é um mundo mediado pelo significado, e seus objetos têm uma natureza bastante diferente da natureza daqueles objetos que se tem em vista no mundo do senso comum:

> Existem, portanto, dois significados díspares do termo "objeto". Temos o objeto no mundo mediado pelo significado: trata-se daquilo que a pergunta tem em vista, daquilo que é compreendido, afirmado, decidido pela resposta. A esse tipo de objeto somos imediatamente vinculados por meio de nossas perguntas e apenas mediatamente vinculados pelas operações que são relevantes às respostas, uma vez que as respostas só se referem a objetos uma vez que estes constituem respostas a questões.
>
> Há, contudo, outro sentido bastante diferente do termo "objeto". Pois, além do mundo mediado pelo significado, temos também o mundo da imediação. Trata-se de um mundo um tanto alheio às perguntas e às respostas, um mundo em que vivíamos antes de falar e enquanto aprendíamos a fazê-lo, um mundo em que tentamos nos refugiar quando desejamos esquecer o mundo mediado pelo significado, quando relaxamos, brincamos, descansamos. Nesse mundo, o objeto não é nem nomeado nem descrito. Ao mesmo tempo, no mundo mediado pelo significado, é possível recordar e reconstruir o objeto do mundo da imediação.

---

[40] Bernard Lonergan, *Método em Teologia*, op. cit., p. 289-90.

Esse objeto é já, fora, lá, agora, real. É *já*: é dado antes de qualquer pergunta que lhe diga respeito. É *fora*, visto que é o objeto de uma consciência extrovertida. É *lá*: como os órgãos do sentido, também os objetos do sentido são espaciais. É *agora*, dado que o tempo da sensação corre paralelamente ao tempo do que é sentido. É *real*, uma vez que está vinculado à vida e às ações do indivíduo, devendo, portanto, ser tão real quanto elas.[41]

Foi com relação à diferença entre esses dois mundos – o mundo da teoria, com suas concepções criticamente formuladas, e o mundo do senso comum, com sua convicção acerca do objeto que é "já, fora, lá, agora e real" – que, segundo vimos no capítulo anterior, um luminar da escola analítica da filosofia discordou de Polanyi. Nas palavras de Lonergan, o confronto entre Olding e Polanyi poderia ser descrito como o confronto entre a perspectiva do senso comum e uma perspectiva teórica desenvolvida de maneira incompleta. Tal como poderia sugerir sua ênfase na "linguagem comum", a filosofia analítica tende a partir dos pressupostos do senso comum acerca da realidade e, só depois, a levantar questões teóricas acerca das implicações desses pressupostos. Suas contribuições para o esvaziamento de teorias inconvenientes foram notáveis, mas ela sempre encontrou dificuldades para realizar a transição do senso comum para uma teoria adequada. De todo modo, é real o problema que Olding identifica no exame, feito por Polanyi, da relação entre parte e todo nas coisas compostas, sendo conveniente examiná-lo em virtude da luz que pode lançar sobre a diferença entre Lonergan e Polanyi e sobre a questão da natureza da realidade teórica.

O exame, por parte de Polanyi, da "dimensão tácita" e da relação entre a atenção subsidiária e a atenção focal era uma sonda no seio daquilo que Lonergan denomina interioridade; no entanto, como seu uso do termo "tácito" indica, Polanyi deixou muito desse território implícito. De modo particular, embora avaliasse muito sensatamente as funções das operações cognitivas distintas examinadas por Lonergan, ele não enfatizou sua distinção; e, em seu exame da dimensão tácita, Polanyi parecia presumir ainda que

---

[41] Ibidem, p. 293.

não era tão importante atentar distintivamente para elas.[42] Como consequência, e ao contrário de Lonergan, ele não desenvolveu uma distinção clara entre a consciência diferenciada e a consciência indiferenciada.

Outra consequência disso pode ser verificada no fato de Polanyi, ao tentar explicar a correlação entre os polos subjetivo e objetivo do conhecimento, só conseguir compreendê-la à luz da relação entre a atenção focal e a atenção subsidiária. Desse modo, quando examinava a relação entre parte e todo num ente objetivamente real, Polanyi classificava as partes como subsidiárias e o todo como focal, uma vez que, ao conhecermos o objeto por inteiro, podemos dizer que percebemos seus elementos, mas focamo-nos em sua síntese, que se dá na unidade. Lonergan também afirmaria que, na consciência, os níveis inferiores são elevados pelos superiores e que, por isso mesmo, são-lhes também subsidiários. No entanto, ele não veria isso como descrição suficiente da relação dos elementos com o todo que eles constituem enquanto realidades objetivas. É possível, do ponto de vista de Lonergan, diferenciar os dados sensoriais da forma estruturada; por essa razão, quando a forma é verdadeiramente compreendida e torna-se foco da intencionalidade, pode fazer sentido falar deles como se estivessem relacionados de maneira análoga às atenções subsidiária e focal. No entanto, também é possível examinar a descoberta da forma coerente (o "todo") a partir das tentativas de explicitar, pela interpretação deles como elementos que estão de alguma forma relacionados, os possíveis padrões latentes num conjunto de dados experienciais. A primeira forma de abordagem é na verdade metafórica, visto que, do ponto de vista da análise da intencionalidade, a compreensão (a operação em que a assimilação da estrutura se dá) é distinta

---

[42] Ainda assim, todo o esquema de operações intencionais enfatizado por Lonergan foi articulado de maneira extremamente semelhante por Polanyi. Ver, por exemplo, p. 28-39 de *The Study of Man* (op. cit.), nas quais ele descreve "o ato de compreender" como "um processo de *compreensão*: a assimilação de partes desconexas na forma de um todo abrangente" (ibidem, p. 28). Em seguida, Polanyi fala de uma "paixão intelectual que nos estimula a travar um contato cada vez mais íntimo com a realidade" (ibidem, p. 34) e que, por meio desta, busca "satisfação" ou "júbilo intelectual" (ibidem, p. 37) no juízo de "fato", fundamentando ainda a "avaliação dos valores".

da atenção examinada em si mesma. Quando Polanyi se referiu às partes de uma máquina como se fossem "exploradas" por seu projeto, Olding assinalou com razão que isso era, na melhor das hipóteses, uma metáfora sugestiva, e não uma explicação teórica. De modo semelhante, ele também teve razão ao indicar as conotações acriticamente vitalistas que esse tipo de linguagem introduzira na análise da emergência das formas realizada, por Polanyi, a partir do caráter aleatório das particularidades. Com pouco mais à disposição do que a relação entre focal e subsidiário, Polanyi não possuía um conjunto muito refinado de instrumentos conceituais para a análise desses fenômenos. O problema com a linguagem da atenção focal e subsidiária, Lonergan provavelmente diria, está no fato de ela insinuar que conhecer é uma espécie de "olhar-para" – o que, de seu ponto de vista, seria claramente um equívoco no campo da teoria cognitiva.

O exame que Lonergan faz desses problemas é mais detalhado, preciso e rigoroso. Debrucemo-nos sobre o tratamento que ele dá à ideia da relação entre parte e todo num "algo" unificado e à ideia de "emergência" (a emergência de sínteses ou padrões de inter-relação cada vez mais complexos), ambas das quais já foram mencionadas ao final do capítulo anterior como partes que permaneceram bastante ambíguas no pensamento de Polanyi.

Como vimos, de acordo com Lonergan existem dois tipos diferentes de conhecimento: aquele que é experiencialmente imediato e aquele que envolve os processos mediadores da investigação, da interpretação, da reflexão crítica e da verificação. O primeiro tipo é denominado "elementar"; o segundo, "conhecimento humano pleno", uma vez que envolve toda a gama possível de operações cognitivas do homem (ao contrário do conhecimento elementar, que é partilhado com outros animais). É no sentido elementar, diz ele, que "gatinhos conhecem a 'realidade' do leite".[43] Ambos os tipos de conhecimento têm sua validade, e seus respectivos objetos são, embora diferentes, genuínos.

Os problemas surgem quando se confundem os tipos de conhecimento. Como afirmou Lonergan:

---

[43] Bernard Lonergan, *Insight*, op. cit., p. 257.

A fonte perene do contrassenso é que o cientista, depois de ter verificado as suas hipóteses, tende a ir um pouco mais além e a dizer ao leigo como é, mais ou menos, a realidade científica! Já acometemos a imagem inverificável; mas, agora, podemos ver a origem da estranha urgência de impingir à humanidade imagens inverificáveis. Pois tanto o cientista como o leigo, além de serem inteligentes e razoáveis, são também animais. Para eles, enquanto animais, uma hipótese verificada é apenas uma salgalhada de palavras ou símbolos. O que querem é um conhecimento elementar do "realmente real", se não por meio dos sentidos, pelo menos por meio da imaginação.[44]

Em outras palavras, o que todos nós desejamos, ao menos às vezes, é a capacidade de conhecer não por meio do juízo crítico, mas da observação, um mundo de coisas que são "já, fora, lá, agora, reais".

Confundir assim os tipos de conhecimento acarreta a confusão de seus objetos. Os objetos do conhecimento experiencialmente imediato ou elementar são apreendidos como totalidades pelo sentido e pela imaginação, mas sua unidade não é compreendida criticamente. Para diferenciá-los dos objetos da investigação teórica, Lonergan traça a distinção entre "corpo" e "coisa".[45] Em seu sentido técnico, "coisa" significa "uma unidade inteligível, concreta". Entre as "coisas", Lonergan distingue, de um lado, a ideia de "uma coisa para nós, uma coisa como descrita", e, de outro, a ideia de uma coisa em si, "uma coisa como explicada". A descrição se refere à coisa para nós, à coisa tal como se relaciona à nossa capacidade de observação; a explicação, às relações dos elementos da coisa entre si. Com a palavra "corpo", Lonergan assinala "um ponto focal de antecipação e atenção biológicas extrovertidas".[46] Para o gatinho, o leite é um "corpo" nesse sentido, mas o mesmo também acontece com todos os objetos que preenchem nosso mundo do senso comum, dado que, no contexto desse mundo, aquilo que conhecemos é em geral acondicionado em blocos de dados que são tomados à luz do "já, fora, lá, agora, real".

---

[44] Ibidem, p. 258.
[45] Ibidem.
[46] Ibidem.

Em seu exame da metafísica, Lonergan analisa a coisa em si, verdadeiro objeto do mundo da teoria, à luz das relações que, nas coisas, têm correlação com as relações existentes no saber. A explicação mais simples da estrutura particular de nosso saber, diz ele, repousa no fato de "o ser proporcionado possui[r] uma estrutura paralela" ao nosso conhecimento.[47] Com a expressão "ser proporcionado", Lonergan deseja indicar a realidade na medida em que se ajusta ao conhecimento pelos meios disponíveis à investigação humana. O ser proporcionado, diz ele, é intrinsecamente inteligível porque é precisamente aquilo o que somos capazes de investigar. A metafísica aristotélica tradicional distinguiu, na estrutura das "coisas", potência, forma e ato. Lonergan julgou esses termos ainda úteis, mas também reconheceu que o ponto de partida de sua análise era muito diferente do ponto de partida de Aristóteles, uma vez que este tendia sobretudo ao conhecimento descritivo e ainda possuía um pé no mundo da extroversão sensorial e no senso comum, ao passo que Lonergan almejava o conhecimento explicativo e aceitava plenamente as implicações da mudança para a teoria.[48] Aristóteles falou sobre a matéria ou a potência, tal como sobre a forma e sobre o ato, como se fossem algo meramente objetivo. Lonergan os correlacionou diretamente às operações proporcionadas pelas quais são conhecidos. Em correlação com a potência ou matéria de Aristóteles estão, segundo o ponto de vista de Lonergan, os dados da experiência. Em correlação com a estrutura ou forma inteligível, a intelecção. Em correlação com o ato, isto é, a existência da coisa verdadeira, o juízo pelo qual ela é conhecida como real. Além disso, do ponto de vista de Lonergan as correlações são perfeitas, uma vez que só é possível conhecer qualquer coisa real no mundo da teoria por meio da experiência, da compreensão e do juízo. O que ainda não foi compreendido ou declarado real não é conhecido como algo verdadeiro, mas apreendido apenas como um agregado de dados experienciais.

Formulando de maneira mais simples a questão pela qual Lonergan se interessava, a cognição envolve necessariamente dois polos – o objetivo e o subjetivo – que mantêm correlação entre si.

---

[47] Ibidem, p. 468.
[48] Ibidem, p. 455.

Não há objeto que não seja conhecido, ou pelo menos conhecível, por intermédio de algumas operações subjetivas; do mesmo modo, não existe qualquer sujeito cognitivo que não tenha em vista algum objeto mediante determinadas operações.

Isso deve soar estranho ao senso comum, claro, mas essa estranheza, segundo Lonergan, existe apenas porque o senso comum não é teoria e não conhece nada dos objetos teóricos. Para um pensador que não consegue ou não deseja trocar o senso comum pela teoria e por seu fundamento na interioridade, Lonergan provavelmente soará como um idealista, dado que parece falar sobre os objetos do mundo do senso comum e negar que eles possuam realidade exterior. Na verdade, porém, Lonergan não estava falando desse tipo de objeto, e sim dos objetos da investigação teórica. A diferença que de fato existe não é aquela entre duas formas de ver um único objeto, mas aquela entre a consciência diferenciada e a consciência indiferenciada. O sujeito da consciência diferenciada pode empenhar-se, com clara ciência de seus procedimentos distintivos, na investigação teórica, mas também pode engajar-se no "olhar-para" (isto é, na percepção). O importante é que a consciência diferenciada conhece a diferença entre ambas e não confunde nem essas duas formas de "conhecer", nem os seus objetos. A consciência indiferenciada, por sua vez, só se mostra ciente de um procedimento e um mundo, ainda que às vezes se veja levada a levantar questões que sondam o âmbito da teoria. Ou seja, a consciência indiferenciada sempre julga estar "olhando" as coisas que estão "lá fora", mesmo quando o que faz é, na verdade, algo completamente diferente.

As distinções entre essas diferentes formas de conhecer e seus objetos correlatos possibilitam o prosseguimento da análise que, no capítulo anterior, foi sugerida apenas de maneira breve e incompleta com relação à discórdia entre Polanyi e seu rival empirista acerca da emergência das totalidades por intermédio da síntese de seus elementos. Olding, como vimos na ocasião, adotou uma visão mecanicista da combinação das particularidades na natureza, e nesse aspecto se assemelhava aos filósofos da escola analítica como um todo, os quais tendem a conceber a realidade como se fosse constituída dos objetos externos do senso comum – "fragmentos do universo", expressou ele, "que interagem com outros fragmentos".⁴⁹ Deve-se esperar, diria Lonergan, que esse modelo de pensamento se choque com aquele que busca compreender a emergência de formas superiores a partir da síntese das inferiores. "O determinismo mecanicista", diz ele,

> limita-se a conceber todas as coisas como se fossem de uma só espécie. De fato, o mecanicismo estabelece as coisas como espécimes do "real, agora, já, ali, fora"; o determinismo encara cada evento como inteiramente determinado por leis do tipo clássico. E a combinação das duas visões não deixa espaço para uma sucessão de sistemas sempre mais elevados, pois o mecanicismo exigiria que a componente superior fosse um "corpo", e o determinismo excluiria a possibilidade de a componente superior modificar as atividades inferiores.⁵⁰

Por outro lado, a visão do ente teórico como aquele que é explicado pelas relações que se dão num sistema entre seus elementos aponta na direção de um mundo de coisas diferentes, explicáveis de maneiras diferentes e por meio de tipos de relação diferentes entre seus elementos. Desse ponto de vista, é possível explicar o funcionamento de uma máquina a partir da interação de elementos que, por si só, poderiam ser vistos como "corpos" no sentido que o senso comum atribui à palavra (daí o recurso das concepções mecanicistas ao senso comum), mas também é possível explicar sistemas não mecânicos segundo os diferentes tipos de elementos e relações. Como exposto antes, a descrição que Lonergan faz do conhecimento teórico seria precisamente um exemplo desse tipo de explicação. Os elementos do conhecimento teórico são os dados experienciais, três tipos de operação cognitiva e as noções transcendentais que impelem, norteiam e os mede; além disso, esses elementos são mutuamente dependentes e cumulativos. A fonte dessas operações é o dinamismo fundamental da própria consciência, da qual as noções transcendentais e as operações particulares que elas motivam representam expressões imediatas. Quando bem realizadas em relação umas às

---

⁴⁹ A. Olding, "Polanyi's Notion of Hierarchy". *Religious Studies*, vol. 16, 1980, p. 102.
⁵⁰ Bernard Lonergan, *Insight*, op. cit., p. 259.

outras e aos dados com que trabalham, essas operações resultam numa unidade integrada da consciência que é atenta, inteligente e sensata, e isso, por sua vez, pode tornar-se fundamento cognitivo para decisões sábias acerca das atitudes possíveis. Quando, ao contrário, não são bem desempenhadas – quando a atenção é apenas parcial, quando a compreensão não é clara, quando o juízo não é suficientemente crítico –, elas resultam na consciência fragmentada e numa vida incoerente – a vida daquele que Lonergan chamou de "sujeito truncado".[51]

Ao analisarmos a consciência do homem como um sistema não mecanicista, tornamo-nos capazes de explicar o sucesso e o fracasso no projeto da existência humana sem reduzirmos a humanidade à forma de um mecanismo e sem obscurecermos aquilo que exige explicação. Além disso, tornamo-nos capazes também de explicar o que é especificamente humano sem fazer que isso conduza a uma interpretação vitalista dos organismos ou das máquinas inferiores, como se suas operações fossem intencionais (no caso das máquinas) ou envolvessem (no caso dos organismos inferiores) níveis de intencionalidade mais elevados do que lhes é possível.

Tal como interpretada por Lonergan, a diferença entre os tipos de explicação nada mais é do que a diferença entre pontos de vista inferiores e superiores. Os pontos de vista inferiores são adequados à explicação dos padrões que, no interior de um sistema, emergem num nível inferior de organização. As leis dos elementos subatômicos explicam os padrões de organização entre tais entes. Elas não podem, porém, explicar os padrões encontrados no plano da química molecular, da biologia ou da cultura humana. O mesmo se aplica à explicação mecanicista: ela pode descrever as máquinas como mecanismos, mas não pode responder questões acerca dos possíveis propósitos a que as máquinas servem, acerca de sua influência sobre a sociedade e sobre a cultura, etc. Nesse aspecto, diz Lonergan, o "ponto de vista inferior é insuficiente, pois tem de considerar meramente coincidente o que, de fato, é regular".[52]

---

[51] Idem, *Second Collection*, op. cit., p. 73.
[52] Bernard Lonergan, *Insight*, p. 260.

Para que sejam elucidados, os níveis superiores de organização exigem ciências próprias tanto quanto os níveis inferiores, e confundi-las nada mais indica do que a incapacidade de examinar cuidadosamente o que está em jogo. A introdução da ciência autônoma superior, afirma Lonergan, não "interfere na autonomia da inferior; pois a ciência superior só entra no campo da inferior enquanto torna sistemático no nível inferior o que, de outro modo, seria meramente coincidente".[53] As leis do estímulo e da reação físicos, por exemplo, elucidam os traços sistemáticos daquilo que, tão somente no plano do sistema nervoso, nada mais seria do que um "agregado de eventos neuronais meramente coincidentes", os quais pareceriam por si só insignificantes sem uma referência ao sistema psíquico a que servem.[54]

De acordo com esse ponto de vista, a emergência de níveis superiores de organização no objeto está diretamente correlacionada à descoberta de padrões inteligíveis, e isso acontece porque aquilo que Lonergan chama de ser proporcionado é, por sua própria natureza, correlato às operações pelas quais ele pode ser conhecido. Nós encontramos hierarquia na realidade porque a realidade que conhecemos é proporcional ao nosso conhecimento. Do mesmo modo como a compreensão pressupõe a atenção dada aos dados experienciais, e do mesmo modo como o conhecimento verificado pressupõe algum ato de compreensão que precisa ser testado, também nós descobrimos na realidade padrões estruturais que constituem o polo objetivo de uma variedade de linhas de investigação inter-relacionadas. Como explica Lonergan:

> O protótipo da emergência é a intelecção que surge relativamente a uma imagem apropriada; sem a intelecção, a imagem é uma multiplicidade coincidente; os elementos da imagem tornam-se, pela intelecção, inteligivelmente unidos e relacionados; além disso, as acumulações de intelecções unificam e relacionam domínios de imagens cada vez maiores e mais diversificados, e o que permanece meramente coincidente de um ponto de vista inferior torna-se sistemático pela acumulação de intelecções num ponto de vista superior.[55]

---

[53] Ibidem, p. 261.
[54] Ibidem, p. 267.
[55] Ibidem, p. 454.

É de acordo com esse princípio que Lonergan se mostra capaz de explicar "um fato básico que um ponto de vista mecanicista tentou passar por alto e obscurecer, a saber, que a inteligibilidade imanente ou o desígnio constitutivo cresce em significado, à medida que de sistemas superiores se sobe para outros ainda mais elevados".[56] Pontos de vista superiores são introduzidos por meio de novas perguntas. O meramente empírico, por exemplo, é examinado de um ponto de vista superior quando a questão das relações entre os dados elementares é levantada; o meramente inteligível, por sua vez, é examinado de um ponto de vista superior quando a questão levantada é a da adequação às evidências. De modo semelhante, um organismo ou uma máquina são examinados de um ponto de vista superior quando vistos à luz das questões levantadas por um biólogo ou um engenheiro, e não, digamos, por um químico.

Polanyi compreendeu isso implicitamente, mas sua incapacidade de fundamentá-lo na teoria cognitiva parece ter deixado sua postura vulnerável a ataques advindos da posição do senso comum semiteórico. É natural que, desse ponto de vista, o salto de Polanyi por sobre a lacuna do conhecimento tácito pareça uma espécie de obscurantismo fideísta. O exame mais explícito de Lonergan, por sua vez, deixa claro que, se alguém afirmar que existe ou pode existir uma realidade de qualquer tipo além daquele que é proporcional às intelecções e às capacidades de verificação do homem, é na verdade essa pessoa que exige de nós um assentimento irrefletido àquilo que, em princípio, não é inteligível nem verificável.

A clareza que o método de Lonergan consegue trazer para o problema daquilo que conhecemos como realidade e da forma como o fazemos é impressionante. Seu valor para os investigadores dependerá, é claro, de sua disponibilidade para aceitar e viver, de maneira consistente, os limites da distinção lonerganiana entre os âmbitos do senso comum, da teoria e da interioridade – e isso provavelmente dependerá, em grande medida, da necessidade de uma investigação que vá além do senso comum. A verdade é que, para a maioria de nós e na maior parte do tempo, o mundo do

---

[56] Ibidem, p. 267.

senso comum é o único que nos interessa, e raramente sentimos a necessidade de levantar questões que ultrapassem seus limites. No entanto, quase todo campo de investigação, se investigado de modo suficientemente profundo, acaba por conduzir ao âmbito da teoria, com seu emprego mais preciso da linguagem e sua concepção, mais claramente delimitada, daquilo que pode e não pode ser conhecimento no sentido estrito da palavra.

Por vezes, até mesmo os teóricos profissionais julgam isso desconcertante. Heinz Pagels escreve que, "ao testemunhar a proliferação de hádrones, o físico ítalo-americano Enrico Fermi comentou que, se soubesse que aquele se tornaria o resultado da física nuclear, teria estudado zoologia".[57] Pagels também relata como, após ter descoberto serenamente a relatividade, Einstein repeliu as implicações desconcertantes da teoria quântica. No meio de seu livro, Pagels formula um diálogo filosófico imaginário entre várias escolas contemporâneas da física acerca do que o termo "realidade" pode vir a significar num contexto em que aquilo que pode ser teoricamente compreendido e experimentalmente verificado se opõe diretamente a todas as nossas ideias referentes aos corpos no espaço. O diálogo tem fim com alguns comentários de Niels Bohr, que declara que, ao contrário da maioria dos outros personagens desse "Mercado da Realidade", ele se reconciliara com a realidade quântica: "Não há nenhum mundo quântico", diz ele,

> como o mundo comum dos objetos que nos são familiares, como as mesas e as cadeiras; devemos, portanto, parar de procurá-lo. (...) Antes da invenção da teoria quântica, os físicos podiam pensar no mundo a partir de seus objetos, independentemente de *como* eles sabiam que tal mundo existia. A realidade quântica também tem coisas – os elétrons e fótons semelhantes aos *quanta*, por exemplo –, mas acompanhando este mundo há uma estrutura de informações que, no final das contas, encontra-se refletida na maneira como falamos sobre a realidade quântica. A teoria da medida quântica é uma teoria da informação. O mundo quântico desapareceu naquilo que podemos saber sobre ele, e

---

[57] Heinz Pagels, *The Cosmic Code: Quantum Physics as the Language of Nature*. Nova York, Simon and Schuster, 1982, p. 219.

aquilo que podemos saber sobre ele deve vir de disposições experimentais reais. Não há como ser de outro modo.[58]

O mundo quântico, diz ele, não é visualizável, e tanto para conhecê-lo quanto para descrevê-lo adequadamente é preciso evitar a projeção de fantasias sobre ele.

O Bohr imaginado por Pagels vê essa abordagem como uma "abordagem minimalista da realidade".[59] Trata-se, na verdade, da mesma abordagem de Lonergan, a quem também poderia ser atribuído o rótulo de "minimalista"; o real, no único sentido em que o termo pode ser utilizado com precisão teórica, é aquilo que podemos conhecer pela reflexão e pelo juízo críticos quando as condições que satisfazem o julgamento incluem dados experienciais, sejam do sentido ou da consciência.

Em que posição, porém, isso coloca o investigador propriamente dito? O que ele conhece dessa maneira pode ser chamado real, mas ele mesmo também poderia sê-lo? Para Lonergan, a resposta é positiva, uma vez que o investigador pode se considerar objeto de investigação, descobrindo então que "o processo cognitivo não é meramente um cortejo de conteúdos, mas também uma sucessão de atos" caracterizados pela percepção imanente chamada "consciência".[60] Ao descobrir esses atos conscientes dentro de si, o investigador que sabe o que é uma afirmação racional pode dar prosseguimento à sua autoafirmação racional como conhecedor, isto é, como alguém que desempenha conscientemente as operações cognitivas fundamentadas nos dados de sua experiência.

Ainda assim, isso pode nos deixar com a sensação de que Lonergan manejou a questão de maneira a restringir excessivamente o seu escopo e a pressupor, talvez de modo inconsciente, uma resposta adequada àquela adotada pela metafísica escolástica em que o autor fora instruído. Ele questionou o que uma pessoa ou sujeito poderiam ser considerados quando examinados na qualidade

---

[58] Ibidem, p. 187.
[59] Ibidem, p. 188.
[60] Bernard Lonergan, *Insight*, op. cit., p. 316.

de objetos teóricos; como resposta, afirmou que cada qual seria certo tipo de ente, o tipo a que damos o nome de "sujeito". No entanto, afirmar que assim somos acaba por levantar mais perguntas – às vezes até mais espinhosas – do que respostas. Por um lado, tal afirmação interpreta o sujeito como um tipo de objeto, e para muitos pensadores pertencentes a tradições distintas da de Lonergan a compreensão adequada da subjetividade parece depender de um reconhecimento claro da absoluta diferença entre sujeito e objeto. Além disso, é quase impossível não achar que a questão objetiva do "que" uma pessoa é não esgota plenamente a possível relevância de questões mais orientadas à subjetividade. Tais questões não começam com um "o que", mas com um "quem" ou um "por que"; assim, exploram o que significa existir subjetivamente, isto é, existir como alguém que opera de modo consciente e proposital, mas não como um tipo de ente teoricamente definido e racionalmente afirmado, e sim como um processo indefinível, inerentemente intrincado e metafisicamente questionável. No capítulo seguinte, veremos Eric Voegelin recorrer à linguagem do mito antigo e da filosofia clássica a fim de recuperar símbolos que representam uma noção sutilmente diferenciada da dimensão subjetiva da existência humana; do mesmo modo, nós o veremos se opor veementemente a toda e qualquer tendência de reduzir isso à objetividade a partir da reificação – ou, em suas palavras, do ato de "hipostasiar".

Quando nos descobrimos em meio ao drama de nossas vidas, as perguntas iniciadas por "quem" ou "por que" podem parecer mais urgentes e abrangentes do que a pergunta, mais objetiva e abstrata, que deseja saber "o que" somos. Além disso, pode haver mais do que um mero resíduo do pensamento do senso comum nessa impressão de que, mesmo se em nosso estado mais lúcido e plenamente atualizado nós podemos ser descritos como sujeitos atentos, inteligentes, racionais e responsáveis, agem em nós alguns processos irredutivelmente "tácitos" e não objetificáveis que devem ser levados em consideração quando se busca compreender nossa humanidade.

Ao longo de sua carreira, na verdade, o próprio Lonergan acabou por transferir o foco de sua atenção, passando da ênfase no objetivo – verificada no *Insight* – à ênfase na dimensão em que a tarefa do sujeito não é mais fundamentar criticamente a crença na própria existência, e sim descobrir nas profundezas de seu ser, como algo imediatamente experimentado e almejado, o dinamismo que o impele não somente a investigar a realidade objetiva, mas também a buscar tanto a autotranscendência espiritual quanto a autotranscendência cognitiva. No entanto, permaneceu bastante incompleto o tratamento que Lonergan deu à dimensão subjetiva e àquilo que, no curso intitulado "The Subject", foi por ele denominado nível "existencial" da consciência, o qual se expressa na decisão pela existência subjetiva.[61] A densidade e a clareza meticulosa da análise que dedica, nas primeiras seiscentas páginas de seu *Insight*, às operações objetivamente orientadas da intelecção e do juízo representam uma contribuição teórica muito valiosa. O tratamento dado ao "sujeito" nesse contexto, porém, acabou formulado em termos objetificantes porque o raciocínio apresentado na obra foi estruturado de modo a culminar na auto-afirmação racional do sujeito como objeto teórico.

Igualmente possível, mas também não explorado por Lonergan, seria o movimento, privilegiado pela tradição existencial da filosofia, para além da perspectiva em que tudo o que existe deve ser concebido como algum tipo de objeto. Em outras palavras, talvez nossa noção teórica preliminar de "sujeito" não possa ser concebida como ser proporcionado, devendo ser radicalmente reexaminada se quisermos descobrir a realidade para a qual aponta. Se encarado dessa maneira, o conceito de "sujeito" objetivo teria de ser interpretado como símbolo analógico que indica o que, no final das contas, não pode ser reduzido a nenhum tipo de objeto. A analogia, no entanto, não foi tratada por Lonergan de modo tão diligente quanto a cognição estritamente objetiva.

Parece indicativo de quão incompleta é sua abordagem da subjetividade existencial o fato de, no *Método em Teologia*, Lonergan só mencionar brevemente – após o exame minucioso dos âmbitos do significado que distingue como "senso comum", "teoria" e "interioridade" – que existe ainda o âmbito da chamada "transcendência". Ele não lhe dá qualquer outra definição além de "[o]

---

[61] Bernard Lonergan, *Second Collection*, op. cit., p. 79-86.

âmbito em que Deus é conhecido e amado".[62] Mais adiante, ao retornar ao tema no capítulo dedicado à religião, Lonergan define a "fé" não como a pretensão ao "conhecimento" objetivo a que geralmente atribui ao termo, mas como "conhecimento que nasce do amor religioso".[63] Que não se trata aí daquele tipo de conhecimento objetivo formado por hipóteses verificadas – ao qual ele geralmente se refere como conhecimento "em sentido estrito" – é algo que fica claro com a afirmação de que, "além do conhecimento factual alcançado pela experiência, pela compreensão e pela verificação, existe outro tipo de conhecimento alcançado pelo discernimento e pelos juízos de valor do apaixonado".[64] Esse, porém, é um tipo de "conhecimento" fundamentalmente diferente daqueles que Lonergan definira alhures, e ele jamais se propõe a esclarecer por que precisa trocar tão radicalmente de fundamento e quais devem ser as implicações dessa mudança. Trata-se, poderiam dizer, apenas da mudança daquilo que pode ser chamado de "conhecimento que vem de fora" para o "conhecimento que vem de dentro", o que pareceria insinuar a existência de algo irredutivelmente subjetivo no "objeto" que Lonergan busca perquirir.[65]

As análises lonerganianas do valor, da liberdade e da decisão, nos quais se manifestaria de modo mais pleno a dimensão subjetiva da existência humana, também são comparativamente breves. No *Insight*, a abordagem dessas questões foi realizada sobretudo com relação à distinção entre os objetos do desejo, de um lado, e "o bem da ordem", do outro.[66] Essa se tornou a base de uma tratamento do valor que inseriu o valor verdadeiro no mundo mediado pelo significado: o que quer que se deseje é bom, ao menos em sentido elementar. No entanto, a avaliação racional leva em conta o lugar em que o objeto do desejo imediato se encontra

---

[62] Idem, *Método em Teologia*, op. cit., p. 102.

[63] Ibidem, p. 136.

[64] Ibidem.

[65] Para uma análise da diferença entre esses dois tipos de conhecimento no contexto da comparação entre Lonergan e Voegelin, que dá muito mais ênfase ao "conhecimento que vem de dentro", ver Eugene Webb, *Eric Voegelin: Philosopher of History*, op. cit., cap. 3, "Philosophical Knowing as an Existential Process", p. 89-128, especialmente p. 92-95 e 103-07.

[66] Bernard Lonergan, *Insight*, op. cit., p. 224-25.

na situação real, tal como compreendida e conhecida. A decisão responsável, portanto, diz respeito àquilo que é conhecido como desejável no contexto de um sistema ordenado. Essa é uma abordagem teleológica da ética, e apenas por essa razão já pareceria suspeita aos olhos da maior parte dos filósofos contemporâneos de convicção analítica. Contudo, não há nada de inerentemente ilógico na teleologia como tal, e a forma como Lonergan fala sobre ela faz sentido se cotejada com seu tratamento geral das operações humanas e seus objetos. Não obstante, a teleologia está longe de ser trabalhada com o detalhamento que Lonergan dedicou aos níveis operacionais anteriores, e em certos aspectos alguns conceitos cruciais permanecem ambíguos.

Isso pode ser percebido, por exemplo, numa passagem retirada do *Método em Teologia*:

> O quarto nível, que pressupõe, complementa e sobrepuja todos os outros três, é o nível da liberdade e da responsabilidade, da autotranscendência moral e, nesse sentido, da autodireção e do autocontrole. Seu funcionamento inadequado gera a consciência inquieta ou má. Seu sucesso é marcado pela sensação satisfatória do dever cumprido.[67]

Nesse trecho, são vários os conceitos ambíguos ou incompletamente analisados que Lonergan não aborda nem aqui, nem em nenhuma outra parte de sua obra. "Dever", por exemplo, não é um termo que ele use ou defina com frequência; na verdade, a palavra não aparece nem no índice do *Insight*, nem no índice do *Método em Teologia*. Historicamente, a expressão tem sido empregada de diversas formas: como obrigação definida por um sistema de leis positivas ou por decreto divino, por exemplo; como obrigação fundamentada no direito natural; ou, num contexto kantiano, como um imperativo transcendental baseado nos princípios *a priori* da racionalidade. Na passagem citada, o uso que Lonergan dá ao termo "dever" parece ser o mesmo dado pelo senso comum, fazendo-se necessário um desenvolvimento mais teórico que o integre a uma análise sistemática semelhante àquela que o autor dera aos primeiros três níveis de operação intencional.

---

[67] Bernard Lonergan, *Método em Teologia*, op. cit., p. 142.

Carecendo igualmente de análise estão os conceitos de "autotranscendência" e "existência". Se, tal como insinuado no *Insight*, a diferença entre o bem aparente e o valor verdadeiro é a diferença entre os objetos do desejo irrefletido e os objetos do desejo bem informado, que sentido assume o "auto" de "autotranscendência"? Se o "auto" se refere ao "sujeito" segundo o sentido do ente metafísico afirmado no *Insight*, o que Lonergan chama aqui de autotranscendência não poderia ser denominado, de modo tão adequado quanto, autodescoberta, visto estar em questão a descoberta do que de fato se deseja – isto é, daquilo que se deseja não em devaneios, mas na situação adequadamente compreendida do próprio indivíduo na realidade? Desse ponto de vista, descobrir os desejos verdadeiros seria transcender um eu incompreendido e alcançar o verdadeiro eu. Ou Lonergan preferiria definir o "eu" do "auto" de alguma outra forma, a fim de torná-lo distinto de sua noção de sujeito? Responder a essas perguntas, contudo, exigiria uma exploração maior do que a feita por Lonergan da gama de significados possíveis dos termos "eu" e "sujeito".

O emprego que Lonergan dá ao termo "existência" na passagem acima é especialmente problemático. Ali, ele associa a "existência" à "autotranscendência" moral, à "autodireção" e ao "autocontrole". Não se trata aí, por si só, de um uso obscuro: Lonergan quer dizer que o indivíduo só existe como agente ético quando decide acerca de determinada ação e a leva a cabo. No entanto, o significado de "existência" ali empregado difere – talvez de modo mais radical do que percebeu o autor – do significado que o termo assume no *Insight*, em que diz respeito à existência objetivamente verificável, e não àquela que se dá de maneira subjetiva – refere-se, portanto, à existência que se experimenta e se tem em vista de dentro, e não da existência hipostasiada e verificada de fora.

Quando da leitura do *Insight*, é difícil não ter a impressão de que, para Lonergan, a existência só é propriedade dos objetos na medida em que um conhecedor crítico os pode conceber claramente e declará-los reais. Se, porém, fosse esse o sentido do termo a ser considerado normativo, como poderíamos explicar a sensação de que já estamos, mesmo antes do desenvolvimento do tipo de autoafirmação crítica descrito por Lonergan, inextricavelmente envolvidos na existência, sendo também responsáveis por nosso sucesso ou fracasso nesse projeto? O tipo de objetividade crítica que Lonergan analisou de maneira tão eficaz no *Insight* é, afinal, um desenvolvimento tardio na história da humanidade; e, exceto se desejarmos afirmar que ninguém jamais foi humano antes de nós, torna-se necessário encontrar uma forma de explorar a natureza da consciência e da existência do homem que consiga levar em consideração as variadíssimas formas de ser humano. O próprio Lonergan parece ter percebido isso com o passar do tempo – daí a mudança de ênfase em suas obras tardias –, mas ele esteve longe de analisar sua noção de "sujeito existencial" com o mesmo detalhamento que deu à análise daquilo que fazemos quando conhecemos e do que, examinado como objeto correlato, nós conhecemos ao fazê-lo.

Parecem ter restado, ao longo da carreira de Lonergan, duas tendências divergentes em seu pensamento – a primeira, baseada num modelo científico e objetivo de conhecimento (o qual acima foi chamado de "conhecimento que vem de fora"); a segunda, num modelo fundamentalmente diferente (o "conhecimento que vem de dentro"). Parece ter sido a atração desta última o que fomentou tanto o contínuo interesse de Lonergan por alguns pensadores que ele gostava de chamar "existenciais" quanto sua postura muitas vezes perplexa e ambígua diante deles. Talvez o mais importante de todos esses nomes, em sua opinião, fosse Eric Voegelin, cujos escritos tanto o fascinaram quanto desconcertaram até o fim. Voegelin e os pensadores que ainda serão estudados neste livro sondaram a dimensão subjetiva e existencial do ser humano de maneira mais obstinada e profunda do que Lonergan. Resta observar, contudo, em que medida tais figuras conseguiram não apenas descobrir a dimensão de profundidade na existência subjetiva, mas também elucidá-la satisfatoriamente e saciar, o quanto possível, as exigências da inteligência crítica que Lonergan analisou de maneira tão cautelosa e convincente.

3. Eric Voegelin:
Consciência como
Experiência e Simbolização

Voltar-se para os estudos de Voegelin sobre o desenvolvimento do pensamento filosófico e religioso é mergulhar num mundo muito diferente do âmbito da investigação científica explorado por Polanyi e Lonergan. Trata-se do mundo do mito, do drama e das imagens míticas do divino – todos funcionando como uma linguagem capaz de expressar experiências que eludem a apreensão da ciência objetiva. Tal simbolismo, acreditava Voegelin, foi e continua sendo uma linguagem necessária ao autoconhecimento humano, uma vez que, em sua dimensão subjetiva, a existência do homem só é parcial e indiretamente conhecível por meio do espelho desses símbolos metafóricos. A princípio, Voegelin tivera como objetivo escrever uma história do pensamento político à maneira tradicional, enfatizando ideias, seus vínculos e seus desdobramentos lógicos. Nos anos 1940, o projeto rendeu vários volumes datilografados, mas estes acabaram descartados quando seu autor percebeu que era a história das experiências e simbolizações humanas o que de fato lhe interessava e o que parecia ser a força subjacente ao pensamento do homem.[1]

---

[1] Parte do material da obra abandonada foi editada por John Hallowell em Eric Voegelin, *From Enlightenment to Revolution* (Durham, Duke University Press, 1975). Nos últimos anos de sua vida, Voegelin planejou organizar o material

Essa mudança de foco e concepção se fez visível em *Order and History*, sua principal obra. Trata-se de um estudo em cinco volumes que se inicia com a história da reflexão humana no Oriente Próximo, em *Israel and Revelation*; volta-se para a Grécia antiga, em *The World of the Polis* e *Plato and Aristotle*; prossegue com *The Ecumenic Age*, exame do mundo dos impérios helenístico e romano e dos primórdios paulinos do cristianismo; e tem fim no volume quinto intitulado *In Search of Order*, com reflexões teóricas acerca da natureza das experiências transcendentes e acerca dos tipos de simbolismo que lhes deram expressão ao longo da história.[2] A obra mais conhecida de Voegelin talvez seja *The New Science of Politics*, que teve como base as conferências da Fundação Walgreen ministradas na Universidade de Chicago em 1951. Infelizmente, porém, ela não é característica do pensamento de Voegelin e de sua originalidade, além de não oferecer de ambos uma impressão precisa. *The New Science* estava mais para uma espécie de posto de trânsito entre o projeto abandonado e *Order and History*, sendo provavelmente a responsável pela difundida crença em que Voegelin era um pensador altamente conservador no âmbito da política e da religião e, no âmbito da filosofia, alguém com inclinações à neoescolástica. *The New Science* poderia dar essa impressão, mas suas obras tardias apresentam uma linha de pensamento que é bastante original e radicalmente crítica de todas as versões da ortodoxia dogmática, seja na política, seja na filosofia ou na religião.

Talvez a melhor forma de perceber o caráter especial do pensamento maduro de Voegelin seja examinando a imagem do homem que ele esboça nas páginas iniciais do primeiro volume de *Order and History*. Trata-se da imagem do homem que chega à consciência no meio de uma peça da qual descobre fazer parte antes de descobrir a si mesmo, seu papel ou a trama:

---

restante para publicação, mas o projeto não se concretizou. Os manuscritos estão hoje num arquivo especial da Hoover Institution for the Study of War, Peace, and Revolution, da Universidade Stanford. Eles serão publicados nas *Obras Completas* de Eric Voegelin, atualmente em preparação pela Louisiana State University Press.

[2] Doravante, esses volumes serão indicados pelo seu número: Eric Voegelin, *Order and History*, vol. 1, 2, 3, 4 e 5.

Deus e o homem, tal como o mundo e a sociedade, formam uma comunidade primordial do ser. A comunidade, com sua estrutura quaternária, é e não é um dado da experiência humana. Ela o é na medida em que é conhecida pelo homem em virtude da participação deste no mistério de seu ser. Não o é na medida em que não é dada à maneira de um objeto do mundo externo, sendo conhecida somente da perspectiva da participação nele.

A perspectiva da participação deve ser compreendida na plenitude de sua qualidade perturbadora. Isso não significa que o homem, localizado de maneira mais ou menos confortável na paisagem do ser, possa olhar ao seu redor e inventariar aquilo que vê tanto quanto consegue. Tal metáfora, ou variações comparáveis do tema das limitações do conhecimento humano, destruiriam o caráter paradoxal da situação. Ela sugeriria um espectador autossuficiente, em posse do – e com – conhecimento de suas faculdades, ao centro de um horizonte do ser, muito embora o horizonte fosse restrito. O homem, contudo, não é um espectador autossuficiente. Ele é um ator que interpreta um papel na peça do ser e que, em virtude da realidade mesma de sua existência, compromete-se a fazê-lo sem saber que papel é. (...) A participação no ser (...) não é um envolvimento parcial do homem; este se engaja com toda a sua existência, uma vez que a participação é a existência em si. Não há uma posição privilegiada fora da existência a partir da qual seu significado pode ser visto e determinada ação traçada de acordo com um plano; do mesmo modo, não existe uma ilha afortunada em que o homem pode se refugiar a fim de recapturar seu eu. O papel da existência deve ser interpretado na incerteza de seu significado, tal qual uma aventura da decisão na fronteira da liberdade e da necessidade.[3]

Se comparado a Lonergan, as diferenças são óbvias. No final do capítulo anterior, foi mencionado que a concepção de ser ou de existência de Lonergan enfatizava o objetivo (como o objeto do juízo) e não traçava nenhuma distinção clara entre ele e aquela que poderia ser chamada de existência subjetiva. A ênfase de Voegelin

---

[3] Eric Voegelin, *Order and History*, vol. 1: "Israel and Revelation". Baton Rouge, Louisiana State University Press, 1987, p. 1.

aqui, um ano antes da publicação do *Insight* de Lonergan, se destinava com clareza à existência subjetiva e ao seu caráter essencialmente não objetificável. Lonergan, bem à sua maneira, concebia o homem como o centro de um horizonte de juízos racionais que constituem o conhecimento objetivo de si mesmo, do universo e de Deus. Voegelin, por sua vez, cria que essa perspectiva não passava de uma simplificação excessiva da verdadeira complexidade e da verdadeira amplitude da existência humana.

Não obstante, cada um desses dois pensadores encontrou muito nas obras do outro que fosse digno de apreço. Embora crescessem em mundos muito diferentes – Lonergan, numa pequena cidade do centro-oeste canadense; Voegelin, na Viena imperial – e só viessem a se encontrar muito depois, Lonergan e Voegelin provavelmente conheciam e se interessavam mais pela obra do outro do que qualquer outra das figuras abordadas neste livro. Ambos tinham quase a mesma idade e morreram num espaço de três meses – Lonergan, em novembro de 1984, pouco antes de seu aniversário de oitenta anos; Voegelin, em janeiro de 1985, logo após completar 84. Antes, ao longo de duas décadas e meia, os dois partilharam pela obra do outro um grande interesse e uma admiração genuína, quiçá um tanto cautelosa. No estágio inicial desse interesse, eles estavam cientes de que tinham muito em comum no que diz respeito à preocupação com os processos dinâmicos que constituem a consciência humana. Com o tempo, no entanto, os dois também se conscientizaram aos poucos de que divergiam em aspectos que lhes pareciam relevantes.

Em geral, já esperaríamos diferenças – e talvez certa desconfiança – entre um eminente teólogo católico que, quando teve seus escritos notados por Voegelin, lecionava teologia dogmática na Universidade Gregoriana, em Roma, e alguém que, como historiador da cultura e filósofo político, nutria grande interesse pela religião cristã e sua história, mas não possuía nenhuma afiliação eclesiástica e muitas vezes se opunha ao dogmatismo, fosse ele político ou religioso. As diferenças entre ambos, porém, eram mais complicadas do que essas, tendo relação com as implicações das linhas de pensamento que eles desenvolveram a partir de certos interesses comuns.

É na convergência de interesses tão cruciais que o presente estudo da compreensão da consciência humana encontra grande parte de sua unidade. Do mesmo modo, é onde Lonergan e Voegelin acentuadamente divergem que está seu principal problema: a questão de como e de quão radicalmente a compreensão da subjetividade humana difere do modo como compreendemos aquilo que é estritamente objetivo. É nesse ponto em que passamos de Lonergan a Voegelin, portanto, que o foco desta investigação deixa de estar principalmente na relação entre a consciência e o âmbito objetivo e passa à questão, muito mais árdua, da possiblidade da autocompreensão e de seus possíveis limites.

Parece ter demorado bastante para que Lonergan e Voegelin começassem a desconfiar das ênfases do outro e de suas possíveis implicações. Na década de 1960, Voegelin encorajou seus alunos e amigos a lerem o *Insight*, e no ensaio teórico "What Is Political Reality", de 1966, acabou por adotar o termo "escotose", de Lonergan, para referir-se ao fenômeno da fuga da realidade e da clareza de consciência – tema que interessou a ambos.[4] No final dos anos 1970, porém, o entusiasmo de Voegelin pelo pensamento de Lonergan já havia diminuído. Ele jamais voltou a dedicar um texto crítico a Lonergan, e em particular nutria reservas quanto à medida que a abordagem que ele dera às questões fundamentais da filosofia e da teologia pudesse ser útil a alguém para quem ambas as iniciativas constituíam aspectos do projeto existencial ativo que Voegelin chamou, seguindo Platão, *zetema*: a busca não do conhecimento ou da informação objetivos, mas da subjetiva "existência na verdade".[5]

Lonergan, por sua vez, estimulou seus alunos e colegas a lerem *Order and History*, fazendo ainda muitas referências a Voegelin em seus escritos. Essas referências eram em sua grande maioria positivas, embora ocasionalmente ele manifestasse algumas reservas – como na vez em que, após falar da importância

---

[4] Eric Voegelin, *Anamnesis*. Trad. e ed. Gerhart Niemeyer. Notre Dame/Londres, University of Notre Dame Press, 1978, p. 201. [Em português: *Anamnese*. Trad. Elpídio Mário Dantas Fonseca. São Paulo, É Realizações, 2009, p. 496-97.]

[5] Para a análise feita por Voegelin do conceito platônico de *zetema*, ver Eric Voegelin, *Order and History*, op. cit., vol. 3, p. 83-85.

e mesmo do brilhantismo da distinção que Voegelin faz entre "informação" (isto é, o conhecimento da realidade objetiva) e "revelação" (a elucidação da dimensão subjetiva da existência humana), tal como de sua ênfase no "dinamismo autotranscendente do viver humano", afirmou, em "Theology and Praxis", que considerava "exagerada a crítica dirigida por Voegelin às doutrinas e à doutrinação".[6]

Houve ocasiões, porém, em que Lonergan impugnou diretamente tanto o pensamento de Voegelin quanto o pensamento de outros pensadores "existenciais" semelhantes. A mais impressionante delas foi uma entrevista ocorrida em 1981, na qual ele afirmou:

> Por trás do curso sobre o existencialismo que ministrei no Boston College no verão de 1957, estava minha leitura dos três livros de Jaspers (de cerca de 1931) a respeito da filosofia. Eles ainda são úteis, como vocês sabem, para aquele que deseja compreender Voegelin, que desvela tudo o que diz respeito ao cordão de ouro e ao cordão de aço, mas jamais retira disso qualquer verdade objetiva; trata-se apenas dele conhecendo a si mesmo.[7]

Nessa referência breve, mas densamente condensada, Lonergan indicou aquilo que lhe parecia ser a principal diferença entre seu pensamento e o de Voegelin: sua atenção se dirigia ao conhecimento da verdade objetiva, ao passo que a atenção correspondente no pensamento de Voegelin se voltava para a busca da verdade existencial ou subjetiva. Na raiz dessa diferença encontram-se concepções diferentes da própria filosofia. Segundo Lonergan, a filosofia era a reflexão sobre os procedimentos do conhecimento objetivo, a qual tinha como propósito o requinte desse conhecimento. Como afirmou no *Método em Teologia*:

---

[6] *Proceedings of the Catholic Theological Society of America*, 1977-78, p. 12-13. Para a distinção que Voegelin faz entre informação e revelação, ver seu "The Gospel and Culture", in D. G. Miller e D. Y. Hadidian (eds.), *Jesus and Man's Hope*, Pittsburgh, Pittsburgh Theological Seminary, vol. 2, 1971, p. 91. Ver também Eugene Webb, "Eric Voegelin's Theory of Revelation", *The Thomist*, vol. 42, 1978, p. 95-122, reimpresso em Ellis Sandoz (ed.), *Eric Voegelin's Thought: A Critical Appraisal*, Durham, Duke University Press, 1982, p. 157-78.

[7] Bernard Lonergan, *Caring about Meaning: Patterns in the Life of Bernard Lonergan*. In: Pierrot Lambert, Charlotte Tansey e Cathleen Going (eds.), *Thomas More Institute Papers*, vol. 82, 1982, p. 117.

A filosofia encontra seus dados próprios na consciência intencional. Sua função primeira é promover uma autoapropriação que chegue às raízes das diferenças e incompreensões filosóficas. Além disso, possui também funções secundárias, como a de distinguir, relacionar e fundamentar os vários âmbitos do significado e a de fundamentar os métodos científicos para promover sua unificação.[8]

Para Voegelin, a filosofia era essencialmente um projeto existencial. Desenvolvendo-se como expressão direta daquela experiência humana básica que Voegelin chamou de "tensão existencial", a filosofia por ele concebida era um processo subjetivamente dinâmico que incluía a experiência de buscar e de ser arrastado para dentro da adequação da existência. Aquilo por que o homem anseia na "tensão" fundamental de sua existência, acreditava Voegelin, é o *ser*, e é o empenho consciente na luta para ser que constitui a filosofia. Como afirmou no prefácio a *Israel and Revelation*: "A filosofia é o amor ao ser por meio do amor do Ser divino enquanto fonte de sua ordem".[9]

Nossa relação com a fonte divina do ser, pensava Voegelin, estaria mal interpretada se a concebêssemos como foco da aspiração metafísica especulativa ao conhecimento objetivo de uma substância entitativa – aquilo que poderia ser chamado de "Deus-coisa". Em vez disso, aquilo que vem simbolizado pela imagística do "divino" na linguagem dos mitos tradicionais manifesta sua presença de forma irredutivelmente *subjetiva* no interior de nossa subjetividade experimentada, surgindo como a força ordenadora a que Voegelin frequentemente se referia como "a tensão rumo ao Além". O "Além", nessa expressão, não é algo que se encontra do lado de lá das coisas, mas uma presença espiritual formativa que energiza a existência humana desde dentro e, assim, a constitui subjetivamente como busca pela verdade – busca que é objetiva e subjetiva, imanente e transcendente, informativa e existencial.

O filósofo, para Voegelin, é alguém que atenta para o ímpeto dessa tensão experimentada e que cede à sua influência formadora. Um dos símbolos desse processo que mais lhe agradavam

---

[8] Bernard Lonergan, *Método em Teologia*, op. cit., p. 114.
[9] Eric Voegelin, *Order and History*, op. cit., vol. 1, p. xiv.

é aquele a que Lonergan se referiu na passagem citada antes: o mito filosófico, formulado por Platão nas *Leis* (644d-645c), em que o homem aparece controlado como um títere por forças simbolizadas pelos cordões de ferro e de ouro – o cordão dourado, representado a força do *nous* divino, ao qual devemos dar ouvidos e nos submeter; o cordão de ferro, simbolizando a capacidade perturbadora das paixões e apetites inferiores, aos quais precisaremos resistir se desejarmos permanecer sensíveis e responsivos ao ímpeto, mais suave, do cordão de ouro.[10]

Imediatamente depois de comentar, na entrevista de 1981, o uso que Voegelin dá a esse símbolo, Lonergan tece algumas observações cujo objetivo é esclarecer como sua maneira de pensar diferia da forma de pensar de Voegelin e Jaspers (cujas aulas Voegelin presenciara em Heidelberg em 1929, sendo por ele muito influenciado):

> Jaspers reconhece a *Existenzerhellung*, a elucidação da consciência, e isso é uma espécie de autoapropriação. Ele, porém, afirma que isso não é ciência. De fato, essa elucidação não é ciência porque a ciência parte dos dados sensíveis, mas o é na medida em que os dados são dados da consciência; ela usa a inteligência de maneira tão natural quanto a ciência, além de se valer também da verificação. Ela possui uma verificação muito superior àquela que jamais será encontrada na ciência natural, na história ou na interpretação, e portanto é mais científica do que a ciência mesma.

Um dos entrevistadores então afirmou: "Jaspers e Voegelin não têm como expressar a objetividade do sujeito autêntico", ao que Lonergan deu seu "Sim".[11]

O que Lonergan pedia de Voegelin era uma teoria metafísica do homem enquanto ente objetivo cognoscível por meio de sua versão do método científico, ao passo que o que Voegelin oferecia não passava de um mito capaz de ser usado para elucidar uma experiência filosófica em processo.

---

[10] Eric Voegelin, *Order and History*, op. cit., vol. 3, "Plato and Aristotle", p. 231-32. Ver também Eric Voegelin, "The Gospel and Culture", op. cit., p. 70-74.

[11] Eric Voegelin, *Caring About Meaning*, op. cit., p. 117-18.

Quão fundamentalmente diferente era o modo de pensar de Voegelin e quão explicitamente contrário ele era a essa metafísica entitativa no que diz respeito ao homem é algo que pode ser observado no parágrafo que se segue imediatamente àqueles citados há pouco, nos quais a existência humana vinha comparada à participação numa peça:

> Tanto a peça quanto o papel são desconhecidos. Para piorar ainda mais, o ator não sabe com certeza quem ele mesmo é. Nesse ponto, se não for utilizada com cautela, a metáfora da peça pode ludibriar. Sem dúvida, ela é justificada, quiçá até necessária, por comunicar a ideia de que a participação do homem no ser não é cega, mas iluminada pela consciência. Existe uma experiência da participação, uma tensão reflexiva na existência, que lança sentido sobre a proposição: "O homem, em sua existência, participa do ser". Esse sentido, porém, perderá qualquer sentido se nos esquecermos de que o sujeito e o predicado são termos que explicam uma tensão existencial, e não conceitos que denotam objetos. Não existe um "homem" que participa do "ser" como se aí se tratasse de uma iniciativa que poderia muito bem ser deixada de lado; o que há, na verdade, é um "algo", uma parte do ser, que é capaz de experimentar a si mesmo como tal e que, além disso, é capaz de usar sua linguagem e de chamar essa consciência experimental pelo nome de "homem". Chamar por um nome é certamente um ato fundamental de evocação, de resgate, de constituição daquela parte do ser como um parceiro distinguível na comunidade do ser. Contudo, por mais fundamental que o ato de evocação venha a ser, (...) ele não é em si um ato de cognição. A ironia socrática da ignorância tornou-se o exemplo paradigmático da percepção para esse ponto cego no centro de todo conhecimento humano relacionado ao homem. No centro de sua existência, o homem é desconhecido para si mesmo – e assim deve permanecer – pois a parte do ser que denomina a si mesma homem só poderia ser plenamente conhecida se a comunidade do ser e a peça que se desdobra no tempo fossem conhecidas como um todo.[12]

---

[12] Eric Voegelin, *Order in History*, op. cit., vol. 1, p. 2.

Ou seja, ela só poderia ser conhecida se o homem fosse capaz de se posicionar fora da peça do ser a fim de contemplar tanto ela quanto sua função nela como objetos intencionais. Lonergan acreditava ser possível fazê-lo por meio da ciência, "mais científica do que a ciência [natural]", que formula e verifica a teoria do homem enquanto ente que desempenha operações intencionais. Voegelin, por sua vez, via tal enunciado como mera abstração, uma construção verbal que não pode dar nenhuma contribuição cognitivamente substancial à nossa experiência de engajamento naquilo que, metaforicamente, foi por ele concebido como uma peça que inclui todos os nossos atos e operações, mas que permanece inerentemente misteriosa em virtude do "ponto cego no centro", isto é, de nossa incapacidade de transformar o polo subjetivo da "tensão existencial" em qualquer espécie de objeto.

Esse é, em essência, o mesmo ponto cego inevitável que vimos Polanyi descrever em seu exame da irredutibilidade da dimensão tácita da consciência, uma vez que a consciência humana é necessariamente estruturada como relação entre o subsidiário e o focal. Para que se construísse e verificasse uma teoria metafísica do homem como ente, seria necessário, ao menos em princípio, tornar focal todo e qualquer elemento do suposto ente, de modo que a consciência explícita dele lhe permitisse servir como dado para a teorização metafísica. Fazê-lo equivaleria, para resgatarmos a imagem de Voegelin, a ficar do lado de fora da imediação da existência e a tornar-se espectador de si mesmo. A impossibilidade de levar isso a cabo – e, portanto, de fazer que a atenção focal influencie o polo subjetivo inevitavelmente subsidiário – tornaria impossível, do ponto de vista de Polanyi e Voegelin, aquele tipo de ciência objetiva do homem que Lonergan exigia.

O "algo" a que ele se referiu como participante do ser não pode ser interpretado adequadamente, segundo Voegelin, como uma "coisa" que desempenha operações; antes, ele é constituído pelo próprio processo dessas operações e não possui nenhum outro "ser" além dos atos que lhe dão forma. Chamá-lo por um nome e abordá-lo como se possuísse uma condição entitativa específica não é conhecê-lo como ente, mas dar expressão metafórica a uma aspiração; é almejar e tentar "evocar" fidelidade ao objetivo do processo dinâmico. Viver humanamente é viver entre a potencialidade e a satisfação, o Início e o Além. O objetivo transcendente do processo da existência humana não é, na concepção de Voegelin, o de tornar-se ente objetivo, o tipo de "coisa" ou "substância" metafísica que poderia se tornar o objeto proporcionado de uma ciência metafísica. Do mesmo modo, ele também não acreditava ser esse o tipo de realidade que os mitógrafos antigos e os filósofos clássicos buscavam evocar. Antes, o objetivo último de nosso esforço é subjetivo, e não objetivo; nós somos chamados a agir ou operar bem, a bem interpretar nossos papéis na peça da existência humana e cósmica.

Para Voegelin, portanto, a sabedoria deve consistir na escuta ou no exame paciente do ímpeto da transcendência, isto é, o ímpeto do cordão dourado rumo ao Além. O que se faz necessário para nossa orientação são os símbolos que nos oferecem indícios práticos de como atentar para a tensão que nos impele para cima e de como resistir à força contrária dos cordões de ferro, que nos puxam para propósitos distrativos. Essenciais a essa sabedoria são tanto os símbolos da transcendência quanto a clareza referente ao caráter analógico e às limitações desses símbolos. No parágrafo que se segue à passagem que acabamos de citar, Voegelin fala da maneira como devemos atentar tanto para o tipo de conhecimento disponível quanto para os seus limites:

> A ignorância essencial suprema não é a ignorância completa. O homem é capaz de alcançar um conhecimento notável da ordem do ser, e parte considerável desse conhecimento é a distinção entre o cognoscível e o incognoscível. Tal conquista, porém, só se dá ao fim do longo e persistente processo de experiência e simbolização que constitui o tema deste estudo. O interesse do homem pelo significado de sua existência no campo do ser não permanece suprimido nas torturas da angústia, mas pode expressar-se na criação de símbolos cujo objetivo é tornar inteligíveis as relações e tensões entre os termos distinguíveis do campo.[13]

Tal como experimentado na peça da existência, o ser é um campo de tensões, e o homem, que opera no interior desse campo, deve

---

[13] Eric Voegelin, *Order in History*, op. cit., vol. 1, p. 3.

recorrer da melhor maneira possível aos mapas metafóricos para encontrar seu caminho. As ciências da natureza têm seu lugar nesse processo, mas por si só não norteiam o enfrentamento dos desafios existenciais. Além disso, confundir as metáforas científicas com a ciência seria uma gafe tremenda. Em essência, o que nos é necessário nos mapas oferecidos pelo mito e pela filosofia é aquilo que Jaspers chamou de elucidação da *Existenz*, termo de que ele muitas vezes se vale para se referir não à existência objetiva que pode ser conhecida nos objetos da ciência, mas ao processo dinâmico e imediatamente experimentado da existência subjetiva.

Esse processo, claro, é a mesma *Existenzerhellung* atacada por Lonergan na entrevista de 1981. Tal referência ecoa uma análise muito semelhante do mesmo tema, publicada no *Método em Teologia*:

> Uma rejeição *a priori* dessa abordagem [isto é, da antropologia metafísica de Lonergan] pode brotar tanto das tendências idealistas quanto da análise linguística. Talvez sua expressão mais clara seja encontrada nos escritos de Karl Jaspers, para quem nossa autoapropriação é de fato uma *Existenzerhellung*, um esclarecimento da própria realidade do sujeito, mas não um conhecimento objetivo.
>
> Ora, é verdade, claro, que a autoapropriação se dá por meio de uma elevação da consciência, a qual revela não o sujeito como objeto, mas o sujeito como sujeito. Devo defender, contudo, que tal elevação da consciência culmina em uma objetificação do sujeito, em uma afirmação inteligente e racional dele e, assim, em uma transição do sujeito como sujeito ao sujeito como objeto. Essa transição produz um conhecimento objetivo do sujeito do mesmo modo como o faz toda transição válida dos dados do sentido realizada por meio da investigação e da compreensão, da reflexão e do juízo.[14]

Como deixam claro tanto a entrevista quanto o excerto do *Método em Teologia*, Lonergan acreditava que o polo subjetivo da consciência pode de fato tornar-se seu próprio objeto, conhecendo-do a si mesmo como um tipo de ente que pode ser denominado

---

[14] Bernard Lonergan, *Método em Teologia*, op. cit., p. 292-93.

"sujeito". Ele examinou essa questão também em outros escritos. Seu *Insight* fora, em grande medida, uma tentativa de realicerçar a metafísica escolástica sobre uma teoria cognitiva compatível com o método científico moderno, possibilitando então que os teólogos católicos falassem de temas como a existência objetiva da realidade de Deus e da alma humana com um grau de autoridade comparável ao daquele que possuem os cientistas naturais.[15] A "autoafirmação racional do conhecedor" – a qual representa o ápice da fase inicial do raciocínio que se desdobra no *Insight* e resulta na discussão da metafísica como ciência – é a asserção de que o "sujeito" humano não é um "objeto" teórico de estrutura metafísica fundamentalmente diferente de qualquer outro objeto da ciência teórica. Essa, portanto, parece ter sido a "verdade objetiva" que, na visão de Lonergan, Voegelin não descobriu por meio da interpretação de símbolos como o mito filosófico de Platão referente ao títere e aos cordões de ouro e ferro.

Voegelin, contudo, tinha uma forma fundamentalmente diferente de pensar, e disso dão prova as passagens citadas aqui. Em alguns de seus escritos tardios, ele formulou o problema a partir da distinção, no interior da consciência, das dimensões da "intencionalidade" e da "luminosidade".[16] Por "intencionalidade", Voegelin indicava essencialmente o mesmo que Lonergan (isto é, a maneira como a consciência pode se orientar aos objetos por meio das operações). O termo "luminosidade", por sua vez, é empregado para falar da elucidação existencial examinada acima: o processo de interpretação da existência humana tal qual experimentada de dentro. Na limitada medida em que podemos objetificar esse conhecimento, acreditava Voegelin, ele só pode se dar no espelhamento dos meios metafóricos.

---

[15] Sugeriu-se que a análise que Lonergan faz do polo objetivo da consciência segundo categorias retiradas da metafísica aristotélica não precisaria ser interpretada como essencial à sua empreitada teórica, sendo na verdade um acidente que reflete a influência de seu ambiente cultural; ver Charles Davis, "Lonergan and the Teaching Church". In: Philip McShane (ed.), *Foundations of Theology: Papers from the International Lonergan Congress 1970*. Notre Dame, University of Notre Dame Press, 1972, p. 70-72.

[16] Ver, por exemplo, Eric Voegelin, "Equivalences of Experience and Symbolization in History". In: *Eternità e Storia: I Valori Permanenti nel Divenire Storico*. Florença, Valecchi, 1970, p. 221, 232.

Enquanto aplicada às ciências, Voegelin em nada discordava da descrição da intencionalidade feita por Lonergan, e na verdade chegava até a admirá-la; era por isso que recomendava o *Insight* aos outros. Sua crítica se destinava àquilo que considerava ser o equívoco de não reconhecer a diferença fundamental entre ela e a dimensão da "luminosidade", com o elemento irredutivelmente subjetivo que se deve reconhecer em seu âmago. Uma teoria do homem incapaz de assimilar esse ponto, acreditava ele, falsificaria nossa experiência de tal modo que se assemelharia a algo muito mais grave do que um erro meramente cognitivo – teríamos a distorção não apenas do conhecimento especulativo, mas também do próprio projeto de existência.

À queixa, feita por Lonergan, de que Voegelin "desvela tudo o que diz respeito ao cordão de ouro e ao cordão de aço, mas jamais retira disso qualquer verdade objetiva; trata-se apenas dele conhecendo a si mesmo", Voegelin provavelmente responderia com um "Sem dúvida"; afinal, muito embora não desejasse desqualificar a objetividade, a sabedoria que ele buscava não era um conhecimento objetivo, mas a prática da fidelidade à máxima grega "Conhece-te a ti mesmo".[17] Talvez de modo ainda mais preciso, o que Voegelin desejava e procurava fazer em seus escritos era ajudar a esclarecer aos outros a forma como os símbolos metafóricos legados por quem se envolveu antes de nós na peça da existência humana poderiam nos ajudar em nossas próprias tentativas de responder ao convite para participar, de maneira consciente e fiel, nessa iniciativa divina e humana. Colocando de maneira simples, o que Voegelin buscava não eram proposições metafísicas que oferecessem respostas a questões teóricas referentes a objetos teóricos; o que ele buscava para si e para os outros era recuperar, por meio de uma exegese interior e experiencial dos símbolos da transcendência, o tipo de vislumbre genuíno – ainda que não científico – que poderia ter utilidade prática em nosso projeto de existir humanamente, isto é, de responder no plano espiritual à misteriosa força subjetiva simbolizada pelo suave puxão do cordão de ouro.

---

[17] Talvez seja válido mencionar que, em 1984, na sessão plenária de uma conferência realizada na Universidade de Santa Clara em comemoração ao 80º aniversário de Lonergan (o qual ele teria comemorado posteriormente, caso estivesse vivo), dei essa mesma resposta a favor de Voegelin com ele sentado ao meu lado. Voegelin assentiu.

Essa divergência entre Lonergan e Voegelin representa uma diferença fundamental não apenas entre esses dois pensadores, claro, mas também entre Lonergan e uma grande série de outros nomes. Entre eles se encontram Jaspers, Søren Kierkegaard, seu antecessor intelectual e espiritual, e muitas outras figuras influenciadas por estes dois últimos, como Paul Ricoeur, tema do próximo capítulo, e seu professor Gabriel Marcel. Jaspers escreveu extensivamente sobre Kierkegaard em várias de suas obras – incluindo *Vernunft und Existenz*, na qual atribui tanto a Nietzsche quanto a Kierkegaard a paternidade da ideia de *Existenz*, por cujo emprego ele basicamente indicava o que aqui é tratado como existência subjetiva. Foi Jaspers, cujas aulas Voegelin presenciara em Heidelberg no ano de 1929, quem apresentou a este o pensamento de Kierkegaard, estimulando-o – segundo o próprio Voegelin me descreveu – a ler todos os escritos de Kierkegaard disponíveis em alemão. Jaspers também exerceu grande influência sobre Ricoeur, que foi apresentado a seu pensamento por Marcel e dedicou-lhe dois livros.[18]

Em certo sentido, não poderiam ser consideradas complementares a ênfase de Lonergan na objetividade do sujeito e a ênfase de pensadores existenciais, como os citados aqui, na incomensurabilidade radical dos polos subjetivo e objetivo da consciência? Ou, então, como o próprio Lonergan parece sugerir, não deveriam ser elas consideradas expressões de perspectivas fundamentalmente opostas? Até mesmo os partidários de Lonergan discordam nesse ponto. Embora encontre o que julga ser uma correlação inconsciente entre os quatro mitos do mal de Ricoeur e os quatro níveis de operação intencional de Lonergan, Emil J. Piscitelli, como veremos no capítulo seguinte, interpretou Lonergan e Ricoeur de modo a enfatizar a oposição que existe entre ambos.[19] David Rasmussen, por sua vez, ao realizar ainda outra comparação entre os dois que também se faz pertinente às questões que separam Lonergan de Voegelin, mostrou reservas quanto à opinião de que

---

[18] Paul Ricoeur, *Karl Jaspers et la Philosophie de l'Existence*. Com Mikel Dufrenne. Paris, Editions du Seuil, 1947; Paul Ricoeur, *Gabriel Marcel et Karl Jaspers: Philosophie du Mystère et Philosophie du Paradoxe*. Paris, Temps Présent, 1948.

[19] Emil J. Piscitelli, "Paul Ricoeur's Philosophy of Religious Symbol: A Critique and Dialectical Transposition", *Ultimate Reality and Meaning*, vol. 3, 1980, p. 275-313.

o mito deve por fim submeter-se à metafísica, a qual foi formulada por Lonergan com seu "inadequado pressuposto de que o avanço de um é o declínio do outro".[20] "É possível resumir os limites da abordagem [de Lonergan]", diz ele,

> a partir de seu entendimento como uma hermenêutica da desmistificação que se fundamenta numa teoria cognitiva uniforme, a qual tem por objetivo reduzir as manifestações mítico-simbólicas a significados de ordem inferior para explicar, assim, os chamados significados superiores. (...) A questão é: uma hermenêutica da desmistificação poderia de fato envolver uma hermenêutica da reminiscência?[21]

Ele sugere, como conclusão, que seria mais fecundo ver "os produtos simbólicos das culturas, dos mitos, das criações artísticas, da literatura etc." não como esforços cognitivos inadequados que são descartados na evolução da consciência mais diferenciada, mas como algo que possui integridade própria.[22] Como consequência, Lonergan, apesar do valor de sua teoria cognitiva enquanto explicação do método científico geral, jamais produziu uma teoria do simbolismo adequada.

Talvez a tentativa mais abrangente de ampliar, nesse sentido, o sistema lonerganiano tenha advindo dos vários ensaios de Robert M. Doran e de seu livro *Subject and Psyche: Ricoeur, Jung, and the Search for Foundations*.[23] Doran afirma que tanto a análise do homem feita por Lonergan à luz da teoria cognitiva quanto o seu exame do desenvolvimento humano a partir das diferenciações de consciência manifestadas na conversão intelectual, moral e religiosa precisam ser complementados por um modo

---

[20] David Rasmussen, "From Problematics to Hermeneutics: Lonergan and Ricoeur". In: Philip McShane (ed.), *Language, Truth, and Meaning: Papers from the International Lonergan Congress 1970*. Notre Dame, University of Notre Dame Press, 1972, p. 267.

[21] Ibidem, p. 269.

[22] Ibidem, p. 271.

[23] Ver também Robert M. Doran, "Psychic Conversion", *The Thomist*, vol. 41, abril de 1977, p. 201-36; Robert M. Doran, "Subject, Psyche, and Theology's Foundations", *Journal of Religion*, vol. 57, 1977, p. 267-87; e Robert M. Doran, *Jungian Psychology and Lonergan's Foundations: A Methodological Proposal*. Washington DC, University Press of America, 1979.

de autoapropriação que ele denomina "conversão psíquica". Recorrendo à obra de Ricoeur e de Carl Jung, Doran sugere que há, no interior das pessoas, uma vida que não pode ser inteiramente apropriada por meio da objetificação teórica, devendo ser vivida imediatamente nas "decisões livres e responsáveis do sujeito existencial" e mediada para a consciência reflexiva por meio de uma interação dialética entre o viver ativo e suas expressões simbólicas não teóricas.[24] "A insistência que dou ao fato de a análise da intencionalidade negar a análise psíquica", diz ele,

> corresponde à insistência que dá Ricoeur ao fato de que a reflexão filosófica deve se tornar, em parte, uma hermenêutica e dialética dos símbolos. Tanto para Ricoeur quanto para mim, o nível básico é o nível da reflexão transcendental, do "movimento de autoapropriação por parte do eu que constitui a atividade reflexiva". Ricoeur, creio eu, declarou muito corretamente que esse movimento não é exaurido por seu momento cognitivo, o qual, para Ricoeur, é representado por Kant e, para mim, por Lonergan. Os símbolos desempenham um papel *a priori* nesse movimento de autoapropriação em virtude do vínculo que há entre a reflexão sobre o *Sum* do *Cogito* e "os signos dispersos nas várias culturas pelo ato mesmo de existir".[25]

Se não incluir esse processo de autoapropriação existencial e simbólica, sugere Doran, a ênfase de Lonergan na cognição teórica fará daqueles que seguem seu caminho vítimas potenciais de um "viés intelectualista".[26] "A crise radical", diz ele,

> não é cognitiva, mas existencial. É a crise do eu enquanto objetificado tornando-se próximo do eu enquanto consciente. É a exigência de uma mediação da infraestrutura transcendental do sujeito enquanto sujeito que engendraria uma segunda imediação. Essa

---

[24] Robert M. Doran, *Subject and Psyche: Ricoeur, Jung, and the Search for Foundations*. Lanham, Maryland, University Press of America, 1980, p. 301.

[25] Ibidem, p. 151-52. As citações de Ricoeur nesse trecho de Doran advêm de Paul Ricoeur, *Freud and Philosophy: An Essay on Interpretation*. Trad. Denis Savage. New Haven/Londres, Yale University Press, 1970, p. 52 (publicado originalmente em francês, 1965). O *Sum* que ele menciona aqui, e ao qual Ricoeur frequentemente faz referência, é o "Existo" do "Penso, logo existo" (*Cogito ergo sum*) de Descartes.

[26] Robert M. Doran, *Subject and Psyche*, op. cit., p. 302.

exigência só é satisfeita inicialmente pela apropriação do *logos*. A psique nunca deixará de ter voz e de oferecer tanto sua possível contribuição quanto sua possível ameaça ao desdobramento do dinamismo transcendental rumo à autotranscendência.[27]

O próprio Lonergan respondeu favoravelmente às sugestões de Doran quanto à importância da "conversão psíquica" como fase do desenvolvimento psicológico do sujeito.[28] Desse modo, caso tivesse vivido mais, ele poderia ter desenvolvido, em sua própria mente, uma solução para o que claramente lhe parecia, ao menos em algumas ocasiões, uma diferença fundamental entre seu pensamento e o pensamento de nomes como Ricoeur e Voegelin. Talvez seja relevante, quanto a isso, que ele também respondesse positivamente a meu próprio *Eric Voegelin: Filósofo da História* e que, quando questionado por um pós-graduando do Boston College acerca da parte que julgara mais interessante, tenha respondido o capítulo dedicado ao "Conhecimento Filosófico como Processo Existencial", o qual lida com as questões que vêm aqui examinadas.[29] Ele leu meu livro após a entrevista de 1981 em que falara negativamente sobre Voegelin. No final das contas, porém, não viveu o bastante para concretizar a possibilidade de uma visão diferente acerca de Voegelin, Jaspers e outros pensadores existenciais, e em suas publicações acabou nos deixando apenas as fortes declarações supracitadas que enfatizam sua diferença com relação a eles – do que dá exemplo aquela sobre a incapacidade de Voegelin de obter qualquer verdade a partir do mito filosófico platônico dos cordões de ouro e de ferro.

A provável resposta de Voegelin a essa acusação já foi examinada. Em réplica à implícita acusação ulterior de que se preocuparia consigo de modo quase narcisista ("trata-se apenas dele conhecendo a si mesmo"), ele provavelmente também acrescentaria que, à medida que se busca o autoconhecimento simbólico na vida do espírito, também é possível descobrir nas profundezas da existência individual a presença do universal – o que é feito quando se progride

---

[27] Ibidem, p. 302-03.
[28] Bernard Lonergan, "Reality, Myth, and Symbol". In: Alan M. Olson (ed.), Myth, Symbol, and Reality. Notre Dame, University of Notre Dame Press, 1980, p. 36-37.
[29] Isso me foi relatado pelo próprio aluno, o sr. Paul Kidder.

continuamente no processo de desenvolvimento rumo à consciência individual autêntica em suas dimensões de intencionalidade e luminosidade. Ou, colocando em outras palavras, quando Voegelin se referia ao processo de transcendência, tratava-se aí do processo de perceber concretamente, com base na experiência interior e em sua explicação no espelho dos símbolos, que até mesmo as operações intencionais têm como objetivo último não os objetos intencionais, mas a subjetividade adequadamente executada; e, quando descoberto, isso se revela não como objeto teórico, mas como uma vida.

Do mesmo modo, essa vida também não é a posse privada de um ego individual ou de uma "coisa pensante" que, ao especular acerca da própria essência e da própria existência, declara-as objetivamente reais.[30] Na verdade, acredita Voegelin, trata-se de uma presença vital transcendente, o "Além divino", como chamava, que é descoberto também como "Interior divino".[31]

Voegelin não acreditava que essa presença era singular a ele ou a qualquer outro indivíduo, e assim a tentativa de fazer-se sensível a ela não constituiria uma autopreocupação narcisista. Do mesmo modo, ele não acreditava que ela era singular aos adeptos de determinado credo ou aos membros de determinada tradição histórica de símbolos ou sacramentos. Ele a via como o verdadeiro constituinte da humanidade universal. À medida que seu pensamento se desenvolvia, Voegelin expandia cada vez mais o horizonte de suas expectativas quanto à presença divina na história e à possível pluralidade de formas em que ela poderia se manifestar. Os primeiros três volumes de *Order and History* talvez insinuem que, para Voegelin, a civilização ocidental era o ponto central das rupturas que então chamava de Razão e Revelação; no entanto, o quarto número deixa claro que ele acabara por acreditar que a história não pode ser compreendida como um desdobramento da verdade que se dá numa linha única, a qual culminaria num conjunto privilegiado de símbolos possuído por um grupo favorecido; em vez

---

[30] O eco de Descartes aqui não está deslocado, uma vez que Lonergan alinhava sua afirmação racional do conhecedor à análise do sujeito como *res cogitans* feita por Descartes; sua objeção ao cartesianismo se dava com relação à ideia da *res extensa*. Ver, por exemplo, Bernard Lonergan, *Insight*, op. cit., p. 374-76.

[31] Eric Voegelin, *Order and History*, op. cit., vol. 4, "The Ecumenic Age", p. 324. Ver também Eric Voegelin, *Anamnesis*, op. cit., p. 95-96.

disso, a história era "um campo desconcertantemente diversificado de centros espirituais", uma "pluralidade de centros de significado" ou "irrupções espirituais" que podem ocorrer, e de fato ocorrem, em qualquer lugar, com qualquer povo e em qualquer época.[32] "Fui levado a concluir", afirmou ele ao comentar sobre essa mudança de ênfase do quarto volume, que "o processo histórico, tal como qualquer ordem nele distinguível, não é uma história que deve ser contada do início até seu final feliz ou infeliz; trata-se de um mistério em processo de revelação".[33]

O termo "mistério" se faz relevante aqui à comparação entre Lonergan e Voegelin, uma vez que se trata de uma expressão empregada por ambos; o uso que cada qual lhe dá, porém, é significativamente diferente, o que nos ajuda a explicar como o pensamento dos dois também diferia. Voegelin acreditava que um dos maiores impedimentos à resposta fiel ao chamado divino-humano era "a deformação generalizada dos símbolos experienciais em doutrinas"[34] nascidas de um "literalismo" que "divide o símbolo da experiência ao hipostasiá-lo como proposição relacionada a objetos".[35] Para Voegelin, o ser não *é* uma propriedade objetiva dos entes cognitivos, mas um mistério em que nos vemos mergulhados à medida que, finitamente, realizamo-lo. Não se trata de algo de que podemos nos apoderar por meio de um assentimento proposicional, mas de uma vida pela qual ansiamos e à qual nos entregamos na tensiva experiência que Voegelin descreveu como o ato simultâneo de buscar e ser arrastado.

Para alguém interessado na questão do como ser, talvez seja inútil, e até mesmo uma perigosa tentação, ouvir, do ponto de vista de Voegelin, estas palavras de Lonergan: o "*esse* (...) é a realidade afirmada no mundo mediado pelo significado".[36] Afirmar isso é tratar a existência como o objeto intencional de uma asserção teórica, como um ponto de fuga do conteúdo cognitivo indicado por uma afirmação ou negação proposicional. Voegelin, por sua vez, via a existência

---

[32] Eric Voegelin, *Order and History*, op. cit., vol. 4, p. 3, 6.
[33] Ibidem, p. 6.
[34] Ibidem, p. 48.
[35] Ibidem, p. 37.
[36] Bernard Lonergan, *Método em Teologia*, op. cit., p. 294.

como um ato que experimentamos interiormente no ato de realizá-lo, e o único conhecimento que podemos ter dele é o conhecimento advindo de dentro que constitui a "luminosidade", e não o conhecimento "intencionalista" sobre o qual Lonergan se debruçava. A existência é um mistério para Voegelin exatamente por não ser o objeto proporcionado das operações da intelecção e do juízo.

É relevante que, no exame do "mistério" incluído no *Insight*, Lonergan o igualasse ao que chamava de "desconhecido conhecido", aquela área da experiência sobre a qual sabemos o suficiente para formular perguntas a que, porém, *ainda* não temos respostas. Fiz questão de grifar o "ainda" nessa frase porque é ele o que constitui a diferença entre a concepção de mistério de Lonergan, tal como apresentada no *Insight*, e a concepção não apenas de Voegelin, mas também de pensadores como Gabriel Marcel, que empregava o termo "mistério" a fim de referir-se àquilo que não podemos de forma alguma adequar a uma dialética de perguntas e respostas, dado ser algo de caráter inteiramente distinto de qualquer objeto de intelecção, seja ele real ou possível.

Foi precisamente com base nisso que Marcel diferenciou "problema" de "mistério".[37] Poder-se-ia comparar, com a imagem concebida por Voegelin da existência humana como mistério dramático, uma imagem semelhante empregada por Marcel em 1968, quando de um diálogo com Paul Ricoeur:

> Jamais pude compreender a questão (...): "Como algo existe, como um ente é?" (...) [E]ssa questão não tem sentido algum hoje porque traz implícita uma possibilidade que não nos é dada: a possibilidade de nos abstrairmos de tal modo da existência, ou então de colocarmo-nos fora dela, a fim de contemplá-la. O que contemplamos, porém, são objetos, coisas que têm parte na objetividade. A existência não é nada do tipo; ela é anterior. (...) Ou seja: a existência é a condição mesma de todo e qualquer pensamento.[38]

---

[37] Ver, por exemplo, Gabriel Marcel, *The Mystery of Being*. Chicago, Henry Regnery, 1960, vol. 1, p. 260-61.
[38] Gabriel Marcel, "Conversations between Paul Ricoeur and Gabriel Marcel". In: *Tragic Wisdom and Beyond, including Conversations between Paul Ricoeur and Gabriel Marcel*. Trad. Stephen Jolin e Peter Mc-Cormick. Evanston, Northwestern University Press, 1973, p. 221.

Para Marcel, o inerentemente misterioso é descoberto quando, na busca da compreensão objetiva, o indivíduo depara com o irredutivelmente subjetivo – quando ele descobre a existência humana não como objeto, mas como algo constituído dos próprios atos.

Para Lonergan, porém, nada havia que não pudesse ser, em princípio, objeto de intelecção – se não para o homem, ao menos para Deus. Isso se dava porque, para ele, era princípio básico que o real é completamente inteligível. O real é tão somente aquilo que pode ser inteligentemente compreendido e razoavelmente afirmado:

> O ser, então, é inteligível, porque é o que deve ser conhecido pela compreensão correta; e é completamente inteligível, porque o ser é completamente conhecido apenas quando todas as questões inteligentes estiverem corretamente respondidas. Além disso, o real é o ser. (...) O real também não consiste simplesmente numa parte, mas no conjunto dos objetos de pensamento e de afirmação.[39]

Foi sobre esse princípio, na verdade, que Lonergan fundamentou sua própria explicação da existência de Deus: a completa inteligibilidade do ser implica a existência de um ato irrestrito de compreensão que compreende tudo acerca de tudo – e esse ato é Deus.[40] Não foram muitos, mesmo entre os admiradores de Lonergan, os que parecem ter julgado convincente esse raciocínio, mas ele ainda assim é valioso para nosso objetivo, uma vez que indica quão fundamentalmente alheia a Lonergan era a ideia de mistério como aquilo que está longe de corresponder a qualquer objeto da intelecção.[41] Afirmar isso, porém, é também

---

[39] Bernard Lonergan, *Insight*, op. cit., p. 613-14.

[40] Ibidem, p. 610-17.

[41] Cf. o comentário tecido por Avery Dulles, S. J., em resenha do *Método em Teologia* publicada quando de seu lançamento: "A abordagem que L. dá ao método transcendental é, em minha opinião, bastante lúcida e útil. Gostaria, contudo, que o autor tivesse dado maior ênfase à noção de mistério e que salientasse o valor positivo dos símbolos para esclarecimento e intensificação da experiência misteriosa. L. talvez confie demais na capacidade humana de conceituar o transcendente de modo objetificante – incluindo a revelação – e passar, assim, para além do símbolo – termo que ele regularmente emprega em sentido pejorativo, como se para indicar uma forma bastante primitiva de conhecimento" (Avery Dulles, S. J., "Review of Lonergan's *Method in Thelogy*". *Theological Studies*, vol. 33, 1972, p. 553-54.

afirmar, claro, que para Lonergan não pode haver nada na realidade que seja absoluta ou inerentemente misterioso.

Pode parecer surpreendente dizer isso de Lonergan; ele, afinal, dedicou muitas linhas ao que chamava de "noção de mistério" e chegou até mesmo a dizer: "O ser humano é por natureza orientado para o mistério".[42] O que ele entende por mistério nessa passagem, porém, nada mais é do que aquilo que denominava, como já indicamos antes, "desconhecido conhecido". O âmbito do mistério de Lonergan, ou ao menos a forma como o concebeu no *Insight*, não era inerentemente misterioso no sentido que Voegelin ou Marcel dão ao termo, mas apenas um problema que aguardava solução, isto é, o âmbito de um possível conhecimento objetivo. É por isso que o vemos afirmar, no mesmo local, que "o campo do mistério é encolhido pelo avanço do conhecimento"; e, quando acrescentou que ainda assim "ele não pode ser eliminado da vida humana", deu como justificativa apenas o fato de que "existem sempre mais questões".[43]

Tal como apresentado por essas passagens, o mistério é apenas uma questão relativa; ele pode ser gradualmente convertido em proposições verificadas mesmo que o processo de conversão seja infindável. Tal infinidade é tão somente resultado do alcance ilimitado do questionamento. Teríamos uma situação diferente se o processo fosse infindável porque até mesmo o mais infatigável formulador de perguntas e respostas viria a descobrir algo que, por ser essencialmente distinto de qualquer objeto intencional, não pode ser questionado. Para Marcel, o mistério era inerentemente diferente desse modo mesmo, e nesse aspecto ele se assemelhava mais a Voegelin ou a Jaspers do que a Lonergan.

Para compatibilizar o conceito de mistério inerente com a afirmação de que o real é completamente inteligível, Lonergan poderia ter recorrido à distinção entre realidade objetiva e o inerentemente subjetivo, de modo a fazer do subjetivo o âmbito do mistério em sentido próprio ou absoluto, e da objetividade, o âmbito do mistério em sentido relativo, isto é, no sentido de um

---

[42] Bernard Lonergan, *Insight*, op. cit., p. 509.
[43] Ibidem.

campo de possíveis respostas ou objetos de intelecção. Ele, porém, não traçou tal distinção nem quando, em alguns de seus escritos tardios, como o *Método*, ela parecia se fazer necessária.

No *Método*, por exemplo, Lonergan *distinguiu* "problema" e "mistério" seguindo um raciocínio semelhante ao de Marcel (e talvez fundamentado em suas declarações), mas, ao fazê-lo, acabou adotando um significado implicitamente distinto daquele utilizado no *Insight*. Além disso, ele também fazia, sem qualquer justificativa, uma exceção ao fundamental princípio de que o real é inteligível por completo. Além disso, é um traço do teor tipicamente intelectualista do pensamento de Lonergan que, ao introduzir essa distinção, ele enfatizasse que seu principal interesse é o problemático, e não o mistério; afinal, a tarefa do teólogo é, em sua concepção, aquela de facilitar a crença correta por meio da solução dos problemas:

> Por conseguinte, embora mistério não deva ser confundido com problema, os contextos cumulativos nos quais o mistério é adorado e a adoração é explicada não estão livres de problemas. Sobretudo hoje em dia, não podem ser ignorados. Afinal, hoje, os problemas são tão numerosos que muitos não sabem no que acreditar. Essas pessoas estão dispostas a crer. Elas sabem quais são as doutrinas eclesiásticas. No entanto, também desejam saber o que essas doutrinas eclesiásticas podem significar. A dúvida delas é a dúvida que deve ser encarada pela teologia sistemática.[44]

Aqui, Lonergan emprega o termo "crer" para referir-se àquilo que, conforme veremos, Kierkegaard chamava de "fé no sentido comum", contrastando-o com o "sentido eminente". A "fé no sentido eminente" de Kierkegaard é a experiência do mistério absoluto na "introspecção" ou subjetividade, sendo mais parecida com o que Lonergan denominava "adoração". Marcel e Kierkegaard provavelmente responderiam à concepção de teologia de Lonergan dizendo que a verdadeira tarefa do teólogo é tanto elucidar a diferença entre mistério e problema quanto desenredá-los, de modo a ajudar o crente, por meio de uma espécie de obstetrícia socrática, a se aproximar do mistério – interesse próprio da fé – não a partir da opinião

---

[44] Bernard Lonergan, *Método em Teologia*, op. cit., p. 382.

correta, e sim a partir da oração e da adoração. Era algo semelhante a isso que Jaspers tinha em mente ao formular sua concepção de filosofia como *Existenzerhellung*, da qual afirmou em *Vernunft und Existenz*: "Ela só é comparável à oração religiosa (...)".[45]

Com tudo isso em mente, é possível perceber que a queixa de Lonergan acerca da *Existenzerhellung* de Jaspers e Voegelin pode resultar não de uma compreensão superior, mas de uma mera incompreensão. Ao que parece, Lonergan esteve tão absorto na análise da intencionalidade e de seus objetos que lhe era difícil desenvolver uma noção clara de que havia outro aspecto ou dimensão da consciência a ser explorada – ou, então, de que havia algo mais na noção de transcendência do que apenas o progresso rumo a soluções cada vez mais abrangentes para os problemas cognitivos. A grande ênfase que o pensamento de Lonergan dá à objetividade intencionalista ia de encontro sobretudo à ênfase de Jaspers, de Voegelin e, como veremos no capítulo seguinte, de Ricoeur. Isso parece ter lhe dificultado o desenvolvimento de uma noção clara do interesse dessas figuras ou, até mesmo, a assimilação precisa do que diziam.

Na verdade, se olharmos para os trechos relevantes do próprio Jaspers, podemos perceber que, se Lonergan de fato lera os três volumes de sua *Filosofia* de uma só vez, como afirmou na entrevista de 1981, ele não a recordava claramente ou fora incapaz de compreendê-la. Afirmar no *Insight*,[46] quanto à noção de *Existenz*, que "tal existência é a existência do homem, não apreendida inteligentemente e afirmada racionalmente, mas como experiência, pesquisa e reflexão, ainda que sem obter respostas definitivas para as questões que se coloca acerca de si mesmo", é fazer da *Existenz* de Jaspers um esforço metafísico frustrado e, portanto, ignorar seu caráter distintivo. Para elucidar que caráter é esse, será proveitoso examinar o que Jaspers de fato afirmou nas seções da *Filosofia* a que Lonergan parece ter se referido na entrevista de 1981. Como Jaspers teve grande influência não apenas sobre Voegelin, mas também sobre Ricoeur, esclarecer essa questão valerá um breve desvio.

---

[45] Karl Jaspers, *Reason and Existenz: Five Lectures*. Trad. e intr. William Earle. Nova York, Noonday Press, 1955, p. 139.

[46] Bernard Lonergan, *Insight*, op. cit., p. 611.

No primeiro volume da *Filosofia*, Jaspers traçou distinções cruciais entre a "análise da existência", a "elucidação da *Existenz*" (*Existenzerhellung*) e a metafísica. A metafísica, tal como Jaspers a concebia, é "a análise sistemática da objetividade absoluta" – isto é, de todo conteúdo real possível do polo objetivo da consciência.[47] Como tal, ela tem um caráter inerentemente geral; é o contorno dos principais delineamentos da estrutura da realidade objetiva, mas não penetra e elucida a verdadeira experiência de existir vivenciada por um indivíduo particular. Fazê-lo está na alçada dos outros dois tipos de investigação: a "análise da existência" (análise do *Dasein*) e a "análise do *Existenz*".

A análise da existência, no pensamento de Jaspers, é a análise da consciência. Ela inclui, embora a isso não se confine, aquilo que Lonergan chamou de "análise da intencionalidade". "Analisar a existência é analisar a consciência",[48] afirmou Jaspers. Ao explicar o que entendia por "consciência", ele então disse: "Ser consciente não é ser do mesmo modo como uma coisa é. Trata-se de um tipo peculiar de ser, cuja essência é *estar direcionado aos objetos que tencionamos*. Esse fenômeno básico – tão autoevidente quanto maravilhoso – tem sido chamado de intencionalidade".[49] A análise da existência, tal como ele a concebia, leva em consideração o caráter "autorreflexivo" da consciência e distingue seus aspectos subjetivo e objetivo, os atos do significado e o conteúdo daquilo que se tenciona. Ela também inclui o exame das formas pelas quais a consciência se vê apta a conhecer o mundo objetivo e das formas pelas quais ela pode ser afetada pelas "forças psicológicas em ação como libido, medo, ansiedade, vontade de poder, temor da morte, desejo de morrer", etc.[50]

A "verdade objetiva", ou "ciência", referente ao sujeito humano das operações intencionais, a qual Lonergan presumia inexistente em Voegelin e Jaspers, parece ser encontrada, portanto, naquilo que Jaspers chamou de "análise da existência". Jaspers, portanto,

---

[47] Karl Jaspers, *Philosophy*. Trad. E. B. Ashton. Chicago/Londres, University of Chicago Press, 1969-1971, vol. 1, p. 72.

[48] Ibidem, p. 49.

[49] Ibidem.

[50] Ibidem, p. 55.

esteve longe de negligenciá-la. Ele não abordou os detalhes da análise da intencionalidade de modo tão profundo quanto Lonergan, mas de maneira alguma se opôs a ela – tal como Voegelin. A verdade é que seu principal interesse era distinto, e ele julgava importante manter clara a diferença entre ambas. Longe de minimizar a importância da análise reflexiva da operação intencional, Jaspers enfatizou como ela é relevante até mesmo para a iniciativa que a ultrapassa: "A relevância filosófica da análise da existência jaz não tanto em si mesma, mas em sua distinção da elucidação da *Existenz*, que a toma como pressuposto: quanto maior for minha análise da existência [*Dasein*], maior será a lucidez que posso alcançar na *Existenz*".[51] O motivo para tanto está no fato de que realizar a análise da subjetividade orientada ao objeto (isto é, da intencionalidade) revelará, com crescente clareza, a distinção entre os polos subjetivo e objetivo da consciência, conduzindo assim à avaliação do caráter inerentemente misterioso (no sentido de Marcel) e, portanto, não objetificável do subjetivo como tal.

Era a isso que Jaspers se referia ao usar o termo *Existenz*: "A *Existenz* é a fonte nunca objetificada de meus pensamentos e ações. É aquilo de onde falo em linhas de pensamento que não envolvem cognição alguma. É o que se relaciona consigo mesmo e, portanto, com sua transcendência".[52] A nota de rodapé que ele coloca a essa passagem explica ainda mais:

> Nenhum conceito definível – o qual teria como pressuposto algum tipo de ser objetivo – pode expressar o ser da *Existenz*. A própria palavra representa um dos sinônimos da língua alemã para "ser". A ideia filosófica começou de modo obscuro, sendo mero indício daquilo que o uso da palavra por Kierkegaard tornou historicamente obrigatório para nós.

A "análise da existência [*Dasein*]" de Jaspers se expressa em termos gerais que podem ser prontamente apreendidos por qualquer um que reflita acerca de fatos como aquele do esquema estruturado de operações intencionais que Lonergan, de modo tão cuidadoso e adequado, examinou. A *Existenzerhellung*, por outro

---

[51] Ibidem, p. 71.
[52] Ibidem, p. 56.

lado, é um procedimento fundamentalmente diferente, o que deve ficar manifesto a partir da leitura da seguinte passagem (apesar da terminologia possivelmente confusa que, à medida que se desvela, tentarei vincular aos interesses e termos de Lonergan):

> A análise da existência e a elucidação da *Existenz* têm significados heterogêneos. A análise da existência é existencialmente indistinta. Ela é desempenhada na consciência como um todo [isto é, descreve um esquema de operações que pode ser encontrado onde quer que o pensamento se dê], a qual também engloba a si mesma em si [isto é, a objetificação de seu esquema de atividade constitui um conhecimento genuíno ou "ciência", para utilizarmos os termos de Lonergan]. Ela demonstra o universal da existência [isto é, o esquema geral de operações subjetivas]. Na análise da existência, todos se reconhecerão não como esse ou aquele indivíduo, mas como um eu geral [isto é, como o tipo de sujeito cognitivo e operante que, segundo Lonergan, poderia ser inteligentemente compreendido e racionalmente afirmado]. Ela é inequívoca e diretamente comunicável [ou seja, é conhecimento objetivo, "científico"]. A elucidação da *Existenz*, por sua vez, envolve compromisso. Ela fala a partir do indivíduo e para o indivíduo. Em vez de vislumbres gerais, comunica a lucidez possível, demonstrando o potencial individual em suas raízes e finalidades incondicionais. Nem todo mundo se reconhecerá nela, mas cada um acaba por fazê-lo em alguma medida tanto na adoção quanto na rejeição, traduzindo-a em sua própria realidade como esse mesmo indivíduo. Sua comunicação tem vários significados e pode ser mal compreendida. Seu clamor pelo homem a quem chega a encantar o levará ao envolvimento de seu eu.[53]

Foi esse tipo de vislumbre existencial que Voegelin denominou diferenciação "pneumática" (isto é, espiritual) da consciência. Ele respeitava a diferenciação noética (isto é, intelectual; daí seu reconhecimento do *Insight* de Lonergan como apresentação geral dela), mas nutria um interesse especial pelas implicações da primeira, que era por ele considerada o principal "salto no ser" a se

---

[53] Ibidem, p. 71.

dar na Israel antiga e no nascimento do cristianismo, podendo ocorrer também em qualquer lugar e em qualquer pessoa que se entregue à vocação transcendente implícita na experiência que cada ser humano tem da tensão da existência. Para Voegelin, ambas as diferenciações da consciência estavam intimamente relacionadas – na verdade, elas se envolveriam mutuamente – e lhe pareciam importantes.[54] O fato de ele, tal como Jaspers, não considerar uma questão de "verdade objetiva" a intelecção experiencial da diferença entre os polos objetivo e subjetivo da consciência não significa que não estimasse a objetividade; o que significa é que ele estimava tanto a objetividade quanto os seus limites. O problema nesse caso, diria Voegelin, não é a verdade objetiva, mas a verdade subjetiva ou, em suas palavras, a "verdade da existência", isto é, o engajamento consciente e responsável do indivíduo na peça do ser.[55] A centralidade do interesse de Voegelin pela "verdade da existência" "pneumática" e subjetiva é um importante motivo a explicar a ênfase por ele dada à função necessária do mito na exploração filosófica.

Lonergan não deixou de se interessar pela dimensão espiritual da experiência humana, mas parece lhe ter sido mais difícil encontrar uma linguagem para ela do que para a dimensão estritamente intelectual ou racional. Ele preferia as linguagens teóricas da ciência e da filosofia técnica à linguagem dos símbolos míticos, e na verdade não tendia a ver nessa última qualquer contribuição especial ao nosso conhecimento. Isso pode ser percebido, por exemplo, em sua tendência a desprezar o mito, no *Insight*, como uma tentativa pré-científica de alcançar o conhecimento objetivo: "(...) a consciência mítica é a ausência do autoconhecimento, e o mito é a consequência da consciência mítica assim como a metafísica é o corolário do autoconhecimento. Mito e metafísica, portanto, são opostos. O mito recua e a metafísica avança na medida em que as contraposições são rejeitadas".[56]

---

[54] Para uma análise ulterior da relação entre as diferenciações "noética" e "pneumática" no pensamento de Voegelin, ver Eugene Webb, *Eric Voegelin: Philosopher of History*, op. cit., p. 119-22.

[55] Ver ibidem, p. 158-61.

[56] Bernard Lonergan, *Insight*, op. cit., p. 505-06.

Voegelin, ao contrário, acreditava que o mito jamais poderia ser descartado na exploração da experiência humana em todas as suas dimensões, pois além do alcance estritamente objetivo do filósofo sempre haveria o âmbito inerentemente misterioso do irredutivelmente subjetivo, ao qual o mito fornece a única simbolização adequada a guiar-nos e assistir-nos em nosso zetema, isto é, o projeto da verdade existencial ou da fidelidade espiritual que constitui a profunda vocação de nossas vidas. Tal como expressou em *From Enlightenment to Revolution*: "A linguagem mítica era, à época de seu emprego original, a forma precisa de se expressar a irrupção da realidade transcendental, sua encarnação e operação no homem. (...) Ela tornou-se 'mito' como consequência do ingresso, em nosso mundo, de um racionalismo que destrói o significado transcendental dos símbolos retirados do mundo dos sentidos".[57]

Essa "irrupção da realidade transcendental" como presença e energia subjetiva no homem é essencialmente idêntica à "diferenciação pneumática" mencionada acima. Tal como Voegelin a concebia, ela corresponde a uma importante reorientação subjetiva, uma transição da consciência que concebe a si mesma como se estivesse plenamente imersa no cosmos (o mundo dos entes particulares) à consciência que percebe sua existência na tensão entre a imanência no cosmos e a atração do polo transcendente que está além dele. Isso, acreditava ele, representa uma mudança qualitativa no modo de existência do indivíduo, uma vez que a percepção da presença ordenadora do transcendente no campo da experiência implica a reestruturação radical não apenas da compreensão, mas da intenção também. Como afirmou em outra passagem retirada da introdução ao primeiro volume de *Order and History*: "A existência é a parceria na comunidade do ser; e a descoberta da participação imperfeita, da malversação da existência pela falta de sintonia com a ordem do ser, do perigo de afastar-se dele, é de fato um horror, estimulando a reorientação radical da existência".[58] Quando ocorre, afirma Voegelin, isso é experimentado como

---

[57] Eric Voegelin, *From Enlightenment to Revolution*. Ed. John H. Hallowell. Durham, Duke University Press, 1975, p. 21.
[58] Eric Voegelin, *Order and History*, op. cit., vol. 1, p. 10.

um giro, o *periagogé* platônico, uma inversão ou conversão rumo à verdadeira fonte da ordem. E esse giro, essa inversão, produz mais do que um aumento do conhecimento referente à ordem do ser; trata-se de uma mudança na ordem mesma. Afinal, a participação no ser tem sua estrutura alterada quando se torna enfaticamente uma parceria com Deus, enquanto a participação no ser mundo recua para o segundo nível. A sintonização mais perfeita com o ser, dada por meio da conversão, não é um crescimento na mesma escala, mas um salto qualitativo.[59]

Essa "conversão" é tanto a descoberta da atração da transcendência quanto um compromisso com ela. Nesse aspecto, portanto, ela envolve a percepção de um estado de atração e também a percepção de uma busca ativa, as quais, segundo Voegelin, devem ser compreendidas como aspectos complementares do que é vivenciado como um acontecimento existencial único: a tensão experimentada da existência. De uma só vez, essa tensão é experimentada, no plano mais fundamental, como algo que fazemos e como algo que nos acontece. "Os termos buscar (...) e atrair (...)", disse Voegelin (comentando o uso dos termos em Platão), "não denotam movimentos diferentes; eles simbolizam a dinâmica, verificada na tensão da existência, entre seus polos humano e divino. Num único movimento, experimenta-se a busca do polo humano e a atração do polo divino".[60]

Nossa consciência especificamente humana é, de acordo com Voegelin, a nossa experiência de existir dessa forma – isto é, como uma paixão dinâmica, uma resposta viva e consciente à presença imediatamente experimentada, a qual acelera e nos envolve nessa peça da existência cujo roteiro desconhecemos, mas na qual os símbolos do mito religioso e filosófico podem, em alguma medida, nos orientar. O que podemos conhecer por meio da elucidação que eles trazem à nossa existência é seu caráter como tensão, como um campo de atração e contra-atração estruturalmente definido pelos polos a partir dos quais a atração e a busca são apreendidas como algo em andamento.

---

[59] Ibidem.
[60] Eric Voegelin, "The Gospel and Culture", op. cit., vol. 2, p. 71.

Esse estado de existência entre o imanente e o transcendente, o finito e o infinito, foi descrito de modo mais amplo por Voegelin à luz do símbolo da *metaxy* (literalmente, "entremeio"), colocado por Platão no *Banquete* e no *Filebo*:

> O homem experimenta a si mesmo como alguém que se inclina, para além de sua imperfeição humana, à perfeição do fundamento divino que o move. À medida que se deixa mover em sua investigação do fundamento, o homem espiritual, o *daimonios aner*, desloca-se em algum lugar entre o conhecimento e a ignorância. (...) "Todo o âmbito do espiritual (*daimonion*) encontra-se a meio caminho entre (*metaxy*) deus e o homem" (*Banquete*, 202a). Desse modo, o entremeio – a *metaxy* – não é um espaço vazio entre os polos da tensão, mas o "âmbito do espiritual"; trata-se da realidade do "diálogo do homem com os deuses" (202-3), a participação mútua (...) do humano na realidade divina e da realidade divina no humano (...).
>
> Se o homem existe na *metaxy*, na tensão "entre deus e o homem", toda interpretação do homem como ente imanente ao mundo destruirá o significado da existência, dado privar o homem de sua humanidade específica. Os polos da tensão não devem ser hipostasiados em objetos independentes da tensão em que são experimentados enquanto polos.[61]

Aqui, somos apresentados a um retrato da existência humana como tensão que se estrutura numa relação entre os polos que Platão chamou de humano e divino. Para assimilarmos adequadamente o que Voegelin quer dizer ao empregar tal imagem, é importante levar a sério sua ênfase na afirmação de que a *metaxy* não deve ser imaginada em termos espaciais e que os polos da tensão não devem ser concebidos como coisas, sendo formulados estritamente na condição de polos, isto é, como aspectos da experiência de buscar e de ser atraído. As referências ao humano e ao divino não se referem, no uso de Voegelin, a entes chamados "seres humanos" ou "deuses". Ambos os termos são para ele símbolos míticos que expressam a estrutura da tensão existencial como tal. Como descreveu em "The Gospel and Culture":

---

[61] Eric Voegelin, *Anamnesis*, op. cit., p. 103-04.

Quando a existência se torna noeticamente luminosa como o campo da atração e da contra-atração, da questão da vida e da morte e da tensão entre realidade humana e realidade divina, ela também se torna luminosa para a realidade divina enquanto o Além da *metaxy* que se estende à *metaxy* na ocasião participativa do movimento. Não há um Entremeio da existência como objeto autônomo, mas somente a existência experimentada como parte de uma realidade que se estende para além do Entremeio.[62]

Apesar das óbvias diferenças entre a linguagem de Voegelin e a linguagem de Lonergan, a concepção do ordenamento da alma pela "tensão rumo ao além", formulada por aquele, é muito semelhante à concepção que Lonergan tem do papel da "noção transcendental" na consciência, tal como mostramos no capítulo anterior. Ambos partem da reflexão sobre uma experiência essencialmente igual: a do dinamismo da consciência humana em sua orientação para a transcendência. Para ambos os filósofos, a consciência humana autêntica está estruturada como um questionamento que tem em vista a clareza e a adequação do conhecimento e que encontra sua satisfação mais profunda no contentamento do desejo de viver de modo consciente na realidade; essa é uma tarefa que, da forma como ambos a concebem, envolve não apenas o conhecimento da verdade objetiva, mas também, por parte do sujeito, uma vida de fidelidade às exigências da estrutura da consciência questionadora.

A "Questão" de Voegelin – um dos inúmeros termos que emprega para referir-se à nossa tensão existencial – tem uma função em sua análise do pensamento mítico que corresponde claramente àquela que possui a "noção transcendental" na análise que Lonergan faz do âmbito da interioridade. "A Questão com letra maiúscula", afirma Voegelin,

> não é uma questão que se refere à natureza deste ou daquele objeto do mundo externo, mas uma estrutura inerente à experiência da realidade. Como consequência, ela não surge da mesma forma a cada vez, mas partilha, de variados modos, do progresso da compacidade à diferenciação pela qual passa a experiência.

---

[62] Idem, "The Gospel and Culture", op. cit., p. 76.

> (...) No cenário da experiência primária (isto é, indiferenciada), a Questão surge como força motriz do ato de simbolizar a origem das coisas por meio do mito, isto é, por meio de uma história que relaciona uma coisa, ou um complexo de coisas, a outra coisa intracósmica que se coloca como fundamento de sua existência.[63]

Mesmo quando almeja a compreensão por meio do simbolismo mítico, crê Voegelin, "a Questão" permanece racional ali onde envolve um processo implícito de reflexão crítica: "Ademais, a função da Questão se torna manifesta quando os criadores do mito refletem sobre a adequação deste como expressão do questionamento que experimentam".[64] Os comentários de certos mitógrafos egípcios antigos acerca das razões pelas quais alguns mitos eram mais adequados do que outros "não deixam dúvidas", afirma Voegelin, "quanto à existência de uma consciência crítica viva no ato mitopoético".[65]

A imagem da "Questão" seria capciosa, porém, se desse a entender que para Voegelin a tensão existencial do homem encontra-se inerentemente orientada para a formulação de respostas particulares a perguntas específicas – ou, como vimos nas palavras de Lonergan, para a "verdade objetiva". Seu objetivo, na opinião de Voegelin, é a verdade subjetiva que constitui um modo de existência, e não um elemento de informação. Nisso, ele estava de acordo com Jaspers e, segundo veremos, com Kierkegaard, mas também com aquele que, em sua opinião, foi o maior mestre do mito filosófico: Platão. Segundo a forma como descreve o problema em sua análise de Platão:

> A verdade não é um corpo de proposições referentes a um objeto imanente ao mundo; trata-se de um *summum bonum* transcendente que é experimentado como força norteadora na alma e do qual só conseguimos falar por meio de símbolos analógicos. A realidade transcendente não pode ser objeto da cognição do mesmo modo como o é um dado imanente ao mundo. Afinal, ela não tem em comum com o homem a finitude e a temporalidade

---

[63] Idem, *Order and History*, op. cit., vol. 4, p. 317.
[64] Ibidem, p. 317.
[65] Ibidem.

da existência imanente. Ela é eterna, exterior ao tempo; não tem a mesma duração da alma que experimenta. Quando, por meio de experiências de tipo socrático-platônico, a eternidade adentra o tempo, podemos dizer que a "Verdade" se torna "história". (...) Com "historicidade da Verdade", queremos dizer que aquela realidade transcendental, precisamente por não ser um objeto do conhecimento imanente ao mundo, possui um histórico de experiência e simbolização.[66]

A ideia central desse exemplo talvez pudesse ser esclarecida se reformulada à luz da distinção entre os polos subjetivo e objetivo da consciência. Expressa nesses termos, e vista como "*summum bonum* transcendente", a "realidade transcendental" ou "verdade" de Voegelin não é um "objeto imanente ao mundo", uma vez que não se trata, aí, de uma ideia ou ente dotado daquilo que Lonergan denominaria conteúdo categórico. Ela não seria para Lonergan o objeto proporcionado de uma operação de compreensão ou juízo. Trata-se, na verdade, da presença subjetiva. Apenas analogicamente é que ela pode ser chamada de objeto – e, mesmo assim, apenas porque é aquilo que se passa a desejar na experiência de tensão existencial que se expressa nas aspirações espirituais e nas operações intencionais. Em outras palavras, trata-se tanto da fonte quanto do objetivo da tensão fundamental da existência que se torna humanamente autoluminosa à medida que é experimentada simultaneamente na imediação e objetificada simbolicamente no meio refrativo da consciência intencional.

Deve-se admitir, no entanto, que, apesar da importância daquilo que enfatiza em sua oposição a Lonergan, o apreço de Voegelin pela linguagem do mito filosófico e sua relutância em passar dela para uma terminologia técnica mais explícita e mais precisa às vezes faz que desejemos que ele se esforçasse tanto quanto Lonergan para esclarecer o que de fato está afirmando. Quando Voegelin fala, por exemplo, da "existência experimentada como parte de uma realidade que se estende para além do Entremeio", torna-se inevitável questionar o que a "realidade" deve ser para que a "existência" possa ser chamada de "parte" dela. Do mesmo modo, a imagística

---

[66] Idem, *Order and History*, op. cit., vol. 3, p. 363.

fortemente espacializada dessas expressões torna muito mais desafiador para o leitor de Voegelin atentar às suas injunções a fim de não ceder às conotações reificantes de sua linguagem.

Se vista apenas como um símbolo linguístico, a "tensão rumo ao além" de Voegelin extrai de sua origem platônica uma série de associações que não apenas são espaciais e visuais, mas que, independentemente das intenções de Voegelin, têm implicações aparentemente dualistas. Na parábola da caverna de Platão,[67] passa-se da visão das sombras na parede à luz solar, descobrindo-se então, no sol, a verdadeira fonte da luz. Ou, no *Fedro*, concebe-se a alma como uma carruagem guiada por um condutor (a razão) e puxada por um corcel nobre e outro ignóbil (as paixões) rumo à abóbada celeste, além da qual (e diretamente visível apenas aos deuses) encontra-se o verdadeiro ser. As imagens de um movimento que percorre certa distância a fim de alcançar determinado objetivo ou visão são frequentes nos escritos de Voegelin. Ele não deseja que sejam tomadas literalmente – tal como indica sua negação de que a "Verdade" ou "realidade transcendental" possa ser um objeto imanente ao mundo –, mas também não chega a explicar com o mesmo cuidado de Lonergan como tal intepretação deveria se dar. Do mesmo modo, ele não elimina claramente todas as conotações que as metáforas espaciais e visuais trazem consigo à descrição da relação entre sujeito e objeto.

Mesmo sem cair na visualização ou na reificação, mas tomando acriticamente as suas imagens, poder-se-ia ainda interpretar a relação entre os polos da imanência e da transcendência, ou do "humano e do divino", como se houvesse nela uma espécie de dualismo. Um tipo de dualismo epistemológico e ontológico que isola o espiritual do material, o eterno do temporal e assim por diante, desvalorizando ainda o último termo desses pares, tem sido frequentemente interpretado como a tendência básica do pensamento platônico, e Voegelin pode não ter se esforçado tanto quanto podia para esclarecer de que formas o seu próprio pensamento diferia desse aspecto da tradição imagística a que tanto recorreu.

---

[67] Platão, *República*, 7.

Lonergan, por sua vez, criticou explicitamente as conotações dualista, espacial e ocular do esquema de pensamento platônico, acometido como era por sua tendência a comparar o conhecimento ao "olhar" que se fixa em algo por sobre uma espécie de lacuna.[68] Nesse aspecto, o próprio sistema conceitual de Lonergan, que deriva mais da tradição aristotélico-tomista do que daquela de Platão, tem mais recursos para evitar o dualismo.

O uso que Lonergan dá ao termo "transcendental", por exemplo, não deriva da tradição platônica nem do mito, mas da tradição da lógica escolástica medieval, na qual o transcendente é contrastado com o categórico do mesmo modo como o universal o é com o particular. De acordo com esse modelo de pensamento, a inteligibilidade é uma qualidade partilhada por todas as particularidades compreendidas, e a verdade nada mais é do que a adequação do entendimento – e, como tal, é aquilo que todos os juízos criticamente reflexivos buscam confirmar. No emprego de Lonergan, não há nenhum dualismo latente; ele deixa bem claro que a noção transcendental não implica nenhuma descontinuidade inerente entre o sujeito e o objeto como se fossem dois entes separados por uma espécie de lacuna epistemológica ou ontológica. Em vez disso, tal como explicado no capítulo anterior, suas noções transcendentais parecem mais bem interpretadas como antecipações de atos do entendimento, do juízo e da decisão – atos que podem ser e são desempenhados no auge dos processos norteados pelas noções transcendentais. A clareza do uso da linguagem técnica de Lonergan lhe permitiu esclarecer que não estava descrevendo coisas no mundo espacial e temporal do senso comum. Ela também o ajudou a manifestar sua crença em que a consciência humana envolve uma tendência dinâmica ao desempenho das operações específicas pelas quais o verdadeiro conhecimento e o verdadeiro compromisso moral se dão.

Voegelin, em especial nas polêmicas contra o que chama de "gnosticismo", opõe-se à crença na visão direta da realidade transcendente e na obtenção, por meio dela, de um conhecimento irretocável acerca do verdadeiro e do bom. Com isso, ele na

---

[68] Ver, por exemplo, Bernard Lonergan, *Insight*, op. cit., p. 395-98.

verdade se opõe à mesma epistemologia do olhar-para a que Lonergan também se opunha, mas como o faz sem voltar-se diretamente para a teoria cognitiva, muitas vezes deixa o leitor com a impressão de traçar um retrato dualista do homem como alguém arrastado pelo desejo insaciável de uma visão direta que jamais poderá alcançar, de modo que a sabedoria e a fidelidade à "verdade da existência" devem se encontrar na aceitação da frustração inevitável desse anseio.

Pode não ter sido isso o que Voegelin de fato tencionava, mas as conotações de seus mitos favoritos sugerem algo nesse sentido; e, como o autor não formulou um significado diferente com plena clareza, é no fundo difícil determinar ao certo como sua linguagem mítica deve ser encarada. Há ocasiões em que o tom trágico de sua linguagem e de sua imagística parece de fato expressar uma frustração inevitável na situação do homem no universo. Sem dúvidas, há passagens que dão a impressão oposta – como quando ele diz, por exemplo, que,

> na experiência aristotélico-platônica, a inquietação questionadora carrega em si a resposta tranquilizante na medida em que o homem se deixa mover, em sua busca do fundamento, pelo mesmo fundamento divino que procura. O fundamento não é algo espacialmente distante, e sim uma presença divina que se torna evidente na experiência da inquietação e do desejo de saber. As indagações e o questionamento são percebidos como o início de um acontecimento teofânico que pode tornar-se plenamente luminoso para si mesmo caso encontre a resposta adequada na psique de seres humanos concretos – tal como se dá nos filósofos clássicos.[69]

Não fica claro, porém, se Voegelin via essa experiência da teofania como algo que oferecia ao indivíduo mais do que uma mera satisfação temporária e, em última análise, evanescente. Do mesmo modo, não está claro se a satisfação oferecida não deixaria frustrado o que, em muitas outras passagens, Voegelin parece conceber como o insaciável anseio do homem por aquela visão direta do ser último que o *Fedro* atribui apenas aos deuses. A própria afinidade que Voegelin sentia pelo que chamava de

---

[69] Eric Voegelin, *Anamnesis*, op. cit., p. 95-96.

"experiência trágica da história" é sugerida por suas frequentes referências à "verdade" expressa no único fragmento sobrevivente de Anaximandro: "A origem (*arché*) das coisas é o *Apeiron* [isto é, o ilimitado, o vazio]. (...) As coisas perecem naquilo de que nasceram, segundo a necessidade; pois elas pagam umas às outras penas por sua injustiça (*adikia*), segundo a ordem do Tempo".[70]

Essa indefinição quanto às implicações definitivas do pensamento de Voegelin parece ser um dos efeitos menos felizes de sua preferência pela linguagem do mito em detrimento da linguagem teórica, mais explícita. Outra consequência está na possível circularidade de raciocínio existente em sua forma de estabelecer que, por supostamente serem expressões mais autênticas das experiências formativas da humanidade histórica, alguns símbolos têm mais autoridade ou verdade do que outros. Essa aparente circularidade existe porque, à interpretação de certos símbolos como dignos de autoridade, segue-se o emprego deles como critério de avaliação dos outros símbolos. Se de fato se trata de uma circularidade é algo que depende de se a seleção inicial pode ser justificada com bases teóricas. Como Voegelin, porém, nem sempre explicitou essas bases como deveria, sua afirmação permanece controversa nesse aspecto.

A autoridade de certos símbolos se tornou, para Voegelin, uma questão de princípio metodológico. Ele deu início a *Order and History* com a seguinte declaração: "A ordem da história surge da história da ordem".[71] Com isso, ele quis dizer que a inteligibilidade a ser encontrada na história é o desdobramento da tensão estrutural e bipolar num processo de experiência e simbolização. O processo histórico é um processo em que os agentes humanos ou respondem à atração experimentada da transcendência com fidelidade à sua tendência direcional, ou resistem a ela. Dependendo de sua postura fundamental ante a ordem inerente da existência, de sua abertura ou resistência a ela, eles

---

[70] Idem, *Order and History*, op. cit., vol. 4, p. 174; ver também p. 215-16, 226, e, de modo especial, p. 241 e 269-70, em que a visão do nascer e do perecer admitida por Anaximandro é contrastada, de maneira favorável, à esperança menos "equilibrada" de Paulo na ressurreição que possibilita uma vida imperecível.

[71] Eric Voegelin, *Order and History*, op. cit., vol. 1, p. ix.

imprimirão sua estrutura em suas vidas e pensamentos, ou então incorporarão e expressarão símbolos de deformação.[72] Desse processo nascerão, menos em virtude da intenção humana do que em virtude de uma espécie de geração espontânea, símbolos de ordem e desordem existencial. "Desde que os movimentos do inconsciente possam se expressar no mito num reconhecimento de sua natureza", afirmou Voegelin, "a alma do homem preserva sua abertura ao seu fundamento cósmico".[73] A abordagem mais direta a uma compreensão da existência humana é, portanto, o estudo dos símbolos que nasceram, ao longo da história, da experiência dos povos que viveram em tal abertura e que, por essa razão, nas palavras de Voegelin, acabaram por "sintonizados" à ordem do ser.[74] Além da distinção entre os símbolos que expressam a existência ordenada e aqueles que expressam a existência desordenada, Voegelin traçou a distinção entre o que chamou de símbolos "primários" e os símbolos "secundários" (ou até mesmo "terciários"). Os símbolos primários eram, na sua opinião, expressões diretas, em forma simbólica, da estrutura da tensão existencial que ele acreditava ser a base profunda da realidade. Uma vez enunciada, a linguagem do simbolismo primário pode ser subsequentemente mal interpretada pelos pensadores que não partilharam ou compreenderam de maneira adequada a experiência original, e disso resulta o que Voegelin denominou "símbolos secundários". É fácil perceber por que Voegelin, partindo desses pressupostos, preferia se valer de fontes históricas e tomar a expressão original de determinada experiência como normativa. Em sua introdução a *The Ecumenic Age*, ele sublinhou que era esse o interesse central de seu trabalho:

> Em nosso tempo, os simbolismos herdados da humanidade ecumênica estão se desintegrando, dado que a doutrinação deformadora tornou-se mais forte socialmente do que os vislumbres experienciais que, no início, deveriam ser por eles protegidos.

---

[72] Sobre a concepção de "abertura" existencial em contraste com seu "fechamento", ver, por exemplo, Eric Voegelin, *Anamnesis*, op. cit., p. 97-98, e Eric Voegelin, "On Hegel: A Study in Sorcery". *Studium Generale*, vol. 24, 1971, p. 354. Ver também Eugene Webb, *Eric Voegelin: Philosopher of History*, op. cit., p. 147-48.

[73] Eric Voegelin, *Order and History*, op. cit., vol. 3, p. 187.

[74] Ibidem, vol. 1, p. 4.

O retorno dos símbolos que perderam seu significado às experiências que constituem esse significado é de tal maneira reconhecível como o problema do presente que referências específicas se fazem desnecessárias. O grande obstáculo a esse retorno é o bloco maciço de símbolos acumulados – secundários e terciários – que obscurece a realidade da existência humana na *metaxy*. Conduzir tal obstáculo e sua estrutura à consciência e contribuir, por meio de sua remoção, para o retorno à verdade da realidade tal como ela se revela na história tornou-se o objetivo de *Order and History*.[75]

Também é fácil perceber, como consequência desse princípio, por que Voegelin tendia a interpretar a maior parte da linguagem da filosofia técnica como um simbolismo secundário. Essa tendência se intensificou à medida que as implicações de seus princípios se lhe tornavam mais claras. Em *New Science of Politics* (1952), obra mais primitiva, o autor falou criticamente da rejeição da metafísica por parte dos cientistas sociais modernos; em "What Is Political Reality" (1966); contudo, ele mesmo descreve a metafísica como uma "perversão da exegese noética causada pela solidificação de seus termos numa ciência proposicional de princípios, universais e substâncias".[76] No segundo volume de *Order and History* (1957), ele tratou o mito e a metafísica como elementos complementares porque "os símbolos compactos do mito abrangem matizes de experiência que escapam dos conceitos diferenciados da metafísica, ao passo que a linguagem da metafísica dá precisão aos significados que permanecem inarticulados no mito".[77] No quarto volume, por sua vez, as referências à "metafísica proposicional" têm tom muito mais negativo, como na ocasião em que ele aborda a metafísica dos estoicos como uma "nova brincadeira intelectual dotada de realidades imaginárias num âmbito imaginário do pensamento", a qual nasceria da interpretação literalista dos símbolos mitopoéticos.[78]

---

[75] Ibidem, vol. 4, p. 58.

[76] Eric Voegelin, *The New Science of Politics: An Introduction*. Chicago, University of Chicago Press, 1952, p. 12, 20; e Eric Voegelin, *Anamnesis*, op. cit., p. 193. Em ambas as obras, Voegelin se referia sobretudo ao tipo de metafísica associada a Aristóteles e Tomás de Aquino.

[77] Eric Voegelin, *Order and History*, op. cit., vol. 2, p. 127.

[78] Ibidem, vol. 4, p. 43.

Parece sensato o princípio de que os símbolos desenvolvidos historicamente como expressões diretas da experiência e da intelecção têm para nós mais autoridade do que aqueles que derivam da abstração diligente dos entusiastas. É claro, no entanto, que classificar certos tipos de símbolos como primários e fidedignos e outros como falsos, secundários e possivelmente enganadores será, na prática, um procedimento controverso. Por um lado, ele pode dar origem à suspeita de circularidade de que tratamos acima. Por outro, pode carregar uma implicação dualista própria: podemos nos sentir tentados a confiar absolutamente em certos símbolos e a desprezar outros de modo igualmente definitivo, subestimando assim a ambiguidade inerente a todo simbolismo.

Isso poderia conduzir a uma hermenêutica simplista, na qual se poderia deixar de valorizar a variedade encontrada no universo dos mitos – questão à qual, segundo veremos, Paul Ricoeur tem algo valioso a oferecer. Ou, então, isso poderia levar o indivíduo a negligenciar os aspectos do simbolismo mítico que não se adaptam à imagem que se faz daquilo que os símbolos primários deveriam comunicar. René Girard, como veremos, tece certas observações incisivas acerca do significado dos mitos tradicionais, as quais fazem que eles pareçam muito menos fidedignos como fontes de orientação filosófica do que Voegelin estava inclinado a crer. Tanto Ricoeur quanto Girard dão grande ênfase à forma como os mitos podem refletir e iluminar o mal humano. Voegelin, partindo de sua própria experiência histórica como vítima da perseguição nazista e como crítico de outras versões do totalitarismo, estava perfeitamente ciente do problema do mal humano. Ainda que lance alguma luz a certos aspectos do problema, porém, a análise que ele faz do tema à luz daquilo que chama de "gnosticismo" ou utopismo político deixa inexplorados outros aspectos que os pensamentos aqui mencionados provavelmente julgariam ainda mais centrais a nossas vidas.

Em particular, Girard desafiaria a opção de depositar uma confiança muito grande no mito. Os pressupostos de Voegelin acerca das origens espontâneas do simbolismo primitivo nas "experiências de transcendência", por sua vez, tornam difícil até mesmo que se cogite olhar ceticamente para os tipos de implicação que veremos Girard desvelando em alguns dos mesmos símbolos a que Voegelin creditara alto grau de autoridade, como os mitos filosóficos de Platão e Anaximandro. Essa análise, contudo, deve ficar para o capítulo sobre Girard.

Para que percebamos como alguns dos problemas mencionados se manifestam no próprio tratamento que Voegelin dá às questões pelas quais se interessava, voltemo-nos agora para alguns aspectos da forma como ele recorreu à imagística mítica em seu exame da experiência e da simbolização da tensão existencial. "A manifestação clássica da tensão", afirmou, "é a criação por Platão do mito do filósofo", descrito como "a história dos deuses que se pode declarar verdadeira caso se conforme à consciência cognitiva da ordem, criada na alma humana, pela tensão erótica rumo ao Além divino".[79] A experiência em questão, segundo a análise que lhe dá Voegelin, combina o dinamismo inerente da consciência, o qual suscita nossa investigação a ação, com aquela que parece ser uma concepção dualista – representada pelo *eros* no *Banquete* ou no *Fedro* – da carência que anseia por uma suficiência isenta de tensões. No *Banquete*, Eros é retratado como filho da Pobreza e da Fartura, daí sua incapacidade de alcançar a plenitude e seu perpétuo anseio por ela. No *Fedro*, a alma humana é vinculada a uma carruagem puxada por dois corcéis, dos quais um tende para baixo e o outro, para os céus. A razão é como o cocheiro, cuja tarefa é reorientar a energia de um dos corcéis enquanto auxilia o progresso do outro. A carruagem pode ascender ao ponto mais alto do céu seguindo o rastro de um deus – isto é, deixando-se possuir e arrastar para cima por um entusiasmo divino. Apenas os próprios deuses, porém, podem ultrapassar o céu e contemplar diretamente o verdadeiro ser que ali se encontra.

Segundo a maneira como Voegelin interpreta a experiência da tensão existencial, e recorrendo à sua leitura particular das imagens de Platão, a suficiência deve ser identificada apenas com o Além, e o Além, com a ausência de tensão (uma vez que a tensão é representada como o Entremeio ou *metaxy*, tendo o Além como

---

[79] Ibidem, vol. 4, p. 11.

seu contrário). É nessas identificações que Voegelin fundamenta sua oposição ao que denominava "gnosticismo" – o qual, segundo interpretava, inclui a crença em que o ser humano seria capaz de alcançar uma existência livre de tensões. A sabedoria e a "verdade da existência", para Voegelin, jazem na aceitação da inevitabilidade da tensão (e, pela implicação de suas imagens, da deficiência) na experiência existencial humana.

Como Voegelin determinou que a experiência do dinamismo da consciência é adequadamente simbolizada como tensão entre polos? E como ele determinou que esses polos se relacionam como uma carência inevitável que anseia por uma suficiência que não pode alcançar? Como resposta, o próprio Voegelin afirmou que essa é a interpretação da experiência humana que surge com o estudo dos "símbolos primários" – como aqueles que acabamos de mencionar –, isto é, daqueles símbolos a que Voegelin atribui autoridade. A circularidade desse raciocínio, aqui, parece real e evidente: os símbolos identificados como fidedignos são aqueles que respaldam a interpretação, ao passo que a interpretação é dita correta por ser aquela sugerida por esses símbolos. Assinalar isso não é o mesmo que insinuar a inexistência de uma sabedoria real na interpretação que Voegelin dá à experiência humana e à tolice que é tentar escapar de suas condições necessárias. Trata-se apenas de apontar que essa interpretação não possui um fundamento crítico claro o suficiente para convencer quem já não acredita em sua validade – com base talvez em outras coisas – e que, por mais sensata que possa ser, sua validade é dada como certa, e não demonstrada. Ademais, tal leitura não admite outras interpretações que talvez possuíssem conotações distintas e, muito possivelmente, um grau maior de verdade.

O caráter acrítico da interpretação, porém, mostra-se inevitável se consideramos os pressupostos subjacentes ao sistema de pensamento de Voegelin. Se o significado latente da experiência se desvela para a consciência por meio de símbolos gerados de maneira espontânea, é difícil conceber como explicitar o processo tácito de simbolização para que seja possível refletir criticamente sobre ele.

Além disso, mesmo se Voegelin estivesse certo quanto à natureza do símbolo primário, não é necessário que todos os "símbolos primários" históricos transmitam conotações exatamente idênticas em todos os aspectos. Não há nenhuma razão necessária que nos leve a supor que dois simbolismos primários não podem divergir em alguns pontos. Essas divergências poderiam ter implicações importantes. O símbolo do *eros* que Platão coloca nos diálogos mencionados antes é elemento de um sistema de intepretação completo que enfatiza a analogia entre o conhecer e o sentido da visão e entre os polos da tensão e os constructos míticos que envolvem o contraste entre homens e deuses. Esse sistema, em grande parte por causa das conotações de tais analogias, estabelece um abismo intransponível entre o ser real e as capacidades humanas da visão e da apreensão.

Não há, porém, nenhum motivo necessário que faça com que a experiência da tensão bipolar deva ser explicada exatamente dessa forma, ainda que se aceite a ideia de que um dos polos é caracterizado pela falta da suficiência que está do outro lado. Até mesmo a substituição de Platão por um pensador tão próximo como Aristóteles – o qual não foi, ao menos inteiramente, rejeitado por Voegelin – nos leva a um sistema diferente, em que a analogia com a visão ocular é trocada pela ênfase na transição da potencialidade à atualidade. A potencialidade poderia ser vista como uma carência relacionada à atualidade, enquanto o dinamismo experimentado do movimento que vai da potencialidade à atualidade pode ser explicado, no caso da consciência, como um anseio pela suficiência. Formulada na forma de uma transição da potencialidade à atualidade, a imagem não sugeriria que a deficiência é inevitável ou que a suficiência é inerentemente inalcançável. Antes, nesse esquema, o pressuposto da inatingibilidade da atualização estaria destituído de sentido, dado que um potencial incapaz de ser atualizado nada mais seria do que um potencial sem potencial algum. No que diz respeito ao mito platônico referente à capacidade que só os deuses têm de contemplar o verdadeiro ser, o dualismo que as imagens insinuam dificilmente é necessário, em especial se "o real" for interpretado como aquilo que é conhecível pelas operações intencionais cuidadosamente desempenhadas.⁸⁰ Concepções alternativas são possíveis até mesmo quando tais símbolos não são descartados por serem humanos e divinos ou naturais e supernaturais. Num sistema aristotélico – tal como aquele que viria a desenvolver Tomás de Aquino com seu conceito de graça santificante –, a atualização da natureza humana poderia ser interpretada como se constituísse a comunhão real entre o homem e o divino, considerado a fonte definitiva de sua atualidade.⁸¹

Isso, obviamente, vai de encontro à ênfase que Voegelin dá ao abismo quase trágico que existe entre o polo humano e o polo do além, e ele mesmo expressou sentimentos confusos quanto ao tipo de pensamento que tanto Aristóteles quanto Tomás de Aquino representam (o que já tivemos a oportunidade de explicar com relação ao tema da metafísica). No entanto, pode ser que haja, entre seu pensamento e o pensamento de ambos, outras diferenças além da tendência, por parte destes, de reificar abstrações como entes metafísicos. Além disso, é possível ainda que ambos tenham dado expressão a uma simbolização da experiência alternativa e possivelmente mais válida do que aquela sobre a qual Platão refletia.

Para avaliar a relativa validade da simbolização feita por ambos ou por Platão, seria preciso que a experiência (como dado) e a interpretação (como processo ulterior) fossem diferenciadas com clareza, e é exatamente isso o que o pressuposto da simbolização espontânea de Voegelin descarta. Como tal, Voegelin tendia apenas a expressar seus juízos acerca da relativa adequação e autoridade de simbolizações diferentes.

Voegelin também tendia a falar como se todo modo de pensar que buscasse uma alternativa à visão dualista implícita nas

---

⁸⁰ Se, por outro lado, o "ser real" fosse interpretado como símbolo referente à existência estritamente subjetiva, a imagem mítica que dele se faz como algo próprio dos deuses traria uma afirmação muito diferente, como deve ficar claro mais adiante no capítulo destinado a Kierkegaard. Também aqui, uma distinção entre "realidade" como algo objetivo e "existência" como algo subjetivo seria útil no esclarecimento dessa questão.

⁸¹ Para um estudo sobre o que diz Tomás de Aquino em sua teoria da graça santificante como graça operativa (por parte de Deus) e cooperativa (por parte do homem), ver Bernard Lonergan, *Grace and Freedom: Operative Grace in the Thought of St. Thomas Aquinas*. Nova York, Herder and Herder, 1971.

imagens de seus mitos privilegiados provavelmente refletisse uma tendência "gnóstica" ou utópica. Isso pode se justificar em alguns casos, como no dos revolucionários nazistas ou marxistas que, no contexto histórico de Voegelin, eram os oponentes que lhe interessavam de modo particular. No entanto, nem mesmo suas próprias premissas precisam necessariamente insinuar que todas as visões não dualistas devem ser "gnósticas" no sentido que atribuía ao termo. É possível experimentar um dinamismo na consciência, é possível até mesmo encará-lo como uma tensão entre a deficiência e a suficiência e crer que a suficiência almejada é alcançável, sem que se interprete necessariamente a transição em termos que Voegelin denominaria "gnósticos". Em outras palavras, ela não precisa ser interpretada como uma expressão do desejo de alcançar uma existência livre de tensões na posse de um conhecimento perfeito e irretocável do "Além", como se este fosse um objeto do mundo. Ela também poderia ser interpretada, por exemplo, à luz do desejo de desempenhar bem as operações intencionais que parecem exigidas no contexto em que o indivíduo se encontra no mundo.

É aí, na verdade, que a linguagem de Lonergan poderia sair na frente da linguagem de Voegelin. A exemplo de Aristóteles e Tomás de Aquino, Lonergan acreditava que o verdadeiro sujeito é aquele que desempenha operações intencionais e que o dinamismo da consciência é uma tendência a buscar atualização, enquanto sujeito, em todos os níveis de operação possíveis. Fazê-lo é passar de um anseio insatisfeito à satisfação que Aristóteles chamou de *eudaimonia*. No entanto, não se trata aí necessariamente de alcançar o conhecimento irretocável da realidade ou de declarar que isso ocorreu. O próprio Lonergan só afirmou que o conhecimento é possível e que ele é alcançado por intermédio do desempenho cuidadoso das operações que o constituem – o que significa que até mesmo a conquista do conhecimento é um processo ativo envolvendo a reflexão crítica que busca reformar, a todo momento, um conhecimento reformável da realidade objetiva.

Voegelin imediatamente alegaria, e talvez com bons motivos, que falar do homem como "sujeito" é hipostasiar o polo subjetivo da consciência e identificá-lo ingenuamente com uma figura mítica – a saber, o "homem". Mesmo se for esse o caso, porém, a afirmação que Lonergan almejava é sensata e não precisa ser interpretada de maneira hipostática. Ela poderia ser expressa até mesmo de modo a adequar-se ao sistema de Voegelin: a consciência humana é experimentada como o dinamismo do buscar e do ser atraído que se aproxima das operações que constituem a verdadeira subjetividade humana e a comunhão do homem com a "presença divina", a qual, nas palavras utilizadas em "Reason: The Classic Experience", "torna-se manifesta na experiência da inquietação e do desejo de saber" e é percebida "como o início de um acontecimento teofânico".[82]

Refletir sobre a possibilidade de simbolizações alternativas, porém, seria algo difícil no contexto do pensamento de Voegelin, dada a existência do princípio, já mencionado antes, de que os símbolos que expressam nossa experiência da tensão existencial surgem impositivamente na consciência por meio de uma espécie de geração espontânea. Aqueles a que ele atribui autoridade parecem ser tratados como inquestionáveis. Como jamais apresentou uma explicação clara de como concebia a geração dos símbolos míticos, é possível que isso seja algo retirado de fontes de sua formação, em especial da filosofia alemã a que fora exposto na juventude.

Assinalar que Voegelin se referiu a um antigo interesse por Arthur Schopenhauer pode iluminar essa tendência de seu pensamento, uma vez que também Schopenhauer pensava à luz de um dinamismo da consciência – por ele denominado "a Vontade" – e cria que a Vontade se revelava à consciência indiretamente, por meio de representações simbólicas.[83] Friedrich W. J. von Schelling, de quem Voegelin diz ser a fonte de sua percepção de que a história das ideias deve dar lugar à história das experiências e suas simbolizações, é outra influência, ainda mais importante. Schelling, como será examinado adiante, deu grande ênfase à função reveladora do mito enquanto fonte de intelecção filosófica.

---

[82] Eric Voegelin, *Anamnesis*, op. cit., p. 95-96.

[83] Para uma breve descrição das primeiras leituras de Voegelin, ver Eugene Webb, *Eric Voegelin: Philosopher of History*, op. cit., p. 24-25; para uma descrição mais extensa, ver Ellis Sandoz, *A Revolução Voegeliniana*, São Paulo, É Realizações, 2010, cap. 2.

Talvez igualmente importante para a inclinação de Voegelin a presumir que a produção de símbolos interpretativos deve ser um processo espontâneo e praticamente automático seja a influência de um pensador que está por trás não apenas de Schelling e Schopenhauer, mas também de qualquer outro indivíduo educado no mundo de língua alemã desde o início do século XIX: Immanuel Kant. A influência de Kant se disseminara no ambiente filosófico vienense em que Voegelin cresceu, e portanto é provável que Kant tenha desempenhado um papel relevante na formação da mentalidade de Voegelin antes de este ter se empenhado no estudo de Platão – e é bem provável, ainda, que sua influência tenha afetado também a forma como ele veio enfim a lê-lo. Existem correspondências óbvias, por exemplo, entre as implicações dos símbolos platônicos de Voegelin e pressupostos kantianos como: (1) o de que além das aparências existe uma realidade numênica da qual se fala como se fosse em princípio cognitiva, embora não ao conhecimento humano (cf. a visão que tem Platão do Além como algo alcançável pelos deuses, mas não pelos homens); (2) o de que tudo o que podemos conhecer diretamente são formas fenomenais que nos são acondicionadas espontaneamente, de acordo com formas *a priori* da sensibilidade e do conhecimento, por mecanismos inatos da mente (cf. as simbolizações espontâneas da experiência propostas por Voegelin); (3) o de que o dinamismo da consciência humana que se manifesta tanto como Razão (*Vernunft*) quanto como Espírito (*Geist*) nos orienta para além de tudo o que podemos conhecer ou imaginar, rumo aos Ideais transcendentes da totalidade e da perfeição (cf. a "tensão da existência" de Voegelin, tal como o "Além" e a "Ideia do Bem" de Platão); e (4) o de que seria um erro fundamental "hipostasiar" o Ideal transcendente do *ens perfectissimum* como um *ens realissimum* (cf. as críticas de Voegelin à "hipostasiação" do Além).

Tanto Kant quanto Schopenhauer poderiam ser, também, fonte da visão quase trágica a que Voegelin às vezes se inclinava. Schopenhauer formulou seu pensamento de modo mais claramente trágico do que Kant, mas é fácil imaginar um leitor de Kant – em especial um que tenha se impressionado tanto com Schopenhauer – experimentando, como um anseio interminável e frustrado, a impossibilidade da intuição direta (*Anschauung*) das coisas-em-si ocultas por trás dos fenômenos.

Um grande problema enfrentado por qualquer sistema de pensamento que, como o kantiano, pressuponha que as operações mentais são em grande medida automáticas e inconscientes está no fato de também lhe ser necessário conceber o homem, nas palavras de Lonergan, como um sujeito truncado, o que lhe impõe a necessidade de decidir sobre determinada ação mas retira qualquer fundamento seguro que lhe possibilite tomar decisões sábias, exceto a sabedoria prática entronizada nas máximas, como no caso da ética de Kant, ou, no caso de Voegelin, a sabedoria prática entronizada nos mitos filosóficos e pré-filosóficos do "senso comum".[84]

Voegelin e Schelling estão ligados por semelhanças ainda maiores. Como Schelling, Voegelin criticava Hegel em virtude do que encarava como uma tentativa quase arrogante de unir a lógica e a existência pela interpretação do cosmos como o desdobramento, na objetividade, da estrutura lógica da mente absoluta. Tanto para Voegelin quanto para Schelling, a natureza ou o cosmos deviam ser compreendidos, no final das contas, não como um sistema de ideias, mas como atividade. Também em contraste com Hegel, ambos acreditavam que a razão humana sempre permanecerá insondável para si mesma em sua fonte subjetiva, uma vez que, a exemplo do cosmos como um todo, está enraizada em energia, não na estrutura lógica de uma Ideia absoluta. Poder-se-ia dizer até mesmo que a diferença entre Voegelin e Lonergan quanto à possibilidade de o polo subjetivo da consciência tornar-se seu próprio objeto é um eco dessa diferença entre Schelling e Hegel e, talvez, fruto da influência de ambos – de Schelling sobre Voegelin e de Hegel sobre Lonergan.

É no modo como Voegelin pensa sobre a estrutura mítica da história que a influência de Schelling se mostra especialmente clara. Em Schelling, Voegelin encontrou a ideia, por ele tomada como

---

[84] Sobre esse aspecto da ética kantiana, cf. Alasdair MacIntyre, *After Virtue*. Notre Dame, University of Notre Dame Press, 1981, p. 42-45. Acerca do "senso comum" como tema do pensamento de Voegelin, ver, por exemplo, as últimas páginas de "What Is Political Reality?", in: Eric Voegelin, *Anamnesis*, op. cit., p. 211-13.

princípio fundamental, de que, na medida em que a existência humana pode ser descoberta como algo dotado de significado, esse significado encontra sua expressão num interminável movimento rumo ao objetivo supremo que nunca pode ser alcançado na história: a presença de Deus ou do Absoluto (dois substantivos com que Schelling indicava a mesma realidade).

A história, numa imagem que Schelling tomou de Jacob Boehme, possui a estrutura do retorno a Deus que nós, e também o mundo, encaramos depois de nossa defecção – uma Queda cósmica que se fundamenta num impulso impessoal e irracional nas profundezas do ser divino. Na esteira de Boehme, Schelling atribuiu ao impulso que está por trás dessa Queda a expressão "o egoísmo em Deus", a qual serve como ímpeto inicial do ato dinâmico de autocriação pelo qual Deus se produz e encarna na história.[85] "As ideias, os espíritos", afirmou Schelling, "tiveram de se afastar de seu centro e introduzir-se isolados na natureza, esfera geral da queda, a fim de que em seguida pudessem retornar como elementos separados ao Indiferenciado e, reconciliados com ele, ali permanecer sem perturbá-lo".[86] Tanto a imagem da Queda cósmica para longe do Indiferenciado quanto a imagem do retorno a ele podem iluminar a afinidade que Voegelin muitas vezes demonstra ter pelo fragmento de Anaximandro que versa sobre a origem das coisas no Ilimitado e sobre seu perecedouro retorno a ele – e ao qual Voegelin se refere como "o principal simbolismo daquilo que pode ser chamado de experiência trágica da história".[87]

Outra imagem de Schelling que também se tornou fundamental ao pensamento de Voegelin é aquela que representa essa história como uma narrativa contada por Deus:

> A história é um épico elaborado na mente de Deus. Suas duas partes principais são aquela que representa tanto o afastamento

---

[85] Friedrich von Schelling, *Werke*, vol. 4, p. 330, citado em Frederick Copleston, *A History of Philosophy*. Nova York, Image Books, 1965, vol. 7, 1, p. 163.
[86] Friedrich von Schelling, *Werke*, vol. 6, p. 57, citado em Meyer H. Abrams, *Natural Supernaturalism: Tradition and Revolution in Romantic Literature*. Nova York, Norton, 1973, p. 224.
[87] Eric Voegelin, *Order and History*, op. cit., vol. 4, p. 174.

da humanidade de seu centro quanto sua alienação [*Entfernung*] cada vez maior dele e aquela que retrata seu retorno. A primeira parte é, por assim dizer, a *Ilíada* da história, enquanto a segunda seria a *Odisseia*. Na primeira, o movimento era centrífugo, mas torna-se centrípeto na segunda (...).[88]

Na adaptação que Voegelin faz dessa imagem, ele fala do enredo como uma história relatada cooperativamente por Deus e pelo homem, que interpreta seu papel na peça cósmica com um espírito de reatividade à atração divina. Valendo-se dos termos que empregava ao fim de sua vida, Voegelin descreveu esse processo no póstumo *In Search of Order*: "O acontecimento da busca [pela verdade existencial] é parte de uma narrativa contada pelo Isso; não obstante, trata-se de uma narrativa a ser relatada pelo questionador humano que tiver o desejo de articular a consciência de sua busca como um ato de participação na história abrangente".[89] "Essa 'narrativa'", afirma então, "surge assim como o simbolismo que irá expressar a ciência do movimento e do contramovimento divino-humano na busca pela verdade". De acordo com esse ponto de vista, os vários mitos expressos nas tradições históricas poderiam ser descritos como uma série de transcrições da narrativa cósmica relatada primeiramente por Deus e, depois, por seus responsivos parceiros humanos.[90]

Schelling, tal como Voegelin, acreditava que as comunidades e as sociedades humanas se formam sob a orientação de mitos que funcionam como o primeiro passo da revelação de Deus na história e como a fonte imediata de consciência religiosa e política. "Os povos não surgiram antes de terem criado seus mitos", afirma Ernst Benz, parafraseando a *Filosofia da Mitologia* de Schelling. "O que se deu foi o contrário: é a mitologia de um povo que determina seu caráter e sua história (...)."[91] "Um

---

[88] Friedrich von Schelling, *Werke*, vol. 6, p. 42, citado em Meyer H. Abrams, *Natural Supernaturalism*, op. cit., p. 223-24.

[89] Eric Voegelin, *Order and History*, op. cit., vol. 5, p. 24.

[90] Voegelin menciona, como expressão moderna dessa forma de ver a relação entre mito e história como história divino-humana, a tetralogia *José e seus Irmãos*, de Thomas Mann (cf. Eric Voegelin, *Order and History*, op. cit., vol. 5, p. 24).

[91] Ernst Benz, "Theogony and the Transformation of Man in Friedrich Wilhelm Joseph Schelling". In: Joseph Campbell (ed.), *Man and Transformation: Papers from the Eranos Yearbooks*. Princeton, Princeton University Press, 1964, vol. 5, p. 213.

povo só existe como tal", afirmara Schelling, "após definir-se e decidir-se em sua mitologia".[92]

Esse sistema de pensamento de Schelling parece uma fonte provável do princípio de Voegelin de que a ordem da história nasce da história da ordem.[93] A história da ordem é uma narrativa que começa com o nascimento da ordem no simbolismo mítico e com sua encarnação na vida das comunidades. Trata-se de uma revelação da ordem da história porque os mitos de um povo não expressam apenas suas próprias concepções de ordem, mas também a ordem do próprio ser, como fundamentadas na história interior da vida de Deus.

O modo pelo qual ambos veem essa vida como algo manifesto em nossa experiência da tensão existencial é outro elemento a unir Voegelin e Schelling. Tal como Schelling expressou em *As Idades do Mundo*, Deus manifesta sua presença nas profundezas da criação enquanto "um estado de desejo perpétuo (...), uma busca incessante, uma paixão e eterna e insaciável pelo ser" – ou, na linguagem de Voegelin, como uma fonte profunda da experiência humana de tensão, busca e atração.[94]

A forma como Schelling pensa as origens do mito e da cultura também pode ser uma fonte adicional do pressuposto, expresso por Voegelin, de que os símbolos míticos verdadeiros, ou "primários", não são produtos artificiais de mentes humanas isoladas, mas elementos que surgem espontaneamente na história e que detêm, nela, uma autoridade quase divina. Nas palavras de Schelling:

> A mitologia nasce a partir de um processo necessário (necessário a respeito da consciência), cuja origem se perde num âmbito supra-histórico. A consciência pode resistir ao processo em certas particularidades, mas é incapaz de impedi-lo, muito menos de revertê-lo, como um todo. (...) As ideias mitológicas não são nem inventadas, nem voluntariamente aceitas. Frutos de um processo

---

[92] Friedrich von Schelling, *Samtliche Werke*, vol. 11, p. 109, citado em Ernst Benz, "Theogony", op. cit., p. 214.

[93] Eric Voegelin, *Order and History*, op. cit., vol. 1, p. 9.

[94] Friedrich von Schelling, *Samtliche Werke*, vol. 8, p. 231-32, citado em Ernst Benz, "Theogony", op. cit., p. 216.

independente do pensamento e da vontade, elas eram inequívoca e inegavelmente reais para a consciência que se lhes submetia. Povos e indivíduos são apenas instrumentos desse processo, o qual não é por eles percebido e ao qual servem sem qualquer entendimento. Está fora de sua alçada rejeitar essas ideias, optar por aceitá-las ou não; afinal, elas não vêm de fora, mas encontram-se no interior da mente, e os homens jamais sabem como surgem: elas vêm da consciência mais profunda, sobre a qual se imprimem com uma necessidade que não permite qualquer dúvida quanto à sua veracidade.[95]

As várias afinidades de Voegelin pelo pensamento de Schelling, em especial por sua ideia de mito, claramente o inserem na tradição da filosofia romântica alemã. "Romantismo" é, na verdade, uma palavra muito mais adequada para essa tradição do que o "idealismo" mais comumente utilizado – muito embora este último termo se adequasse bem a Hegel, que defendia a teoria de que a própria realidade é estruturada como um sistema de ideias fundamentado na Ideia absoluta da qual o universo e a história são os desdobramentos temporais. Apesar de utilizar o termo "idealismo" em alguns de seus primeiros escritos, a crença nos princípios idealistas jamais ocupou uma posição central no pensamento de Schelling, e em seus textos tardios ele acabou por atacar explicitamente o idealismo como tal. Como as citações fornecidas indicam, ele acreditava que nem o homem, nem Deus, nem o processo dinâmico abrangente que abarca ambos podem ser inteiramente reduzidos a objetos da intelecção. Tanto para Voegelin quanto para Schelling, o homem, Deus e a história são inerentemente misteriosos; todos os três devem ser compreendidos como facetas de um mistério que nos é revelado nas imagens do mito religioso e filosófico. Todos esses eram princípios cruciais ao movimento cultural que veio a ser conhecido como romantismo.

O romantismo, porém, a exemplo do idealismo e do racionalismo, possui seus próprios aspectos questionáveis. De modo particular, pode-se questionar como seria possível distinguir quais mitos ou aspectos do mito devem ser dignos de crédito e

---

[95] Friedrich von Schelling, *Samtliche Werke*, vol. 11, p. 212, citado em Ernst Benz, "Theogony", op. cit., p. 217.

quais não. Voegelin não era ingênuo quanto aos perigos do pensamento mitológico, e um de seus ataques às ideologias nazista e marxista tinha como objetivo desmascarar suas raízes míticas acríticas (foram seus livros sobre "A Ideia de Raça" e as "Religiões Políticas", por exemplo, que o colocaram na lista daqueles que deveriam ser presos quando os nazistas tomassem a Áustria). Sua forma de lidar com o problema crítico, porém, tendia a se resumir à mera discriminação entre os mitos e símbolos que dariam voz à verdade existencial e àqueles que expressariam uma deformação da existência ou uma perversão espiritual.

Seria possível perguntar se essa abordagem não refletiria ao menos alguns traços de uma tendência maniqueísta que exemplifica, por si só, um pensamento ingenuamente romântico: a tendência a dividir o universo dos símbolos entre aqueles que são reveladores e completamente dignos de confiança e aqueles que são o oposto. Na análise dessa questão, nos será útil examinar dois pensadores que fazem do simbolismo mítico uma questão central de suas obras. René Girard é um pensador explicitamente antirromântico que tece duras críticas ao pensamento mítico como tal, muito embora não se mostre nem um pouco propenso a desprezá-lo, ao estilo racionalista, como algo meramente não científico. Paul Ricoeur, por sua vez, tem em comum com Voegelin a tendência a buscar a sabedoria nos símbolos míticos e a depositar sua confiança na orientação por eles proporcionada, chegando até mesmo a demonstrar, num grau elevado, o mesmo gosto de Voegelin em relação aos mitos que tende a contemplar. No entanto – e nisso consistirá ao menos parte de seu interesse para nós –, ele também veio a crer na importância de equilibrar sua inclinação fundamental à "hermenêutica da confiança" com uma "hermenêutica da suspeita" complementar.

4. Paul Ricoeur:
CONSCIÊNCIA COMO CAMPO HERMENÊUTICO

A exploração da vocação humana, em especial quando esta é concebida como algo que envolve um sentimento de amor ou obrigação para com seu objetivo, frequentemente toma a forma de uma análise do fracasso, da culpa e do arrependimento do homem. Muitas vezes, é ao perceber que fomos incapazes de alcançar o que amamos que descobrimos ao que de fato damos importância e o grau de interesse que temos nele. Ao fazê-lo, também descobrimos um pouco do que significa ser humano no sentido pleno do termo.

O que de fato nós descobrimos ao descobrir isso, porém, não é facilmente especificável. Ao longo da história – seja em narrativas, seja em rituais ou teorias –, muitos foram os esforços para expressar uma visão a respeito, mas também esses precisam ser decifrados. Dos pensadores analisados aqui, Ricoeur talvez tenha sido aquele que mais se interessou pelo tema e aquele que mais o colocou como ponto central de seu pensamento. Dois de seus trabalhos – *L'Homme Faillible* [O Homem Falível] e *La Symbolique du Mal* [A Simbólica do Mal] – fizeram desse o seu foco principal, e a maior parte de seus outros escritos também lidou em alguma medida com a questão. Seu estudo sobre Freud, por exemplo, é uma exploração da abordagem psicanalítica dada ao fenômeno do duplo sentido – isto é, às formas pelas quais os símbolos podem expressar tanto significados literais ou óbvios quanto significados figurados ou ocultos –, mas também se debruça sobre a desonestidade radical ou a fuga da consciência que podem levar os seres humanos a esconder a verdade não apenas dos outros, mas também de si próprios.[1]

Como mencionado no capítulo anterior, esta última tendência é aquele mesmo fenômeno humano que tanto Lonergan quanto Voegelin chamaram de "escotose" (o obscurecimento da percepção e do entendimento para que se tente escapar do caráter tensional da consciência humana).[2] Ricoeur partilha, com todos os outros três nomes já estudados, a crença de que a existência humana é caracterizada por uma paixão experimentada que tanto nos energiza quanto nos aterroriza a ponto de nos levar à fuga.

Como Voegelin, Ricoeur estruturou o exame dessa experiência de tensão existencial à luz do símbolo platônico da *metaxy*, tal como de outros simbolismos equivalentes retirados de figuras como Descartes e Pascal. O que Voegelin chamava de experiência de tensão existencial é chamada de "patética da miséria" por Ricoeur, que a descreve como uma "pré-compreensão" daquilo que a filosofia desdobra à medida que procura explicar a existência humana pela linguagem. O fato de a filosofia estar enraizada nessa experiência, diz ele, significa que "o início da filosofia (...) só pode ser um início na elucidação pela qual a filosofia recomeça em vez de começar".[3]

Como também enfatizou Voegelin, isso significa que, antes de a filosofia ter desenvolvido sua linguagem própria, o significado "pré-compreendido" na experiência já se expressava na linguagem do mito. Desse modo, a filosofia nasce do ventre do simbolismo como esforço para compreender de maneira mais clara aquilo de que o mito fala. Platão se encontra no início da filosofia

---

[1] Paul Ricoeur, *Freud and Philosophy: An Essay on Interpretation*. Trad. Denis Savage. New Haven/Londres, Yale University Press, 1970.

[2] Bernard Lonergan, *Insight*. São Paulo, É Realizações, 2010, p. 204-05. Eric Voegelin, *Anamnesis*. Notre Dame/Londres, University of Notre Dame Press, 1978, p. 201.

[3] Paul Ricoeur, *Fallible Man: Philosophy of the Will*. Trad. Charles Kelbley. Chicago, Henry Regnery Co., 1965, p. 9.

para Ricoeur porque, para este, "toda a pré-compreensão da 'miséria' já pode ser encontrada nos mitos do *Banquete*, do *Fedro* e da *República*".⁴ "O mito", diz ele, "é a miséria da filosofia" – no sentido de que o mito se encontra em tensão rumo a um entendimento mais explícito de seu significado –, e a própria filosofia, "quando deseja falar sobre o homem, (...) é a filosofia da 'miséria'", pois trata-se aí de uma explicação da alma humana, o "ser intermediário por excelência", como "tendência e tensão".⁵ Como afirmou ele em *Freud*: "(...) todo *mythos* envolve um *logos* latente que exige ser exibido".⁶

Para Ricoeur, esse modelo de explicação mítica é paradigmático para a filosofia. Em primeiro lugar, deve haver a estrutura tensional implícita da existência humana assimilada na experiência; em seguida, sua expressão inicial em símbolos densos e ambíguos; e, por fim, uma busca por clareza que tenta, de uma só vez, explicar os símbolos por meio da linguagem teórica e retornar, por meio deles, à experiência de "tendência e tensão" que dera origem tanto aos símbolos iniciais quanto à insatisfação para com eles que nos impulsiona adiante na filosofia. Ele, portanto, sentia-se atraído por figuras filosóficas que haviam expressado uma noção semelhante da existência humana. É isso, afirma, o que o atrai em Descartes – não o racionalismo dedutivo de sua epistemologia, mas sua imagem do homem como "algo que está entre Deus e o nada, isto é, posicionado entre o Ser soberano e o não ser de tal modo (...) que me vejo sujeito a uma infinidade de imperfeições (...)".⁷ Ao adotar a perspectiva expressa em tais imagens, Ricoeur se dissocia "da tendência contemporânea a fazer da finitude a característica global da realidade humana".⁸ Seu "homem" não é uma coisa definida em meio às coisas do mundo objetivo, mas um movimento ou *eros* que se encontra em tensão entre as duas infinidades de Pascal e que toma parte nelas: Deus e o nada.

---

⁴ Ibidem, p. 12.
⁵ Ibidem, p. 12-13.
⁶ Paul Ricoeur, *Freud and Philosophy*, op. cit., p. 19.
⁷ Descartes, *Meditações*, IV, citado em Paul Ricoeur, *Fallible Man*, op. cit., p. 5.
⁸ Paul Ricoeur, *Fallible Man*, op. cit., p. 6.

Ricoeur também insiste tanto quanto Voegelin na importância de proteger-se do risco de hipostasiar os polos da tensão na forma de coisas, com a *metaxy* sendo interpretada como uma espécie de região entre elas. Embora fosse por ele considerada um mito absolutamente fundamental, devendo servir ainda como ponto de partida para toda filosofia adequada da consciência humana, a metáfora do homem como ser intermediário também poderia ser capciosa:

> Pois afirmar que o homem está situado entre o ser e o nada já é tratar a realidade humana como uma região, uma localidade ontológica ou um local fixo entre outros locais. Ora, esse esquema de intercalação é extremamente enganador: ele nos tenta a tratar o homem como um objeto cujo lugar é determinado por sua relação com outras realidades mais ou menos complexas, inteligentes e independentes do que o homem. O homem não é intermediário porque se encontra entre o anjo e o animal; ele é intermediário em si mesmo, no interior de seus eus.[9]

Ademais, os "eus" aqui mencionados também não são reificáveis. Eles não são entes, mas potencialidades e imagens que servem para definir a estrutura tensional da existência humana. No anterior *Philosophie de la Volonté: Le Volontaire et l'Involontaire* [Filosofia da Vontade: O Voluntário e o Involuntário], Ricoeur utilizara a análise fenomenológica para explorar a diferença entre os atos humanos conscientemente intencionais e os atos humanos involuntários. *L'Homme Faillible*, então, viu a existência do homem como um movimento entre esses dois atos enquanto polos da possibilidade humana, sem, porém, que nenhum deles fosse um dia plenamente atualizado a ponto de tornar o indivíduo um mero títere dos hábitos ou das respostas neurológicas ou um agente completamente volitivo. É este último que constitui o ideal da "pessoa", mas trata-se tão somente de um objetivo, jamais uma experiência plenamente atualizada: "Desse modo, o Eu, o Eu como pessoa, se dá primeiro na intenção. (...) [A] pessoa é, antes de mais nada, o ideal da pessoa (...)".[10] O homem existe na tensão entre o ideal de

---

[9] Ibidem, p. 5-6.
[10] Ibidem, p. 110.

uma possibilidade superior e sua experiência da involuntariedade que se impõe à sua consciência desde dentro, mas que também jamais se encontra em atualização plena. "O caráter", nas palavras de Ricoeur, "é a estreiteza da 'alma inteira', cuja humanidade encontra-se na abertura. Meu caráter e minha humanidade, juntos, fazem da minha liberdade uma possibilidade sem limites e uma parcialidade constituída".[11] A *metaxy*, para Ricoeur, é a experiência humana da tensão entre os polos do voluntário e do involuntário, do pessoal e do impessoal, da possibilidade e da facticidade, da infinitude e da finitude – todos os quais representam possibilidades às quais ele almeja ou das quais procura se afastar.

Outro tema platônico que Ricoeur partilha com Voegelin é o da "reminiscência" – ou *anamnese*, segundo a explícita alusão platônica de Voegelin. Para Voegelin, a reminiscência ou *anamnese* era o esclarecimento alcançado pela interação entre o símbolo e a experiência da tensão existencial fundamental que constitui a vida da *psique*. Para Ricoeur, trata-se exatamente da mesma coisa; em seu pensamento, o tema da reminiscência nasce logicamente da ideia de que a filosofia é a explicação daquilo que é "pré-compreendido" na experiência que o homem tem da "tendência e tensão". Ricoeur, porém, dedicou mais tempo do que Voegelin ao problema hermenêutico como tal, e isso por mostrar-se um pouco menos confiante do que aquele quanto à confiabilidade dos símbolos que articulam a estrutura da experiência de tensão existencial.

Como mencionado no último capítulo, Voegelin tendia a ver seus "símbolos primários" como expressões espontâneas de uma experiência individual. Tal como ele o concebia, o caráter problemático do simbolismo surge quando alguém que foge da fundamental experiência de tensão existencial é incapaz de vincular adequadamente esses símbolos à experiência que inicialmente os engendrara. Trata-se de um problema que opõe, nas palavras de Voegelin, a existência "aberta" à existência "fechada". Ele acreditava que ao menos alguns indivíduos haviam existido de maneira aberta e expressado sua experiência em símbolos que representam a existência aberta adequadamente. Quando, porém,

---

[11] Ibidem, p. 94.

os indivíduos que fogem da estrutura tensional da experiência da existência humana tentam interpretar os símbolos da existência aberta, tudo o que conseguem é assimilá-los àquilo que são capazes de compreender, e assim os encaram distorcidamente como expressões de sua experiência de fuga angustiada da realidade.

O pensamento de Ricoeur sobre a questão difere pouco do pensamento de Voegelin, mas trata-se aí de diferenças significativas. Como exemplo, temos a postura diversa que ambos adotam diante de Freud. Voegelin o rejeitou – de modo demasiadamente rápido e irrestrito, em minha opinião – por considerá-lo um exemplo de fechamento existencial e, portanto, alguém incapaz de assimilar o significado dos símbolos primários da mitologia e da filosofia clássicas.[12] Ricoeur, por sua vez, procurou levar a sério a tese de Freud, mas sem desistir da importante verdade que acreditava haver na ideia de "reminiscência". Nas palavras que colocou quase ao fim de seu *Freud*: "'Os símbolos dão origem ao pensamento', mas também são o berço dos ídolos. É por isso que a crítica dos ídolos continua sendo condição da conquista dos símbolos".[13]

Segue-se daí, segundo Ricoeur, a necessidade de duas teorias opostas de interpretação. Uma é a hermenêutica da fé ou da "confiança radical", a "interpretação concebida como recordação ou restauração do significado"[14] que se dá quando atentamos para os significados implícitos nos símbolos do sagrado, dos sonhos ou da imaginação poética. Trata-se de uma "fé racional", diz ele, "porque interpreta; no entanto, continua sendo fé porque busca, por meio da interpretação, uma segunda ingenuidade".[15] A outra teoria é a hermenêutica da suspeita defendida por Freud, a "interpretação concebida como desmascaramento, desmistificação ou redução das ilusões".[16]

Ricoeur mostra-se mais inclinado à fé do que à suspeita, mas sabe que a confiança pode conduzir à credulidade. Assim, sua

---

[12] Ver, por exemplo, Eric Voegelin, *Anamnesis*, p. 3, 102 e 108; e "Eclipse of Reality", p. 190.

[13] Paul Ricoeur, *Freud and Philosophy*, op. cit., p. 543.

[14] Ibidem, p. 9.

[15] Ibidem, p. 28.

[16] Ibidem, p. 9.

própria abordagem busca equilibrá-la com a reflexão crítica: "O contrário da suspeita, direi francamente, é a fé. E que fé? Não mais, sem dúvida, a fé primeira da alma simples, mas a segunda fé daquele que se dedicou à hermenêutica, a fé que foi submetida à crítica, a fé pós-crítica".[17] Ao mesmo tempo, porém, ele insiste em que a suspeita, se ajuda a evitar o erro, não deve porém solapar a confiança, possibilitando que o indivíduo se beneficie da liderança por ela proporcionada. Até a *epoché* ou "suspensão" fenomenológica da crença deve ter seus limites quando se objetiva seriamente a descoberta da verdade existencial:

> No entanto, enquanto o cientista como tal pode e deve praticar seu método de suspensão, o filósofo não pode nem deve evitar a questão da validade absoluta de seu objeto. Pois estaria eu interessado no objeto, poderia eu enfatizar meu interesse por ele, (...) caso não esperasse que, do interior de meu entendimento, esse algo se "dirigisse" a mim? Não é a expectativa de escutá-lo o que motiva o interesse pelo objeto? Implícita nessa expectativa encontra-se a confiança na linguagem: a crença em que a linguagem, a qual engendra os símbolos, não é tanto falada pelos homens quanto para eles, em que eles nascem na linguagem, na luz do logos "que ilumina todo homem que vem ao mundo". É essa expectativa, essa confiança, essa crença, que confere ao estudo dos símbolos sua seriedade particular.[18]

A diferença entre Ricoeur e Voegelin sobre a questão é, em essência, a diferença entre a crença confiante, por parte de Voegelin, em que certos símbolos fidedignos falam conosco de modo a justificar plenamente nossa confiança e a crença mais cautelosa de Ricoeur, que se encontra disposto a aceitar a ideia de que a hermenêutica da suspeita, ainda que possa não ter a palavra final, deve ainda assim ter seu lugar em todo processo hermenêutico. A razão por trás da divergência entre ambos está diretamente ligada à centralidade da questão do mal subjetivo em Ricoeur. Voegelin não era ingênuo quanto à presença do mal na vida humana, e como filósofo político via a disposição para levar o mal

---

[17] Ibidem, p. 28.
[18] Ibidem, p. 29-30.

humano a sério como um dos critérios da maturidade filosófica de indivíduos e sociedades. No entanto, ele também tinha a tendência de ver o mal como ameaça àquilo que continua sendo uma vida genuinamente possível de razão e existência aberta, e não como uma condição universal que subjaz, e em alguma medida solapa, todo movimento da alma humana. Nesse aspecto, segundo sugeriram alguns de seus críticos cristãos, Voegelin propõe mais um pensamento "grego" do que um pensamento cristão ortodoxo.[19] Ricoeur, por sua vez, é um pensador explicitamente cristão, e acerca desse tema pertence à tradição que enfatiza o caráter radicalmente problemático da existência humana. Essa é a ideia que tem sido expressa no cristianismo ocidental como a doutrina do Pecado Original. O próprio Ricoeur a criticou por sua rudeza especulativa, mas a subjacente ideia da falha original que essa doutrina procura formular se mostra essencial a seu pensamento.[20]

Já se observou a possibilidade de haver, ao menos num plano do simbolismo, uma afinidade fundamental entre a metáfora da existência na *metaxy* e a visão trágica da vida, uma vez que ambas representam o homem fadado à inevitável frustração de seus anseios mais profundos. Isso já foi examinado no capítulo anterior com relação a Voegelin.[21] Porém, enquanto Voegelin tendia a interpretar essa frustração como resultado do anseio humano por fugir da tensão existencial rumo a uma suficiência imaginada, Ricoeur concebe a questão basicamente em termos morais: a deficiência de que o homem inevitavelmente sofre não é apenas

---

[19] Ver, por exemplo, Bruce Douglass, "A Diminished Gospel: A Critique of Voegelin's Interpretation of Christianity". In: Stephen A. McKnight (ed.), *Eric Voegelin's Search for Order in History*. Baton Rouge/Londres, Louisiana State University Press, 1978, p. 139-54; John A. Gueguen, "Voegelin's *From Enlightenment to Revolution*: A Review Article", *The Thomist*, vol. 42, 1978, p. 123-34; John Hallowell, "Existence in Tension: Man in Search of His Humanity", *Political Science Reviewer*, vol. 2, 1972, p. 181-84 (reimpresso no volume de McKnight, p. 101-26); Gerhart Niemeyer, "Eric Voegelin's Philosophy and the Drama of Mankind", *Modern Age*, vol. 20, 1976, p. 28-39; e Frederick D. Wilhelmsen, "The New Voegelin", *Triumph*, janeiro de 1975, p. 32-35.

[20] Ver seu "Original Sin: A Study in Meaning", in: Paul Ricoeur, *The Conflict of Interpretations: Essays in Hermeneutics*. Ed. Don Ihde. Evanston, Northwestern University Press, 1974, p. 269-86.

[21] Cf. Emil J. Piscitelli, "Paul Ricoeur's Philosophy of Religious Symbol: A Critique and Dialectical Transposition", *Ultimate Reality and Meaning*, vol. 3, 1980, p. 294.

falta de satisfação, mas incapacidade de amar o suficiente. Em sua forma clássica, assinala Ricoeur, a visão trágica não distingue falha e finitude, mas essa diferenciação é um tema crucial em seu pensamento.[22] Tal como afirmou no ensaio autobiográfico que acompanha a tradução inglesa de *A Metáfora Viva*, era esse o problema que ele tinha em mente quando da redação de *L'Homme Faillible* e *La Symbolique du Mal*, e por isso deu aos dois volumes o título geral de *Finitude et Culpabilité* [Finitude e Culpabilidade]. "Eu tinha a impressão", diz ele, "(...) de que, no existencialismo clássico, ambos os termos tendiam a ser identificados à custa de suas experiências: a culpa se torna um exemplo particular de finitude e está, por essa razão mesma, além da cura e do perdão; a finitude, por sua vez, é afetada, por intermédio da culpa, por uma espécie de sentimento difuso de tristeza e desespero".[23]

Tal como Ricoeur a formula, a metáfora da *metaxy* expressa a imperfeição inevitável – o que está de acordo com usa afinidade pela noção do Pecado Original –, mas tal imperfeição não é idêntica à finitude. Em vez disso, a finitude é apenas um dos polos em meio dos quais o homem se encontra: "No final das contas", afirmou ele no prefácio a *L'Homme Faillible*, "a fraqueza específica e a falibilidade essencial do homem são buscadas no interior dessa estrutura de mediação entre o polo de sua finitude e o polo de sua infinitude".[24]

La Symbolique du Mal, que teve seu terreno preparado por *L'Homme Faillible*, tinha como foco o modo como o mal subjetivo real pode ser assimilado cognitivamente. Como reconheceu Ricoeur na frase de abertura do volume, tudo se resumia a fazer "a transição da possibilidade do mal no homem para sua realidade, da falibilidade para a culpa".[25] Isso não pode ser realizado por meio da reflexão filosófica, como em *L'Homme Faillible*, uma vez que ela só é capaz de assimilar possibilidades abstratas. Antes, é preciso refletir sobre a linguagem da declaração de culpa,

---

[22] Ibidem, p. 295.

[23] Paul Ricoeur, *The Rule of Metaphor: Multidisciplinary Studies of the Creation of Meaning in Language*. Trad. Robert Czerny, Kathleen McLaughlin e John Costello. Toronto, Buffalo e Londres, University of Toronto Press, 1977, p. 315.

[24] Paul Ricoeur, *Fallible Man*, op. cit., p. xx.

[25] Paul Ricoeur, *The Symbolism of Evil*. Trad. Emerson Buchanan. Boston, Beacon Press/Nova York, Harper and Row, 1967, p. 3.

"'reinterpretando' em nós mesmos a confissão que a consciência religiosa realiza".[26] A doutrina do Pecado Original, diz ele, é uma teoria especulativa abstrata que explica um mito da queda que, por si só, fundamenta-se na experiência da confissão dos pecados, a qual por sua vez dá expressão a camadas mais profundas da experiência e da interpretação:

> Em seu sentido preciso, isto é, como sentimento de indignidade no âmago do ser do indivíduo, a "culpa" não é nada mais do que o ponto avançado de uma experiência radicalmente individualizada e interiorizada. Essa sensação de culpa aponta pra uma experiência mais fundamental, a saber: a experiência do "pecado", que inclui *todos* os homens e indica sua *verdadeira* situação perante Deus – saibam eles disso ou não. É esse o pecado cujo ingresso no mundo veio a ser relatado pelo mito da queda e que se tenta transformar em doutrina pela especulação acerca do pecado original. Ao mesmo tempo, porém, o pecado é uma correção, quiçá até uma revolução, no que diz respeito à concepção mais arcaica de culpa – a noção de "impureza" concebida sob a forma de uma mancha ou defeito que contagia de fora para dentro.[27]

Na raiz de todos esses símbolos, Ricoeur acreditava existir uma experiência que não pode ser articulada em nenhuma forma de pensamento nem capturada adequadamente por nenhuma linguagem; só é possível referir-se a ela pela linguagem do paradoxo, que a trata como liberdade cativa ou como vontade servil – "a experiência de ser a si mesmo enquanto se está alienado de si".[28] Todo o processo de autodescoberta, diz ele, é um processo hermenêutico porque em toda fase são encontrados símbolos que precisam ser decifrados, sendo impossível para a consciência humana ir além dos símbolos e descobrir o eu que assinalam. Para Ricoeur, trata-se aí de algo que tem consequências importantíssimas: "Há algo bastante espantoso nisso: em seu nível mais baixo, a consciência de si parece formar-se a partir

---

[26] Ibidem.
[27] Ibidem, p. 7-8.
[28] Ibidem, p. 8.

do simbolismo; apenas depois, por meio de uma hermenêutica espontânea de seus símbolos primários, é que ela então elabora uma linguagem abstrata".[29]

A questão aí subjacente é a de se o autoconhecimento real é possível como algo que ultrapassa a percepção de relevância das metáforas – como uma assimilação substancial de seu significado, e não somente como sensação de uma promessa de significado que talvez jamais venha a ser cumprida.

Em *La Symbolique du Mal*, Ricoeur retornou à confissão dos pecados que se encontra na raiz mais profunda dos vários símbolos que a cultura ocidental emprega para lidar com a culpa. Nesse processo, ele graduou os mais importantes de acordo com o grau em que consideram a possibilidade do mal subjetivo e o desvelam – o quanto podem – em seu simbolismo. Ricoeur esboçou um esquema dos quatro principais mitos da origem e do fim do mal que os classifica segundo a seriedade com que tratam o problema enquanto algo cujo fundamento está além de qualquer circunstância meramente objetiva: (1) o mito do drama da criação, (2) o mito da alma exilada, (3) o mito trágico e (4) o mito "adâmico".

No primeiro deles, diz Ricoeur, "a origem do mal tem a mesma duração da origem das coisas; ele é o 'caos' contra o qual o ato criador do deus luta".[30] A criação, porém, não é o mal em si, e a salvação para esse mito jaz no término do processo de criação pelo qual o caos é dominado.

O mito da alma exilada, por sua vez, ao descrever o homem como ser espiritual que se desviou ou se encerrou num corpo essencialmente estranho, tende a identificar o mundo criado com o mal e, assim, a tratar o mal como algo completamente objetivo. Esse mito, diz Ricoeur, é o mais heterogêneo do grupo: todos os restantes nutrem certa afinidade pela visão de vida do outro, mas o mito do dualismo radical se opõe a cada um deles em sua negação fundamental da possibilidade do bem na criação. Nesse mito, a salvação está em libertar-se da vida no mundo. O mal humano tende a ser associado à carne que insere o homem na Terra,

---

[29] Ibidem, p. 9.
[30] Ibidem, p. 172.

enquanto o homem propriamente dito é identificado com a alma, que em sua essência permanece intocada pelo mal.

No mito trágico, o homem está plenamente encarnado e tem como vida verdadeira a vida neste mundo, mas o próprio mundo acaba por frustrar sua busca pela felicidade. A falha, aqui, é atribuída ao herói, mas trata-se de uma falha que é inevitável, e não escolhida – uma falha "indistinguível da existência mesma do herói trágico; ele não comete a falha, ele é culpado".[31] De acordo com essa perspectiva, a salvação não está na libertação da culpa, dado que a falha é inevitável, mas numa compreensão da necessidade trágica que conduz à "autocomiseração".[32]

No mito trágico, a liberdade humana começa a surgir como tema. No drama da criação, a liberdade pertence não ao homem, mas aos deuses. No caso da alma exilada, o problema está no cativeiro, e não no uso equivocado da liberdade. O herói trágico também não comete deslizes por escolha própria; em vez disso, só há escolha quando ele obtém sua liberdade pelo entendimento de sua condição. "Esse tipo de liberdade", diz Ricoeur, "faz com que a liberdade coincida com a necessidade compreendida".[33]

No mito "adâmico", o mal se origina não na realidade ou na circunstância objetiva, mas no emprego equivocado da liberdade do homem. Mesmo para esse mito, porém, é quase impossível concentrar-se na ideia de um mal radicalmente subjetivo. Antes, ele apresenta símbolos que insinuam uma origem externa:

> O mito adâmico não consegue condensar e absorver a origem do mal apenas na figura de um homem primitivo; ele também traz um adversário – a Serpente, que se tornará o diabo – e a personagem de Eva, que representa a contraparte desse Outro, isto é, da Serpente ou do Diabo. O mito adâmico, desse modo, opõe um ou mais polos à figura central do Homem primitivo, e desses polos a narrativa alcança uma profundidade enigmática pela qual se comunica, subterraneamente, com os outros mitos do mal (...).[34]

---

[31] Ibidem, p. 173.
[32] Ibidem.
[33] Ibidem.
[34] Ibidem, p. 234.

Por outro lado, crê Ricoeur, a visão que fundamenta o mito adâmico é inequivocamente ética, e a história de Adão representaria uma tentativa parcialmente bem-sucedida, por parte dos mitógrafos antigos, de expressá-la: "É falso, portanto, que o mito 'adâmico' seja a pedra angular do edifício judaico-cristão; trata-se apenas de um botaréu que se articula sobre o cruzamento ogival do espírito penitencial judeu".[35] A função do mito é esclarecer – a despeito da presença de figuras periféricas como a serpente, que em certo grau diminui a subjetividade do deslize de Adão – que Deus não tem culpa alguma pelo surgimento do mal no mundo. "Desse modo", diz Ricoeur,

> o mito da queda é o mito da primeira aparição do mal numa criação já finalizada e boa. Ao dividir a Origem entre a origem da bondade da criação e a origem da iniquidade na história, o mito tende a satisfazer a dupla confissão do crente judeu, que reconhece de um lado a perfeição de Deus e, do outro, a iniquidade radical do homem. Essa dupla confissão está na essência mesma de seu arrependimento.[36]

Ou seja: o que é crucial é a experiência que vem expressa de modo mais direto e adequado na confissão do pecado do que no mito de seu surgimento histórico. É essa, para Ricoeur, a experiência vivenciada da liberdade que se encontra no coração da existência humana. As linguagens simbólicas do mito e da confissão funcionam como um espelho em que é possível se aproximar do autoconhecimento do modo mais humano possível. Até mesmo a ambiguidade do mito desempenha um papel válido nesse espelhamento, uma vez que a própria experiência encontra-se repleta de ambiguidades. A serpente, por exemplo, não representa apenas uma distração da responsabilidade pessoal que Adão carrega por sua falha; ela também expressa traços da experiência de fazer uma escolha equivocada:

> Na figura da serpente, o jeovista pode ter retratado um aspecto importante da experiência da tentação – a experiência da semiexterioridade. (...) A serpente, portanto, seria uma parte de

---

[35] Ibidem, p. 239.
[36] Ibidem, p. 243.

nós que não reconhecemos; seria a sedução de nós mesmos por nós mesmos, projetada no objeto sedutor. (...) Desse modo, a serpente representa esse aspecto passivo da tentação que paira sobre a fronteira entre o exterior e o interior (...).[37]

Ricoeur menciona São Paulo e São Tiago para exemplificar essa experiência de semiexterioridade do mal, e a exemplo deles adota a ideia de que, apesar das aparências, ela não nega a falha subjetiva; ao contrário, a tentativa de exonerar-se afirmando que a tentação veio de fora é uma espécie de "má-fé" que impede a percepção de que aquilo que foi exteriormente projetado nada mais é do que o próprio desejo.

Embora veja a experiência da falha e do arrependimento como algo repleto de uma ambiguidade adequadamente refletida em suas expressões simbólicas, Ricoeur no final das contas se volta para uma solução que, se de fato pudesse ser desvelada, estaria por si só isenta de ambiguidades: a de que, em sua essência, o homem é um sujeito radicalmente livre responsável pelos movimentos de sua vontade perversa. Ricoeur não nega que as circunstâncias podem influenciar a origem do mal, e por isso acredita que os outros três mitos sempre servirão como complementos necessários ao mito adâmico, uma vez que na *metaxy* o homem se desloca entre os polos do voluntário e do involuntário. O mito de Adão, porém, tem primazia porque apenas ele confere posição central à voluntariedade que os homens em alguma medida têm em comum e que constitui parte essencial da personalidade humana, a ponto de torná-la uma atualidade. Cada qual em seu grau próprio, os vários mitos referentes à origem do mal se aproximam do mistério do homem como "ser intermediário", pairando entre o impessoal e o pessoal, o involuntário e o voluntário, o potencial e o atual, o nada e o ser.

Isso, porém, coloca o leitor de *La Symbolique du Mal* diante de um enigma que o próprio Ricoeur reconhece ao final do volume. A imagem da *metaxy* delineia abstratamente o potencial da falibilidade humana, ao passo que os símbolos que expressam a confissão do mal subjetivo retratam a experiência concreta de sua

---

[37] Ibidem, p. 256.

atualidade. Essa, no entanto, é uma atualidade que não pode nem ser representada adequadamente por uma imagem, nem ser conhecida ou compreendida; só é possível, afirma Ricoeur, "apostar" sobre elas. A imagem final revelada pelos símbolos da confissão é a imagem de uma volição que escapa de si mesma, a imagem de uma vontade escravizada, de uma liberdade cativa – a imagem daquilo que deve ser sempre uma contradição para o pensamento, uma incoerência definitiva e insolúvel. Ricoeur afirmara no prefácio a *L'Homme Faillible*: "O enigma da vontade-escrava, isto é, *da vontade livre que se encontra restrita e que se vê sempre restrita*, é o tema mais elementar que o símbolo fornece ao pensamento. Em que medida essa cifra especulativa da vontade deteriorada ainda é passível de ser *pensada* é, do ponto de vista metodológico, a questão mais difícil desta obra".[38] Ao final de *La Symbolique du Mal*, ele ainda não se via mais próximo de uma solução para o problema teórico que isso levanta; o volume apenas explica de modo mais abrangente os símbolos que suscitam a questão.

A "aposta" de Ricoeur não é uma solução para o problema da incoerência teórica, e sim para o problema prático da forma que sua existência assumirá. Nas palavras que usou para expressar a questão prática dominante ao final de *La Symbolique du Mal*: "Além do deserto da crítica, nós desejamos ser chamados novamente".[39] O chamado que ele escuta é "um apelo por meio do qual cada homem é convidado a situar-se melhor no ser".[40] O simbolismo do mal funciona, nesse apelo ou convite, não como mapa cognitivo, mas como "um índice da situação do homem no coração do ser em que ele se move, existe e deseja".[41]

Mesmo aqui, porém, Ricoeur se apega à esperança de que uma síntese do teórico e do prático seja de alguma forma possível. Sua aposta, portanto, é uma expressão da esperança e da confiança em que os símbolos de seus mitos, em especial do mito adâmico, apontarão para o âmago da existência humana e a desvelarão tanto para a consciência racional quanto para a consciência moral:

---

[38] Paul Ricoeur, *Fallible Man*, op. cit., p. xxiii.
[39] Paul Ricoeur, *Symbolism of Evil*, op. cit., p. 349.
[40] Ibidem, p. 356.
[41] Ibidem.

> Aposto que compreenderei melhor o homem e o vínculo entre o ser do homem e o ser de todos os seres se seguir a *indicação* do pensamento simbólico. Essa aposta se torna, então, a tarefa de *verificar* minha aposta e de saturá-la, por assim dizer, de inteligibilidade. Em troca, a tarefa transforma minha aposta: ao apostar *na* relevância do mundo simbólico, aposto ao mesmo tempo que minha aposta me *será* restituída em poder de reflexão, no elemento do discurso coerente.[42]

Ricoeur, como ele mesmo indica, não tem apenas esperanças de que, ao atentar para o significado implícito dos símbolos, ele possa tornar-se imediatamente ciente da experiência que assinalam, mas também de que a aposta acabará por livrá-lo da incoerência daquilo que, nos símbolos, deve permanecer como paradoxo. Ao final de *La Symbolique du Mal*, porém, essa continua a ser uma simples esperança, e o sistema filosófico que ele considera capaz de satisfazê-la não parece prometer a libertação do paradoxo. Trata-se do mesmo sistema kantiano, aqui explícito, que em Voegelin encontramos implícito na representação do homem na *metaxy* como alguém que está perpetuamente fadado a não compreender o ser real. Ricoeur, contudo, espera por um conhecimento suficiente à tarefa humana:

> E ali se abre para mim o campo da hermenêutica filosófica propriamente dita: não mais uma interpretação alegorizante que pretende encontrar uma filosofia disfarçada sob os trajes imaginativos do mito, mas uma filosofia que parte dos símbolos e procura promover o significado – formá-lo – por meio de uma interpretação criativa. Ousarei chamar esse esforço, ao menos provisoriamente, de "dedução transcendental" dos símbolos. A dedução transcendental, em sentido kantiano, consiste em justificar um conceito demonstrando que ele torna possível a construção de um domínio de objetividade. Ora, se utilizo os símbolos do desvio, da errância e do cativeiro como detectores da realidade; se decifro o homem com base nos símbolos míticos do caos, da mescla e da queda; se, em suma, elaboro um empirismo da vontade servil sob a orientação de uma mitologia da existência

---

[42] Ibidem, p. 355.

má, então posso afirmar que, em troca, "deduzi" – no sentido transcendental da palavra – o simbolismo do mal humano. Com efeito, quando utilizado como meio de detectar e decifrar a realidade, o símbolo será verificado por sua capacidade de levantar, iluminar e ordenar aquela região da experiência humana (...).[43]

O encontro de Ricoeur com o pensamento psicanalítico em *Essai sur Sigmund Freud*, seu próximo livro, complicou de alguma forma essa esperança, mas não chegou a modificar sua orientação essencialmente kantiana. Ele complicou a ideia da confiança nos símbolos porque fez com que Ricoeur se tornasse mais consciente de que, quando objetos de uma confiança ingênua, os símbolos podem muito bem se tornar ídolos – de que os símbolos que nascem do inconsciente humano não são apenas ambíguos, mas também distorcidos, ocultando a realidade humana tanto quanto a revelam. "Não passa da mesma iniciativa", afirmou, "compreender o freudismo como discurso sobre o sujeito e descobrir que o sujeito jamais é o sujeito que o indivíduo pensa ser".[44] Tal encontro enfatizou nele a convicção de que o sistema de pensamento kantiano era o único capaz de lidar adequadamente com o problema do sujeito humano, apesar do encanto exercido pelas concepções freudianas e hegelianas.

Na última parte dessa obra, Ricoeur justapôs dialeticamente Freud e Hegel como exemplos de duas tendências da busca pelo autoconhecimento – Freud, como alguém que enfatizava a "arqueologia" da consciência; Hegel, como pensador que enfatizava sua teleologia. Ou seja, Freud tentava compreender o sujeito humano como algo originado em impulsos impessoais – o Id –, enquanto Hegel o tratava como algo envolvido num processo de devir pessoal, um esforço rumo a uma "autoconsciência" que une a imediação da autopercepção ao autoconhecimento mediado.[45] Ricoeur encarava a dialética entre os "polos opostos" da arqueologia e da teleologia – a qual ele também via reflexiva *no interior* de cada um dos dois pensadores, e não apenas entre eles – como

---

[43] Ibidem.
[44] Paul Ricoeur, *Freud and Philosophy*, op. cit., p. 420.
[45] Ibidem, p. 462-63.

essencial ao desafio hermenêutico.⁴⁶ Ainda assim, ao comentar, no final do livro, o problema do mal subjetivo, ele voltou a afirmar a preeminência da abordagem kantiana como explicação mais clara de por que o pensamento deve chegar a um limite, além do qual o sujeito humano permanece inalcançável ao conhecimento:

> Esses símbolos resistem a serem reduzidos a um conhecimento racional; o fracasso de todas as teodiceias, de todos os sistemas referentes ao mal, dá testemunho da incapacidade do conhecimento absoluto em sentido hegeliano. Todos os símbolos despertam o pensamento, mas os símbolos do mal mostram de maneira exemplar que há sempre mais nos mitos e nos símbolos do que em toda a nossa filosofia e que uma interpretação filosófica dos símbolos jamais se tornará conhecimento absoluto. Em suma, o problema do mal nos força a voltar de Hegel para Kant – isto é, da dissolução do problema no mal na dialética ao reconhecimento da emergência do mal como algo inescrutável e, portanto, como algo que não pode ser assimilado num conhecimento total e absoluto. Desse modo, os símbolos do mal dão testemunho do caráter insuperável de todo simbolismo; ao mesmo tempo em que revelam o fracasso de nossa existência e de nossa capacidade de existir, eles também declaram o fracasso dos sistemas de pensamento que acomodariam os símbolos num conhecimento absoluto.⁴⁷

Afirmar isso, porém, é retornar à posição em que Ricoeur deixou o problema ao fim de *La Symbolique du Mal*, com a consequência de que o sujeito humano que Ricoeur buscava permanece um enigma caracterizado, em sua realidade mais profunda, por uma vontade falha que só pode ser conhecida como uma combinação contraditória de prisão e liberdade. Desse ponto de vista, portanto, parece que a aposta de Ricoeur não lucrou o "elemento do discurso discursivo" pelo qual ele esperava.

Um lonerganiano poderia acrescentar que isso não é nada surpreendente à luz do fundo kantiano de Ricoeur; afinal, o kantismo não é, em virtude de sua própria natureza, uma solução para o

---

⁴⁶ Ibidem, p. 494-95.
⁴⁷ Ibidem, p. 527.

problema de como alcançar o conhecimento da realidade essencial, e sim uma explicação de por que é impossível fazê-lo. Ricoeur teve seu kantismo criticado exatamente nesses termos por um lonerganiano. Emil J. Piscitelli afirmou que "o projeto de buscar um método filosófico adequado e crítico depende dessa capacidade de revisar e expandir a noção kantiana de limite".[48] Segundo Kant, o que é verdadeiramente conhecível é o reino dos fenômenos, das aparências, enquanto a realidade essencial se oculta por trás da aparição no reino da "coisa-em-si". "Para Kant", diz Piscitelli, "e somos levados a concluir que também para Ricoeur, a assimilação do real pela mente humana permanece presa ao nível das impressões sensoriais, continuando a ser uma *Anschauung* [intuição objetiva] imediata independentemente do quanto é amoldada pelos conceitos *a priori* da compreensão ou sintetizada com tais conceitos no ato do juízo".[49] Acerca do problema do autoconhecimento para Ricoeur, Piscitelli então afirma:

> O método que fundamenta a ontologia de Ricoeur permanece kantiano. Em sua linguagem kantiana, ele afirma: é apenas no interior do movimento da interpretação que nós "apercebemos" o ser que interpretamos. A apercepção continua sendo uma "percepção", o sujeito humano permanece em confronto consigo mesmo e, portanto, dividido contra si mesmo. (...) Tanto para a posição kantiana aprimorada de Ricoeur quanto para o desvio que Heidegger faz do kantismo, o círculo hermenêutico assume a aparência de uma espécie de "armadilha" em que os seres humanos inevitavelmente se encontram, uma vez que não podemos ter qualquer autoconhecimento real segundo os pressupostos kantianos (...).[50]

Como essa crítica nasce diretamente do sistema de pensamento de Lonergan, expressando uma forma de pensar que o próprio Lonergan acreditava ir direto ao âmago da diferença entre sua posição e a posição daqueles que denominava pensadores "existenciais" – entre os quais provavelmente teria incluído Ricoeur do

---

[48] Emil J. Piscitelli, "Paul Ricoeur's Philosophy of Religious Symbol: A Critique and Dialectical Transposition", *Ultimate Reality and Meaning*, vol. 3, 1980, p. 276.
[49] Ibidem, p. 277.
[50] Ibidem, p. 281.

mesmo modo como incluiu Voegelin –, será útil examinar com alguma atenção as questões envolvidas na critica lonerganiana do kantismo e avaliar a questão de sua relevância para o entendimento das questões que de fato interessam Ricoeur.

Em primeiro lugar, examinemos o kantismo como tal. A posição de Kant a respeito do conhecimento dos objetos no mundo poderia ser descrita, em termos lonerganianos, como análoga a uma espécie de percepcionismo, uma vez que trata o conhecimento como resultado de um acondicionamento dos dados realizado de maneira automática e inconsciente em formas categóricas, bem ao modo como um psicólogo cognitivo poderia dizer que nossa condição nos leva a "perceber" o mundo de uma forma que está em harmonia com nossas concepções culturais. Ou seja: ao contrário do que acontece com Lonergan, o conhecimento aqui não é concebido como um processo de operações conscientes (a atenção aos dados, a interpretação dos dados como elementos de uma forma possível, a reflexão crítica sobre a conformidade entre dados e forma, etc.). Ao contrário, o fato de algumas operações sintetizadoras terem ocorrido só pode ser deduzido, segundo Kant, do fato de nos vermos diante de seus resultados. Como Lonergan afirmou, de modo um tanto conciso, no ensaio "Metaphysics as Horizon": "o contexto kantiano é um contexto de conteúdos que não contempla desempenhos".[51] Segundo a descrição que Lonergan faz, no *Insight*, da diferença entre o pensamento de Kant e o seu pensamento, Kant concebia a consciência como mera percepção empírica; as operações da interpretação e do juízo eram por ele concebidas como fruto de um mecanismo que jamais experimentamos imediatamente:

> Kant reconheceu um sentido interno que corresponde, mais ou menos, ao que designamos por consciência empírica, a saber, a apercepção que é imanente nos atos de sentir, percepcionar, imaginar, desejar, temer e quejandos. Além desse reconhecimento do sentido interno, Kant deduziu ou postulou uma originária unidade sintética de apercepção como a condição *a priori* do "*Eu penso*", que acompanha todos os atos cognitivos. Por outro lado,

---

[51] Bernard Lonergan, *Collection: Papers by Bernard Lonergan, S. J.* Ed. Frederick E. Crowe, S. J. Nova York, Herder and Herder, 1967, p. 207.

a teoria kantiana não tem espaço para uma consciência dos princípios geradores das categorias; as categorias podem inferir-se dos juízos em que ocorrem; mas é impossível ir além das categorias até à sua fonte. É precisamente esse aspecto do pensamento kantiano que confere às categorias a sua inflexibilidade, o seu aspecto misterioso irredutível. É o mesmo aspecto que proporcionou a Fichte e a Hegel a oportunidade de invadir o território inocupado da consciência racional e inteligente.[52]

Para Lonergan, a diferença crucial entre Kant e Hegel está no fato de Hegel não contentar-se em tratar as operações do entendimento e do saber como automatismos inconscientes, buscando desenvolver uma teoria do sujeito humano como algo ativamente inteligente e racional. Foi por isso que Lonergan declarou, como vimos no capítulo a ele dedicado, que o longo desvio da filosofia ocidental rumo à teoria de que o saber é uma espécie de "olhar-para" encontra seu início na época de Scot e seu reinício na época de Hegel.[53] Ou seja, Hegel iniciou a exploração da hipótese alternativa de que o conhecimento não é o produto da ação de uma coisa externa sobre um sujeito passivo, mas o resultado da atividade cognitiva do sujeito.

A posição de Hegel com relação à epistemologia kantiana é particularmente importante nesse contexto, uma vez que Ricoeur jamais descreveu sua própria postura como um mero kantismo, e sim como o esforço para desenvolver uma abordagem nova que também se fundamenta, em parte, na concepção hegeliana do sujeito como algo conscientemente dinâmico. Como afirmou Ricoeur no ensaio "La Liberté selon l'Espérance":

> Paradoxalmente, o kantismo que agora desejo desenvolver deve mais ser construído do que repetido; seria uma espécie de kantismo pós-hegeliano. (...) Cronologicamente, Hegel sucede Kant, mas nós, leitores tardios, passamos de um ao outro. Em nós, algo de Hegel subjugou algo de Kant, mas algo de Kant também subjugou algo de Hegel, dado sermos pós-hegelianos tanto quanto

---

[52] Bernard Lonergan, *Insight*, op. cit., p. 333-34.
[53] Ibidem, p. 359.

somos pós-kantianos. Em minha opinião, é esse diálogo e essa permuta que ainda estrutura o discurso filosófico hoje.⁵⁴

Isso sugere ao menos a possibilidade de o kantismo de Ricoeur não possuir a exata relevância que o ponto de vista lonerganiano lhe poderia atribuir.

Antes de nos debruçarmos sobre a questão, porém, será útil explorar um pouco mais a crítica da tradição de Lonergan à epistemologia kantiana. Na perspectiva desta última, podemos seguir duas direções na busca pelo conhecimento: a objetiva e a subjetiva. A subjetiva, porém, é logo eliminada pelas razões mesmas que acabamos de mencionar: ela pode ser acessada indiretamente por meio da "dedução transcendental", mas jamais pode ser de fato conhecida. A direção objetiva permanece aberta, mas também ela é limitada pela estrutura do conhecimento humano no sistema

---

⁵⁴ Paul Ricoeur, *Essays on Biblical Interpretation*. Ed. Lewis S. Mudge. Philadelphia, Fortress Press, 1980, p. 166. Para um exame completo da forma como Ricoeur analisa seu pensamento "pós-hegeliano", ver o capítulo "Renoncer à Hegel", em *Temps et Récit*, vol. 3: *Le Temps Raconté*, p. 280-99. Nele, Ricoeur trata a esperança de Hegel na objetificação do Espírito como uma tentação a ser rejeitada, mas também indica que se trata aí de uma tentação que ele mesmo sentia intensamente. Ao explicar como "não mais pensamos de acordo com Hegel, mas após", Ricoeur afirma: "(...) que leitor, seduzido como nós pelo poder de seu pensamento, não veria o abandono de Hegel como uma ferida – e uma ferida que, bem ao contrário das feridas do Espírito absoluto, não sara? Para um tal leitor, será preciso que o indivíduo que não deve ceder à fraqueza deseje a coragem de cultivar o luto" (ibidem, p. 298-99). O fato de Ricoeur se identificar com esse leitor parece iluminar um pouco mais sua afinidade pela visão trágica: ansiamos por assimilar a totalidade da existência e da realidade numa objetificação perfeita, mas devemos perder tal esperança e sempre lamentar essa impossibilidade.
Será que algo parecido não poderia ser dito de Voegelin? Voegelin foi um crítico veemente – e até mesmo cruel – do hegelianismo, mas Thomas J. J. Altizer, na resenha de *The Ecumenic Age* que intitulou "A New History and a New But Ancient God?", sugeriu que o autor na verdade era "um descendente claro de Hegel" e que "o ódio que Voegelin sentia por ele é um esboço do assassinato edipiano de seu pai" (*Journal of the American Academy of Religion*, vol. 43, 1975, p. 763). Isso pode ter sido formulado de modo demasiadamente forte, mas no final das contas seria surpreendente se um pensador formado na Europa da primeira metade do século XX – como são os casos de Voegelin e Ricoeur – não se deixasse influenciar em alguma medida pelo sistema de pensamento que inclui tanto Kant quanto Hegel e que, em suas várias formas, tende a achar – talvez mesmo a pensar ou imaginar – que a realidade definitiva é uma espécie de objetivo supremo do pensamento a que estamos sempre fadados a almejar, podendo ou não ser alcançado. Não seria possível que a denúncia que Voegelin faz tanto de Hegel quanto do "gnosticismo" presente na esperança de alcançar o Saber Absoluto fosse, ao menos em parte, uma tentativa de exorcizar o anseio hegeliano que sua cultura lhe inculcara e cuja dor sempre se lhe fez presente?

kantiano. O que pode ser conhecido diretamente são os fenômenos – aparências constituídas de dados experienciais amoldados pelos mecanismos misteriosos da subjetividade. O númeno ou coisa-em-si, seja como objeto ou como sujeito, é uma realidade que deve sempre permanecer desconhecida pelo nosso olhar.

Lonergan afirma que essa concepção de conhecimento objetivo é fundamentalmente incoerente, dado que, de acordo com sua própria análise, o que pode *conhecer* no sentido próprio do termo é o verificável, e a verificação deve envolver a reflexão crítica que se debruça sobre toda a gama de operações cognitivas – iniciando com a experiência, mas passando pelas fases conscientes da interpretação e da verificação antes de culminar no juízo que alcança o real. É precisamente aqui que se encontra a principal diferença entre Lonergan e Kant: Lonergan acreditava que o juízo de fato alcança a realidade, uma vez que a realidade é aquilo que é conhecível por meio da sequência cumulativa das operações de experimentar, compreender e julgar. A incoerência do kantismo, segundo Lonergan, está no fato de que ele insiste em postular uma suposta realidade que não pode ser experimentada, compreendida ou conhecida, mas não obstante nega a realidade àquilo que *pode* ser conhecida. Para Lonergan, a questão da correspondência entre o objeto conhecido e a realidade não faz sentido, uma vez que o conhecível é o real e vice-versa.

No que diz respeito, porém, à questão do conhecimento objetivo, Ricoeur, apesar de sua afinidade declarada por Kant, não necessariamente difere de Lonergan. Digo "não necessariamente" porque Ricoeur não tomou nosso conhecimento dos objetos como um tema explícito de sua análise, e por isso não expressou uma posição clara sobre o problema. No entanto, as declarações realizadas *en passant* sugerem que ele não necessariamente desejava defender uma coisa-em-si incognoscível correspondente àquilo que podemos conhecer por meio da investigação objetiva. É bem verdade que, em seu livro sobre Freud, Ricoeur falou como se o tratamento dado por Kant à realidade física fosse completamente satisfatório mesmo se algo diferente a respeito do ser humano se fizesse necessário: "Na área da física, Kant nos ensinou a unir o âmbito empírico ao idealismo transcendental. (...) Kant alcançou essa união nas ciências da natureza; nossa tarefa é alcançá-la na psicanálise (...)".[55] Se considerarmos, porém, o exame que Ricoeur faz da "perspectiva finita" em *L'Homme Faillible*, o que ele afirma pode estar mais próximo de Lonergan do que de Kant, uma vez que aí é traçada com clareza, ainda que numa linguagem levemente diferente, a distinção entre os mesmos três níveis de operação cognitiva que Lonergan diferencia.

Na base do conhecimento humano, diz ele, encontra-se uma receptividade básica que deriva do fato de "nossa relação primária com o mundo (...) encontrar-se na 'recepção' dos objetos, e não em sua criação".[56] Apesar de ser possível interpretar esse modo de expressão como se insinuasse que "recebemos" os objetos reais por intermédio da percepção (leitura que poderia ser respaldada pelo próprio uso que Ricoeur dá às palavras "percepção" e "perceptivo" na mesma passagem), o que Ricoeur de fato parece abordar é aquilo a que Lonergan se referiria como o fato de o processo cognitivo se iniciar com a apreensão de dados experienciais "dados", e não inventados ou imaginados pelo investigador. A palavra latina *data* poderia ser adequadamente traduzida como "o recebido" ou "o fornecido".

O motivo que nos leva a adotar essa ideia do ponto de partida na recepção dos dados, à qual se segue um processo de atividade interpretativa, está no fato de Ricoeur logo falar da dialética necessária da "significação e da percepção", o que parece equivaler ao que Lonergan denominou interpretação e experiência.[57] Também aqui, claro, poder-se-ia dizer que Ricoeur se inclina para o kantismo, visto que ele fala dessa dialética como algo "absolutamente primal", no sentido de que "o projeto de uma fenomenologia da percepção em que o momento de falar é adiado, e a reciprocidade do dizer e do ver é destruída, é definitivamente indefensável".[58] A análise do processo cognitivo proposta por Lonergan, porém, não elimina a ideia do mecanismo perceptivo inconsciente; ela apenas nega que a percepção, como tal, constitua o conhecimento propriamente dito.

---

[55] Paul Ricoeur, *Freud and Philosophy*, op. cit., p. 432-33.
[56] Paul Ricoeur, *Fallible Man*, op. cit., p. 37.
[57] Ibidem, p. 42.
[58] Ibidem.

Que Ricoeur não deseja negar a distinção em que Lonergan insistia fica claro quando ele toma a ideia do papel crucial desempenhado pelo juízo no conhecimento. Ricoeur introduz essa ideia ao referir-se à epistemologia de Aristóteles, recapitulando implicitamente a reconstituição que o próprio Lonergan faz de sua posição crítica realista, cujo ponto de partida era Aristóteles e Tomás de Aquino – a quem Ricoeur também se refere.[59] "Até agora," diz Ricoeur, referindo-se ao fato de ter utilizado, em seu exame anterior, termos que poderiam ser associados a um mero percepcionismo, "tivemos a pretensão de ignorar que a 'fala significativa' autêntica, tal como Aristóteles a denomina no tratado *Da Interpretação*, é o discurso composto que ele chama de *logos* (...), a formulação do mundo ou do juízo".[60]

A possibilidade do juízo, diz Ricoeur, está fundamentada na "relevância profunda" da "distinção entre substantivo e verbo". "Com efeito", afirma, "toda a nossa reflexão sobre a transcendência da fala sobre a perspectiva [em termos lonerganianos, da elevação dos dados experienciais pelo ato de compreender] conduz a uma reflexão sobre o verbo".[61] "Por que apostar tanto na relevância do verbo?", pergunta Ricoeur. Uma das razões é o fato de ele expressar o juízo da verdadeira existência: "(...) dizer que 'Sócrates está caminhando' é postular a existência presente do caminhar".[62] Ou seja, o verbo expressa o juízo que está no auge da transição da possibilidade formal para a realidade e que serve como uma espécie de eixo linguístico entre ambas. O verbo, poder-se-ia dizer, se volta para contemplar a ideia no segundo plano de operação e, adiante, ver a realidade conhecida no terceiro nível. Nas palavras de Ricoeur, "'Sócrates está caminhando' significa que a caminhada 'existe agora' e que a caminhada é *atribuída* a Sócrates. Na dupla intenção do verbo, a frase humana encontra a unidade de sua significação e sua aptidão para a verdade e para o erro. (...) Ao afirmar o ser, ele insere a frase humana no âmbito ambíguo do verdadeiro e do falso".[63]

---

[59] Ibidem, p. 54.
[60] Ibidem, p. 49.
[61] Ibidem.
[62] Ibidem.
[63] Ibidem, p. 50.

Desse modo, Ricoeur reconhece tão claramente quanto Lonergan que a realidade objetiva é conhecida por intermédio das operações da atenção, da interpretação e do juízo. O problema da diferença entre o fenomenal e o numenal no âmbito do objetivo não é um tema que se faz presente no pensamento de Ricoeur, apesar de todas as suas referências a Kant. Em vez disso, a ênfase cada vez maior que ele dá, em seus escritos tardios, ao caráter linguístico do mundo objetivamente conhecido expressa a mesma concepção que Lonergan sublinhou ao insistir em que a realidade objetiva é constituída não das coisas do "já, fora, lá, agora, real" existentes num espaço absoluto, mas do conteúdo objetivo de hipóteses verificadas. A ideia do caráter linguístico do mundo foi praticamente ecoada por Lonergan quando este declarou, numa entrevista gravada: "Os dados, as perguntas, os diferentes níveis de perguntas, as respostas dadas, não? É tudo construção. Afirmar que tudo é construção amplia a noção de que o conhecimento humano é discurso".[64] De modo semelhante, a adoção da análise da intencionalidade, por parte de Lonergan, em detrimento da psicologia da faculdade é ecoada por Ricoeur quando ele afirma que "é melhor abandonar essa psicologia da faculdade por completo e substituí-la por uma teoria da significação que (1) leve em consideração a distinção radical entre substantivos e verbos e que (2) associe o momento volitivo de afirmação ao significado próprio do verbo".[65]

Se Lonergan e Ricoeur se assemelham tanto em suas teorias da cognição e da realidade, no que eles divergem? A principal diferença entre ambos pode ser encontrada no tratamento dado à ideia de "sujeito" e à possibilidade de conhecê-lo objetivamente. Ao contrário de Voegelin, que, como vimos no último capítulo, insistia explicitamente em que o polo subjetivo da consciência não deve ser hipostasiado como ente, tanto Lonergan quanto Ricoeur falam como se de fato houvesse um "sujeito". Ambos diferem, porém, quanto ao que tencionam ao falar assim.

Lonergan falava literalmente. Como vimos no capítulo anterior, para ele o sujeito pode ser conhecido como ente objetivamente

---

[64] Bernard Lonergan, *Caring about Meaning*, op. cit., p. 108.
[65] Paul Ricoeur, *Fallible Man*, op. cit., p. 56.

real tanto quanto qualquer outro – por meio da experiência, da compreensão e do juízo –, muito embora com a ressalva de que as condições que satisfazem o juízo nesse caso não são dados do sentido, mas aquilo que ele chamou de "dados da consciência".[66] É possível experimentar a si mesmo atentando para os dados experienciais, interpretando-os e verificando a interpretação. Também é possível interpretar a si próprio como aquele que experimenta, interpreta e verifica essa interpretação retornando à real experiência das operações em questão. Isso culmina na "autoafirmação do cognoscente" (título do capítulo 11 de *Insight*), e o sujeito que se conhece dessa forma é um objeto de maneira tão clara quanto qualquer outro. "E, ainda", afirmou Lonergan, "pode definir-se um sujeito como algum objeto, digamos *A*, em que é verdade que *A* se afirma como um sujeito cognoscente no sentido explanado no capítulo sobre a Autoafirmação".[67]

Ricoeur pensa de modo bastante diferente. Como acabou de ser demonstrado, ele acredita que os objetos do mundo são conhecidos tal como Lonergan descrevera, mas também crê em que a existência humana não é inteiramente objetificável; antes, ela é esboçada analogamente em símbolos míticos que devem sempre conservar um resíduo de mistério. Na realidade, no caso de Ricoeur talvez seja melhor empregar seu próprio termo, "metáfora", em vez de "analogia", uma vez que Lonergan utiliza "analogia" para referir-se a um modo de cognição que envolve semelhanças objetivas e operações subjetivas igualmente paralelas. "Metáfora" insinua uma ruptura definitiva da continuidade entre os termos de determinada comparação, e é uma tal ruptura que Ricoeur deseja sugerir a respeito da ideia de "sujeito".

A analogia, para Lonergan, é algo direto: "(...) atua a lei, imanente e operativa no processo cognitivo, de que os similares se entendem de modo semelhante. A menos que haja uma diferença significativa nos dados, não pode haver uma diferença na compreensão dos dados".[68] Não há nenhuma descontinuidade fundamental, segundo Lonergan, entre o pensamento analógico e o

---

[66] Bernard Lonergan, *Caring about Meaning*, op. cit., p. 117.
[67] Bernard Lonergan, *Insight*, op. cit., p. 364.
[68] Ibidem, p. 289.

pensamento conceitual plenamente desenvolvido; trata-se apenas da passagem do implícito para o explícito.

Ricoeur, por sua vez, tal como descreveu no estudo "Metáfora e Discurso Filosófico", inserido ao final de *A Metáfora Viva*, julgava existir uma descontinuidade básica entre o que chama de discurso metafórico e discurso especulativo. Este procura explicar aquele, mas, nas palavras de Ricoeur, "entre o implícito e o explícito existe toda a diferença que separa dois modos de discurso e que não pode ser eliminada quando o primeiro é absorvido pelo segundo".[69] Ambos se relacionam dialeticamente, diz Ricoeur:

> É possível mostrar, de um lado, que o discurso especulativo encontra sua condição de possibilidade no dinamismo semântico do enunciado metafórico e, de outro, que o discurso especulativo tem sua necessidade em si mesmo, em colocar os recursos da articulação do conceito em ação. Estes são recursos que sem dúvida pertencem à mente em si, que são a própria mente refletindo sobre si mesma. Em outras palavras, o especulativo só cumpre as exigências semânticas que lhe são impostas pelo metafórico quando estabelece uma ruptura que marca a diferença irredutível entre os dois modos de discurso.[70]

Essa, obviamente, é apenas outra forma de expressar o princípio de que o símbolo suscita o pensamento e de que o faz por meio de indícios de um excedente de significado, de algo que não pode ser objetificado adequadamente. A tensão que o símbolo então cria estimula o desejo da clareza, que primeiro exige uma estrutura sistemática de significados possíveis e, depois, a formação dos próprios conceitos:

> O discurso especulativo é o discurso que define as primeiras noções – os princípios –, que articula primordialmente o espaço do conceito. Os conceitos, tanto na linguagem científica quanto na linguagem comum, nunca podem derivar da percepção ou de imagens, uma vez que a descontinuidade dos níveis discursivos

---

[69] Paul Ricoeur, *The Rule of Metaphor: Multidisciplinary Studies of the Creation of Meaning in Language*. Trad. Robert Czerny, Kathleen McLaughlin e John Costello. Toronto/Buffalo/Londres, University of Toronto Press, 1977, p. 296.
[70] Ibidem, p. 375.

se fundamenta, ao menos virtualmente, na própria estrutura do espaço conceitual em que os significados são inscritos quando se afastam do processo metafórico, o qual pode ser considerado o gerador de todos os campos semânticos. É nesse sentido que o especulativo é condição de possibilidade do conceitual. Ele expressa o caráter sistemático do conceito num discurso de segunda ordem.[71]

Ao fazê-lo, ele estabelece um sistema em que a tensão da investigação pode ser resolvida na assertividade do conhecimento objetivo: "Por formar um sistema, a ordem conceitual é capaz de libertar-se do jogo do duplo sentido e, portanto, do dinamismo semântico característico da ordem metafórica".[72] Isso significaria, porém, que o investigador tem a possibilidade de pular completamente esse estado de tensão rumo à contemplação um âmbito objetivo estático? Ricoeur acredita que não:

> Tendo a ver o universo do discurso como um universo que se mantém em movimento em virtude de uma interação de atrações e repulsões que promovem incessantemente a comunicação e a interseção de domínios cujos núcleos organizadores estão descentralizados com relação uns aos outros; ainda assim, essa interação jamais cessa num conhecimento absoluto que subsumiria as tensões.[73]

Isso acontece, esclarece ele, porque o objetivo final da investigação não é a estase das ideias verificadas; o que buscamos é uma forma de conhecer o dinâmico na condição de dinâmico. Ao referir-se a uma observação encontrada na *Retórica* de Aristóteles, Ricoeur pergunta: "O que significa, para a metáfora viva, 'colocar (algo) diante dos olhos'?".[74] Em seguida, ele responde: "Colocar diante dos olhos, responde o terceiro livro da *Retórica*, é 'representar as coisas como se em estado de ação' (1411b24-25). E o filósofo especifica: quando o poeta dá vida a seres inanimados, seu verso 'representa tudo repleto de movimento e

---

[71] Ibidem, p. 300.
[72] Ibidem, p. 302.
[73] Ibidem.
[74] Ibidem, p. 307.

vivacidade; ora, atividade é movimento' (1412a8)". O objetivo da investigação, portanto, é "significar as coisas em ato", mas o significado disso é difícil de ser expresso sem o uso de metáforas, tais quais "ver as coisas como *ações*" ou "vê-las como algo que floresce naturalmente".[75] Nesse momento, sugere Ricoeur, a poesia e a metafísica se tocam e o poeta se torna aquele "que alcança essa 'fonte de movimento dos objetos naturais, estando de alguma forma presente neles, seja potencialmente ou em completa realidade' (*Metaphysics* Delta 4, 1015a18-19), a que os gregos denominavam *physis*".[76]

Tudo isso não passa de uma série de formas de expressar o problema central a separar Ricoeur, Voegelin e outros pensadores existenciais de Lonergan: a questão da incomensurabilidade dos polos subjetivo e objetivo da consciência. O polo subjetivo é o ato dinâmico de ter em vista todos os seus modos possíveis. O polo objetivo é aquilo que se tem em vista. Na cognição, este último pode ser especificado como algo determinado, e a conformidade do constructo assim especificado com a experiência que ele interpreta é passível de verificação – ponto sobre o qual Lonergan e Ricoeur concordariam. Porém, quando aquilo que se tem em vista é a própria subjetividade – o próprio dinamismo da intencionalidade –, Ricoeur afirma que esse processo de objetificação deve fracassar. O ato subjetivo jamais pode ser convertido na ideia de si; ele sempre permanecerá irredutivelmente diferente de todas as objetificações de que nos valemos para representá-lo. Para Ricoeur, como já mencionamos antes, pode haver um sentido em que o mundo objetivo é qualificado por seu caráter linguístico, mas o mundo não é existência e a existência não é linguagem. Um comentário tecido por Ricoeur acerca do pensamento de Gabriel Marcel diz muito também sobre esse aspecto de seu próprio pensamento:

> O senhor [disse ele a Marcel] tomou o corpo, e não a linguagem, como foco principal de sua reflexão sobre a existência. Talvez não devamos nos esquecer disso hoje, quando a filosofia francesa padece de uma espécie de fascínio pelos problemas da linguagem.

---

[75] Ibidem, p. 308.
[76] Ibidem.

Ao acrescentar a crítica da sensação enquanto mensagem à sua crítica do corpo como instrumento, o senhor abriu caminho para uma filosofia do corpo-sujeito, fornecendo à filosofia maneiras de pensar a corporificação.[77]

As formulações objetificantes têm sua função na consciência humana, diria Ricoeur. No entanto, sua verdadeira função é protegida, e não negada, pelo reconhecimento de suas limitações. É esse reconhecimento que marca a diferença entre a metáfora viva e a metáfora morta.[78] "A expressão *vivaz*", como afirma Ricoeur, "(...) exprime a existência como algo *vivo*".[79] O discurso especulativo só consegue fazer isso enquanto permanecer em tensão com o poético. Se tentar retirar suas raízes da metáfora, ele cai num sistema de abstrações estáticas.

É a conservação dessa tensão epistemológica a respeito da "existência como algo vivo" (a existência em sentido subjetivo) que constitui a real função do toque kantiano do pensamento de Ricoeur. Como já tivemos a oportunidade de examinar, não há nada particularmente kantiano na concepção que Ricoeur tem de nosso conhecimento dos objetos. Nada do que ele diz sugere que a ideia de uma realidade numenal inalcançável no âmbito objetivo tenha qualquer influência sobre seu pensamento acerca do mundo. Com relação às coisas e aos fatos do mundo objetivo, ele não afirma existir um abismo epistemológico entre os objetos que podemos conhecer e as realidades por trás deles. Ricoeur apenas insiste em que, no seu sentido subjetivo, a atualidade existencial, muito embora possa ser linguisticamente afirmada, não pode ser convertida numa fórmula linguística estática, como se ela mesma fosse sua própria definição.

No que diz respeito ao conhecimento objetivo, portanto, Ricoeur parece estar de acordo com a teoria cognitiva que Lonergan

---

[77] Gabriel Marcel, "Conversations between Paul Ricoeur and Gabriel Marcel". *Tragic Wisdom and Beyond, including Conversations between Paul Ricoeur and Gabriel Marcel.* Evanston, Northwestern University Press, 1973, p. 222.

[78] *La Métaphore Vive* – literalmente, "A Metáfora Viva" – é o título do original francês (Paris, Seuil, 1975) de *The Rule of Metaphor* [Em português: *A Metáfora Viva.* São Paulo, Loyola, 2000].

[79] Paul Ricoeur, *The Rule of Metaphor,* op. cit., p. 308.

expressa como formulação do método científico generalizado. A diferença entre ambos se encontra na forma como veem a dimensão subjetiva da consciência e a possibilidade de sermos capazes de conhecer um "sujeito" metafísico por meio de sua investigação. Para Lonergan, o sujeito é um tipo de objeto; para Ricoeur, não. E uma forma de expressar que não é, é afirmando que ele está além da assimilação direta das operações cognitivas – ou, em termos kantianos, que ele é numenal. O númeno quase kantiano do pensamento de Ricoeur, portanto, talvez seja mais bem descrito como uma metáfora que significa, por meio da ideia de sua inacessibilidade pelo conhecimento objetivo, que o polo subjetivo da consciência não pode ser legitimamente interpretado como um ente objetivo.

De acordo com esse ponto de vista, as objeções que Piscitelli levanta contra o kantismo enquanto teoria cognitiva inadequada parecem apenas fugir da questão. O verdadeiro problema não é o nosso conhecimento dos objetos proporcionais às operações do método científico generalizado, e sim nossa relação com a misteriosa existência subjetiva em que estamos imersos e que só podemos "conhecer" em sentido metafórico, ou então de dentro. É verdade que em alguns de seus escritos, como em *La Symbolique du Mal*, Ricoeur se expressa *como se* estivesse em busca de um "eu" ou "sujeito" metafísico do tipo que recebera de Lonergan um *status* objetivo. Desse modo, o indivíduo concretamente fracassado de Ricoeur – o indivíduo que deseja amar, mas é incapaz de amar bem – parece atrair o discurso metafórico como uma coisa-em-si que deve sempre escapar de nossas tentativas de especificá-la. A verdade, porém, é que a imagem representa exatamente isso: um chamariz que suscita expressões metafóricas para o caráter tensional da existência experimentada. Ricoeur, portanto, enfatiza tanto quanto Voegelin a ideia de que a objetificação do polo subjetivo da consciência não a captura em sua atualidade existencial; ela apenas a retrata metaforicamente.

De modo especial em seus escritos mais recentes, Ricoeur também partilhou com Voegelin a tendência a empregar, no lugar de imagens potencialmente reificadoras, como aquela do "eu", a imagem da existência humana como participação numa peça ou, em sua própria linguagem, numa narrativa.

Ricoeur afirma, no prefácio a *Tempo e Narrativa*, que concebera esta obra e *A Metáfora Viva* como uma dupla, uma vez que acreditava que tanto a metáfora quanto a narrativa nos ajudam a apreender as possibilidades da existência subjetiva. Elas não descrevem uma realidade objetiva, acredita ele, mas a imagem da estrutura tensional da dimensão subjetiva da própria consciência. Ao fazê-lo, buscam evocar a possível realidade dinâmica que constituiria uma existência humana bem-ordenada. A narrativa, de modo particular, retrata metaforicamente a estrutura da existência subjetiva e esboça, para nós, as possibilidades de ação no mundo. Ou ao menos é isso o que acontece, segundo Ricoeur, quando a narrativa é verdadeira.

A ideia de que a metáfora e a narrativa podem ser verdadeiras ou possivelmente falsas é algo que Ricoeur julga diferenciá-lo de grande parte do pensamento recente, realizado em especial na França, acerca da história e da literatura. Tanto os estruturalistas quanto os desconstrucionistas – escolas do pensamento que derivam de Ferdinand de Saussure e Claude Lévi-Strauss, de um lado, e de Jacques Derrida, de outro – tendem a tratar o "texto" como uma rede autônoma de vínculos semânticos internos que não possuem função referencial com relação à realidade. Nas palavras que Ricoeur utiliza ao abordar a questão, esse tipo de pensamento "rejeita qualquer consideração da referência – por ele vista como algo extralinguístico – em nome da imanência estrita da linguagem literária em relação a si mesma".[80] Ao descrever, por sua vez, seu próprio pensamento, Ricoeur diz:

> O estudo da metáfora viva me levou a propor, para além do problema da estrutura ou do sentido, o problema da referência ou de sua presunção de verdade. Em *A Metáfora Viva*, defendi a tese de que a função poética da linguagem não se limita à celebração da linguagem por si só, à custa da função referencial que predomina na linguagem descritiva. Afirmei que a suspensão dessa função referencial direta e descritiva é apenas o lado oposto, ou a condição negativa, de uma função referencial mais encoberta do discurso, a

---

[80] Paul Ricoeur, *Time and Narrative*. Trad. Kathleen McLaughlin e David Pellauer. Chicago/Londres, University of Chicago Press, 1984, vol. 1, p. 79. [Em português: *Tempo e Narrativa*. São Paulo, Martins Fontes, 2011].

qual é libertada, por assim dizer, pela suspensão do valor descritivo das afirmações. (...) Cheguei até mesmo a sugerir que o "ver como", o qual resume o poder da metáfora, poderia ser o revelador de um "ser como" no nível ontológico mais profundo.[81]

Tempo e Narrativa desenvolve essa ideia por meio de uma concepção da função mimética da narrativa – tema que Ricoeur remete à poética de Aristóteles, na qual o enredo vem descrito como mimese de uma ação. Para chegar ao que deseja, Ricoeur distingue três modos de mimese, aos quais se refere como mimese$_1$, mimese$_2$ e mimese$_3$ – respectivamente, "uma referência à pré-compreensão particular que temos da ordem da ação; um ingresso no âmbito da composição poética; e, por fim, uma nova configuração realizada por essa refiguração poética da ordem da ação pré-compreendida".[82] Essa ampla concepção de mimese concede àquilo que Ricoeur denomina "enredamento" uma relevância existencial. "Vejo nos enredos que inventamos", diz ele, "a forma privilegiada de reconfigurar nossa existência temporal confusa, disforme e, em última instância, muda".[83]

A forma como Ricoeur concebe o modo em que se dá essa reconfiguração envolve um aspecto estético e um aspecto teleológico. Sua referência ao enredo como movimento rumo à forma remete ao primeiro; sua ideia de que ele também aponta para a ação remete ao segundo.

Aqui, talvez possamos verificar uma importante influência do pensamento de Kant sobre o pensamento de Ricoeur. É o Kant da *Crítica do Juízo* que se faz relevante, obra em que seu interesse voltou-se não ao conhecimento especulativo, mas à liberdade. Kant diferenciou, nela, os juízos estéticos dos juízos teleológicos. Os primeiros não dizem respeito ao caráter objetivo do mundo, e sim às nossas possibilidades de apreendê-lo como agradável ao nosso gosto. Os juízos teleológicos dizem respeito à apreensão do mundo como algo que se ordena para finalidades. Segundo Kant, os dois modos de juízo agem juntos

---

[81] Ibidem, p. x-xi.
[82] Ibidem, p. xi.
[83] Ibidem.

a fim de permitir que apreendamos o mundo como âmbito de valores e como um campo de ações possíveis. Nenhum dos dois é parte constitutiva do mundo como as categorias da razão pura analisadas na primeira *Crítica*, mas pode-se dizer que evocam um mundo pela representação da natureza como teatro para o exercício da liberdade humana. Em *Tempo e Narrativa*, Ricoeur afirma algo semelhante:

> Já há alguns anos, afirmei que aquilo que é interpretado num texto é a proposta de um mundo em que eu poderia habitar e projetar minhas capacidades mais particulares. Em *A Metáfora Viva*, declarei que, por meio do *mythos*, a poesia descreve o mundo novamente. Nesta obra, afirmarei do mesmo modo que a criação da narrativa dá novo significado ao mundo em sua dimensão temporal, na medida em que narrar, contar e recitar é refazer a ação de acordo com o convite do poema.[84]

A tese que Ricoeur declaradamente defende nessa obra tem claros toques kantianos: "o tempo se torna tempo humano na medida em que é organizado ao modo de uma narrativa; a narrativa, por sua vez, é significativa na medida em que retrata os traços da experiência temporal".[85] O mesmo acontece com a exposição de como essa organização se dá: tanto na metáfora quanto na narrativa, diz ele, "a inovação semântica pode ser levada de volta à imaginação produtiva e, de modo mais preciso, ao esquematismo que é sua matriz significante".[86] Isso sugere, tal qual na teoria da percepção de Kant, que a variedade da experiência só nos é apreensível e inteligível por meio das formas organizadoras sob as quais ela é apreendida – nesse caso, a forma da narrativa. Essa primeira formulação da tese de Ricoeur traz consigo uma ênfase estética; é a forma ordenadora e nossa receptividade inata a ela que estão em posição central. A reformulação posterior de sua convicção enfatiza a teleologia e as possibilidades da ação: "o tempo se torna humano na medida em que é articulado por meio de um modo narrativo, e a

---

[84] Ibidem, p. 81.
[85] Ibidem, p. 3.
[86] Ibidem, p. ix.

narrativa alcança seu significado pleno quando se torna condição da existência temporal".[87]

A alternância de ênfases entre o estético e o teleológico traz certa ambiguidade ao pensamento de Ricoeur acerca da função da metáfora e da narrativa como princípios ordenadores na existência humana. Segundo Ricoeur, os seres humanos sentem necessidade da forma e obtêm satisfação dela quando conseguem encontrá-la. Isso significaria, então, que o valor da ação humana possível deve ser encontrado na satisfação que ela pode trazer ao gosto, ou haveria algum outro critério de adequação relacionado a ela – um critério que tenha pouco ou nada a ver com a estética? No caso de Kant, a resposta é clara: seu critério era o imperativo categórico. Ricoeur, por sua vez, não examina em qualquer medida o ético como tal; quando o faz, não é de modo especialmente kantiano.

Os princípios de Kant, porém, em especial os apresentados em sua estética, abriram caminho para uma outra maneira de pensar a ação humana que poderia muito bem ser encarada como se insinuasse que é a forma de nossa história o que temos como interesse principal. Caso se deseje seguir essa linha de interpretação, o critério da ação correta poderia ser um critério estético – um critério que avaliasse a ação segundo a forma como ela pode contribuir para o efeito dramático que é valorizado por si só. Kant sentiria ojeriza ante essa ideia, e o mesmo talvez acontecesse com Ricoeur caso ela fosse formulada de maneira tão dura; nos escritos de Ricoeur, porém, e até mesmo em sua análise da mimese, é possível encontrar notas distintas de estetismo.

Afirmar isso, claro, não é necessariamente assinalar uma falha. A abordagem estética do valor ético pode ter vantagens se comparada àquela que procura derivar os juízos de valor da lógica do raciocínio abstrato, como faz Kant. O imperativo categórico de Kant possui um caráter altamente formalista que, aos olhos de muitos, fez com que ele parecesse muito mais compulsivo do que convincente. Uma abordagem estética pode ter a vantagem de levar em consideração que também os valores éticos devem ter alguma base para a atração concreta. Ao mesmo tempo, ela pode

---

[87] Ibidem, p. 52.

trazer consigo alguns perigos caso não seja equilibrada com uma reflexão crítica satisfatória. Colocando a questão na linguagem que veremos adotada por René Girard no próximo capítulo, existe o perigo de nosso pensamento ceder ao romantismo e apenas "refletir", e não "revelar", uma dinâmica subjacente que carece de crítica. Essa discussão, contudo, terá de ficar para o capítulo seguinte. Por ora, basta assinalar que essas são questões que uma hora deverão ser levantadas.

Um exemplo da atração que Ricoeur sente por uma forma de pensamento estetizante pode ser encontrado no tratamento por ele dado à concepção aristotélica da forma trágica. Para Ricoeur, o que importa nessa discussão é o papel central do "enredo". Ele considera irrelevantes para seus objetivos as distinções que Aristóteles traça entre a tragédia e os outros gêneros: "Não estou caracterizando a narrativa de acordo com seu 'estilo', (...) mas de acordo com seu 'objeto', uma vez que chamo de narrativa exatamente aquilo que Aristóteles denomina *mythos*, a organização dos acontecimentos".[88] A tragédia de Aristóteles (e a narrativa, de modo geral) é, segundo Ricoeur, uma mimese dinâmica e produtiva da ação.

Isso não significa, diz ele, que se trata aí de uma mimese em sentido platônico, isto é, da representação de uma forma objetiva ideal. Isso nada mais seria do que um estetismo objetivista em que o homem permaneceria como espectador passivo das formas que o influenciam. Essa mimese, ao contrário, é construtiva, enfatizando a atividade subjetiva da construção poética, do enredamento (a interpretação ativa de uma série de acontecimentos como sequência interligada que caminha para um fim). "A mimese platônica", diz ele, "coloca a obra de arte dois níveis abaixo do modelo ideal que lhe serve de fundamento definitivo. A mimese de Aristóteles traz apenas um espaço em que ela se desdobra – o fazer humano, as artes da composição".[89] Não é um estetismo objetivista o que atrai Ricoeur, e sim um estetismo que sublinha o dinamismo subjetivo do enredamento na "feitura" – tanto poética quanto prática – de nossas vidas.

---

[88] Ibidem, p. 36.
[89] Ibidem, p. 34.

Não obstante, e mesmo no que diz respeito ao enredamento de nossa ação, a ênfase de Ricoeur conserva um caráter predominantemente estético. Numa análise ulterior de Aristóteles, ele contrasta a *Poética* com a *Ética*. A *Ética* subordina a ação ao personagem, enquanto a *Poética* faz o contrário: "Na poética, a composição da ação pelo poeta orienta a qualidade ética dos personagens".[90] Além disso, o que é peculiar a essa composição é o fato de o enredo integrar de tal modo a "discordância" à sua estrutura que acaba por fazer do sofrimento uma fonte de satisfação:

> O lamentável e o atemorizante são qualidades intimamente ligadas às mudanças mais inesperadas da sorte para a infelicidade. São esses incidentes discordantes que o enredo tende a tornar necessários e prováveis. Ao fazê-lo, ele os purifica – ou melhor, expurga-os. (...) Ao inserir o discordante no concordante, o enredo insere o comovente no inteligível.[91]

O lamentável e o atemorizante, diz Ricoeur, "constituem a principal ameaça à coerência do enredo".[92] A interpretação que o enredo lhes dá, portanto, é uma vitória sobre a incoerência, e a ênfase de Ricoeur faz que a coerência pareça o principal obstáculo que nos cabe vencer. Ou seja, o objetivo do esforço humano parece ser, aqui, a visão satisfatória da coerência formal, enquanto o valor da tragédia – ou da forma narrativa em geral – parece estar em sua capacidade tornar isso possível.

Essa capacidade que a tragédia tem de extrair prazer da compaixão e do medo está no âmago da interpretação que Ricoeur dá à teoria aristotélica da catarse enquanto "parte integrante do processo metafórico que une cognição, imaginação e sensação".[93] Ricoeur trata essa "conversão em prazer da dor inerente a tais emoções" como resultado de uma "alquimia subjetiva" que se dá na imaginação do espectador e pela qual os incidentes lamentáveis e atemorizantes "recebem sua representação".[94] Como isso é explicitamente

---

[90] Ibidem, p. 37.
[91] Ibidem, p. 44.
[92] Ibidem, p. 43.
[93] Ibidem, p. 50.
[94] Ibidem.

apresentado como análise da mimese₃, coloca-se em xeque aquilo que, alhures, parece ser uma ênfase mais ética na interpretação da atividade culminante do "arco mimético" de Ricoeur.

Talvez sublinhar assim a ênfase estética de Ricoeur dê uma impressão equivocada de sua intenção. A questão, porém, é que não perceber essa tendência de seu pensamento seria negligenciar um aspecto dele que precisa ser explicado. Ricoeur poderia, por exemplo, ter desenvolvido suas reflexões sobre a tragédia valendo-se de uma ênfase bastante diferente. No próximo capítulo, veremos no pensamento de Girard uma teoria da tragédia e da catarse radicalmente diversa. Por ora, contudo, será útil examinar, a título de comparação, a análise da tragédia realizada por Voegelin, dado que ele tem muito em comum com Ricoeur e demonstra que, partindo do ponto de vista dos próprios interesses do francês, uma ênfase menos estética e mais claramente ética ou existencial poderia ter sido desenvolvida. Na verdade, como veremos, uma comparação de vários pontos do pensamento de Voegelin e Ricoeur pode ser de grande ajuda na explicitação do teor subjacente a grande parte do pensamento deste.

Em *The World of the Polis*, Voegelin apresenta aquilo que, no título do capítulo 10, chama de "verdade da tragédia". Esse conceito harmonizaria muito bem com o outro lado do espírito de Ricoeur – aquele que enfatiza a teleologia e o interesse ético. Voegelin inicia sua análise com um enfoque histórico e social que lhe é característico, situando as origens da tragédia ateniense no período que se segue à reforma democratizante de Sólon e à vitória de Atenas na Guerra Persa. Em sua grande oração fúnebre, afirma Voegelin,[95] o Péricles de Tucídides louvou Atenas como a "escola [*paideusis*] da Hélade", e a ideia grega de "cultura" ou *paideia* tomou forma como um processo de educação. Seguindo essa orientação, a tragédia esquiliana era vista como se possuísse uma função educativa:

> O que a tragédia significou na vida da democracia ateniense pode ser apreendido (...) pelo contraste entre Ésquilo e Eurípides nos *Sapos* de Aristófanes. Os poetas são representados como educadores do povo, estabelecendo para ele um modelo de humanidade;

---

[95] Eric Voegelin, *Order and History*, op. cit., vol. 2, p. 243.

a qualidade das pessoas dependerá do tipo de humanidade apresentada nas grandes representações que se davam nas festas dionisíacas. Ésquilo surge como o educador, o moldador da geração das Guerras Persas; Eurípides é o corruptor (...).[96]

Voegelin vê a própria peça de Aristófanes, com seu espírito partidário e seu didatismo manifesto, como um sintoma do declínio cultural que afasta seu tempo do grande período da tragédia. E ele afirma: "A desintegração da tragédia já é completa quando chegamos ao tratado-padrão sobre o tema: a *Poética* de Aristóteles"; nela, afinal, "a tragédia se tornou um gênero literário, o qual deve ter suas características formais, suas 'partes', dissecadas" e cuja avaliação deve se pautar por seu efeito emocional:

> Nós confiamos na palavra de Aristóteles tanto quanto na de Aristófanes; assim, presumimos que ele descreveu o quanto podia aquilo que o público do século IV vivenciava ao testemunhar a representação de uma tragédia. Pelo impacto que tem sobre seus espectadores, a tragédia tornou-se uma espécie de terapia psicológica. Os acontecimentos que se dão sobre o palco suscitam nos espectadores a compaixão, o medo e outras emoções, e assim apaziguam quantidades reprimidas de paixão.[97]

Voegelin equipara essa concepção de tragédia àquela das teorias modernas que veem no esporte "a satisfação virtual da agressividade" de seus espectadores. (Essa última expressão aponta para uma concepção de tragédia explorada, tal como veremos no próximo capítulo, por René Girard.)

Voegelin, porém, logo afirma que Aristóteles ainda conservava um resíduo da antiga função educativa da tragédia e que isso surge em sua análise como algo mais "filosófico" do que histórico. "O 'muito-conhecer' do historiador", diz Voegelin, "está em oposição ao 'profundo-conhecer' do filósofo. O poeta cria uma ação que comunica uma intelecção 'geral'; ele toma parte na grande busca pela verdade que vai de Hesíodo aos filósofos místicos".[98]

---

[96] Ibidem, p. 244.
[97] Ibidem, p. 246.
[98] Ibidem, p. 246-47.

Ao contrário de Aristóteles (e, implicitamente, também de Ricoeur), Voegelin não emprega o *Édipo Rei* como exemplo clássico de tragédia, e sim *As Suplicantes*, de Ésquilo, peça consideravelmente mais antiga. Ela descreve um chamado à decisão que surge num contexto que não sugere nenhuma solução ao problema da ação correta. Em terras egípcias, onde nasceram, as cinquenta filhas de Dânao foram prometidas a seus primos, os cinquenta filhos de Egito. Elas então fogem do casamento iminente e se refugiam em Argos, lar da ancestral Io. Isso coloca o rei Pelasgo e todo o povo argivo num dilema: Zeus é o protetor das suplicantes, mas os deuses também estão comprometidos com o domínio da lei, e nesse caso as danaides estão legalmente prometidas aos egípcios. Até mesmo Zeus, caso tomasse partido delas, estaria suscetível à acusação de injustiça. Ao mesmo tempo, recusar a súplica das donzelas poderia suscitar, ainda, a ira dele. Para piorar, os egípcios estão se aproximando com uma tropa poderosa, de modo que defender as donzelas traria à cidade grandes perigos. Pelasgo explica que, por ser esse o estilo dos gregos, não poderia envolver seus cidadãos sem que consentissem livremente. "Faz-se necessário um conselho profundo e salvador, como o de um escafandrista", cita Voegelin, "descendo às profundezas com olhar atento e pouco transtornado".[99] A decisão, afirma o coro, deve estar de acordo com a *diké* (a justiça), mas também deve ser livre. Pelasgo então consulta os cidadãos e, juntos, eles chegam a uma decisão: defender as donzelas, ainda que colocando em risco sua cidade (a qual, na sequência perdida, aparentemente veio a ser derrotada pelos egípcios). "A descida às profundezas foi realizada em comum", afirma Voegelin, "e o que o povo encontrou foi a *Diké* de Zeus".[100]

Era esse tipo de busca pela ação correta o que, segundo Voegelin, constituía o paradigma da tragédia esquiliana:

> Só podemos falar em tragédia quando o homem é forçado a recorrer a *Diké*. Apenas nesse caso é que ele se depara com o dilema expresso pela frase "agir ou não agir". Ao que parece, Ésquilo considerava ação somente a decisão a favor de *Diké*. Uma decisão

---

[99] Ibidem, p. 249.
[100] Ibidem, p. 250.

negativa, uma evasão por meio de cálculos utilitários ou a mera apatia ante a questão não eram vistas como ação.[101]

É essa ação que, no pensamento de Voegelin, constitui a "verdade" existencial almejada pela tragédia.

Foi com base em reflexões como essa, então, que Voegelin cunhou sua própria definição de tragédia:

> A verdade da tragédia é a própria ação, isto é, a ação que se dá no nível novo e diferenciado de um movimento anímico que culmina na decisão (...) de um homem maduro e responsável. A humanidade recém-descoberta da alma se estende ao âmbito da ação. Como forma, a tragédia é o estudo da alma humana no processo de tomar decisões, enquanto as tragédias isoladas constroem condições e situações experimentais em que uma alma autoconsciente e plenamente desenvolvida é forçada a agir.[102]

Aqui, a ênfase se volta à ação e à decisão ética de modo muito mais decisivo do que no exame que Ricoeur faz da tragédia. No entanto, como já pudemos sugerir, o pensamento de Ricoeur tende a ser ambíguo quanto a isso. Seu pensamento pode ter uma tendência estetizante, mas ele não é apenas um esteta, e uma comparação com o tratamento dado por Voegelin à tragédia nos ajuda a colocar em foco outra corrente do exame de Aristóteles feito por Ricoeur. Também Ricoeur fala de uma verdade da ação trágica em relação ao tema da mimese. Ele diz, por exemplo, que "os universais engendrados pela trama não são ideias platônicas. Eles são universais relacionados à sabedoria prática e, portanto, à ética e à política".[103] Ricoeur afirma em seguida que as considerações referentes ao prazer de que o público desfruta ao discernir essa universalidade aponta para "uma possível teoria da verdade segundo a qual inventar é redescobrir", muito embora ele logo acrescente que isso "pressupõe uma teoria da mimese mais desenvolvida do que aquela que apenas equipara a mimese ao *mythos*".[104]

---

[101] Ibidem, p. 251.
[102] Ibidem, p. 247.
[103] Paul Ricoeur, *Time and Narrative*, vol. 1, op. cit., p. 41.
[104] Ibidem, p. 42.

O que Ricoeur tem em mente fica claro tanto no exame da "pré-compreensão" que constitui sua mimese quanto no exame da reflexão de Agostinho sobre o tempo incluída nas *Confissões*. Em ambos os casos, uma comparação com Voegelin pode mais uma vez se mostrar esclarecedora.

Tomando primeiro o tema da pré-compreensão que a forma narrativa expressa de maneira articulada, temos aí, em essência, a mesma "pré-compreensão" experiencial que Ricoeur tratou, em *L'Homme Faillible*, como o ponto de partida de toda filosofia. Em *Tempo e Narrativa*, Ricoeur diz: "Qualquer que venha a ser a força inovadora da composição poética, (...) a composição do enredo se fundamenta numa pré-compreensão do mundo da ação, de suas estrutura significativas, de seus recursos simbólicos e de seu caráter temporal".[105] As ações, afirma ele, ao contrário dos meros movimentos, envolvem objetivos e motivações e são compreendidas com relação a agentes. No sistema conceitual que nos possibilita pensar a ação, "a regressão infinita desvelada pelo 'Por quê?' não é compatível com a regressão finita desvelada pelo 'Quem?'. Identificar um agente e reconhecer suas motivações são operações complementares".[106]

Afirmar isso é revelar um campo de questionamento da subjetividade humana que grande parte dos capítulos restantes se dedicará a explorar. Esse é o mesmo "quem?" que, ao final do capítulo sobre Lonergan, foi contrastado com o tipo de questão iniciada com "o que". Por ora, bastará abordar os problemas aqui envolvidos em termos comparativamente simples. O que Ricoeur sugere é que, para que possamos pensar a ação, faz-se necessário empregar um sistema conceitual em que as ações são interpretadas como se possuíssem sujeitos e objetivos. Ele também sugere que a hermenêutica de nossas representações da ação deve tentar alcançar as profundezas que subjazem a esse sistema conceitual e desvelar a estrutura basilar da experiência que nos possibilita conceber a ação como tal e, assim, descobrir o fundamento da orientação correta. Nas palavras de Ricoeur: "A tarefa da hermenêutica é (...) reconstruir o conjunto de operações pelas quais uma obra se ergue por sobre as profundezas opacas do viver, do

---

[105] Ibidem, p. 54.
[106] Ibidem, p. 55.

agir e do sofrer e é entregue por um autor a leitores que a recebem e que, por meio dela, modificam seu modo de agir".[107]

Formulando a questão na linguagem de Voegelin, é a tensão experimentada da existência que energiza todo esforço humano e que torna a orientação, ou o que poderíamos chamar de "polaridade tensional", possível. A orientação resultante é, como em Voegelin, a que conduz de um polo de deficiência experimentada a um polo de suficiência antecipada concebida como algo que está além de nossa condição. Essa tensão experimentada é uma pré-compreensão que dá origem a símbolos de transcendência que refletem a estrutura da tensão e nos fazem reflexivamente conscientes de seu dinamismo e de sua orientação direcional. Como logo será explicado, as ideias aqui envolvidas também poderiam ser formuladas na linguagem com que Polanyi examina o "pensamento apaixonado".

O próprio Ricoeur remete a Heidegger e Agostinho a título de comparação. Ele equipara sua ideia do caráter dinâmico e tensional da consciência ao conceito de Cuidado (*Sorge*) que Heidegger coloca como constituinte básico do *Dasein*, termo que se refere à nossa experiência concreta da existência. Esse traço do pensamento de Heidegger, afirma Ricoeur, permite que sua antropologia filosófica "derrube a primazia do conhecimento dos objetos e revele a estrutura do ser-no-mundo que é mais fundamental do que qualquer relação entre sujeito e objeto".[108] Ricoeur vê "essa mesma ruptura poderosa" no exame que Heidegger faz de nossa experiência do tempo enquanto "aquilo 'no interior do qual' nós geralmente agimos".[109] "Essa estrutura de intratemporalidade (*Innerzeitigkeit*)", afirma ele, "parece ser a melhor caracterização da temporalidade da ação para os propósitos desta análise. Ela é também aquela que mais se adéqua a uma fenomenologia do voluntário e do involuntário e a uma semântica da ação".

De maneira que recorda o exame feito por Polanyi das dimensões focal e subsidiária da consciência, Ricoeur descreve essa

---

[107] Ibidem, p. 53.
[108] Ibidem, p. 61.
[109] Ibidem.

interessante experiência do tempo como a pré-compreensão necessária a vincular o tempo à narrativa, à mimese$_1$ e à mimese$_2$. A experimentada estrutura tensional do tempo, sugere ele, é aquela *através da qual* devemos olhar no intuito de pensar à maneira narrativa. Nos termos de Polanyi, trata-se do componente subsidiário necessário que nos possibilita atentar para o símbolo narrativo como algo focal. Além disso, esse vínculo entre subsidiário e focal no interior da consciência é o que a "corporifica"; nós "habitamos" as narrativas pelas quais vivemos e, assim, ingressamos num processo em que nos tornamos o retrato que elas fazem de nós. Essa corporificação ou encarnação parece ser aquilo que Ricoeur entende por mimese$_3$.

A corporificação da consciência é ao mesmo tempo paradoxal e problemática para Ricoeur. Ela é um paradoxo porque a consciência humana parece desfrutar, de uma só vez, das características do tempo e da eternidade. Pelo interesse que a move para as relações concretas, ela se envolve com o mundo e com o tempo. Ainda assim, vemo-nos capazes de recuar, por assim dizer, nesse envolvimento e refletir sobre ele, experimentando essa capacidade como uma participação na eternidade e na transcendência. Nosso problema é que o interesse que nos oferecem ambas as orientações também nos exorta a decidir como relacionaremos uma à outra. Somos ameaçados por dois perigos recíprocos: perder o mundo e perder a nós mesmos *no* mundo. Isso é mais complicado do que um mero "ou-isso-ou-aquilo" maniqueísta. Os dois perigos não são exclusivos, e sim recíprocos, porque, segundo Ricoeur, uma perda tende a carregar consigo a outra. Referindo-se mais uma vez a Heidegger, ele afirma que, em seu caráter real como existência humana, "a intratemporalidade ou ser-'no'-tempo dispõe características irredutíveis à representação do tempo linear", que reduz o "agora" concretamente humano a um instante abstrato.[110] Não obstante, nosso interesse pelos objetos e assuntos do mundo tende a atrair-nos constantemente a uma tal abstração objetivista. "O agora existencial", diz ele, "é determinado pelo presente da preocupação – que é um 'tornar-presente' – inseparável da 'espera' e da 'retenção'. (...) Isso se dá porque, na preocupação, o Cuidado

---

[110] Ibidem, p. 62.

tende a se contrair nesse tornar-presente e sua diferença a respeito da espera e da retenção é eliminada, de modo que o 'agora' assim isolado possa tornar-se presa da representação do 'agora' como momento abstrato".[111]

Embora venha articulada de maneira mais explícita, de modo a fazer-se isenta de qualquer dualismo latente nas imagens, essa questão é essencialmente igual àquela para a qual Voegelin encontrou um símbolo no mito platônico do homem como títere movido por cordões de ouro e de ferro. Nós somos movidos pelo poderoso ímpeto da preocupação (os cordões de ferro) rumo a objetos do tempo e do mundo. A fim de que possamos descobrir nossa orientação interior pra a transcendência, precisamos resistir a esse ímpeto e, sensíveis ao doce impulso do cordão dourado do *Nous* divino, ceder ao seu puxão. O que faz com que o retrato da situação traçado por Ricoeur se mostre isento de qualquer tendência maniqueísta é o fato de nossas maiores chances de existir subjetivamente estarem, segundo seu pensamento, em uma participação responsável na dimensão objetiva – o mundo do espaço e do tempo – enquanto ambiente de ação. A forma como Voegelin interpreta as imagens de Platão também lhes dava, porém, esse mesmo ímpeto definitivo, como fica claro, por exemplo, em "Reason: The Classic Experience", em que ele afirma sobre o homem:

> O *apeiron* e o *nous* alcançam sua *psyche* e ele toma parte em ambos, mas não é idêntico, nem controla, a nenhum dos dois. Essa área de realidade metalética é o domínio próprio do pensamento humano – de suas investigações, de seu aprendizado, de seu ensinamento. (...) Adentrar a *metaxy*, explorando-a em todas as direções e orientando a si mesmo na perspectiva garantida ao homem por sua posição na realidade, é a tarefa própria do filósofo.[112]

Para ambos os pensadores, o campo próprio da existência humana é o Entremeio, no qual cada pessoa age continuamente em relação ao tempo e à eternidade, à dimensão objetiva e à dimensão subjetiva.

---
[111] Ibidem, p. 63.
[112] Eric Voegelin, *Anamnesis*, op. cit., p. 107.

Em *Tempo e Narrativa*, Ricoeur aborda isso dizendo que a existência humana deve ser compreendida como algo que envolve "uma hierarquização dos níveis de temporalidade ou, antes, da temporalização" – análise que ele afirma ter sido desenvolvida por Heidegger com base na ontologia do Cuidado.[113] Essa é uma formulação bastante abstrata, mas, no exame agostiniano do tempo como *distentio animi* (o deslocamento externo da consciência rumo aos objetos) e *intentio animi* (a interioridade da consciência), Ricoeur encontrou uma imagem para seu objetivo comparável àquela que Voegelin encontrou no mito dos cordões. "Com efeito", diz ele, "ao descrever o tempo humano como algo que é erguido pela atração de seu polo oposto, a eternidade, para além do seu interior, Agostinho creditou muito antes [de Heidegger] a ideia da pluralidade dos níveis temporais".[114]

"A noção de *distentio animi*", declara Ricoeur, "associada àquela da *intentio*, só é peneirada de maneira muito lenta e penosa da grande aporia com que Agostinho está lidando: a da medida temporal. Essa aporia, contudo, está por si só inscrita no âmbito de uma aporia que é ainda mais fundamental, aquela da existência ou não do tempo".[115] Antes, portanto, de examinar a interpretação que Ricoeur dá à antropologia filosófica de Agostinho, será útil analisar esse problema que o próprio Ricoeur julga crucial. Foi com essa mesma questão que, na Marquette University, ele iniciou a Aquinas Lecture de 1984: "O que o termo 'real' significa quando aplicado ao passado histórico? O que queremos dizer quando afirmamos que algo de fato aconteceu?"[116] Em *Tempo e Narrativa*, Ricoeur cita a pergunta "O que, então, é o tempo?" de Agostinho, que continua: "Sei muito bem o que é, desde que ninguém me pergunte; mas, se sou questionado sobre o que é e tento explicá-lo, vejo-me desconcertado".[117] O motivo desse desconcerto, segundo o resumo de Ricoeur, é por si só uma série de perplexidades:

---

[113] Paul Ricoeur, *Time and Narrative*, op. cit., vol. 1, p. 84.

[114] Ibidem.

[115] Ibidem, p. 7.

[116] Paul Ricoeur, *The Reality of the Historical Past*. The Aquinas Lectures, 1984. Milwaukee, Marquette University Press, 1984, p. 1.

[117] Santo Agostinho, *Confissões*, 11, 14:17, citado em Paul Ricoeur, *Time and Narrative*, op. cit., vol. 1, p. 7.

"Como o tempo pode existir se o passado não é mais, se o futuro ainda não é e se o presente não é sempre?".

Essas são perguntas que o tipo de análise da intencionalidade desenvolvido por Lonergan pode ajudar a responder, uma vez que tratam do que significa dizer que o tempo é objetivamente conhecível. No que diz respeito à realidade do passado histórico, a solução se torna bastante simples se aceitarmos o princípio lonerganiano de que a realidade objetiva é a que estamos aptos a conhecer pelas operações da atenção aos dados, da interpretação e do juízo crítico. Nesse caso, os dados são as memórias e várias outras formas de evidência histórica, como documentos, resquícios arqueológicos etc. As interpretações são nossas tentativas de interpretar esses dados como – na expressão de Ricoeur – narrativa. O passado histórico pode ser considerado "real" na medida em que pode ser interpretado desse modo e na medida em que a interpretação se mostra adequada à evidência interpretada.

Quanto à realidade objetiva do futuro, poder-se-ia dizer algo semelhante: a evidência consiste em tendências observadas e a interpretação consiste em probabilidades estatísticas extrapoladas delas com base em antecipações racionais. Quando se consegue julgar criticamente que os indicadores presentes foram considerados e interpretados de maneira adequada, torna-se possível atribuir ao futuro uma objetividade comparável àquela que o historiador encontra no passado histórico, ainda que as probabilidades envolvidas em nosso conhecimento dele sejam mais tênues.

Por outro lado, seria necessário – ou sequer teria sentido – afirmar que nem o passado nem o futuro "existem"? Mais uma vez, chegamos a uma questão que já foi abordada anteriormente, quando sugeri que Lonergan poderia ter se beneficiado com uma distinção entre realidade e existência. Essa distinção poderia também ter evitado seu infeliz ataque a Voegelin e Jaspers – um ataque que, por meio deles, chegava implicitamente a todos os outros pensadores da tradição existencial, incluindo Ricoeur. Se fizermos a distinção entre o "real" como aquilo que podemos conhecer pelo conjunto inter-relacionado de operações intencionais de Lonergan e o "existir" como aquilo que *fazemos* ao desempenhar tanto aquelas quanto qualquer outra operação, todas as perplexidades descobertas por Agostinho em sua reflexão sobre o tempo e a eternidade parecem facilmente solucionáveis. O passado e o futuro são objetivamente reais por sermos capazes de conhecê-los por probabilidade. O presente – talvez "presença" fosse uma palavra melhor – é nossa própria existência, nossa tenção ativa no "agora" humano. É aqui que o tempo e o eterno se unem, pois é sempre a partir daqui (na *intentio animi*) que nos deslocamos (na *distentio*) rumo ao mundo objetivo do espaço e do tempo.

Essa presença experiencial concreta é subjetiva, e não objetiva. Ela está em contraste com aquilo que, segundo vimos, Ricoeur chama de "agora" abstrato do tempo linear. Este último poderia ser denominado, à luz de sua análise, "presente objetivo", mas estaria extremamente carente de conteúdo, dado que tudo dele que pudesse ser conhecido com base na evidência não seria mais presente, e sim passado – uma série de vestígios continuamente efêmeros na memória, ainda que se trate da memória de uma fração de segundo anterior. O presente nesse sentido objetivo, o presente que é um ponto infinitesimal na linha do tempo, seria exatamente o presente que "não é sempre", uma vez que ele, na verdade, jamais "é" em sentido subjetivo. Examinado com relação ao problema de sua realidade, ele simplesmente não é nada, visto não ter qualquer conteúdo conhecível. A presença subjetiva, por sua vez, possui sempre o conteúdo concreto que é nossa experiência da operação intencional.

Agostinho, na verdade, encontra a solução de seu paradoxo temporal de modo aparentemente idêntico: "(...) quanto mais a alma se faz *intentio*, mais sofre de *distentio*. (...) [O] fato de a alma se 'distender' à medida que se 'empenha' – eis o enigma definitivo".[118] Ricoeur considera esse o "enigma mais impenetrável" do pensamento de Agostinho. No entanto, é precisamente como enigma que ele o considera valioso:

> A inestimável descoberta de Agostinho é ter vinculado, pela redução da extensão do tempo à distensão da alma, essa mesma distensão ao deslize que nunca cessa de chegar ao âmago do presente triplo – entre o presente do futuro, o presente do passado e o presente do presente. Desse modo, ele vê a discordância surgir

---

[118] Ibidem, p. 21.

sem parar da concordância mesma das intenções da expectativa, da atenção e da memória.[119]

É padrão característico do pensamento de Ricoeur tentar desvelar aporias e enigmas a fim de elucidá-los exatamente como aporéticas ou enigmáticos. Já se observou que, ao final de *La Symbolique du Mal*, a solução do problema de como cravar uma fonte radicalmente subjetiva do mal em nada avançara com relação ao início da investigação. Em vez disso, o livro acabou por explorar os limites do pensamento acerca do problema. O mesmo padrão é encontrado em *Tempo e Narrativa*. No primeiro volume, Ricoeur começa com uma série de aporias relacionadas à dificuldade de compreender o tempo como algo de uma só vez conhecível e misterioso, objetificável e não objetificável. Ao final do terceiro volume, porém, resta-lhe um conjunto paralelo de aporias e ênfases relacionadas "à inescrutabilidade do tempo e aos limites da narrativa".[120]

Todas essas aporias parecem derivar da tentativa de descobrir uma forma de aproximar o objetivo do subjetivo de modo a uni-los ou fundi-los numa coisa só. O objetivo hegeliano que, segundo Ricoeur e Voegelin, os seres humanos são obrigados a rejeitar é aquele da união perfeita entre subjetividade e objetividade, e as aporias que Ricoeur não cessa de descobrir são precisamente as aporias que provam que esse objetivo é inalcançável.[121] Se, por outro lado, fosse preciso reconhecer como princípio básico a ideia de que os polos subjetivo e objetivo da consciência são fundamentalmente diferentes e jamais podem se fundir, as tais aporias deixariam de ser problemas. Isso não significa, claro, que elas deixariam de ser problemas porque estariam resolvidas, e sim que não seriam sequer definidas como problemas. Há pouco mencionada, a aporia referente à nossa incapacidade de mesclar no pensamento o "agora" subjetivo do

---

[119] Ibidem.
[120] Paul Ricoeur, *Temps et Récit*. Paris, Seuil, 1985, vol. 3, "Le Temps Raconté", p. 374.
[121] Esse é também o objetivo simbolizado – e representado como algo eternamente realizado – pelo Deus do *Insight* de Lonergan, o qual conhece tudo sobre tudo, incluindo a si mesmo, em sua infinitude.

presente experimentado com o "agora" infinitesimal do tempo objetivo e linear é um exemplo disso. Distinguir a existência enquanto algo subjetivo da realidade enquanto algo objetivo, de modo que ambas sejam vistas como integrantes de duas dimensões diferentes da consciência, aboliria o problema, como sugerimos acima, por mera eliminação. À luz disso, o que se poderia descobrir em ambas as dimensões é uma função dos diferentes tipos de operações que lhes são pertinentes. Por outro lado, se continuarmos a unir os polos objetivo e subjetivo da consciência de modo a fazer de ambos não dois, mas um só, eles permanecerão repelindo um ao outro de tal maneira que seremos levados a falar de aporias. Extrair as implicações de se aceitar a diferença radical entre o subjetivo e o objetivo como parte da estrutura da própria consciência, porém, exigirá explorações que terão de incluir outros pensadores – em especial Kierkegaard, que construiu todo o seu pensamento sobre esse alicerce.

Voltando por ora a Ricoeur, a experiência enigmática da concordância e da discordância simultâneas – a que, segundo acabamos de ver, ele se referiu como "o enigma definitivo" – é aquilo que age como o dinamismo do enredamento; e é isso, portanto, que em sua opinião vincula Agostinho a Aristóteles: "No entanto, a *Poética* de Aristóteles não soluciona o enigma no plano especulativo. (...) Ele o coloca em ação – poeticamente – ao produzir um retrato invertido da discordância e da concordância".[122] O foco do conceito aristotélico de tragédia no "jogo da discordância intrínseca à concordância", diz ele, é o que "faz do *mythos* trágico a figura invertida do paradoxo agostiniano".[123]

Talvez o motivo que leve Ricoeur a achar tão enigmática a formulação agostiniana da experiência do homem como *intentio* e *distentio* simultâneas esteja no fato de ela ficar incompleta sem o exame de outro problema semelhante: o da relação do presente subjetivo com a eternidade. Se vista apenas como uma resposta ao argumento do cético hipotético contra o tempo, diz ele, a solução de Agostinho parece satisfatória: "Nesse aspecto, a tese de que o tempo está 'na' alma e encontra 'na' alma o princípio da medida do

---

[122] Paul Ricoeur, *Time and Narrative*, op. cit., vol. 1, p. 22.
[123] Ibidem, p. 38.

tempo é por si só suficiente na medida em que responde às aporias encontradas na noção de tempo. A fim de que seja compreendida, a noção de *distentio animi* exige apenas que seja contrastada com a *intentio* imanente à 'ação' mental".[124] Se vista, porém, à luz da reflexão sobre a eternidade que a circunda nas *Confissões*, a análise que Agostinho faz da *distentio animi* aponta para uma aporia que parece menos um problema do que um mistério. Ricoeur afirma discernir "três grandes formas em que a reflexão sobre a eternidade influencia a especulação sobre o tempo":

> Sua primeira função é colocar toda especulação acerca do tempo no horizonte de uma ideia limitadora que nos força a pensar, de uma só vez, sobre o tempo e sobre aquilo que não é o tempo. Sua segunda função é intensificar a experiência da *distentio* no plano existencial. A terceira, instigar essa experiência a sobrepujar a si mesma deslocando-se na direção da eternidade, exibindo assim uma hierarquia interna em oposição a nosso fascínio pela representação do tempo linear.[125]

É essa última afirmação que se mostra crucial para Ricoeur e que revela a importância plena do tema central de *Tempo e Narrativa*. "No âmago da experiência temporal", diz ele, essa dialética do tempo e da eternidade "produz uma hierarquia dos níveis de temporalização de acordo com a proximidade ou a distância com que determinada experiência se aproxima ou se afasta do polo da eternidade".[126] De modo semelhante, no concomitante tratamento que Agostinho dá à relação entre a Palavra de Deus e a palavra do homem, Ricoeur encontra uma formulação do conceito de verdade existencial que ele mesmo está desenvolvendo. A "Palavra" de Agostinho é "aquele mestre interior buscado e ouvido 'do lado de dentro' (*intus*)".[127] Ou seja, ela age como a "pré-compreensão" que origina as estruturas narrativas que a ecoam, por assim dizer, em sua mimese. No entanto, a forma como Agostinho formula essa noção ainda traz consigo algo

---

[124] Ibidem, p. 22.
[125] Ibidem.
[126] Ibidem, p. 28.
[127] Ibidem, p. 29.

igualmente importante para Ricoeur: ela fala sobre a relação de nossa pré-compreensão com sua fonte transcendente. É essa relação o que torna significativo falar da pré-compreensão existencial como uma forma de mimese (a "mimese$_1$" de Ricoeur), e não como mero modelo para os outros níveis de mimese. "Desse modo", afirma Ricoeur, "nossa primeira relação com a linguagem não está apenas no fato de falarmos, mas também no fato de que ouvimos e de que, além dos *verba* externos, também escutamos o *Verbum* interior".[128] É também por isso que constitui um chamado à transcendência aquilo que escutamos ao ouvir os símbolos que expressam a verdade existencial: "O ensino, poderíamos dizer, preenche o abismo que se abre entre o *Verbum* eterno e a *vox* temporal. Ele eleva o tempo e o desloca na direção da eternidade".[129]

Tudo isso poderia servir muito bem como explicação da ideia que Voegelin tem quanto ao significado do simbolismo do cordão de ouro. Voegelin, por sua vez, poderia também tecer um comentário sobre a imagística agostiniana de Ricoeur. Assim como Ricoeur encontrou, na reflexão de Agostinho sobre o tempo e a eternidade, o fundamento de uma teoria filosófica da narrativa enquanto metáfora da existência humana, também Voegelin viu na imagem do êxodo trabalhada por Agostinho – a qual é por si só um símbolo narrativo – uma filosofia implícita da história. Tanto a história quanto a filosofia, para Voegelin, eram processos que se davam num campo de tensão entre a verdade e a inverdade existencial. Para expressar essa ideia, ele recorreu à popular imagem das duas cidades de Agostinho – a *civitas Dei*, ou cidade de Deus, e a *civitas terrena*, isto é, a cidade terrena ou "Babilônia" –, retratando por meio dela a tensão da transcendência e o impulso rumo ao possível esquecimento da transcendência. Ele via esses símbolos em consonância com os símbolos do êxodo espiritual expresso numa passagem dos *Comentários aos Salmos* de Agostinho: *Incipit exire qui incipit amare. Exeunt autem multi latenter, et exeuntium pedes sunt cordis affectus: exeunt autem de Babylonia* ["Começa a partir aquele que começa a amar. Muitos são os que partem sem percebê-lo. Pois sua

---

[128] Ibidem.
[129] Ibidem.

saída é um movimento do coração. Estão, ainda assim, partindo da Babilônia"].[130] Na explicação dessa imagem, Voegelin afirma:

> Agostinho classifica os conflitos entre o Povo Escolhido e os impérios sob o símbolo do êxodo e compreende os processos históricos do êxodo, do exílio e do retorno como figuras da tensão dentro do ser entre o tempo e a eternidade. Qualquer que seja a forma de êxodo adotada – a de uma emigração real da sociedade ou a da colisão dentro da sociedade entre representantes de ordens mais altas e mais baixas –, o dinamismo e a direção do processo provêm do amor pelo ser eterno. O Êxodo no sentido do *incipit exire qui incipit amare* é a formulação clássica do princípio substantivo de uma filosofia da história.[131]

Desse modo, tanto Ricoeur quanto Voegelin concebem a existência humana como um processo dinâmico orientado por sua estrutura tensional rumo a uma transcendência paradoxal que é, de uma só vez, um movimento que está além do tempo e um movimento que adentra a história como encarnação do eterno no tempo. Os dois também concordam em que a verdade existencial desse processo se torna consciente na vida humana por meio de sua expressão nos símbolos. Acerca desses símbolos, ambos os julgam indispensáveis à consciência e creem em sua irredutibilidade. Nesse aspecto, eles partilham do que poderia ser chamada de concepção reveladora dos símbolos existenciais, a crença em que os símbolos já chegam formados a nós após terem saído de uma fonte profunda que se encontra tanto dentro quanto fora de nós. Ricoeur, valendo-se da linguagem kantiana que costuma empregar, chama de "imaginação produtiva" esse processo mais profundo que a consciência pelo qual os recebemos. A semelhante afinidade que Voegelin sente pelo sistema de pensamento kantiano nesse aspecto já foi mencionada ao final do capítulo anterior. Em ambos os pensadores, encontramos a concepção dos símbolos reveladores como algo

---

[130] Santo Agostinho, *Enarrationes in Psalmos*, 64, 2, 42-44. Ver Eric Voegelin, "Eternal Being in Time", *Anamnesis*, op. cit., p. 140; e Eric Voegelin, "Configurations in History". In: Paul G. Kuntz (ed.), *The Concept of Order*. Seattle e Londres, University of Washington Press, 1968, p. 33.

[131] Eric Voegelin, *Anamnesis*, op. cit., p. 140.

que surge na consciência a partir de um processo inconsciente que poderia ser chamado de "acondicionamento". Além disso, em ambos os casos encontra-se a afinidade pela linguagem do divino e do sagrado como expressão da transcendência de que tomamos ciência por meio dos símbolos.

Essa concepção de Ricoeur da relação entre a filosofia e o sagrado parece ser, ao menos em parte, fruto da influência de seu professor, Marcel. Em seu antigo livro sobre Marcel e Jaspers, Ricoeur falou de como a filosofia concreta, para Marcel, "cresce num solo preparado pela revelação".[132] Em seus comentários sobre o contexto histórico da filosofia da religião de Marcel, ele afirmou que se tratava do tipo de pensamento que surgia quando o senso de mistério diminui ou desaparece e quando a apologética racional tradicional deixa de exercer qualquer atração eficaz. Essa apologética, afirmou Ricoeur, dependia mais do que seus autores imaginavam de um sentimento pré-existente do sagrado e da transcendência, tal como de algumas atitudes de fé e de reverência. "O significado histórico do pensamento de Marcel", declarou,

> parece estar na restauração desses fundamentos de uma teologia possível, natural e sobrenatural, mais profunda do que o raciocínio, no nível dos sentimentos e das atitudes que de uma só vez enraízam o pensamento tanto na existência quanto no ser, tanto na carne quanto no Espírito – na restauração de "uma certa ordem de vida [isto é, da esperança] em sua integridade", em cujo âmago um Verbo revelado pode ser ouvido na simplicidade.[133]

Ricoeur escreveu essas palavras em 1947, mas elas encontram ecos na declaração mais recente de *Tempo e Narrativa* sobre como "nossa primeira relação com a linguagem não está apenas no fato de falarmos, mas também no fato de que ouvimos e de que, além dos *verba* externos, também escutamos

---

[132] Paul Ricoeur, *Gabriel Marcel et Karl Jaspers: Philosophie du Mystère et Philosophie du Paradoxe*. Paris, Temps Présent, 1948, p. 272.
[133] Ibidem, p. 276.

o *Verbum* interior".[134] Tanto no início quanto no final de sua carreira, Ricoeur se deixou orientar, de modo extremamente fundamental, rumo a esse sentido da fé – o sentido da fidelidade e da sensibilidade atenta à atração da transcendência. Ele às vezes falou da importância de equilibrar a confiança e a esperança com a reflexão crítica – como quando, em *Essai sur Sigmund Freud*, ele aborda a necessidade tanto de uma hermenêutica da suspeita quando de uma hermenêutica da fé. Sua própria inclinação, porém, levou-o a voltar a maior parte de sua atenção à hermenêutica da fé, a exemplo do que fez Voegelin. Sua suspeita, como vimos nos casos de *L'Homme Faillible* e *La Symbolique du Mal*, se dirigia menos aos símbolos e à imaginação produtiva que os trazem até nós do que ao núcleo enganoso do mal radicalmente subjetivo existente na intencionalidade humana. Muito embora, como já mencionamos, ele tenha afirmado em *Essai sur Sigmund Freud* que os símbolos podem ser o berço dos ídolos e que a crítica dos ídolos é condição de conquista dos símbolos, a crítica dos símbolos de Ricoeur jamais é radical. A exemplo do que acontece com Agostinho quanto à concepção de Pecado Original, a suspeita de Ricoeur se volta mais para o homem do que para o sagrado.

Ainda assim, se precisamos ouvir para escutar a Palavra que está além das palavras, também deve ser importante fazer tudo o que se encontra ao nosso alcance para distinguir cuidadosamente a Palavra de quaisquer fontes de ruído. O sagrado pode ser precioso e vitalizante, mas também pode constituir uma tentação, e qualquer filosofia que queira se beneficiar de seus recursos deve estar preparada para resistir aos seus possíveis encantamentos e ao convite ao poder que ele representa. Vale lembrar, por exemplo, que Agostinho, além de nos deixar símbolos de transcendência e reflexões sobre o tempo e a eternidade, também escreveu, com relação à supressão forçada dos donatistas, a primeira justificativa teórica da história cristã à perseguição dos hereges.[135]

---

[134] Paul Ricoeur, *Time and Narrative*, op. cit., vol. 1, p. 29.
[135] Peter Brown, *Augustine of Hippo: A Biography*. Berkeley/Los Angeles, University of California Press, 1967, p. 235.

É raro ver um pensador moderno levando o sagrado a sério ao mesmo tempo em que o trata com extremo cuidado.[136] Mais comum é que busquem e confiem em suas manifestações ou que apenas as condenem como abertura à culpabilidade e à superstição. Antes de passarmos ao pensamento enfaticamente religioso de Søren Kierkegaard, no qual muito de Voegelin e Ricoeur está arraigado, será útil prepararmos o caminho para isso e para explorações ulteriores do "quem" examinando o tratamento extremamente original dado ao homem e ao sagrado por René Girard, pensador recente que representa uma mistura quase única de seriedade religiosa e perspicácia crítica.

---

[136] Entre os pensadores modernos mais conhecidos, o poeta W. H. Auden notabilizou-se pelo equilíbrio que procurava manter entre o respeito pela experiência do sagrado, de um lado, e a crítica radical do encantamento, do outro. Para um exame da poesia e da crítica de Auden à luz desse aspecto, ver o capítulo "W. H. Auden: A Ambiguidade do Sagrado". In: Eugene Webb, *A Pomba Escura: O Sagrado e o Secular na Literatura Moderna*. São Paulo, É Realizações, 2012, p. 259-91. O tema da ambiguidade do sagrado e da relação que Auden estabelece com ele será examinado ainda mais no último capítulo deste estudo.

5. René Girard:
CONSCIÊNCIA E A DINÂMICA DO DESEJO

No pensamento de René Girard, a consciência é algo que deve ser buscado e conquistado do inconsciente. Os pensadores que até agora estudamos tendiam a passar diretamente ao exame da consciência e de sua estrutura tensional. Em alguma medida, todos estiveram cientes – e quem não esteve desde Freud? – de nossa tendência a fugir da consciência e a não deixar os desejos e medos governarem nosso pensamento; no entanto, nenhum deles foi levado, por essa ponderação, a uma atitude radical de suspeita. Girard, portanto, pode oferecer uma contribuição especial a este estudo ao expor os elementos de ingenuidade que poderiam viciar uma filosofia da consciência insuficientemente crítica.

Girard iniciou sua carreira como crítico literário, publicando obras como *Mentira Romântica e Verdade Romanesca* e os ensaios reunidos em *A Crítica no Subsolo* (alusão às *Memórias do Subsolo* de Fiódor Dostoiévski). Esses títulos lidavam com figuras como Dostoiévski, Camus, Hugo, Valéry, Cervantes, Stendhal, Flaubert e Proust, entre outros. O foco de Girard se dirigia ao processo psicológico que chamava de "mimético" ou de "desejo triangular". Esse interesse pela dinâmica do desejo imitativo e pelo comportamento por ele motivado levou-o a estudar a antropologia e a psicologia da religião em suas obras subsequentes: *A Violência e o Sagrado* (1972), *Coisas Ocultas desde a Fundação do Mun-*

do (1978), *O Bode Expiatório* (1982) e *A Rota Antiga dos Homens Perversos* (1985). No processo de abordagem desse material, Girard explorou uma série de temas promovidos pelos pensadores estudados nos capítulos anteriores. Entre eles se encontram a religião e o sagrado, a natureza da filosofia e suas raízes na religião, o problema da metafísica objetivista, os tópicos da mimese, do mito e da tragédia, a questão do sujeito e o problema da subjetividade. Antes de examiná-los, porém, será adequado fazer uma breve exposição da estrutura básica do pensamento que Girard desenvolve desde o estudo do desejo mimético até a fundamentação da cultura na dinâmica do sagrado.

Todos os elementos do sistema de análise de Girard (na França, às vezes denominado *le système Girard*) já estavam presentes em *Mentira Romântica e Verdade Romanesca*. Essa obra não apenas esboça, com certo detalhamento, o que Girard viria a chamar de *psychologie interdividuelle*, o sistema psicológico que ele julga complementar e corrigir o de Freud; ela também examina as raízes da sacralização no "desejo metafísico" e a forma como, tal como expresso no título de um de seus capítulos, "Os Homens Serão Deuses Uns para os Outros". Ele começa com o que chama de "mediação" e com o papel desempenhado em nossa consciência pelos modelos que buscamos imitar.

Na base do sistema de Girard encontra-se a distinção entre "apetites e necessidades", de um lado, e "desejo", do outro.[1] Os apetites e as necessidades estão fundamentados na vida biológica dos seres humanos: quando necessitamos de comida ou água, sentimos fome ou sede, etc. Os apetites ou necessidades genuínos podem ser genuinamente satisfeitos. O desejo, por sua vez, quer sempre ir além de seus objetos ostensíveis, encontrando neles pouca ou nenhuma satisfação. Ele está arraigado em nossa propensão a dramatizar nossas vidas na imaginação e a ceder ao fascínio por figuras ou objetos que simbolizam para nós a perfeição ou plenitude do ser que julgamos não possuir.

---

[1] Ver René Girard, Jean-Michel Oughourlian e Guy Lefort, *Des Choses Cachées depuis la Fondation du Monde*. Paris, Grasset et Fasquelle, 1978, p. 401. [Em português: *Coisas Ocultas desde a Fundação do Mundo*. Trad. Martha Gambini. São Paulo, Paz e Terra, 2009.]

Como partimos da sensação de uma deficiência em nós mesmos, tendemos a buscar figuras mais substanciais e imponentes para imitar. Essas figuram se tornam nossos "mediadores" ou modelos. São mediadores no sentido de que é *através* e *por meio* deles que tentamos ter acesso ao verdadeiro "ser" – em outras palavras, ao poder – e, desse modo, tornarmo-nos "verdadeiramente reais". Nós também ficamos fascinados pelos objetos que, segundo cremos, tais figuras poderosas desejam. Desejando ser como elas, imitamos seus desejos. Na realidade, nós somos incapazes, por nós mesmos, do tipo de desejo imaginativo que vai além do mero apetite ou da mera necessidade (os quais têm escopo limitado em virtude de suas próprias naturezas). "O sujeito humano", diz Girard, "é incapaz tanto de direcionar seu desejo quanto de conservar sua força"; no fundo, "o rival é a única autoridade existente no âmbito do desejo: somente ele, ao desejar determinado objeto, pode conferir a ele o selo da desejabilidade".[2] Tal objeto se torna fascinante aos nossos olhos porque costumamos achar que, se nossos modelos admirados o desejam, deve tratar-se aí de algo que julgam capaz de proporcionar-lhes a intensificação daquela realidade superior e daquela autossuficiência que imaginamos estar ao alcance deles.

O objeto final do desejo, portanto, é sempre algo que se encontra além dos objetos que simbolizam sua presença. Nas palavras de Girard: "O objeto constitui-se apenas num meio de alcançar o mediador. É o *ser* desse mediador que o desejo almeja"; trata-se de "um desejo de absorver o ser do mediador".[3] É por isso que ele às vezes se refere a um desejo "metafísico" (ou "ontológico"); nesse sentido, todo desejo é, no fundo, "metafísico". "Se o modelo, que aparentemente já é dotado de uma existência superior, deseja determinado objeto", afirma Girard quanto ao nosso comportamento, "esse objeto sem dúvida deve ser capaz de proporcionar uma plenitude do ser ainda maior".[4]

---

[2] Ibidem, p. 478.

[3] René Girard, *Mentira Romântica e Verdade Romanesca*. Trad. Lilia Ledon da Silva. São Paulo, É Realizações, 2009, p. 77-78.

[4] René Girard, *Violence and the Sacred*. Baltimore e Londres, Johns Hopkins University Press, 1977, p. 146. [Em português: *A Violência e o Sagrado*. Trad. Martha Gambini. São Paulo, Paz e Terra, 2008.]

Nesse momento, qualquer leitor interessado pelo campo da religião comparada reconhecerá o vínculo de Girard com a fenomenologia do sagrado de pesquisadores como Mircea Eliade, Rudolf Otto ou Gerardus van der Leeuw, notando assim que a lógica do pensamento girardiano necessariamente conduziria à psicologia da religião. Poder-se-ia recordar, por exemplo, a seguinte passagem que Eliade incluiu em *O Sagrado e o Profano*, a qual tanto corresponde quanto contrasta, significativamente, com o tema do desejo metafísico de Girard:

> O homem das sociedades arcaicas tende a viver o máximo possível *no* sagrado ou próximo a objetos consagrados. Essa tendência é perfeitamente compreensível, dado que, tanto para os primitivos quanto para os homens de todas as sociedades pré-modernas, *sagrado* equivale a *poder* e, em última análise, *realidade*. O sagrado está saturado de *ser*. O poder sagrado equivale tanto à realidade quanto à durabilidade e à eficácia. A polaridade sagrado-profano vem muitas vezes expressa como a oposição entre o *real* e o *irreal* ou *pseudorreal*. (...) É fácil compreender, portanto, que o homem religioso muito deseja *ser*, participar da *realidade*, saturar-se de poder.[5]

A correspondência é óbvia, mas o contraste talvez não seja. No entanto, trata-se de um traço igualmente importante. Bem ao estilo dos pensadores modernos interessados pela religião, Eliade tende a voltar-se para o apelo do sagrado. Ele está ciente – como indica sua explicação suplementar da análise que Otto faz do sagrado como *mysterium tremendum et fascinans* (um mistério que não é apenas fascinante, mas também espantoso) – de que o apelo do sagrado não é sua única característica, mas em seu pensamento esse apelo tende a ser predominante. Isso é evidente não apenas nos vários volumes que dedicou à história das religiões, mas também em seus romances, que tipicamente descrevem um pesquisador do pensamento indiano que se sente atraído pelo sagrado mas não consegue travar contato com ele, sentindo-se tanto fascinado quanto espantado ante aqueles que se mostram capazes de

---

[5] Mircea Eliade, *The Sacred and the Profane: The Nature of Religion*. Trad. Willard R. Trask. Nova York, Harcourt Brace, 1959, p. 12-13. [Em português: *O Sagrado e o Profano: A Essência das Religiões*. 3. ed. São Paulo, WMF Martins Fontes, 2010.]

fazê-lo. Essa atitude leva Eliade a debruçar-se sobre o modo como o *homo religiosus* (o "homem religioso" examinado enquanto tipo ideal) busca as manifestações do sagrado e procura demorar-se o máximo possível em sua presença.[6] Do ponto de vista de Girard, isso não passaria de uma visão "romântica" da religião – "romântica" no sentido que atribuiu ao termo em *Mentira Romântica e Verdade Romanesca*, no qual afirmou que o romance "romântico" "reflete" o desejo mimético sem, porém, "revelá-lo" como no romance "romanesco": ele, portanto, não desvela o desejo mimético como mecanismo de controle da psicologia humana.[7]

A visão de Girard, por sua vez, é distintamente sóbria. Nela, o sagrado é visto como divinização imaginativa da violência que está na essência humana. É bem possível que ele tivesse Eliade em mente quando afirmou, em *A Violência e o Sagrado*, que "os pensadores modernos veem o sagrado como mera força mediadora, uma vez que tentam interpretar a realidade primitiva à luz de uma religião liberta de suas qualidades maléficas".[8] Os verdadeiros primitivos, diz ele, estão plenamente cientes destas últimas e, portanto, têm mais interesse em usar seus ritos para manter o sagrado a uma distância segura do que para se aproximar dele.

Como esse modo de pensar parece surpreender num mundo que geralmente considera a perda do sagrado mais problemática do que sua presença, será útil examinar com mais detalhes a visão da religião que tem Girard. Ele a fundamenta na teoria da mimese e do desejo triangular. Na verdade, trata-se de sua consequência lógica direta. Se desde a mais tenra infância o ser humano se vê envolto num processo mimético pelo qual busca obter o "ser" e o poder dos modelos que o impressionam – pais, professores, colegas, etc. –, e se por essa mesma razão ele é levado sobretudo a imitar os desejos de seu mediador, é praticamente inevitável então que em algum momento ele entre em conflito com esse mediador mesmo, uma vez que ambos são rivais em busca de um objeto comum. Num mundo de recursos limitados, isso nada mais é do

---

[6] O pensamento de Eliade e sua relação com o tema da ambiguidade do sagrado serão examinados, de maneira um pouco mais profunda, no capítulo final deste estudo.
[7] René Girard, *Mentira Romântica e Verdade Romanesca*, op. cit., p. 40.
[8] Idem, *Violence and the Sacred*, op. cit., p. 267.

que uma consequência natural do fato de o desejo ser mediado ou, como chama Girard, "triangular".

Se todos os desejos ansiassem por objetos de oferta infinita, ou então se o desejo fosse de tal maneira espontâneo e imediato, de modo que a convergência de duas linhas de desejo sobre um único objeto não passasse de mero acidente, e não de algo inevitável, poderia ser possível aos homens evitar a hostilidade. Isso, contudo, só acontece quando o contexto ou quando certas proibições culturais proíbem o sujeito de entrar em conflito. Em *Mentira Romântica e Verdade Romanesca*, Girard menciona como o Dom Quixote de Cervantes se norteia por Amadis de Gaula, herói dos romances de cavalaria. Quixote busca uma glória semelhante àquela de Amadis, mas não precisa derrotá-lo a fim de conquistá-la; quanto maior é a glória que Amadis representa para ele e para um mundo admirável, maior é a glória a que o próprio Quixote pode aspirar. Nesse caso, é o fato de um ser real e o outro fictício o que separa seus campos de ação e, portanto, seus possíveis campos de conflito. Girard denomina "externo" esse sistema de mediação. A "mediação interna", por sua vez, se dá quando ambos os agentes operam no mesmo campo de ação – como dois rivais, por exemplo, que buscam o mesmo sucesso nos negócios ou o amor da mesma mulher. A mediação externa também pode ocorrer entre indivíduos do mundo real quando certas formas culturais os isolam da competição mútua. Numa sociedade feudal, por exemplo, um nobre e um plebeu poderiam ter campos de ação culturalmente diferentes ainda que morassem e agissem num espaço físico próximo. (A relação não competitiva entre Dom Quixote e Sancho Pança seria um exemplo disso.) Grande parte da literatura examinada em *Mentira Romântica e Verdade Romanesca* descreve as rivalidades miméticas que se tornaram pandêmicas na Europa do século XIX como um todo, quando a democratização da sociedade fez que mais e mais pessoas travassem relações propícias à colisão de desejos.

Para esclarecer essa questão e revelar sua importância para o conceito de religião e do sagrado, pode ser útil examinar brevemente a crítica que Girard dirige ao complexo de Édipo freudiano. Segundo Girard, o triângulo edipiano de Freud seria um exemplo de mediação interna, na qual pai e filho competiriam pela mãe. Tal rivalidade, porém, não passaria de uma condição anormal: sob as circunstâncias culturais regulares, diz ele, a família representa uma zona de proteção contra os conflitos do desejo, de modo que o pai pode agir tanto na condição de mediador externo quanto, nas palavras incluídas em *Coisas Ocultas*, na condição de "modelo de aprendizado", e não de desejo sexual.[9] Longe de ser o drama universal da humanidade, como acreditava Freud, a rivalidade sexual entre pai e filho é, para Girard, um produto peculiar daquela mesma situação cultural que, na Europa Ocidental do século XIX, contribuiu para a disseminação da inveja como força social – a saber, o colapso dos sistemas tradicionais de diferenciação social que antes evitavam a mediação interna. Na descrição que Girard faz da situação edipiana em *A Violência e o Sagrado*,

> o pai só pode se tornar obstáculo quando a diminuição de sua autoridade paterna o leva a um conflito direto com o filho, que é então obrigado a ocupar a mesma esfera. O complexo de Édipo se apresenta de modo mais plausível numa sociedade em que a autoridade do pai passou por um processo profundo de enfraquecimento, mas não foi ainda completamente destruída – ou seja, na sociedade ocidental dos últimos séculos.[10]

No que diz respeito à relevância da teoria freudiana para a compreensão da religião e do sagrado, o próprio Freud, em obras como *O Futuro de uma Ilusão*, *Totem e Tabu* e *Moisés e o Monoteísmo*, afirmou que a religião era fruto do complexo de Édipo e do conflito com o pai que dele nascia. Seu raciocínio dizia sobretudo que a libido de um menino se desloca espontaneamente para a fêmea que lhe é mais próxima – em geral, para sua mãe –, e assim ele se torna rival de seu próprio pai, o qual gostaria de matar e substituir. Esses sentimentos, no entanto, culminam num conflito interior, uma vez que a criança também teme o poder de que o pai desfruta. Em sua ingenuidade, o menino até mesmo receia que o pai descubra seus pensamentos homicidas antes de estes serem expressos, e assim sente a necessidade de apaziguá-lo no

---

[9] Idem, *Des Choses Cachées*, op. cit., p. 490.
[10] Idem, *Violence and the Sacred*, op. cit., p. 188.

instante mesmo em que os concebe. O terror que tudo isso suscita é tão doloroso que a criança acaba por repreender a consciência de seus pensamentos e sentimentos, mas eles continuarão a influenciar seu comportamento ao longo de toda a vida caso o indivíduo não os traga à tona por intermédio da psicanálise. Em meio aos que são incapazes da autopercepção psicanalítica, a religião se desenvolveu como produto espontâneo dos desejos inconscientes de agradar um pai irascível. Sua imagem de Deus é uma ilusão projetada pelo medo da ira do pai, ao passo que os sacrifícios e as confissões de pecado são tentativas de apaziguá-lo.

Nos dois últimos livros mencionados aqui, Freud também conjeturou que, na condição de fenômeno histórico, a religião nasceu de um assassinato paterno primordial cuja culpa, reprimida, os seres humanos desde então tentam expiar. Essa hipótese não recebeu grande respaldo dos pesquisadores da religião, dada a dificuldade de encontrar evidências históricas de um assassinado pré-histórico e a tenuidade da teoria da transmissão genética da memória de que deve depender a ideia de uma culpa reprimida herdada. Embora a teoria psicológica de Girard difira fundamentalmente da de Freud, ele talvez seja o único dos que investigam cuidadosamente as origens da religião a levar a sério as questões do austríaco e a tentar retificar e desenvolver suas hipóteses.

Como é de esperar, a principal diferença entre ambos diz respeito à teoria do desejo. Fundamental ao sistema de pensamento de Freud estava um pressuposto que se opõe inteiramente ao de Girard: o de que o desejo é um produto espontâneo da influência que determinado objeto desejável exerce sobre o sujeito. Para Girard, o desejo é gerado subjetivamente pela mimese (isto é, pela imitação daquilo que se acredita ser um desejo espontâneo do modelo).

Afirmar que o desejo surge por meio da imitação de alguém que é tomado como modelo não significa, para Girard, que se trata de algo feito conscientemente – isto é, como fruto da certeza e da intencionalidade. Ao contrário, é precisamente aí que Girard, opondo-se a Freud, julga ser possível encontrar o que poderia ser chamado de "o inconsciente". Girard é bastante reticente quanto à teoria freudiana que vê o inconsciente como suposto repositório de experiências que um dia eram conscientes e foram reprimidas. Isso lhe parece tanto uma hipótese rude quanto outro exemplo da centralização do objeto por Freud, uma vez que o conteúdo inconsciente é interpretado como uma reprimida "representação" objetiva de determinada experiência passada. Ele trata Freud como uma espécie de platônico no que diz respeito à sua tendência a debruçar-se sobre o que poderia ser chamado de "mimese objetiva" das realidades remotas ou ocultas. Freud mostra-se tão preocupado com a representação mental dos conteúdos objetivos que acaba por negligenciar a mimese subjetiva e, portanto, também o que é essencial em nossa vida inconsciente: aquilo que *fazemos* sem perceber. "O que falta a Freud", diz ele no capítulo "Mimese e Representação" de seu *Coisas Ocultas*, "é o mesmo que falta a Platão: a compreensão do mimético como desejo mesmo e dessa realidade como verdadeiro 'inconsciente' – presumindo que se deseje continuar usando um termo que talvez seja demasiadamente confuso. Apenas essa mimese irrepresentativa é plenamente capaz de trazer à baila todas as rivalidades triangulares (...)".[11] O que é imitado, afirma ele em seguida, não é o conteúdo objetivo, e sim "um desejo que o imitador não apenas não precisa representá-lo para si mesmo, mas é até mesmo incapaz de fazê-lo".

Coerentemente, Freud tendia a enfatizar o objetivo em todas as áreas, reduzindo a subjetividade humana a uma passividade quase completa ante a capacidade de repulsão (como no caso das memórias traumáticas reprimidas) ou atração dos objetos. "Em Freud", diz Girard, "o anseio pelo objeto material é intrínseco; isso é fundamental, e é inconcebível que ele precisasse ser alicerçado, em especial sobre outro desejo. É essa natureza intrínseca do desejo pela mãe, associada ao elemento do narcisismo – o qual é igualmente interpretado como intrínseco – o que constitui aquilo que para Freud é especificamente humano no desejo do homem.[12] Em seguida, Girard cita Freud, para quem "o homem possui dois objetos sexuais originais: ele mesmo e a mulher que o amamenta (*das pflegende*

---

[11] Cf. René Girard, *Des Choses Cachées*, p. 501, para o neoplatonismo das heresias de Freud (C. G. Jung e Melanie Klein). Jung, diz Girard, eliminou da psicanálise todos os traços do tema da rivalidade, terminando, a exemplo de Plotino, numa espécie de contemplação mística dos arquétipos.
[12] René Girard, *Des Choses Cach*ées, op. cit., p. 489.

Weib)".¹³ Além disso, ambos são completamente espontâneos. "O desejo mimético", diz ele, "jamais aparece em Freud; ele nunca o menciona com relação ao complexo de Édipo, e é facilmente perceptível que ambas as noções são mutuamente exclusivas".¹⁴ No capítulo que dedicou a "Freud e o Complexo de Édipo" em *A Violência e o Sagrado*, Girard afirma que há "traços" da noção de desejo mimético na obra de Freud, mas ele crê que Freud "viu abrir-se à sua frente o caminho do desejo mimético e deliberadamente se virou".¹⁵ Ele afirma que, na primeira formulação de sua teoria, Freud chegou muito perto de uma concepção do desejo como mimese, falando da "identificação" com o pai como algo que se desenvolve independentemente da catexia sexual (a fixação do desejo) direcionada à mãe e, como consequência, como algo que se une a ela para reforçá-la, uma vez que, nas palavras do próprio Freud, a criança "gostaria de crescer e ser" como seu pai, tal como "tomar seu lugar em todos os âmbitos".¹⁶ No entanto, tal como posteriormente formulado em *O Ego e o Id*, Freud afastou-se de sua intuição semidesenvolvida e dedicou-se à teoria da primazia do objeto do desejo, deixando seu conceito de identificação vago, ambíguo e sem qualquer função clara em seu sistema de pensamento.

Freud não poderia negar por completo o fenômeno da identificação com o pai, mas seu compromisso com a teoria da libido e do objeto do desejo obrigou-o a encontrar uma forma de explicá-lo de acordo com ela. Isso o conduziu àquilo que, do ponto de vista de Girard, parece uma colcha de retalhos teórica tão grosseira e inconvincente quanto os epiciclos da astronomia ptolemaica: a teoria que vê a bissexualidade latente como fundamento da atração homossexual pelo pai. O que assolava Freud e precisava ser explicado, diz ele, era o fato de a criança experimentar por seu rival uma fascinação que cresce com o tempo e que vai além de seu interesse pela mãe. Preso como estava à ideia do objeto libidinoso do desejo enquanto motivação fundamental do homem, Freud se viu forçado

---

[13] Girard cita as *Gesammelte Werke*, vol. 10, p. 154.
[14] René Girard, *Des Choses Cachées*, op. cit., p. 489-90.
[15] Idem, *Violence and the Sacred*, op. cit., p. 171.
[16] Ibidem, p. 170, citando Freud, *Group Psychology and the Analysis of the Ego*, in *The Standard Edition of the Complete Psychological Works of Sigmund Freud*. Ed. e trad. James Strachey. Londres, Hogarth Press, 1953-66, vol. 18, p. 105.

a interpretar esse fenômeno como um fascínio homossexual: "(...) um desejo homossexual passivo relacionado ao pai, um desejo de ser desejado pelo pai enquanto objeto homossexual!".[17]

Girard, por sua vez, afirma que toda a rede de relações que Freud tentou explicar pela teoria edipiana, incluindo a tendência da criança a sentir um fascínio cada vez maior pelo pai, ainda quando o pai a frustra, é muito claramente explicável à luz de sua própria teoria mimética. Examinemos a explicação alternativa que Girard dá esses fenômenos em *A Violência e o Sagrado*. Lá, ele sugere que tracemos primeiro o caminho que Freud poderia ter tomado caso não desviasse de suas insinuações iniciais quanto ao papel da mimese na identificação da criança com o pai. Desse ponto de vista, seria o desejo do menino de "ser" como o pai e de "tomar seu lugar em todos os âmbitos" o que o levaria a desejar a mãe. Ele descobriria esse desejo em seu modelo, por meio da imitação. Ele também aprenderia a interpretá-lo como algo que conflita com o desejo do modelo, uma vez que a criança, que não vem ao mundo com uma ideia inata dos direitos exclusivos de posse, não encontraria nenhum problema em partilhar sua mãe com o pai que tanto admira. "Apenas um adulto", diz Girard, "poderia interpretar as ações da criança como usurpação. Essa interpretação advém das profundezas de um sistema cultural a que a criança ainda não pertence, um sistema que se baseia em conceitos culturais de que a criança não tem qualquer noção".[18]

Como a criança é encorajada pelo pai e pela cultura que a circunda a tomar o pai como modelo, a proibição da mãe, nesse caso, deve colocá-lo naquilo que Gregory Bateson, muitas vezes citado por Girard, chama de "duplo vínculo"; ele recebe a ordem: "Imite-me. Não me imite". O duplo vínculo converte aquilo que não passava de um modelo em algo mais problemático: um modelo-obstáculo. Para a criança que, em toda a sua inocência, apenas queria agradar seu modelo e descobrir, sob a sua tutela, como viver à altura de seu exemplo e partilhar de seus valores, a contraordem é ao mesmo tempo confusa e dolorosa. Se o pai reage com raiva ou violência ao que lhe parece uma ameaça rival advinda do

---

[17] René Girard, *Des Choses Cachées*, op. cit., p. 503.
[18] René Girard, *Violence and the Sacred*, op. cit., p. 174.

filho, o trauma imposto à criança é ainda maior, uma vez que, em sua sujeição emocional ao pai e em sua própria incapacidade de defender-se, ela se encontra duplamente vulnerável.

É nesse momento que se tornam evidentes a notável originalidade da análise de Girard e sua utilidade para a compreensão da dinâmica do sagrado. Ele diz:

> Diante da raiva do modelo, o discípulo se sente obrigado a fazer uma espécie de escolha entre ele mesmo e seu exemplo, e é perfeitamente evidente que sua escolha favorecerá o modelo. A ira do ídolo deve ser justificada, e isso só pode acontecer à luz de alguma falha por parte do discípulo, alguma fraqueza oculta que obriga o deus a impedir o acesso ao santo dos santos, a fechar os portões do paraíso. Longe de reduzir o prestígio da divindade, essa nova atitude de maldade vingativa ajuda a intensificá-lo. O discípulo se sente culpado – muito embora não saiba bem o porquê – e indigno de seu objeto de desejo, que agora parece mais sedutor do que nunca. O desejo foi agora redirecionado para aqueles objetos particulares protegidos pela violência *do outro*. O elo entre o desejo e a violência foi forjado, e muito provavelmente jamais será rompido.[19]

Obviamente, essa é uma explicação do tipo de rivalidade interfamiliar que Freud acreditava ter descoberto como fenômeno no mundo de seus pacientes. Suas implicações, porém, não dependem estritamente de um conflito edipiano entre pai e filho. O esquema básico seria o mesmo onde quer que um modelo e um discípulo estabelecessem uma rivalidade, tendo sempre as mesmas implicações: a violência do modelo em defesa do que lhe cabe aumentaria o fascínio do discípulo pelo modelo e seus objetos. Isso acontece, como já foi explicado, porque somos atraídos sobretudo pelo poder, interpretado aqui como "plenitude do ser". "O desejo", diz Girard, "(...) é atraído à violência e procura encarnar desesperadamente essa força 'irresistível'. O desejo se agarra à violência e a persegue como uma sombra porque a violência é o significante do ser estimado, o significante da divindade".[20]

---

[19] Ibidem, p. 175.
[20] Ibidem, p. 151.

Como resultado desse processo, chamado em *Coisas Ocultas* de "sacralização do modelo-obstáculo",[21] o próprio modelo se torna objeto e fonte de fascínio, o centro que se encontra no interior da subjetividade do indivíduo e do qual irradia a força de todos os outros fascínios. Isso é resultado direto da sacralização que define o que ao discípulo parece ser um grande abismo entre si mesmo e o mediador: o que cria o fascínio, segundo Girard, "é a aparência de absoluta incompatibilidade entre o sujeito que deseja o objeto desejado, o qual na verdade está longe de ser um objeto propriamente dito – e quase não se faz necessário sublinhar isso –, mas o próprio modelo-obstáculo".[22]

Isso, é claro, ainda não nos conduz às origens da religião, ainda que explique muito sobre a forma como nossas ideias do poder "divino" podem se originar e exercer um fascínio "sacro" sobre nós. Girard, no entanto, crê haver, entre os vários momentos dos processos psicológicos que ele esboça, uma série de ligações naturais que fazem que o desenvolvimento da religião seja socialmente inevitável e, com ela, também o desenvolvimento da consciência propriamente humana (de acordo com sua teoria da hominização). As ligações são as que seguem.

Em algum momento, a mimese do desejo culminará num objeto comum e, portanto, na rivalidade e no conflito. Estes, por sua vez, conduzem à intensificação do desejo, que enfim se torna, como descrito antes, fascínio. Ou seja, influenciados mutuamente por suas estruturas de desejo, vários indivíduos acabarão por desejar o mesmo objeto. Se jamais controlado, esse processo de rivalidade mimética conduzirá a um conflito cada vez maior e a uma exacerbação ulterior do desejo, formando uma espécie de espiral cruel que culminará numa pandemia de hostilidade mútua. Isso se dá porque o próprio objeto não é o fator a controlar a revelação ou o apaziguamento do desejo. Sem perceber, os vários antagonistas buscam seus objetos como símbolos da suficiência do ser (isto é, do poder) que esperam alcançar por meio deles. Desse modo, cada envolvido perseguirá os objetos mais intensamente desejados e ferozmente protegidos pelos rivais mais poderosos, visto serem

---

[21] René Girard, *Des Choses Cachées*, op. cit., p. 536.
[22] Ibidem.

estes os únicos dignos de serem almejados: "A oposição violenta, portanto, é o significante do desejo definitivo, da autossuficiência divina, daquela 'bela totalidade' cuja beleza depende de sua inacessibilidade e sua impenetrabilidade".[23]

Como consequência irônica, mas ao mesmo tempo compreensível e prontamente observável, a busca pelo inalcançável faz que a vitória de determinado indivíduo sobre seu antagonista no conflito mimético evapore tanto seu prestígio quanto o prestígio de seus objetos. Por essa razão, todo aquele que for subjugado e tudo aquilo que for possuído acabarão por parecer meramente corriqueiros, deixando o vencedor diante do vazio revelado por sua vitória ou em busca de um rival novo e mais poderoso capaz de despertar mais uma vez sua confiança na desejabilidade objetiva. Girard crê em que poucos terão a coragem de escolher a primeira alternativa. Como afirmou em *Coisas Ocultas*: "É difícil suportar a rivalidade, mas a ausência dela é ainda mais intolerável, uma vez que coloca o sujeito diante do nada (...)".[24] Isso deixa o vitorioso com apenas a segunda opção: "Ele deve se voltar, então, para uma violência ainda maior, buscando um obstáculo que prometa ser verdadeiramente insuperável".[25]

Tudo isso acarreta, é claro, níveis cada vez maiores de conflito entre os membros do grupo. Na ausência de um mecanismo que neutralize esse conflito, a vida humana sobre o planeta jamais teria sobrevivido por tanto tempo. Em *Coisas Ocultas*, sob o título "Antropologia Filosófica", Girard se debruça por muito tempo sobre a evolução do homem e as origens da sociedade. É tanto na capacidade dos seres humanos de buscar objetivos imaginativos quanto no desenvolvimento de uma solução para os problemas que surgem dessa busca que Girard encontra as principais diferenças entre a espécie humana e os animais inferiores. Girard acredita que uma das grandes vantagens de sua teoria do comportamento mimético está no fato de ela explicar a continuidade e a descontinuidade entre homens e animais sem a necessidade de minimizar nenhuma das duas ou de recorrer ao sobrenatural

---

[23] René Girard, *Violence and the Sacred*, op. cit., p. 148.

[24] Idem, *Des Choses Cachées*, op. cit., p. 501.

[25] Idem, *Violence and the Sacred*, op. cit., p. 148.

como princípio explicativo.²⁶ As sociedades primatas, assinala, são governadas por mecanismos miméticos como as nossas, mas no caso dos animais existem respostas instintivas que evitam a morte resultante dos conflitos, ao mesmo tempo em que lhes possibilitam organizar o grupo ao redor do animal mais forte, o líder. Os seres humanos carecem desses instintos, e nessa ausência acabam dependendo inconscientemente de outro mecanismo capaz de dar fim ao conflito.

É esse o que Girard chama de *mécanisme victimaire*, ou "o mecanismo vitimário". Ele dá continuidade ao mecanismo mimético e nasce dele naturalmente. Para compreendermos sua dinâmica, Girard sugere que imaginemos um grupo de seres humanos primitivos que se vê em meio a uma espiral crescente de violência e desejo semelhante à descrita antes, mas que ainda não desenvolveu uma solução cultural para seus perigos. Essa seria uma situação em que cada ser humano estaria num turbilhão de rivalidades renovadas, passando dos rivais derrotados a rivais novos e supostamente mais poderosos. Sob essas circunstâncias, diz Girard, todos os membros do grupo tendem a se tornar "duplos monstruosos" uns dos outros, estabelecendo um raivoso antagonismo. Incontrolado, esse estado de violência recíproca culminaria na destruição mútua, mas num determinado momento o próprio mecanismo mimético provocará uma forma de salvação.

Eis a forma como isso deve acontecer. Em determinado momento, no meio desse temor e dessa hostilidade mútua, um indivíduo, talvez em virtude de uma característica distintiva que chame a atenção para ele ou de uma fraqueza perceptível que o faça parecer ingênuo, será atacado por dois ou mais indivíduos. Se isso acontece, o próprio mecanismo mimético que conduziu todos ao antagonismo também os levará a imitar os agressores na escolha daquela vítima em particular. Enquanto isso se dá, a mistura de medo, fascínio e ódio que os opõe deixará de fluir livremente de um antagonista a outro e fixar-se-á em apenas uma pessoa, numa "polarização da violência que faz uma vítima só substituir

---

²⁶ Ver René Girard, *Des Choses Cachées*, livro 1, cap. 3, "Le Processus d'Hominisation", op. cit., p. 118-45.

todas as outras".²⁷ Essa figura é por Girard denominada "vítima substituta". (Obviamente, essa "vítima só" não precisa ser um indivíduo; pode tratar-se também de um subgrupo no interior do grupo maior. Podemos recordar, por exemplo, o assassinato dos gêmeos em algumas tribos, ou ainda, de modo mais espetacular, o holocausto contra os judeus europeus ao longo da Segunda Guerra Mundial e a prisão de americanos de descendência japonesa durante o mesmo período.)

Essa polarização da violência terá consequências amplas. De modo particular, ela transformará o que antes não passava de um conjunto de antagonistas numa comunidade que se une, em ódio mútuo, ao redor de uma única vítima. Ao imitarem entre si o ódio pela vítima, os velhos antagonistas a interpretarão como fonte de todos os problemas passados. Ademais, a nova paz e a nova harmonia experimentadas nessa oposição comum a um único inimigo farão que a expulsão ou a morte da vítima pareça ser a fonte da nova situação. Isso atribuirá a ela a dualidade característica do sagrado enquanto *mysterium tremendum et fascinosum*; a vítima parecerá, aos olhos de seus opositores, tanto a fonte da violência definitiva, maléfica e recíproca, quanto a fonte de seu antídoto, isto é, do amor mútuo.

É isso, diz Girard, o que define a diferença fundamental sobre a qual se assentará toda a cultura: aquela entre a vítima sagrada e a humanidade comum do resto do grupo. Sobre ela se ergue a instituição cultural fundamental: o sacrifício, do qual todos os outros sistemas de diferenciação social não passam de figurações variantes.

Segundo Girard, essa diferença também desencadeia o processo de hominização, isto é, o nascimento da sociedade e da consciência do homem em sentido propriamente humano. Em *Coisas Ocultas*, ele afirma que, à medida que entre os animais a mimese se expande e intensifica "para além de determinado limiar de força mimética, as sociedades animais se tornam impossíveis. Esse limiar corresponde, portanto, àquele em que surge o mecanismo de vitimização; trata-se do limiar da hominização".²⁸

---

[27] René Girard, *Violence and the Sacred*, op. cit., p. 161.
[28] Idem, *Des Choses Cachées*, op. cit., p. 133.

Girard também conjetura que, ao estabelecer-se, esse mecanismo origina não somente a forma original de significação humana na designação da vítima, mas também um novo traço de atenção que diferencia a consciência animal da consciência humana: "Antes mesmo de chegar ao signo, creio ser necessário ver, na forma mais elementar do mecanismo de vitimização, um mecanismo prodigioso a despertar uma nova ordem de atenção, a primeira atenção que não é instintiva".[29] Na tranquilidade e na paz que se seguem ao frenesi homicida, os membros da horda descobrem um novo objeto além do animal dominante ou dos objetos do apetite sexual ou alimentar: o cadáver da vítima coletiva. Esse cadáver, diz ele, "constitui o primeiro objeto desse novo tipo de atenção".[30]

Nesse momento, seria sensato questionar se Girard não estaria indo longe demais ao tentar remontar a hominização e a própria consciência humana a acontecimentos primordiais que, a exemplo daqueles especulados por Freud em *Moisés e o Monoteísmo* e *Totem e Tabu*, estão fadados a permanecer sempre além do âmbito da verificação.

Além disso, outras hipóteses também pretendem explicar a violência sacrificial que marcou grande parte da história humana. O sociólogo americano Eli Sagan, por exemplo, desenvolveu, em *At The Dawn of Tyranny: The Origins of Individualism, Political Oppression, and the State*, uma teoria da evolução das chamadas "sociedades complexas" que também se fundamenta na ideia de que tais sociedades sempre participaram e dependeram da violência sacrificial (originalmente, do sacrifício humano) administrada pelos reis e sacerdotes. Sagan, contudo, afirma que somente quando se passa do nível da sociedade primitiva (a qual ainda é genuinamente humana) é que a violência social se torna central à cultura. Sagan estuda as sociedades pré-letradas e relativamente

---

[29] Ibidem, p. 139.
[30] Ibidem. Essa teoria da hominização foi ecoada por Jean-Michel Oughourlian (colaborador de Girard em *Des Choses Cachées*) no seu livro *Un Mime Nommé Désir: Hystérie, Transe, Possession, Adorcisme*, Paris, Grasset et Fasquelle, 1982, p. 58: "A consciência tem origem, portanto, na atenção que se fixa no outro e naquele Outro excepcional que é vítima e bode expiatório, fonte de todos os significantes e significado transcendental".

recentes de Buganda, na África, e do Havaí, de Tonga e do Taiti, na Polinésia, como exemplos capazes de nos dar uma ideia dos tipos de sociedade complexa que devem ter precedido as sociedades letradas arcaicas dos primórdios da história, como aquelas da antiga Mesopotâmia e do Egito.

Se Sagan estiver correto, o homem viveu por muito tempo em sociedades primitivas e relativamente menos violentas antes da emergência do tipo de sociedade em que a violência sacrificial começou a desempenhar um papel essencial. A própria teoria de Sagan afirma que essa violência deve ter se desenvolvido paralelamente à substituição de uma sociedade centrada nas relações familiares por uma sociedade em que um sistema social mais complexo e impessoal passou a exigir que a lealdade se deslocasse para autoridades remotas e para o domínio da legislação codificada. Tais sistemas, na visão de Sagan, nasceram como tiranias, as quais empregavam a crueldade como instrumento essencial do poder (sendo uma forma de exigir obediência) e como forma de administrar a ansiedade gerada tanto pela ruptura do sistema de parentesco quanto pelo fim da sensação de segurança que ele proporcionava. Sagan e Girard estão de acordo quanto ao papel central da violência legitimada na sociedade como hoje a conhecemos, mas segundo Sagan não há qualquer necessidade de supor que os ritos sacrificiais de que temos registro devem derivar diretamente de versões atenuadas dos assassinatos primordiais.

Por outro lado, pode-se reconhecer, a favor de Girard, que a angústia gerada apenas pela transformação social não deve ser tomada como única explicação suficiente para o desenvolvimento dos sacrifícios. Não há por que negar que a inveja e a rivalidade contribuam em grande medida para o sentimento de satisfação que os seres humanos obtêm da matança de suas vítimas – e isso tanto no passado quanto no presente.

O ponto mais fraco da especulação de Girard não parece estar na concepção da dinâmica afetiva do sacrifício, mas na ideia de que a hominização depende de uma crise mimética anterior que culmina no paroxismo da violência coletiva contra uma única vítima. Aqui, a especulação de Girard se fundamenta no pressuposto de que, em algum momento, os ancestrais imediatos do homem no reino animal devem ter se encaminhado para um frenesi mimético descontrolado que só poderia culminar no assassinato coletivo que ele teoriza. Essa linha de raciocínio parece ter como fraqueza a incapacidade de explicar o fracasso dos instintos de apaziguamento da violência que Girard atribui aos animais pré-humanos. Uma explicação plausível poderia estar na possibilidade de a perda das defesas instintivas contra a violência desenfreada ser causada pela complexidade mental do processo de hominização. No entanto, essa mesma complexidade mental também traria consigo outras formas possíveis de evitar a violência incontrolada, como o exame reflexivo das consequências da rivalidade violenta e o desenvolvimento de códigos sociais capazes de evitá-la ou inibi-la. Pode acontecer, ainda, de a complexidade mental que acompanha a hominização tornar viável o desenvolvimento do próprio desejo mimético, uma vez que o fenômeno do desejo exige certo grau de habilidade para que possa brincar mentalmente com as possibilidades imaginativas.

O problema, em outras palavras, é semelhante àquele do ovo e da galinha: foi a hominização que possibilitou o desejo mimético e a rivalidade homicida, ou a relação causal correu em sentido inverso? Na ausência de um método capaz de verificar ambas as teorias, a questão deve permanecer em disputa como hipótese histórica.

Por outro lado, a presença do desejo mimético e da rivalidade como realidades de nossa existência social é facilmente verificável em nossa vida cotidiana, tal como o são as crises de violência coletiva e de vitimização que marcaram a história recente e antiga de nossa espécie. A afirmação de Girard não precisa depender da afirmação histórica de uma *meurtre fondatrice* – um "assassinato fundador" – ocorrida no início de determinada sociedade ou na origem do *Homo sapiens* como o conhecemos. Ainda que a rivalidade mimética entre os primeiros hominídeos possa não ter sido incontrolada, de modo a culminar num assassinato coletivo seguido de paz e harmonia social, a *tendência* à rivalidade fundamentada na mimese do desejo é um traço inegável da vida humana, podendo ser uma força poderosa na sociedade *ainda quando controlada*. Ou seja, para que essa força seja eficaz não é necessário que esteja envolta na memória de um assassinato fundador histórico; basta que a trajetória implícita do desejo competitivo seja percebida como intimação. Uma crise *antecipada* de violência e de homicídios coletivos pode ser tão importante como fator fundador da cooperação social quanto uma crise que de fato se deu, uma vez que é a antecipação de uma tal ocorrência, dê-se ela pela segunda ou pela primeira vez, o que deve levar as pessoas a refletirem sobre o risco de, em algum momento, elas mesmas se tornarem vítimas.

Girard, portanto, está certo ao afirmar que os conflitos do desejo podem conduzir a níveis perigosos de rivalidade e que tal rivalidade sempre aponta *na direção* da violência coletiva e do assassinato de uma vítima. Os ritos sacrificiais, tal como interpretados por Girard, nasceram dessas tendências humanas fundamentais. Em qualquer sociedade que os pratique, esses ritos representam uma tentativa de eliminar da comunidade a suposta fonte de violência (a figura do bode expiatório) e de perpetuar os efeitos benéficos desse processo de expulsão. Segundo a hipótese de Girard, o ato original de violência coletiva foi espontâneo e fortuito; os ritos de sacrifício se desenvolvem como uma tentativa de manter seu poder sob controle e de torná-la ao mesmo tempo segura e dependentemente disponível, de modo que possa vitalizar sem cessar a comunidade. Isso significa que a seleção e a morte da vítima devem ser representadas repetidas vezes, mas sempre de modo a evitar que a violência envolvida saia de controle e volte a infectar o grupo como um todo. Algumas das estratégias comuns desenvolvidas ao longo da história para isso são, segundo a hipótese de Girard, o estabelecimento de práticas rituais rigorosas, o destacamento de algumas figuras na condição de sacerdotes capazes de desempenhar os ritos e a seleção de vítimas que não dariam margem a atos de vingança.

Esta última técnica forma um esquema que Girard chama de "substituição dupla": "A primeira, que passa despercebida e é suscitada pela operação da vítima substituta, é a substituição de todos os membros da comunidade por um só. A segunda, única substituição verdadeiramente 'ritualista', sobrepõe-se à primeira. Trata-se da substituição da vítima original por uma vítima que pertence a uma categoria sacrificial predeterminada. A vítima substituta advém do interior da comunidade, enquanto a vítima ritual deve vir de fora; caso contrário, poderia ser difícil para a comunidade unir-se contra ela".[31] (Talvez seja mais preciso dizer que a vítima original vem de dentro de um "grupo", e não de uma "comunidade". Afinal, antes de o mecanismo de vitimização começar a agir, o grupo ainda não se tornou comunidade ou sociedade no sentido próprio do termo; seus membros não têm nada de positivo em comum, apenas o medo e o ódio mútuos.)

Os ritos sacrificiais servem para canalizar, e não abolir, a violência, mas os membros da sociedade os percebem como o oposto disso. "Traços de uma violência muito real persistem no rito", diz Girard, "e não há qualquer dúvida de que, ao menos parcialmente, seu êxito vem de suas associações terríveis, de seu fascínio duradouro. Sua orientação essencial, porém, é pacífica. (...) [O] rito almeja o estado de paz mais profundo que pode ser conhecido por uma comunidade: a paz que se segue à crise sacrificial e que resulta da concórdia unânime viabilizada pela vítima substituta".[32]

Mencionamos antes que a vítima substituta possui a dualidade característica do sagrado: ela é percebida, de uma só vez, como o pior mal capaz de afligir o grupo (violência recíproca) e como seu maior bem (a paz e o amor mútuos). Ambas essas características são faces da mesma realidade: a realidade da própria violência. O significado dual da violência, acredita Girard, é aquilo que subjaz a todas as ideias religiosas; o simbolismo mítico da divindade é apenas uma linguagem que expressa esse nível de significado mais profundo e verdadeiramente original. Com efeito, as associações do sagrado poderiam servir por si só, dissociadas do simbolismo da divindade, como origem da religião e, portanto, da cultura e da sociedade: "O sacrifício", diz Girard, "(...) pode ser definido apenas à luz do sagrado, sem referências a qualquer divindade em particular; ou seja, ele pode ser definido à luz da violência maléfica polarizada pela vítima e convertida, por intermédio de sua morte (ou expulsão da comunidade, o que no fundo é a mesma coisa), em violência benéfica".[33] Quando é desenvolvida a imagística dos deuses

---

[31] René Girard, *Violence and the Sacred*, op. cit., p. 102.
[32] Ibidem, p. 103.
[33] Ibidem, p. 258.

e demônios, da ira e da misericórdia de um Deus onipotente, ela serve apenas para expressar essa percepção da dupla capacidade que a vítima tem de amaldiçoar ou abençoar.

A transformação da vítima substituta numa figura que encarna a violência trans-humana está, portanto, na origem de toda teologia e mitologia que nela se baseia. Com efeito, é precisamente a polarização característica do mecanismo vitimário que Girard concebe como marco fundamental do pensamento mitológico. Ao contrário de Rudolph Bultmann, por exemplo, Girard não crê que a essência do pensamento mitológico esteja em seu contraste com a ciência enquanto sistema de explicação causal. Antes, ela estaria na expressão de uma visão polarizada da violência. "Os mitos", diz ele, "são a transfiguração retrospectiva das crises sacrificiais, a reinterpretação dessas crises à luz da ordem cultural que delas nasceu".[34] "Crise sacrificial" é o termo que Girard emprega para indicar o caos antecedente à ação do mecanismo vitimário que livra o grupo da violência desenfreada. A mitologia expressa a visão polarizada em que a vítima parece imbuída de um poder sobre-humano passível de ser usado para o bem ou para o mal. Dos dois aspectos da vítima nasce a imagística das forças sobre-humanas benéficas ou destrutivas, e assim o mito toma forma como narrativa referente ao modo como seu poder fundou a comunidade ou a resgatou da destruição. Os protagonistas míticos, sejam eles divinos ou humanos, tendem a desempenhar um papel claramente positivo nas histórias de conflito, enquanto seus antagonistas assumem uma função evidentemente negativa. Os mitos costumam descrever uma luta entre as forças da ordem e do caos, com o triunfo cabendo geralmente à primeira. Desse modo, eles servem para retratar e celebrar a memória do assassinato coletivo da vítima substituta.

A tragédia, para Girard, é o oposto do mito na medida em que a visão trágica restaura ao menos um relance do caos original. Os antagonistas trágicos não tendem a ser nem bons, nem maus, e o conflito entre eles assume o caráter da crise sacrificial, não de sua resolução mítica. "A tragédia", diz ele, "envolve todos os

---

[34] Ibidem, p. 64.

relacionamentos humanos num único antagonismo trágico. Ela não distingue o conflito fraterno de Etéocles e Polinices, o conflito entre pai e filho de *Alcestis* ou do *Édipo Rei*, o conflito entre homens que não partilham de qualquer laço ancestral, como Édipo e Tirésias. A rivalidade dos dois profetas é indistinguível da rivalidade entre irmãos".[35]

Em geral, a tragédia começa com um mito; desmistifica sua visão polarizada, de modo a restaurar nossa percepção de uma possível crise sacrificial; e termina com a reconsolidação da visão mítica e com a reunião do grupo. Como Aristóteles e Ricoeur, Girard toma o *Édipo Rei* como exemplo clássico, mas o motor definitivo de sua análise o conduz a uma concepção da função da tragédia mais semelhante à de Voegelin. A história de Édipo, tal como ele a descreve, nasce de um mito anterior em que o personagem desempenhava, para a cidade de Tebas, o papel de violador das normas sociais e de fonte de contaminação ritual. A peça de Sófocles tem início com essa situação, mas descreve Édipo como alguém que, embora infausto, é basicamente bem-intencionado.

Aristóteles, num retorno ao sistema de pensamento mítico, desenvolveu uma teoria que via o erro trágico – no caso de Édipo, sua irascibilidade – como falta especial do herói e causa de sua desgraça. Girard assinala, porém, que o "erro" de Édipo pouco lhe é peculiar:

> É inevitável questionarmos se esses acessos de fúria de fato distinguem Édipo dos outros personagens. (...) Se olhamos atenciosamente para o mito, percebemos que a "raiva" está em toda parte. Foi uma espécie de raiva reprimida o que levou o companheiro de Édipo em Corinto a suspeitar do parentesco do herói. Na fatídica encruzilhada, foi a raiva que instigou Laio a levantar a mão contra seu filho. Claro está que Édipo não detém o monopólio da raiva na peça. Quaisquer que fossem as intenções do autor, não haveria nenhum embate trágico se os outros protagonistas não retribuíssem a raiva.[36]

---

[35] Ibidem, p. 65.
[36] Ibidem, p. 68-69.

Longe de possuir na peça uma falha especial que explique e justifique seu papel de vítima, Édipo tem falhas tão graves quanto os seus oponentes.

Em vez de uma propensão partilhada à inveja e à raiva, a principal fonte dos antagonismos no texto de Sófocles – entre Édipo e Creonte e entre Édipo e Tirésias – é a ingenuidade de cada um ao subestimar o próprio envolvimento na violência: "Inicialmente, os protagonistas se julgam capazes de suprimir a violência; no final, sucumbem a ela. Todos são arrastados involuntariamente à estrutura da reciprocidade violenta – fora da qual eles sempre creem estar, uma vez que todos começam do lado de fora e confundem essa vantagem posicional e temporária com uma superioridade permanente e fundamental".[37] Todos se julgam acima da batalha, mas são ingênuos. Sófocles desmascara essa ingenuidade e nos revela o quão facilmente a violência recíproca pode sobrevir e atrair a todos – exceto quando o mecanismo de polarização interrompe o ciclo. Ele também demonstra como essa resolução pode se dar: é preciso que uma unanimidade se oponha a um único indivíduo, e nesse caso isso ocorre até mesmo com a adesão da vítima ao processo de polarização. No final, Édipo arranca os próprios olhos e clama por ser expulso da comunidade que sua presença contaminara.[38]

Girard difere de Ricoeur, portanto, quando enfatiza não a capacidade que a tragédia tem de tornar a dor prazerosa por meio da união da discórdia com a concórdia, e sim sua capacidade de fazer exatamente o oposto, isto é, de tornar-nos indivíduos desconfortavelmente cientes das fontes da discórdia em nosso próprio interior. Do ponto de vista de Girard, a concepção de tragédia de Ricoeur estaria mais próxima da visão mítica, dado ser lá que encontramos prazer ao perceber a destruição da vítima no ápice de um conflito dramático. De fato, toda a noção de forma narrativa sustentada por Ricoeur pareceria suspeitamente mítica aos olhos

---

[37] Ibidem, p. 69.
[38] Sobre a importância da unanimidade e sobre como só basta um leve distanciamento da condição da crise sacrificial para que a própria vítima se veja atraída à sua condenação coletiva, ver o capítulo 16, "Un Procès Totalitaire", de *La Route Antique des Hommes Pervers*. Paris, Grasset, 1985, p. 165-74. [Em português: *A Rota Antiga dos Homens Perversos*. Trad. Tiago José Risi Leme. São Paulo, Paulus, 2009.]

de Girard – mais "romântica", refletindo o poder do mecanismo mimético em vez de revelá-lo.

Mesmo que Ricoeur não tivesse em mente a violência e o sacrifício coletivos quando afirmou que os seres humanos têm a necessidade de conceber suas vidas como algo que parte de um começo, passa por um meio e chega a um fim, continua sendo verdade, segundo o modo de pensamento de Girard, que o ápice dramático que se apodera de nossa imaginação e nos atrai – ainda que inconscientemente – é a violência coletiva e polarizada que cremos representar a derrota do mal. Cada um de nós gostaria de se ver como alguém livre desse tipo de sensação e imaginação, mas segundo Girard todo ser humano vivencia a ameaça da violência e experimenta os encantos do mecanismo polarizador. Nenhum de nós, a exemplo dos antagonistas de Sófocles, está acima da batalha. Tanto Ricoeur quanto Voegelin representaram a vida humana como uma narrativa ou peça em que cada um se vê envolvido sem conhecer o roteiro. Girard acredita que, ao seguir os indícios dos trágicos gregos, dos profetas de Israel, dos primeiros cristãos e de alguns outros que deixaram rastros do vislumbre essencial, ele descobriu tal roteiro – e não se trata de um roteiro a ser desfrutado, mas de um roteiro que se deve criticar e do qual é preciso libertar-se.

É desse modo que Girard chega a uma concepção da tragédia grega mais parecida com a de Voegelin do que com a de Ricoeur, isto é, uma concepção cuja ênfase está na função educativa e cultural da tragédia. Em *Tempo e Narrativa*, como vimos, Ricoeur toma a tragédia como paradigma da narrativa em geral, sublinhando a satisfação estética que a forma narrativa oferece aos seres humanos (os quais, em virtude de sua constituição mental básica, se organizam para apreender suas vidas sob o aspecto dessa forma, tal como Kant supõe que devemos apreender toda experiência sob o aspecto de suas categorias fundamentais). Do ponto de vista de Girard, pode-se falar de uma necessidade no caso do mito, mas ela não está arraigada à maneira de Kant na constituição da mente do indivíduo. Antes, suas raízes se encontram no processo psicossocial. Trata-se do resultado da dinâmica fundamental da rivalidade mimética, da violência coletiva e da formação grupal descritas antes – um processo em que todos nós estamos envolvidos, de modo consciente ou não.

Segundo Girard, a tragédia pode servir, ao menos parcialmente, para revelar esse processo à consciência, aliviando assim, em alguma medida, o poder com que a visão mítica nos detém. "A tragédia sente uma afinidade especial pelo mito", diz ele, "mas isso não significa que siga o mesmo caminho. O termo *dessimbolismo* é mais adequado para ela do que *simbolismo*".[39] A tragédia desvela parcialmente o significado que o mito mascara. Ela surge, acredita Girard, numa situação social específica, na qual o mito e o sacrifício já foram capazes de consolidar a ordem mas o retorno da violência recíproca ainda é percebido como risco: "Se o poeta trágico toca a reciprocidade subjacente a todos os mitos, é porque percebe esses mitos num contexto de distinções enfraquecidas e de violência crescente".[40] Girard então afirma que "a inspiração profética e trágica" do "verdadeiro espírito trágico" surge de "uma assimilação intuitiva e direta do papel desempenhado pela violência tanto na ordem quanto na desordem da cultura, tanto na mitologia quanto na crise sacrificial".[41] De acordo com esse ponto de vista, a redação de tragédias seria a tentativa do autor de partilhar esse vislumbre com seu público e, assim, suscitar nele uma consciência mais reflexiva.

Esses vislumbres da verdade social e humana, porém, são extremamente precários. Eles se desenvolvem quando o perigo basta para produzir o vislumbre, mas não para desencadear o mecanismo de vitimização e a fuga rumo à visão mítica. A tragédia, poder-se-ia dizer, flerta com o autoconhecimento humano, mas para antes de desmantelar o mito. Voegelin viu a tragédia como algo que almejava a escolha livre da justiça por parte de um ser humano responsável e autoconsciente. Girard provavelmente admitiria que a tragédia nasce da insinuação de uma tal possibilidade, mas logo assinalaria que, quando as pessoas falam sobre justiça, frequentemente a utilizam como trampolim para retornar à visão mítica de um mundo em que o bem e o mal são claramente definidos e

---

[39] René Girard, *Violence and the Sacred*, op. cit., p. 65.
[40] Ibidem.
[41] Ibidem, p. 66.

legitimam mais vitimizações. Voegelin poderia responder que algumas tragédias, como *As Suplicantes* ou *Os Persas*, de Ésquilo, rompem com essa dualidade simples, mas ainda assim Girard poderia desconfiar de que Voegelin, ao menos em alguma medida, partilha da propensão de Ricoeur a negligenciar tanto a face sinistra da imaginação mitopoética quanto a capacidade que ela tem de crescer em nós e solapar a liberdade e a responsabilidade das quais gostamos de nos gabar.

Como tais, as tragédias que Girard escolhe analisar dão respaldo à sua teoria de que os trágicos geralmente não tecem uma crítica radical do pensamento mítico. "É por salientar as mensagens de cunho claramente mitológico", diz Girard, "que o drama trágico desvela um enorme abismo aos olhos do poeta; no último minuto, porém, ele dá um passo para trás".[42] O que faz ele se afastar de uma exposição tão radical da visão mítica e de seu mecanismo subjacente é o risco de essa crítica solapar o poder que a violência polarizada tem de livrar a comunidade dos mesmos perigos que a tragédia descreve. A clareza de consciência pode ter seus encantos, mas uma comunidade ameaçada pelo surto de uma crise sacrificial provavelmente julgará o velho remédio, a religião sacrificial, mais confiável – e "a religião só protege o homem na medida em que seus fundamentos máximos permanecem irrevelados".[43] Em geral, a tragédia termina com um retorno à visão mítica, uma vez que o autor percebe, ainda que indistintamente, que "está exposto a uma forma de húbris mais perigosa do que qualquer uma daquelas contraídas por seus personagens; ela se refere a uma verdade que é percebida como algo infinitamente destrutivo, ainda que não seja compreendida por inteiro (...)".[44]

Aos olhos do leitor moderno, isso pode parecer uma covardia culpável. Girard, porém, apesar de seu forte comprometimento com a consciência racional, não deseja partilhar dessa tendência moderna que, em sua opinião, mostra-se igualmente mítica e ingênua ao condenar peremptoriamente a religião sacrificial e ao fazer vítimas nossas aqueles que outrora confiavam em sua

---

[42] Ibidem, p. 135.
[43] Ibidem.
[44] Ibidem.

proteção. "Como o homem moderno se apega à crença de que o conhecimento é por si só 'uma coisa boa'", afirma, "ele dá pouca ou nenhuma importância a uma prática (...) que apenas serve para ocultar a existência dos impulsos violentos do homem".[45] Essa ingenuidade otimista "poderia muito bem ser o pior tipo de ignorância", uma vez que negaria o valor de uma forma de proteção que desempenhou um papel necessário em sua época: "Os homens não conseguem enfrentar a verdade nua e crua da própria violência sem correrem o risco de ceder inteiramente a ela. Eles jamais tiveram uma ideia muito clara dessa violência, e é possível que a sobrevivência de todas as sociedades humanas passadas tenha dependido dessa falta de compreensão fundamental".[46] Antes, portanto, de conseguirmos nos libertar com segurança dos mitos, ritos e tabus que constituem o alicerce religioso da cultura, teremos de aprender a levar a sério o perigo do qual, ao longo da história, eles tentaram nos proteger.

Em *A Violência e o Sagrado*, Girard insistiu de modo tão veemente em que "devemos reconhecer a profunda relação de dependência entre a humanidade e a religião"[47] que seus leitores muitas vezes o interpretaram como um apologista religioso. Que isso não passa de um equívoco fica claro em suas obras subsequentes – como se sua contínua exposição do mecanismo vitimário enquanto raiz da religião já não o esclarecesse o suficiente. Girard explicitou ainda mais sua posição em *Coisas Ocultas*, em que nos revela que nossa época não nos dá outra escolha além de desmistificar e transcender os antídotos religiosos que outrora nos protegiam, uma vez que hoje eles se mostram incapazes de fazê-lo adequadamente. "A inigualável conquista do pensamento crítico atual, a desconstrução final e completa de todas as mistificações religiosas e culturais", diz ele, "corresponde a uma privação cada vez mais radical dos recursos sacrificiais".[48] Os velhos mecanismos da rivalidade mimética, da violência recíproca e da vitimização ainda estão conosco, mas o mecanismo vitimário é cada vez menos eficaz

---

[45] Ibidem, p. 82.
[46] Ibidem.
[47] Ibidem, p. 218.
[48] René Girard, *Des Choses Cach*ées, op. cit., p. 207.

como remédio. Já nos tornamos demasiadamente cientes daquilo que fazemos para que o mecanismo funcione como no passado, muito embora essa ciência ainda não baste para libertar-nos de seu poder. Incapazes de obter o mesmo júbilo ante a expulsão ou a morte de nossas vítimas, tornamos nossos sacrifícios cada vez mais violentos, esforçando-nos para que voltem a ser eficazes enquanto "aumentamos constantemente as doses e imolamos mais e mais vítimas em holocaustos que, embora sempre procurem ser sacrificiais, o são cada vez menos".[49] O enorme aumento de nossa capacidade de violência, associado à nossa incapacidade de voltar a uma religião espontaneamente mítica e sacrificial que reduza seu potencial destrutivo, faz com que só nos reste tomar plena ciência dela e renunciar radicalmente aos mecanismos em que antes confiávamos: "Toda a humanidade se encontra hoje diante de um dilema inevitável: ou os homens se reconciliam de uma vez por todas sem o auxílio de intermediários sacrificiais, ou devem conformar-se com a extinção iminente da humanidade".[50]

Isso exige uma demitologização radical de toda área de nosso pensamento em que a visão mítica e sacrificial criou raízes. O exame dessa visão até hoje tem se concentrado na crítica que Girard tece ao elemento sacrificial do pensamento religioso, mas ele também vê a mentalidade sacrificial como um componente importante de nossa tradição filosófica. A própria filosofia, diz ele, tem raízes na religião, e "é a religião que deve ser compreendida pelo indivíduo que deseja compreender a filosofia".[51] Ninguém até agora tentou ler Platão à luz da etnologia, diz ele,[52] mas é isso o que será necessário para desconstruir a metafísica nascida da atenção dada por Platão à mimese objetiva, e não à subjetiva. Ao debruçar-se sobre a questão da representação objetiva, diz Girard, Platão suprimiu uma dimensão essencial do problema da imitação: o comportamento apropriador, "a dimensão aquisitiva que é também a dimensão conflituosa".[53]

---

[49] Ibidem, p. 195.
[50] Ibidem, p. 208.
[51] Ibidem, p. 26.
[52] Ibidem.
[53] Ibidem, p. 16.

Ao ser interpretada à luz da consciência de como a sociedade humana utiliza o mecanismo de vitimização e reproduz por toda parte o seu padrão sacrificial, a forma dialógica de Platão assume um novo significado aos olhos de Girard, passando a ser um instrumento dramático da filosofia:

> A exemplo do que acontece com a tragédia, em certos níveis a filosofia pode servir como tentativa de expulsão. (...) Essa afirmação, creio eu, foi brilhantemente demonstrada por Jacques Derrida no ensaio "La Pharmacie de Platon", em que o autor se dedica a analisar o emprego que Platão dá ao termo *pharmakon*. O *pharmakon* platônico funciona como o fármaco humano e conduz a resultados semelhantes. A palavra representa um ponto de articulação entre o logro dos sofistas e a sã filosofia, muito embora seu papel não seja mais justificado ou justificável do que a violência infligida ao bode expiatório humano. (...) Quando Platão aplica o termo *pharmakon* aos sofistas, ele em geral o utiliza no sentido negativo de "veneno". Quando aplicado a Sócrates ou a qualquer atividade socrática, porém, o termo significa "remédio". (...) Entre Sócrates e os sofistas, a estrutura da oposição salienta não a diferença que Platão gostaria de estabelecer, e sim a reciprocidade sugerida pelo recurso a uma única e mesma palavra. (...)
>
> O *pharmakon* de Platão é como a *katharsis* de Aristóteles. E, quaisquer que possam ter sido as intenções de ambos, foi sua intuição literária que os levou a selecionar termos que parecem sugestivos. No entanto, a real pertinência desses termos pode lhes ter escapado. (...) Por trás das várias metáforas, o impacto de um bode expiatório sempre pode ser distinguido.[54]

Como consequência, tanto Platão quanto Aristóteles, a exemplo dos outros filósofos que Girard por vezes examina, como Nietzsche e Heidegger, expressam seu pensamento numa linguagem que se encontra saturada da atmosfera da violência sagrada, de modo que ambos refletem mais do que revelam as raízes do antagonismo mimético.

---

[54] René Girard, *Violence and the Sacred*, op. cit., p. 296-97.

Infelizmente, a crítica que Girard tece à tradição filosófica é incompleta demais para os nossos objetivos. Ele jamais lhe destina a mesma atenção que dá à religião e à psicologia. Não obstante, é possível perceber as implicações que seu ponto de vista traz às questões que nascem entre as várias figuras aqui estudadas. À luz do que foi visto antes, uma dessas implicações óbvias está na função do mito filosófico como forma de conhecimento. Girard claramente reconheceria que o mito desempenha um papel filosófico crucial e que a reflexão sobre esse papel é importante. Ele, porém, opondo-se às tendências românticas da abordagem de Voegelin e Ricoeur, também nos alertaria de que o mito filosófico pode ser uma isca a atrair-nos a uma visão polarizada do homem e do cosmos que negligencia o grau em que essa polarização se origina em nós. A respeito disso, ele provavelmente traçaria um paralelo entre o caráter expulsivo dos diálogos de Platão, ao qual acabamos de nos referir, e a tendência dualista que foi mencionada no terceiro capítulo e que é latente nas imagens privilegiadas tanto por Platão quanto por Voegelin. Do ponto de vista de Girard, todo o conjunto de ideias associadas ao "Além" e à imagem da tensão existencial, por exemplo, pode muito bem se resumir a um mascaramento mítico e a uma sacralização do processo de mediação, muito embora ele também pudesse julgá-lo em alguma medida valioso como forma de deslocar seu poder da mediação interna para a mediação externa.

Outro possível ponto de discórdia entre Girard e Voegelin é a interpretação do fragmento de Anaximandro mencionado naquele mesmo capítulo. Ambos o examinam. Para Voegelin, a imagem das coisas do cosmos nascendo do Ilimitado e perecendo nele como expiação de suas injustiças expressa uma verdade profunda acerca da existência. Tratar-se-ia tanto da verdade trágica, segundo a qual a realidade é "um processo cósmico em que as coisas emergem da, e desaparecem na, não existência do *Apeiron*", quanto da verdade filosófica segundo a qual "existir é tomar parte em dois modos de realidade: (1) no *Apeiron* enquanto *arché* atemporal das coisas e (2) na sucessão ordenada das coisas enquanto manifestação do *Apeiron* no tempo".[55] Também para Girard o fragmento de Anaximandro representa uma verdade profunda,

---

[55] Eric Voegelin, *Order and History*, op. cit., vol. 4, p. 174.

ainda que não inteiramente consciente; ela, no entanto, está relacionada à violência recíproca e a seus efeitos destrutivos, "pois a vingança a que Anaximandro alude é integralmente humana, e não divina".⁵⁶ Girard talvez viesse a suspeitar de que Voegelin sucumbira inconscientemente à tentação de cosmizar a violência sacrificial. No entanto, seria possível observar a favor de Voegelin que, longe de negar a violência, ele interpretou o símbolo como se este indicasse que a existência humana é inerentemente violenta e que nosso perecimento é tanto uma punição adequada por nossa violência quanto uma libertação do poder que ela exerce sobre nós. Girard, por outro lado, veria a própria ideia de um poder cósmico que pune – convenientemente ou não – como mera reflexão mitificadora de nossa violência.

De modo muito especial, Girard provavelmente criticaria a teoria romântica da simbolização que Voegelin parece ter retirado de Schelling, voltando-se contra a geração espontânea e trans-humana dos símbolos "primários". Como vimos, Voegelin e Schelling acreditavam que esses símbolos chegavam até nós do âmago do próprio ser e que, por isso mesmo, vinham dotados de autoridade. Para Girard, isso provavelmente soaria como mais uma cosmização do mecanismo que nos governa; os símbolos que cremos repletos de autoridade sagrada são apenas aqueles que retratam o drama em que estamos inconsciente e compulsivamente envolvidos: o drama da mediação, da rivalidade, dos duplos monstruosos e da vitimização.

Girard talvez assumisse uma postura semelhante acerca da teoria da "imaginação produtiva" de Ricoeur: assim como Voegelin aprendeu com Schelling a projetar a função simbolizadora no plano do cosmos, também Ricoeur aprendeu com Kant a projetá-la no plano de um eu numenal igualmente mítico. Ambas as estratégias servem para sacralizar a imaginação humana e seus produtos, e assim obscurecem sua verdadeira fonte no desejo mimético e a afastam de qualquer crítica séria.

A tenacidade, Girard poderia dizer, da orientação fundamental de Ricoeur a uma hermenêutica da fé impediu-o de

---

⁵⁶ René Girard, *Violence and the Sacred*, op. cit., p. 308.

desenvolver uma hermenêutica da suspeita realmente penetrante. Do ponto de vista de Girard, a própria hermenêutica da fé pareceria em grande medida uma expressão do mecanismo de mediação: o antídoto de Ricoeur para os perigos da mediação interna é o desenvolvimento de uma estratégia altamente sofisticada que sustenta um processo de mediação externa – uma estratégia em que a tradicional imagem mítica do Deus transcendente é substituída pela noção kantiana dos mecanismos transcendentais que de alguma forma agem como equivalentes daquele velho Deus. Girard reconheceria, claro, que a mediação externa traz vantagens distintas em relação à interna, mas provavelmente discordaria de que ela ainda pode ser uma opção eficaz em nosso mundo ou de que suas vantagens são maiores do que suas desvantagens. Por mais sofisticado que seja o sistema kantiano de Ricoeur, esse modo de retratar nosso mecanismo de controle não passa de mais uma forma de mascará-lo e sacralizá-lo, e isso, segundo Girard, é algo que não podemos mais nos dar o luxo de fazer.

Comparando Girard com Lonergan, encontramos uma convergência significativa em seus exames do conhecimento objetivo. Mesmo olhando para a questão apenas a partir de uma perspectiva epistemológica, Girard é tão crítico quanto Lonergan daquilo que este último denominou "realismo ingênuo", e Girard, "metafísica da presença". Em contraste com qualquer esperança de que o real possa ser aquilo que é conhecido pela percepção, Girard defende uma ciência que reconheceria a necessidade de ir, por meio da hipótese e da verificação, para além dos dados, que por si só não constituem a realidade:

> A hipótese possui caráter científico porque não é diretamente acessível à intuição empírica ou fenomenológica. Para a mentalidade filosófica que ainda tende a dominar as ciências humanas, a própria noção de hipótese é inconcebível. Tudo está sujeito ao ideal do domínio imediato, do contato direto com os pressupostos que talvez represente um aspecto daquilo que, em nossa época, é chamado "metafísica da presença".[57]

---

[57] René Girard, *Des Choses Cachées*, op. cit., p. 597-98.

Ou seja, nós gostamos de acreditar que somos entes objetivos e que nos conhecemos por meio da intuição ou da percepção direta de nossa própria realidade, e assim alicerçamos sobre esse pressuposto ingênuo nossas abordagens supostamente científicas ao estudo do humano. Na verdade, afirma ele, "uma disciplina só se torna verdadeiramente científica quando renuncia a esse ideal do domínio direto" e busca, para além dos pressupostos, um princípio de inteligibilidade sistemática "inacessível à intuição direta": "O pensamento científico é, em suma, uma espécie de humildade astuta que aceita a separação dos pressupostos e que busca, mais além, aquilo que não conseguiu descobrir por perto. (...) Essa separação que renuncia a uma certeza meramente ilusória assegura, antes, a única possibilidade de verificação que interessa à ciência".[58]

Apesar da existência desse ponto de interseção entre ele e Lonergan, Girard não estaria mais propenso que Voegelin ou Ricoeur a aceitar a conclusão de que aquilo que se pode saber acerca do homem, inclusive por meio de hipóteses, é que ele é um tipo de ente ontológico, uma coisa pensante. O conhecimento hipotético que podemos ter do homem, segundo Girard, é o conhecimento de um processo, e não de uma coisa.

É portanto óbvio que, apesar da crítica que dirigiria à postura assumida por Voegelin e Ricoeur ante o mito, é destes que Girard tomaria partido na controvérsia referente aos méritos da *Existenzerhellung* quando comparada à metafísica. A própria forma como Girard reflete sobre o homem poderia ser descrita como uma espécie de *Existenzerhellung* demitologizada. Seu foco, tal como o de Jaspers, Marcel, Voegelin, Ricoeur e, como veremos, Kierkegaard, não se volta para a objetividade metafísica dos entes hipotéticos, mas para a subjetividade. A fim de elucidar a existência humana, ele traz à baila o que fazemos sem perceber em nossos atos de mimese subjetiva e de violência.

Como já foi mencionado, Girard preconiza uma desconstrução radical da metafísica, a qual é vista por ele como produto da equivocada atenção dada à mimese objetiva e representativa.

---

[58] Ibidem, p. 598.

Levando um pouco além a linha de análise insinuada pelo sistema girardiano, a ênfase que o pensamento metafísico dá à condição objetiva dos entes pareceria um resultado direto da dinâmica do próprio desejo mimético. Se é sobretudo o "ser" o que se busca no sujeito imitado e nos objetos desejados, o processo mimético envolve por si só o que poderia ser chamado de mito metafísico – a história da busca desse "ser" –, e assim todo sistema metafísico insuficientemente crítico não passaria de uma tradução desse mito em linguagem técnica. O interesse da metafísica tradicional pelo ser objetivo, portanto, aparentemente refletiria o fascínio do filósofo pelo poder e pela autossuficiência que se crê pertencerem a uma figura de mediação. O desejo mimético e o fascínio do modelo-obstáculo levam nosso pensamento a optar por uma concepção reificada – ou "coisificada", para usarmos outra palavra – da realidade (Girard usa o termo *chosiste* ["coisista"]),[59] mas tudo isso não passa de uma projeção mitificadora que mascara a realidade do processo.

Em suas *Investigações Filosóficas*, Ludwig Wittgenstein afirmou: "Uma *imagem* nos fazia cativos. E nós não podíamos nos libertar dela, pois estava em nossa linguagem e a nossa linguagem parecia repeti-la inexoravelmente".[60] É provável que Girard julgasse esse trecho bastante adequado enquanto descrição do modo como nossa linguagem reificante reflete e reforça o poder de nosso pensamento reificante; ao mesmo tempo, porém, ele também insinuaria que o único poder de que essa linguagem desfruta deriva do processo mimético subjacente do qual ela é uma espécie de sombra cristalizada.

Como consequência, a tendência do pensamento metafísico a gravitar, segundo identificou Ricoeur, na direção de abstrações estáticas – opondo-se ao ímpeto da metáfora rumo ao dinâmico – também seria algo que Girard remeteria ao mecanismo mimético. O próprio Girard tratou esse processo de abstração como uma expressão das mesmas propensões que, alicerçadas na "diferença"

---

[59] Ibidem, p. 585.
[60] Ludwig Wittgenstein, *Philosophical Investigations*. 3. ed. Trad. G. E. M. Anscombe. Nova York, Macmillan, 1958, n. 115, p. 48e.

sagrada descoberta na vítima, dão origem à fixação da mimese da violência em ritos religiosos:

> De Aristóteles ao estruturalismo, todos os sistemas de classificação estática são frutos tardios da mentalidade ritual. A recente ênfase na linguística diferencial não passa de mais uma receita para perpetuar essa vasta tradição, e por trás disso sempre se encontra o essencialismo, o platonismo fundamental de uma filosofia que, de uma ponta de sua história à outra, permanece fiel às tendências que derivam da inspiração do ritual.[61]

A afinidade da metafísica de Lonergan pela visão mítica fica clara diante do fato de os objetos supostamente entitativos em que ele insistiu, de modo muito particular, na segunda metade do *Insight* e em seu posterior ataque a Voegelin serem exatamente aqueles que mais importariam ao que Girard chama de "desejo metafísico": Deus e o sujeito humano.[62] Se o que buscamos é sobretudo o tipo de "ser" que podemos garantir como posse nossa, estaremos veementemente motivados a interpretar isso como algo objetivo e a atribui-lo tanto a nós mesmos (e, portanto, ao homem como tal) quanto ao Deus a que nos voltamos por ser sua fonte. Um pensador menos perspicaz que Lonergan poderia ter buscado respaldo naquilo que ele considerava ser uma visão "realista ingênua" do mundo de coisas do "já, fora, lá, agora, real"; Lonergan, porém, como já pudemos examinar, rejeitou tudo isso em prol de um "realismo crítico" ao ater-se às implicações do método científico generalizado. Desse modo, o tratamento que ele dá ao mundo objetivo por intermédio de uma análise da "interioridade" humana realizada à luz da teoria cognitiva pode ser considerado parte de uma demitologização parcial da metafísica e da epistemologia tradicionais. No entanto, Lonergan não levou essa demitologização tão longe quanto Voegelin. A crítica que Voegelin tece à hipostasiação dos polos da "tensão existencial" como "Deus" e

---

[61] René Girard, *La Route Antique des Hommes Pervers*, op. cit., p. 145-46.

[62] Ao que parece, o ataque que Lonergan dirigiu a Jaspers e a Voegelin na entrevista de 1981 (comentada no capítulo sobre Voegelin) poderia ser adequadamente interpretado, à luz dos conceitos girardianos, como um rito de expulsão: numa instituição educacional religiosa, um padre e um grupo de mesma crença travam um diálogo acerca dos erros de dois forasteiros religiosos, e a conclusão partilhada por todos em muito soa como uma condenação por heresia.

"homem" representava um passo ulterior na exposição do caráter mítico de tais imagens.

Ironicamente, e apesar de sua concepção bastante romântica da autoridade do mito, Voegelin talvez parecesse, do ponto de vista de Girard, um pensador menos mítico do que Lonergan, que tanto desprezou o mito – e provavelmente por essa mesma razão. Voegelin pode não ter refletido de modo muito profundo sobre as implicações mais sinistras do mito, mas ao menos reconheceu o papel que ele desempenha em nosso pensamento; o pressuposto racionalista de Lonergan, por sua vez, segundo o qual o mito se contrai à medida que a metafísica avança, levou-o a achar que os dois são claramente separáveis e que a filosofia deixa o mito para trás.

A hipostasiação do sujeito humano como realidade objetiva talvez seja uma ideia mais dificilmente descartável do que a ideia de um Deus entitativo. Freud, por exemplo, logo tratou Deus como uma "projeção", mas esteve muito menos inclinado a questionar a condição objetiva do sujeito, ainda que desaprovasse o fascínio que ela tende a exercer sobre nós. A teoria freudiana do "narcisismo" fundamentava-se na ideia de que o eu tem o mesmo poder objetivo de suscitar o desejo do que um membro do sexo oposto. Ele afirmou, como já mencionamos, que o homem possui dois objetos sexuais originais: o primeiro, a mulher que o amamenta; o segundo, ele mesmo. Freud via o complexo de Édipo, fundamentado como estava no desejo pela mãe, como um problema, mas não um problema pernicioso; bastava que a libido fosse direcionada para uma mulher diferente para que se tornasse socialmente válida. O narcisismo, por sua vez, foi estigmatizado como algo inerentemente "regressivo" e antissocial. Freud parecia achar que o poder de autoatração do sujeito era quase demoníaco, sendo necessário opor-lhe forte resistência. Girard caracterizou esse aspecto do pensamento de Freud como reflexo do pensamento mítico:

> À luz da teoria mimética, pode-se perceber claramente que a grande divisão que Freud traça entre o objeto-desejo edipiano, de um lado, e a regressão narcisista, do outro, não se sustenta; ela está fundamentada na forte propensão de Freud a diferenciar os desejos meritórios dos desejos não meritórios e a lançar sobre estes últimos os mecanismos de vitimização que a psicanálise é

incapaz de criticar, dado que ela os adota e que eles lhe são basilares do mesmo modo como o são para toda a mitologia.[63]

A exemplo de alguns dos sistemas de pensamento que temos analisado, também a psicologia freudiana poderia ser descrita como uma demitologização parcial que hesita em de fato libertar-se do poder do mecanismo mimético. Em seu próprio tratamento do fenômeno que Freud denominou narcisismo, Girard oferece uma análise alternativa que julga capaz não apenas de explicá-lo integralmente, mas também de explicar o medo e o fascínio que o próprio Freud sentia na presença de uma personalidade narcisista:

> O narcisismo intato do outro é o paraíso inefável onde parecem viver seres que (...) dão a impressão de não encontrarem quaisquer obstáculos e de não sentirem qualquer carência. Essa impressão (...) se mescla com a impressão de que eles não necessitam de nós. (...) Sua plenitude é garantida; não tendo nada a desejar senão a si, eles atraem todos os desejos como ímãs e forçam todos os homens de dever, como Freud, a desejá-los, nem que seja só um pouco.[64]

Como consequência, Freud temia o magnetismo da personalidade narcisista e sentia-se obrigado a opor-lhe resistência.

Nesse aspecto, segundo Girard, Freud tornou-se vítima de sua própria fantasia. Aquela personalidade na verdade não existe; todo ser humano sente o mesmo vazio interior e procura preenchê-lo da mesma forma: por meio da mediação dos outros. "A autossuficiência" em que Freud acreditava, diz Girard, "não deve ser encontrada neste mundo; trata-se do último lampejo do sagrado".[65] Até a coquete de Freud, que parece independente mesmo ao despertar o desejo dos outros, depende do olhar desses outros para que perceba a desejabilidade sobre a qual seu ar de autossuficiência se fundamenta. Ela só pode se desejar ao imitar internamente o desejo que eles sentem, do mesmo modo como eles imitam o desejo que,

---

[63] René Girard, *Des Choses Cachées*, op. cit., p. 527-28.
[64] Ibidem, p. 520.
[65] Ibidem, p. 521.

segundo acreditam, ela sente por si mesma.⁶⁶ No caso da teoria do "narcisismo primário" infantil, considerado por Freud a fonte de todo o nosso comportamento egoísta, Girard afirma que Freud "confundiu, em suma, as tremulações mais enganadoras do desejo metafísico com a força vital elementar".⁶⁷

A autoabsorção e a autossuficiência narcisistas constituem uma visão mítica da subjetividade, a qual parece exercer seu fascínio não apenas sobre Freud, mas sobre todos nós. Nós a julgamos atraente porque, no fundo, gostaríamos que fosse verdadeira; em algum plano de nossas vidas desejosas, todos nós gostaríamos de ser um sujeito assim. "O desejo objetal", diz Girard, "sonha com o narcisismo intato porque sonha com o ser absoluto e indestrutível que exerce o poder da violência sobre todos aqueles que o circundam".⁶⁸ Girard provavelmente diria que é esse sonho que está por trás de toda teoria filosófica que procura fundamentar a crença num sujeito entitativo. Essas teorias não passam de tentativas de fechar o círculo do desejo, unindo sujeito e objeto numa autossuficiência mítica.

A crítica que Girard tece à ideia de um sujeito metafísico é mais radical do que a de qualquer outro pensador que analisamos até agora. Ele nada quer com qualquer uma das formas tradicionais da teoria do sujeito-ente, seja na filosofia, seja na psicologia. Nós já mencionamos que Girard rejeitou o pressuposto de Freud referente à capacidade dos objetos de suscitar desejos, e ele também não se mostra nada propenso a falar do desejo como algo que nasce de um sujeito. "Evito falar de um 'sujeito desejoso'", diz, "para não dar a impressão de resvalar numa psicologia do sujeito".⁶⁹ Todo o modelo de raciocínio que dá origem a esse tipo de pensamento "fundamenta-se na herança do individualismo romântico, que hoje está mais vivo do que nunca apesar das críticas superficiais a que foi submetido".⁷⁰ Essas críticas são ainda mais provocadoras por estarem relacionadas, em seu pensamento, à ideia de Deus e

---

⁶⁶ Ibidem, p. 513-14.
⁶⁷ Ibidem, p. 521.
⁶⁸ Ibidem.
⁶⁹ Ibidem, p. 428.
⁷⁰ Ibidem.

por serem essencialmente elaboradas com relação ao exame que Girard faz das Escrituras judaico-cristãs. Esse material pode ser encontrado sobretudo em *Coisas Ocultas* e *A Rota Antiga*. Em nossa análise prévia da abordagem de Girard aos temas da divindade e da subjetividade, podemos ter dado a impressão de que ele interpretaria ambas as noções como noções meramente míticas. Na verdade, Girard acredita que quase todo o pensamento tradicional sobre os dois temas encontra-se imbuído de tendências mitificantes, mas ao mesmo tempo não julga que toda a questão se resuma a isso. Antes, ele leva ambos os temas bem a sério e acredita que apontam para algo genuinamente importante, ainda que não seja fácil encontrar uma linguagem para expressar esse algo que não nos leve de volta para a mentalidade sacrificial e para as tentações do desejo metafísico.

Seu interesse por ambos os temas é resultado da convicção de que não podemos mais nos dar o luxo de ceder à violência e aos seus antídotos tradicionais, que nada mais são do que aplicações controladas do poder que ela exerce. O que importa a Girard nas Escrituras judaico-cristãs é a forma como elas partem de uma noção mitológica do divino e acabam por submetê-la, com o passar do tempo, a uma crítica que aponta para além dela – elas partem de uma noção de Deus que O trata como personificação da violência suprema e da capacidade coerciva à noção de um Deus radicalmente não violento, um "Deus das vítimas" que "não poderia impor sua vontade aos homens sem deixar de ser ele mesmo".[71] Grande parte da tradição bíblica consiste em expressões de nosso anseio demasiadamente humano por um Deus capaz de praticar a violência em nosso favor; aos poucos, contudo, nasce dessa mesma tradição uma crítica radical da ideia da violência divina. Essa crítica adveio da lenta percepção de que um Deus verdadeiramente transcendente não pediria sacrifícios e não poderia ser motivado por antagonismos e desejos como os nossos. Por fim, segundo Girard, ela culmina no Deus radicalmente não violento de Jesus e seu Evangelho, um Deus que não intervém no mundo pela força e que não imporia aquilo que chamaríamos, unanimemente, de justiça, uma vez que nossa

---

[71] René Girard, *La Route Antique des Hommes Pervers*, op. cit., p. 226.

concórdia e nossa justiça se fundamentam sempre no mimetismo e se confundem com a vingança.[72]

Foi por meio do mesmo processo que originou a ideia de um Deus verdadeiramente transcendente e não violento que, segundo Girard, a subjetividade genuína adentrou a história. Ambas, na verdade, estão diretamente vinculadas aos olhos de Girard. Em determinado momento do diálogo que, em *Coisas Ocultas*, ele travava com dois interlocutores, um deles, Jean-Michel Oughourlian, comenta: "Seguindo seu raciocínio, o *sujeito* humano genuíno só pode surgir do domínio do Reino; longe dele, só há mimetismo e o *interdividual*. Até que isso aconteça, o único sujeito é a própria estrutura mimética". Girard então responde: "Exatamente".[73]

Como mencionado no início deste capítulo, Girard cunhou o termo *interdividuel* [interdividual] para indicar o tipo de psicologia que opõe à psicologia de Freud. O termo se refere à ideia de que não somos os "indivíduos" que nosso romantismo nos leva a crer que somos. Antes, nossa vida psíquica se dá como uma interação realizada num campo de forças múltiplo, internamente articulado como um conjunto de relações entre imitador, mediadores e objetos.[74] Afirmar que o interdividual é o verdadeiro sujeito de nossos

---

[72] Ibidem, p. 226.

[73] René Girard, *Des Choses Cach*ées, op. cit., p. 292.

[74] Embora antecipe aqui uma discussão posterior, talvez valha a pena mencionar que Jean-Michel Oughourlian, em *Un Mime Nommé Désir*, partiu do sugestivo pressuposto de Girard para desenvolver, do ponto de vista da psicoterapia, uma abrangente crítica do sujeito definido. Ele sugere que a noção do "ego" ou "eu" (*moi*) psicológico como "estrutura subsistente de um sujeito monadário" é uma construção mítica (p. 27) e que o "ego" ou "eu" não passa, na verdade, de um produto dos movimentos do desejo (p. 26). As tradicionais psicologias da relação intersubjetiva, diz ele, nasceram do pressuposto de que antes dessas relações existem sujeitos preexistentes. Oughourlian substitui a noção desse sujeito pela noção daquilo que, seguindo o *Janus* de Arthur Koestler, denomina "hólon": uma unidade psicológica estruturada e em andamento (p. 32) que se desenvolve como *moi* por intermédio – e em absoluta dependência – do relacionamento *interdividual*, no qual ela se envolve com outro hólon que se lhe torna modelo, obstáculo ou rival. Em outras palavras, é o relacionamento o que se faz fundamental, e não os entes relacionados. Ao contrário das psicologias relacionais tradicionais, diz ele, *la psychologie interdividuelle* "estuda o *rapport interdividuel* que engendra, com seu movimento, até mesmo aquilo que em cada hólon pode ser chamado de seu *moi*. Não é o encontro de dois eus o que cria a relação; é a relação que dá à luz cada um dos eus" (p. 305). As implicações do modo como Oughourlian desenvolve essa linha de análise serão examinadas mais adiante, no capítulo final deste estudo.

atos é afirmar que o próprio desejo mimético é sua fonte oculta, ainda que desejemos atribuí-los a um centro de subjetividade individual consciente e verdadeiramente autônomo, encontrado no interior de nossas personalidades. Em outras circunstâncias, Girard também afirma que "a violência (...) sempre é, em última análise, o verdadeiro *sujeito* de toda estrutura ritual, institucional",[75] ou então que esse sujeito é o desejo mimético.[76]

Em resposta à questão de se não estaria hipostasiando implicitamente o desejo, Girard afirma que não é isso o que tem em mente. Ele acredita que, embora a própria noção de "sujeito" reflita uma concepção ingênua da subjetividade, um emprego mais cuidadoso do termo pode tão somente referir-se à subjetividade falsa e imaginária do mecanismo do desejo mimético. Em geral, usamos o termo "sujeito" para indicar uma fonte de intenções que é dita objetivamente real, autônoma e consciente. É isso o que, para os propósitos desta análise, poderíamos denominar "sujeito-objetivo". Girard, contudo, acredita que mesmo nossas ações conscientes (ou melhor, semiconscientes) costumam advir de uma fonte oculta que nada mais é do que o mecanismo mimético inconsciente e a violência cega. Talvez o sentido de suas declarações ficasse mais claro se Girard tratasse essa fonte mecanicista não como um "sujeito", mas como um "quase sujeito" – e ele de fato chega perto de traçar uma tal distinção quando, ao elaborar a ideia da violência como *le véritable sujet*, isto é, como o verdadeiro sujeito de nossa ação, afirma que ela é "o *Adversário* por excelência da instauração do Reino de Deus. Trata-se do diabo da tradição, aquele que a teologia diz ser e não ser um sujeito".[77]

Se, portanto, o mecanismo mimético é a falsa subjetividade que subjaz à ilusão da individualidade autônoma, onde Girard afirma ser possível encontrar a subjetividade genuína? Oughourlian sugeriu, e Girard concordou, que ela só poderia ser encontrada onde se encontra o Reino de Deus. Num desdobramento ulterior das implicações dessa ideia, Girard afirma: "Se a violência é o sujeito de toda estrutura mítica e cultural, o próprio Cristo

---

[75] René Girard, *Des Choses Cachées*, op. cit., p. 306.
[76] Ibidem, p. 428.
[77] Ibidem, p. 306.

é o único sujeito que escapa dessa estrutura, desejando libertar-nos assim de seu domínio".[78] Esse, diz ele, é o verdadeiro valor da ideia de que Cristo é Deus. Apenas quando o Deus não violento irrompe em nossas vidas para desmantelar o mecanismo vitimário, fazendo assim com que o amor transcendente se torne a fonte de nossas ações, é que a humanidade pode tornar-se pela primeira vez genuinamente subjetiva. Ela se torna subjetiva no sentido de que, uma vez revelado e desprezado o desejo mimético, nós podemos experimentar uma liberdade nova, a qual nos possibilita escolher conscientemente uma ação que esteja livre de seu poder. Essa iniciativa só pode partir de fora de nossa humanidade comum, que de outro modo continuaria firmemente dominada pelo mecanismo que sempre nos controlou:

> O aparecimento desse ser desde o interior de um mundo governado inteiramente pela violência e pelos mitos da violência seria impossível. Para compreender que só pode notar e comunicar a verdade se assumir a posição de vítima, o indivíduo precisa ocupar ele mesmo essa posição; e, para fazê-lo da maneira correta, é preciso que já possua essa verdade. Por outro lado, só é possível apreender essa verdade quando se age de modo contrário às leis da violência. No entanto, isso só é realizável quando ela já foi apreendida. Toda a humanidade está confinada a esse círculo vicioso. É por isso que os evangelhos – o Novo Testamento em geral –, tal como a teologia dos primeiros concílios, declaram que Cristo é Deus – não porque foi crucificado, mas porque Ele é Deus nascido de Deus desde a eternidade.[79]

Ou seja, a única liberdade verdadeiramente consciente – e, portanto, a única subjetividade – que podemos experimentar é aquela que o Novo Testamento chama de "Cristo em nós": a presença interior do Deus de amor não violento enquanto princípio subjetivo de nossas ações. Nós gostamos de nos ver como sujeitos autônomos e individuais, mas, na imagem que Girard esboça com base em sua leitura do Novo Testamento, isso nada mais é do que uma ilusão autoelogiosa a que nosso próprio vazio nos conduz.

---

[78] Ibidem, p. 318-19.
[79] Ibidem, p. 317-18.

Antes de a única fonte de liberdade genuína adentrar nossas vidas e tornar-se a origem da subjetividade verdadeira – a vida de Cristo em nós –, nós não passamos de títeres do desejo mimético.

Para expressar essa forma de pensar na linguagem que falaria de um "sujeito", teríamos de afirmar que o Filho de Deus encarnado é o verdadeiro eu de toda a humanidade – o possível eu daqueles que ainda permanecem cativos na inconsciência e o eu real de todo aquele que alcança uma nova vida nEle. Permanecendo nessa linguagem – e o próprio Girard chegou a falar de modo muito semelhante –, poder-se-ia dizer ainda que, assim como na vida do Reino é Cristo o verdadeiro eu da humanidade redimida, também no reino do Adversário o Pecado é o verdadeiro eu dos cativos: "Numa certa profundidade, o segredo do Outro não difere de nosso próprio segredo. Tudo é dado ao romancista quando ele chega a esse Eu mais verdadeiro do que aquele que cada um vive exibindo. É esse Eu que vive de imitação, ajoelhado diante do Mediador. Esse Eu profundo é um Eu universal".[80]

Esse modo de pensar só pode parecer confuso do ponto de vista da mentalidade comum da humanidade, que certamente tentará aprimorá-lo para que faça sentido. Nós gostaríamos que expressões como essa fossem compreensíveis à luz de nossos modelos de pensamento rotineiros, segundo os quais cremos na subjetividade autônoma e na individualidade radicalmente individual, num Deus de poder coercivo, na substituição sacrificial e na diferença absoluta entre a vítima sagrada e nós mesmos. É impulso natural do homem querer aprimorar a história do Deus que adentrou o mundo como vítima impotente e que nos convidou a desistir de nossas pretensões à individualidade autônoma e a partilhar sua própria subjetividade, por ele declarada a única vida verdadeira tanto do homem quanto de Deus. Foi longe desse impulso bastante compreensível e historicamente inevitável que, segundo Girard, a religião cristã começou a interpretar a morte de Jesus como sacrifício expiatório, com tudo o que isso implica a respeito da violência divina e da vítima sagrada.

---

[80] René Girard, *Mentira Romântica e Verdade Romanesca*, op. cit., p. 332.

Girard chama de "leitura sacrificial" essa leitura da narrativa de Jesus e de "cristianismo histórico" a religião que dela nasce.[81] Para ele, já é possível notar o início dessa interpretação sacrificial remitificante no Novo Testamento, em especial na Epístola aos Hebreus. Além disso, Girard acredita que essa refiguração textual foi subsequentemente conduzida a uma nova ação vitimária: "(...) o caráter persecutório do cristianismo histórico", diz ele, "está ligado à definição sacrificial da paixão e da redenção".[82]

Isso, obviamente, deixa claro que Girard não pode ser um apologista da religião cristã tradicional. Ao mesmo tempo, também revela por que ele se opõe tanto à antirreligião que tomaria o cristianismo histórico como objeto de um novo sacrifício quanto à própria religião sacrificial. Se no âmago da tradição encontra-se uma nova sacralização da violência, também há ali algo mais que age em oposição direta a isso: a preservação dos vislumbres libertadores do Novo Testamento acerca da fonte da violência. "Os pensadores cristãos tradicionais", diz ele, "reconhecem apenas a ruptura entre o cristianismo e o restante das religiões, mas não encontram uma forma de expressá-la. Os pensadores anticristãos reconhecem apenas a continuidade, mas sem compreender o que isso de fato vem a ser".[83] Girard então afirma que não encontrou ninguém que insistisse em levar ambos os aspectos a sério, exceto Paul Ricoeur, "em especial na admirável *La Symbolique du Mal*".

Uma comparação valiosa pode ser traçada entre o tom do pensamento de Girard e o tom do pensamento de Ricoeur nessa obra. Como examinado no capítulo anterior, nela Ricoeur dedica-se a esfoliar gradualmente as raízes do mal humano, partindo da doutrina especulativa do Pecado Original, passando por várias camadas de símbolos metafóricos e chegando a uma fonte elusiva e radicalmente subjetiva do mal, por ele considerada real em certo sentido, mas objetivamente incognoscível. Isso, como pudemos ver, contribui para aquela ambiguidade de pensamento que se reflete no emprego dado por Ricoeur às imagens paradoxais,

---

[81] René Girard, *Des Choses Cach*ées, op. cit., p. 324.
[82] Ibidem, p. 325.
[83] Ibidem, p. 608.

como aquela da "vontade servil" que é, de uma só vez, escravizada e autodeterminante.

Do ponto de vista girardiano, esse modo de pensar parece tanto verdadeiro quanto incompleto. Sua verdade está no fato de o paradoxo negar as implicações objetivistas da imagística e, por isso, funcionar como sinal do mistério da subjetividade. Sua incompletude, por sua vez, se dá em virtude da falta de distinções entre aquilo que de fato é um mistério e aquilo que é um problema que necessita ser compreendido. O verdadeiro mistério da subjetividade, para Girard, é o mistério da subjetividade genuína e transcendente manifestada em Cristo. O pecado, por outro lado, é um problema que tem solução, e ele acredita que o Novo Testamento, apesar de qualquer mitologização residual, preserva os vislumbres que o solucionam.

Um exemplo sobre o qual Girard se debruça de modo especial é a análise do *skandalon*, ou "pedra de tropeço", do Novo Testamento. Em sua opinião, trata-se de uma imagem que poucos exegetas examinaram com alguma profundidade, mas na qual se encontra um exame particularmente perspicaz do poder que nos reprime: o poder do *interdividuel* – de modo especial, do fascínio pelo modelo-obstáculo: "Considerando-se todos os usos do termo (...), é inevitável concluir que o *skandalon* é o obstáculo da rivalidade mimética, o modelo que impede as iniciativas do discípulo e se torna, para ele, fonte inesgotável de fascínio mimético".[84] Se os tradutores bíblicos não se empenhassem tanto para encontrar alternativas mais "inteligíveis" ao termo *skandalon*, seria mais fácil para nós perceber que ele sempre se refere ao

> obstáculo obsessivo que instiga, em nossa caminhada, o desejo mimético, com todas as suas vãs ambições e seus ressentimentos absurdos. (...) Trata-se da tentação *por excelência* do modelo que nos atrai na medida em que é um obstáculo e que nos impõe um obstáculo na medida em que nos atrai.[85]

---

[84] Ibidem, p. 574.
[85] Ibidem.

As crianças, diz Girard, se mostram especialmente vulneráveis aos efeitos desse fascínio mórbido, uma vez que anseiam avidamente por modelos e se submetem à autoridade deles sem possuírem grande capacidade de reflexão crítica; é por isso que Jesus enfatiza tanto, em Mateus 18,5-7, o mal que é "escandalizá-las". O poder do *skandalon* é revelado como tentação para Jesus ainda em outras passagens, como aquela em que repreende Pedro: "Afasta-te, Satanás! És para mim *skandalon*, pois teus pensamentos não são de Deus, mas dos homens" (Mateus 16,23).[86] Além disso, mesmo Pedro e os discípulos fazem de Jesus um *skandalon*, interpretando-o como uma figura messiânica tradicional capaz de triunfar sobre os inimigos pela força.

Eles e todos os outros que pensam desse modo são escandalizados e "derrubados" até mesmo por Deus, diz Girard: "O Deus da Bíblia é, de uma só vez, a rocha imutável, o refúgio que nunca desaponta e, para os propensos à idolatria, o obstáculo por excelência, dado que os priva dos altares que lhes serviam de suporte e que garantiam o equilíbrio precário de suas comunidades".[87] Esse, afirma ele, é um tema que Isaías antecipara ao afirmar sobre Deus: "Ele será santuário, pedra de tropeço e rocha de escândalo para ambas as casas de Israel, armadilha e laço para os habitantes de Jerusalém" (Isaías 8,14). Deus e toda a imagística sagrada da tradição bíblica constituem uma tal cilada e um tal escândalo: uma tentação à idolatria e, por meio da própria crítica bíblica, um solapamento astuto dessa idolatria mesma, o qual deixa os idólatras no que se resume a uma imagem reversa do duplo vínculo. Esse é o efeito irônico de uma demitologização causada na própria tradição mítica por aquilo que Girard acredita ser uma lógica inexorável do processo mimético, a qual o conduz à própria exposição – o equivalente girardiano da filosofia providencial da história que Voegelin encontrou na imagem do êxodo, utilizada por Agostinho, da cidade do pecado à cidade de Deus. O Novo Testamento completa a demitologização da pedra de tropeço, expondo as raízes de nossa obsessão de uma maneira que também nos possibilita – se conseguirmos

---

[86] Ibidem.
[87] Ibidem, p. 580.

assimilar sua verdadeira mensagem em vez de sucumbirmos às tentações de uma nova mitologia – a real libertação dela.

Essa exposição do mecanismo do modelo-obstáculo como fonte radical do mal humano nos ajuda a solucionar o problema que Ricoeur viu em seus paradoxos e revela o mistério que ali ele também percebia. Ela resolve o problema da vontade escravizada ao mostrar como essa escravidão se dá e ao esclarecer que ela carece da subjetividade genuína que lhe concederia a capacidade da autodeterminação consciente. Na realidade, o mecanismo da autoescravização não é, segundo Girard, um mistério: ele é tão objetivamente conhecível quanto uma hipótese científica referente ao fenômeno sociopsicológico do interdividual. O que a exposição desse mecanismo revela é que, embora seja "subjetiva" pelo fato de a vítima se encontrar em nós, a raiz do mal humano não é subjetiva no sentido de ser uma fonte consciente de ações livres; trata-se, antes, da fonte inconsciente e interior da ação escravizada.

O verdadeiro mistério da subjetividade, por outro lado, é a consciência que adentra a vida humana como amor transcendente no mesmo momento em que interrompe o poder do mecanismo inconsciente que ali dominava. É na subjetividade genuína da liberdade consciente que podemos descobrir o mistério a que o "quem?" antes mencionado se referia. Independentemente da força e da complexidade que possa assumir ao entrelaçar-se em nossas vidas, o mecanismo do desejo mimético é apenas um "que". No entanto, o "quem" é um mistério sobre o qual também Girard, a exemplo de Voegelin e Ricoeur, se vê forçado a falar na linguagem do mito e da metáfora, valendo-se do simbolismo do Deus que é amor e fonte de luz e do Cristo que é encarnação de Deus.

Até o momento, os escritos de Girard só se debruçaram brevemente sobre esse mistério que nos pega de surpresa ao final da viagem pelo labirinto do eu. Ele não emprega uma linguagem especial para abordá-lo, mas o que suas reflexões assinalam parece ser, na verdade, algo muito semelhante àquilo que Voegelin sugeriu por meio das imagens da tensão existencial e do impulso do cordão de ouro: a ideia de que, no final das contas, somos atraídos não por um objeto, mas pelo encanto da verdadeira subjetividade. Podemos acreditar equivocadamente que a atração advém de alguma espécie de objeto, talvez até mesmo de um Deus objetificado; quando isso acontece, porém, é apenas como consequência da projeção externa de uma presença que na verdade está dentro de nós e não é objetificável: a do Além divino que Voegelin afirmava ser também um divino Interior. A mesma forma de pensar parece insinuada pela ideia de noção transcendental de Lonergan – ao menos se o que ela indica é de fato, como já foi sugerido, que somos atraídos nas operações intencionais por uma antecipação de como seria desempenhá-las. Trata-se ainda do mesmo significado da "pré-compreensão" heideggeriana de Ricoeur, a qual constitui a indistinta imagem, em nossa subjetividade incompleta, do *Verbum* eterno que buscamos expressar com nossos *verba*.

Como consequência dessa linha de raciocínio, a análise do mistério da subjetividade só pode ser feita quando encontrada uma forma de vencer as duas armadilhas que parecem estar sempre no caminho de nosso pensamento: o objetivismo e o subjetivismo. Talvez um dos motivos a explicarem nossa dificuldade de superá-los esteja no fato de ambos estarem intimamente ligados. O objetivismo poderia ser descrito como a convicção de que, tanto na consciência quanto na realidade como um todo, são os objetos os agentes definitivos. Isso pode tomar a forma que Girard descreve em sua exposição da psicologia da libido de Freud, a forma que Lonergan chamou de "realismo ingênuo" ou, ainda, a forma das obsessões pelos objetos da mimese e do desejo. O subjetivismo, por sua vez, poderia parecer o contrário disso, mas na verdade é mais do mesmo: ele acredita que há um tipo especial de objeto chamado "sujeito", ao qual atribui um poder de atração extraordinariamente ativo. Poder-se-ia dizer que o subjetivismo nada mais é do que a outra face da moeda objetivista.

Um dos grandes valores da análise da psicologia humana feita por Girard está no fato de ela oferecer algo que pode ser muito mais eficaz do que a crítica filosófica dessas tendências do pensamento. Ele deixa claro por que o objetivismo e o subjetivismo nos encantam tanto: sem a combinação do vislumbre que transcende o ego com o amor que pode nos conceder a verdadeira subjetividade, nós não passamos de idólatras incuráveis. Um mundo sem um ponto de convergência interno ou externo para o nosso fascínio seria um mundo quase insuportável.

Segundo a leitura que Girard faz do Novo Testamento, Jesus rompe definitivamente com esse fascínio quando rejeita a sedução de Satanás no deserto.[88] Ele foi tentado a afastar-se do verdadeiro Deus a fim de possuir todos os objetos do mundo e de regozijar-se, enquanto sujeito-objetivo, na própria glória. Desse modo, a não ser que consigamos imitar Cristo e suportar o vazio deixado para trás pelo Adversário, não seremos nem capazes de partilhar da vida que ele conquistou para nós por meio de sua vitória, nem pensar coerentemente sobre essa vida e sobre a possibilidade de tomar parte nela.

Talvez seja a idêntica atração do objetivismo e do subjetivismo o que torne tão difícil para os cristãos pensar de maneira não metafórica sobre a afirmação de que a própria subjetividade de Cristo pode ser também a nossa, de que o Filho de Deus encarnado pode viver em nós e nós, nEle. Um trecho de uma das entrevistas com Lonergan incluídas em *Caring About Meaning* parece exemplificar a leve falta de jeito e o leve embaraço que aparentemente acometem o pensamento cristão quando se sugere que tais expressões bíblicas devem ser levadas a sério. Já mencionamos que, enquanto lecionava na Universidade Gregoriana, Lonergan escreveu um tratado intitulado "Christ as Subject" para seu curso de cristologia. Esse trabalho era bastante original para um teólogo católico de sua geração, uma vez que levantava a questão da subjetividade humana de Jesus; ao mesmo tempo, era tradicional por interpretar Jesus como um "sujeito" divino-humano no sentido tradicional do termo "sujeito" (isto é, um sujeito-objetivo). Na entrevista, Lonergan teve questionado o seu interesse pelo "Cristo-pessoa" e precisou responder se a atenção dada ao tema do "sujeito" em seus vários escritos não estaria vinculada a isso e à ideia do Corpo Místico. Suas respostas parecem refletir tanto um pensamento evanescente quanto uma sensação ambígua, o que levou um dos entrevistadores a comentar:

> Charlotte Tansey: O senhor se viu legitimado a prosseguir com a noção de "sujeito" porque os cristãos eram outros Cristos... O senhor concordaria com isso?

---

[88] Cf. Jean-Michel Oughourlian interpretando o diabo como desejo mimético em *Un Mime Nommé Désir*, op. cit., p. 97-98.

B. Lonergan: Eu não levaria tão longe a citação de Mersch. Para mim, expressões como essa são repetitivas: eles *são* outros Cristos; *cor Christi, cor Pauli* – o coração de Paulo é o coração de Cristo; *ego vivo, iam non ego sed Christus* ["Vivo, mas já não sou eu, e sim Cristo (...)" (Gálatas 2,20)].

C. T.: Creio que estejamos em busca de um modelo, ou tentando forjar um... O senhor, porém, sempre nos dá uma rasteira.

B. Lonergan: Não é de propósito.

C. T.: O senhor está nos admoestando a não simplificar demais?

B. Lonergan: Essa seria uma boa forma de dizê-lo.[89]

Sem dúvida, simplificar à maneira subjetivista a ideia da união entre os cristãos e Cristo – tentação comum na tradição do pensamento e da linguagem que prevalece em nosso mundo – equivaleria a suscitar uma intumescência do ego que nada mais seria do que a pior forma possível de ceder ao poder do *skandalon*. Lonergan pode muito bem ter percebido esse perigo e se esquivado com sabedoria. Naquilo que Girard chama de "cristianismo histórico", a resposta habitual a esse problema tem sido a interpretação objetificadora que converte Jesus e Deus em ídolos.

Também essa resposta, no entanto, representa uma submissão ao *skandalon* – ainda que seja mais segura do que a outra para a comunidade cristã. A não ser que se compreenda a ideia da vida nova em Cristo de um modo que não seja nem objetivista nem subjetivista, será impossível ouvir a verdade libertadora que Girard vê expressa no Evangelho. Uma das raras figuras da tradição cristã a não apenas ter se debruçado sobre essa questão, mas também ter feito desse paradoxo o centro de sua própria reflexão filosófica acerca da subjetividade humana, é aquele com quem o presente estudo terá fim: Søren Kierkegaard.

---

[89] Bernard Lonergan, *Caring about Meaning*, op. cit., p. 151-52.

6. Søren Kierkegaard:
Consciência como subjetividade encarnada

Dos pensadores estudados neste livro, Kierkegaard é o mais conhecido – no sentido de ser o mais lido – e o mais difícil de se conhecer. Isso não se dá somente porque os temas por ele analisados são inerentemente difíceis ou porque ele se esforçou para tornar-nos cientes disso (João Clímaco, um de seus narradores, afirmou certa vez que, numa época de soluções sistemáticas, sua missão especial era a de tornar o pensamento difícil de novo),[1] mas também porque Kierkegaard leva seu leitor a ultrapassar as ideias e os raciocínios e alcançar uma descoberta existencial de si mesmo. Em outras palavras, ele nos faz perceber nossa participação ativa na luta por uma existência subjetiva. Trata-se, ademais, de uma luta que descobrimos partilhar com o autor – ou, para sermos mais precisos, com alguma ou algumas de suas *personae*, as máscaras ou pseudônimos por cujas vozes Kierkegaard se dirige a nós e nas quais retrata não apenas sua própria presença subjetiva, mas a nossa também.

Em determinado aspecto, a dificuldade do pensamento de Kierkegaard deveria se reduzir um pouco à luz dos capítulos

---

[1] Søren Kierkegaard, *Concluding Unscientific Postscript to the Philosophical Fragments: A Mimic-Pathetic-Dialectic Composition: An Existential Contribution*. Trad. David F. Swenson e Walter Lowrie. Princeton, Princeton University Press, 1941, p. 165-67.

precedentes, uma vez que várias das figuras que temos estudado – em especial Voegelin e Ricoeur – foram influenciadas, como vimos, pelas questões de Kierkegaard e por sua abordagem à filosofia. Isso deve fazer com que os problemas já se mostrem, em alguma medida, familiares. Um exame mais direto do tratamento que o próprio Kierkegaard dá a essas mesmas questões deverá esclarecer ainda mais a natureza dos problemas que seus sucessores têm enfrentado. Ele mesmo não desejou oferecer respostas definitivas para os problemas sobre os quais se debruçou. Em vez disso, com muita insistência enfatizou-os exatamente como problemas, e grande parte da linha de investigação com que temos nos ocupado – em especial aquela que diz respeito à relação entre os aspectos ou polos subjetivo e objetivo da consciência – nada mais é do que uma prolongada resposta às questões que ele levantou acerca do tratamento do tema na tradição de Kant, Fichte, Schelling e Hegel.

A atenção dada por Kierkegaard aos problemas, e não às respostas, explica sua característica tendência a falar por meio de *personae*. Para conscientizar-nos da complexidade dos problemas que lhe interessavam, fazia com que os víssemos a partir de várias perspectivas diferentes. Se encarados coletivamente, portanto, seus escritos tendem a assumir o caráter de um longo diálogo filosófico entre pontos de vista diferentes, e não o caráter mais familiar da exposição sistemática de determinado enfoque.

Isso, é claro, não é o mesmo que afirmar que Kierkegaard não defendeu posições filosóficas específicas e que suas várias *personae* não concordam a ponto de formar um sistema de pensamento kierkegaardiano. No entanto, as afirmações que ele fez em seus escritos não solucionam os problemas que procurou nos revelar; antes, elas constituem pontos essenciais da abordagem que lhes é dada. Um exemplo que será examinado em breve é a concepção kierkegaardiana da natureza da subjetividade e de sua relação com a objetividade. Outro é a distinção que Kierkegaard traça entre a existência subjetiva e a existência objetiva. Essas não são questões que ele julgasse seriamente controversas, ainda que discordasse dos pensadores mais populares de sua época acerca delas. Quanto aos problemas elementares, porém, como o da relação entre o homem e Deus ou o da relação entre o crente e o salvador

– problemas referentes ao "quem" supremo que se encontra no âmago da existência subjetiva –, seu objetivo não era persuadir-nos da verdade de determinada solução, mas suscitar o verdadeiro assombro filosófico e o pensamento ativo. Isso significa que a dificuldade do pensamento de Kierkegaard é a dificuldade de acompanhá-lo em seu espanto, e não a dificuldade de descobrir como ele poderia ter dado fim a esse espanto com uma resposta.

Ainda que se reconheça isso, porém, muitos podem ter dificuldades para se libertar do desejo de conhecer a "visão de Kierkegaard"; talvez alguns venham até mesmo a julgar este capítulo um tanto frustrante, uma vez que ele não procura desenvolver e provar uma interpretação específica "daquilo que Kierkegaard disse" acerca das questões mais penetrantes que levantou. Como acabamos de examinar o pensamento de René Girard, figura com opiniões formadas acerca dos tipos de desejo que podem nos dominar, talvez seja fecundo assinalar por um breve momento como a análise girardiana da psicologia humana poderia ser aplicada ao problema que costumamos enfrentar ao ler Kierkegaard.

Girard enfatizou o poder do impulso instintivo que nos leva a imitar os outros e abordou a necessidade que temos de possuir um "mediador". O mediador é um modelo que tentamos imitar na esperança de que, mimetizando não somente seus gestos, mas também suas intenções, possamos obter o poder que ele tem e, assim, conquistar o "verdadeiro ser". Sem essa figura que nos serve de modelo, sentimo-nos vulneráveis e esperamos que uma imitação bem-sucedida logo nos coloque em estado de invulnerabilidade. Esse vislumbre pode ser aplicado à nossa relação com um autor como Kierkegaard: sempre que abordamos um nome a quem foi concedido prestígio e autoridade por muitos, tendemos a sentir seu poder como mediador. Às vezes nos aproximamos dele com admiração e buscamos partilhar de sua glória por meio da compreensão e da adoção de suas ideias, transformando-o no que Girard chama de "mediador externo". Ou, então, podemos nos aproximar dele com desconfiança ou hostilidade, procurando dominar seu raciocínio apenas para desprezá-lo. Nesse caso, tal figura se torna para nós rival ou obstáculo, um exemplo que Girard denomina "mediador interno". Existem formas melhores de se aproximar de um autor, mas tratar-se-ia aí de um leitor raro, completamente imune ao poder de atração de uma figura que, a exemplo de Kierkegaard, é amplamente mencionada e admirada em nosso mundo. Não devemos nos surpreender, portanto, se nos pegarmos questionando "o que Kierkegaard de fato quis dizer" ou se até mesmo sentirmos certa angústia existencial quanto à forma de nos certificarmos de que alguém realmente sabe qual é essa intenção.

Este problema de como se pode conhecer com certeza a mente de um personagem histórico do passado corresponde àquele sobre o qual Kierkegaard (ou melhor, João Clímaco) se debruçou no *Post Scriptum Final Não-Científico às Migalhas Filosóficas*, em que analisa se o conhecimento histórico da vida de Jesus poderia alcançar algum grau de certeza – e se, na verdade, isso de fato faz alguma diferença. Simples, a resposta à primeira questão diz que todo conhecimento referente a um fato histórico é apenas provável, de modo que a certeza, na história, não passa de um objetivo que se afasta a todo momento e que só pode ser abordado num processo infinito de aproximação. O que mais interessava a Kierkegaard era o porquê de acreditarmos que isso de fato importa, isto é, por que essa certeza nos fascina. Nisso, como veremos, ele parece ter antecipado tanto a crítica das mediações quanto a crítica da noção convencional de "sujeito" feitas por Girard. Essa discussão, no entanto, precisará esperar até que tenhamos examinado um tema que o próprio Kierkegaard apresenta como introdução essencial: o problema da falibilidade e da culpa humanas – ou, em linguagem mais teológica, o problema do pecado.

Temos aí um tema que é tão central ao pensamento de Kierkegaard quanto ao pensamento de Ricoeur ou Girard. Em *O Desespero Humano*, publicado em 1849, Anti-Clímaco, sua *persona*, afirma: "Atenho-me inflexivelmente à doutrina cristã segundo a qual o pecado é uma posição [isto é, uma realidade positiva em vez de uma simples deficiência ou um aspecto de nossa finitude] – não, porém, como algo que pode ser compreendido, mas como um paradoxo em que se deve crer".[2] Como defensor da crença

---

[2] Søren Kierkegaard, *The Sickness unto Death: A Christian Psychological Exposition for Upbuilding and Awakening*. Ed. e trad. Howard V. Hong e Edna H. Hong. Princeton, Princeton University Press, 1980, p. 98.

dogmática, Anti-Clímaco é a contraparte explícita de João Clímaco, pseudônimo utilizado por Kierkegaard nas *Migalhas Filosóficas* e no *Post Scriptum Final Não-Científico* para abordar seus temas – incluindo o paradoxo do pecado – a partir da perspectiva do tipo de filosofia corrente nas universidades germânicas do período.

Essas duas vozes, porém, não devem ser interpretadas como antitéticas, e sim como vozes complementares. Como afirmam os Hong na introdução de sua tradução de *O Desespero Humano*, "o prefixo 'Anti' pode ser capcioso. (...) Ele não quer dizer 'contra'. Trata-se de uma antiga forma do 'ante' (antes) – como em 'antecipar' –, mas também denota uma relação de hierarquia, como no 'diante de mim' do Primeiro Mandamento".[3] Em seus *Diários*, o próprio Kierkegaard descreveu essa relação à luz dos graus de ascensão na escala do entendimento e do desenvolvimento cultural: "João Clímaco e o Anti-Clímaco possuem muitas coisas em comum. O que os diferencia é o fato de que, enquanto João Clímaco se subestima de modo a afirmar até mesmo não ser cristão, é possível notar que o Anti-Clímaco se considera um cristão de altíssimo nível (...) Eu me colocaria acima de João Clímaco, mas abaixo do Anti-Clímaco".[4]

Outra forma de expressar a relação entre essas *personae* pode ser inferida a partir do significado no nome Clímaco, que advém do grego *klimakis* e significa escada.[5] Se o Anti-Clímaco encontra-se acima de João por ter ascendido mais, é porque, segundo Kierkegaard, a fé propriamente dita não é um assentimento ou um dogmatismo cego, e sim algo que só se desenvolve de maneira adequada com base no esclarecimento mais completo possível dos problemas. No âmbito religioso, o Anti-Clímaco representa uma posição a que só se pode chegar após subir a escada da investigação inteligente. Há uma religiosidade que defende a incompreensibilidade como forma de evitar as exigências da investigação, mas para Kierkegaard isso é uma fraude; qualquer investigador zeloso

---

[3] Ibidem, p. xxii.
[4] Citado em ibidem.
[5] O nome faz alusão a São João Clímaco, anacoreta do Monte Sinai que, no século VII, se notabilizou por sua erudição e, de modo especial, pelo livro *A Escada da Ascensão Divina*, um guia para a vida espiritual em trinta passos.

daquilo que ele denominou "verdade existencial" – a qual, por si só, não pode ser conhecida como objeto da intelecção – deve também ser zeloso na compreensão daquilo que *pode* ser compreendido. "A fé", nas palavras de João Clímaco, "não *deve satisfazer-se* com a ininteligibilidade; pois é precisamente a relação ou a aversão ao inteligível, o absurdo, a expressão da paixão da fé".[6]

A afirmação feita pelo Anti-Clímaco de que o pecado é um paradoxo em que se deve crer ainda quando incompreensível está longe de ser, portanto, uma expressão de irracionalismo. Antes, ela dá voz a uma posição alcançada depois de uma investigação profunda das possibilidades do entendimento, opondo-se às outras vozes, mais comuns na tradição religiosa, que presumem muito facilmente que o pecado pode ser intelectualmente compreendido como uma ideia. Quando o Anti-Clímaco diz que, "se for possível provar que toda tentativa de compreender é autocontraditória, a questão será colocada em sua devida perspectiva",[7] por trás de sua declaração encontra-se a obra de uma *persona* anterior: o Vigilius Haufniensis de *O Conceito de Angústia*, que demonstrou com detalhes essa mesma autocontradição.

Ironicamente, essa obra, que recebeu, como se fosse uma mera exposição da popular doutrina agostiniana, o subtítulo de "Uma Simples Reflexão Psicológico-demonstrativa Direcionada ao Problema Dogmático do Pecado Hereditário", apresenta uma demolição dessa doutrina especulativa que é mais veemente do que aquela que Ricoeur realiza no ensaio "Le Péché Originel: Étude de Signification", a que nos referimos no capítulo dedicado ao autor.[8] Com efeito, a primeira parte de *O Conceito de Angústia* toma cada explicação do pecado oferecida nas tradições cristãs do Ocidente e do Oriente e demonstra que todas elas (e, como consequência, quaisquer outras que poderiam ser formuladas) são necessariamente autocontraditórias – afinal, toda explicação do pecado deve pressupor a existência de uma causa,

---

[6] Søren Kierkegaard, *Concluding Unscientific Postscript to the Philosophical Fragments*, op. cit., p. 540. Doravante, este volume será indicado como *Postscript*.

[7] Søren Kierkegaard, *The Sickness unto Death*, op. cit., p. 98.

[8] In: Paul Ricoeur, *The Conflict of Interpretations: Essais in Hermeneutics*. Ed. Don Ihde. Evanston, Northwestern University Press, 1974, p. 269-86.

ao passo que o pressuposto de uma causa deve negar a única coisa que é absolutamente essencial para que o pecado seja considerado pecado: a inexistência de qualquer causa objetiva.[9] O erro, diz Vigilius, em levantar questões acerca do pecado está no fato de elas serem levantadas como questões "destinadas à ciência", isto é, como questões sobre algo que pode ser explicado objetivamente.[10] Antes, a questão sobre o pecado é uma questão sobre si mesmo:

> Toda ciência está ou numa imanência lógica, ou numa imanência intrínseca a uma transcendência incapaz de ser explicada. Ora, o pecado é precisamente essa transcendência, esse *discrimen rerum* [crise] em que o pecado adentra o indivíduo particular como indivíduo particular. O pecado jamais adentrou, nem jamais adentrará, o mundo de qualquer outra forma. Desse modo, quando o indivíduo é estúpido o bastante para questionar o pecado como se lhe fosse algo estranho, tudo o que faz é questionar como tolo, pois ou ele não sabe do que se trata a questão, e assim é incapaz de respondê-la, ou a conhece e compreende, sabendo também que nenhuma ciência pode lhe fornecer uma explicação.[11]

Quando o pecado é "compreendido", não o é por meio de uma compreensão de ideias, e sim por intermédio de uma séria luta interior. Como afirmou Vigilius em sua introdução, "o pecado deve, segundo seu verdadeiro conceito, ser superado".[12] Para compreender o pecado, não se pode abordá-lo numa atitude de curiosidade

---

[9] Cf. Bernard Lonergan, *Caring about Meaning*, op. cit., p. 149-50: "Se traçada a distinção entre o inteligível e o ininteligível, o principal exemplo do ininteligível, do irracional, é o pecado. ('Por que Adão pecou? Por que os anjos pecaram?' Se houvesse um motivo, não seria pecado.) Trata-se do irracional puro e simples". Cf. também Bernard Lonergan, *Insight*, op. cit., p. 609, em que o autor descreve o pecado fundamental como "contração da consciência" (por meio da qual se impede a deliberação inteligente) e afirma que "tudo que a inteligência pode apreender referente aos pecados fundamentais é que não há inteligibilidade para apreender".

[10] Søren Kierkegaard, *The Concept of Anxiety: A Simple Psychologically Orienting Deliberation on the Dogmatic Issue of Hereditary Sin*. Ed. e trad. Reidar Thomte, com a colaboração de Albert B. Anderson. Princeton, Princeton University Press, 1980, p. 50. [Em português: *O Conceito de Angústia. Uma Simples Reflexão*. Trad. Álvaro Luiz Montenegro Valls. Petrópolis, Vozes, 2010.]

[11] Ibidem, p. 50.

[12] Ibidem, p. 15.

objetiva; "o modo correto está no zelo que vem expresso na resistência corajosa".[13]

Nos escritos de Kierkegaard, o pecado não é nenhum tipo de objeto intencional. Antes, falar de pecado é falar indiretamente, e de maneira quase objetificante, de arrependimento. Além disso, esse arrependimento é subjetivo: trata-se de um ato que é desempenhado. A importância do arrependimento está no fato de ele ser essencial ao processo que, na linguagem de Kierkegaard, leva o sujeito a existir como sujeito. Na expressão religiosa de Vigilius: "Ao voltar-se para si mesmo, ele volta-se *eo ipso* para Deus, e há uma regra cerimonial que diz que quando o espírito vê Deus, deve iniciar na culpa".[14] Ou, como exprimiu a linguagem filosófica complementar de João Clímaco: "A consciência essencial da culpa é o primeiro mergulho profundo na existência e, ao mesmo tempo, a expressão de que o existente está vinculado a uma felicidade eterna".[15]

É tanto o fato de a consciência da culpa ser um traço essencial do processo de conquista da existência quanto o fato de isso envolver uma relação com a felicidade eterna o que se encontra no centro da questão. Para compreendermos, porém, o que isso significa, teremos antes de compreender uma série de noções cruciais ao pensamento de Kierkegaard – entre elas, a de existência, eternidade, subjetividade e objetividade, tal como a de crença ou fé.

Será útil iniciarmos com um exame de seu conceito de objetividade – afinal, ele é tanto o seu conceito mais simples quanto o conceito que mais nos ajuda a retificar a equivocada opinião de que Kierkegaard é um irracionalista. O fato de ele ser assim considerado provavelmente se deve à grande ênfase que destinou à importância da subjetividade, como se vê na famosa máxima, retirada do *Post Scriptum*, que diz que "verdade é subjetividade".[16] Muitos dos que a escutaram, sem terem lido porém o próprio Kierkegaard, acreditam que há aí uma glorificação da arbitrariedade irracional. No entanto, o autor mesmo deixou bem claro o que tinha em mente.

---

[13] Ibidem.
[14] Ibidem, p. 107.
[15] Søren Kierkegaard, *Postscript*, op. cit., p. 473.
[16] Encontra-se ela no título da parte 2, cap. 2, p. 169.

O conceito de subjetividade defendido tanto nas *Migalhas Filosóficas* quanto no *Post Scriptum* é aquele de um processo de operações desempenhadas cuidadosamente por uma pessoa que de fato se interessa pela verdade. A verdadeira subjetividade, portanto, é exatamente o contrário da arbitrariedade, a qual consiste na solução de questões de verdade e de valor sem qualquer reflexão cautelosa e sem qualquer objetivo sério. "Em geral se crê", diz João Clímaco, "que nenhuma arte ou talento se fazem necessários para o que se torna subjetivo".[17] O que se dá, na verdade, é exatamente o oposto, e a incompreensão deriva da incapacidade comum de distinguir entre ser um sujeito propriamente dito e ser "um pouco de sujeito", uma "espécie" de sujeito ou um sujeito "em sentido imediato" – o que nada mais é do que ser alguém consciente o bastante para receber impressões, formular expressões convencionais e deixar-se conduzir, por impulsos, a conclusões ou ações exteriores que carecem de uma reflexão séria:

> Quando se ignora essa pequena distinção – cômica do ponto de vista socrático e infinitamente angustiante do ponto de vista cristão – entre o assemelhar-se a um sujeito, o ser um sujeito e o converter-se em sujeito, (...) torna-se sabedoria – a admirada sabedoria de nossa época – dizer que é tarefa do sujeito despojar-se cada vez mais de sua subjetividade e tornar-se mais e mais objetivo. É fácil perceber o que é ser, segundo essa orientação, uma espécie de sujeito. Trata-se, sem qualquer dúvida, do acidental, do angular, do egoísta, do excêntrico etc., dos quais todo ser humano pode se fartar. O cristianismo também não nega a necessidade de livrar-se dessas coisas; ele jamais simpatizou-se pela grosseria. A diferença, porém, é que a filosofia ensina que o caminho é tornar-se objetivo, enquanto o cristianismo ensina que o caminho está em tornar-se subjetivo, isto é, em tornar-se um sujeito na verdade.[18]

Longe de querer insinuar que a verdadeira subjetividade é um capricho e a negligência da verdade objetiva, Kierkegaard afirmou consistentemente que sujeito no sentido próprio do termo é só

---

[17] Søren Kierkegaard, *Postscript*, op. cit., p. 116.
[18] Ibidem, p. 117.

aquele capaz de conhecer a verdade, seja ela objetiva ou subjetiva. Quando Clímaco fala da "filosofia" que ensina que o caminho é tornar-se objetivo, ele está se referindo ao Iluminismo e à crença idealista em que saber é um processo passivo no qual aquilo que é empiricamente objetivo se imprime no observador ou no qual o logicamente necessário se desdobra de acordo com suas leis ante o olhar da razão desinteressada. O que Kierkegaard afirma é que apenas um investigador diligente e interessado pode raciocinar, deliberar e decidir – e é *aí* que está a existência subjetiva. Longe de opor-se à subjetividade que pode ser alcançada por meio das reais operações subjetivas, Kierkegaard vê esse respeito pela verdade objetiva como uma das marcas da subjetividade genuína. A objetividade a que ele se opõe é a objetividade ilusória do idealista racionalista, a equivocada crença em que o objetivo supremo do pensamento não é o existencial, mas um panorama das ideias logicamente necessárias.

Em essência, Kierkegaard concordaria com Lonergan quanto ao fato de a verdadeira objetividade ser, segundo vimos, "consequência da subjetividade autêntica, da atenção, da inteligência, da racionalidade e da responsabilidade genuínas".[19] Ele não esteve particularmente interessado na ciência natural e sua metodologia, mas não há por que acreditar que nutriria qualquer objeção à ideia da validade de ambas. Sua objeção dirigia-se ao conceito de "ciência" adotado pelos idealistas germânicos da época, cuja ambição era tornar a filosofia uma ciência desse gênero. Essa concepção de "ciência" era "sistemática" em sentido dedutivista. Ela incluía, como explicou Walter Kaufmann em *Discovering the Mind*, três ideais cognitivos cruciais: certeza, completude e necessidade.[20] Sua fonte, para o período histórico de Kierkegaard, era a *Crítica da Razão Pura* de Kant, que escreveu no prefácio da primeira edição: "No que diz respeito à certeza, a mim mesmo pronunciei o seguinte: nesse tipo de exame, não é de forma alguma permitido *opinar*, e tudo quanto que se assemelha a uma hipótese é um bem proibido". Em seguida, ele afirmou: "A perfeita

---

[19] Bernard Lonergan, *Método em Teologia*. Trad. Hugo Langone. São Paulo, É Realizações, 2013, p. 296.
[20] Walter Kaufmann, *Discovering the Mind*. Nova York, McGraw-Hill, 1980, vol. 1, p. 185-86.

unidade desse tipo de conhecimento que consiste tão somente em conceitos puros, de modo que nenhum elemento da experiência (...) pode exercer qualquer influência sobre ele, tal como expandi-lo ou aumentá-lo, torna essa completude incondicional não apenas viável, mas também necessária" (citado por Kaufmann). "Sem dúvida, o sonho da certeza absoluta é mais velho que Kant", afirma Kaufmann, "podendo ser remontado a Descartes, Platão e até mesmo Parmênides; no entanto, foi Kant quem marcou em seus sucessores, de modo especial em seus sucessores alemães, a trindade formada pela certeza, pela completude e pela necessidade".[21]

Sempre que fala com desprezo da objetividade ou da ciência, Kierkegaard tem em mente a objetividade sistemática desse ideal do conhecimento – era isso, afinal, o que tais palavras significavam na linguagem de seu ambiente. Longe de voltar-se contra a objetividade experiencialmente fundamentada de que fala Lonergan, Kierkegaard a defendeu em oposição ao dedutivismo. Ele pode ter utilizado uma linguagem bastante diferente para abordá-la, mas claro está que, a exemplo de Lonergan, a realidade contingente do mundo objetivo é em sua opinião conhecida não por meio da dedução lógica, mas por meio de uma combinação de experiência, interpretação e juízo.

O tratamento mais conciso que Kierkegaard dá ao tema do conhecimento objetivo pode ser encontrado nas *Migalhas Filosóficas*, obra que, apesar de seu título, talvez seja a mais sistemática de todas as que escreveu. O narrador do livro, tal como o do *Post Scriptum*, sua sequência, é João Clímaco.[22] A questão da natureza e da importância do conhecimento objetivo – não em sentido idealista,

---

[21] Ibidem, p. 186.

[22] Quanto à relação entre Kierkegaard e Clímaco, Niels Thulstrup sugere, em sua introdução à tradução de Swenson e Hong, que a obra expressa as visões do próprio filósofo e "não pode ser considerada verdadeiramente pseudonímica". Søren Kierkegaard, *Philosophical Fragments or A Fragment of Philosophy*. Trad. David Swenson e Howard V. Hong. Princeton, Princeton University Press, 1941, p. lxxxv. A sugestão de Thulstrup não necessariamente contraria o que foi dito acerca da diferença entre os problemas sobre os quais Kierkegaard emitiu comentários filosóficos consistentes e aqueles tratados como problemáticos ou, na expressão de Marcel, misteriosos. Na maior parte do tempo, Clímaco pode muito bem se aproximar das visões do próprio Kierkegaard, mas continua sendo um explorador que sonda hesitantemente áreas que se encontram além do conhecimento seguro.

mas num sentido realista crítico – encontra-se implícita nas perguntas reproduzidas no frontispício do livro: "Um ponto de partida histórico é possível para uma consciência eterna? Como um tal ponto de partida pode oferecer um interesse que não é histórico? É possível fundamentar uma felicidade eterna num conhecimento histórico?". Formulando de outra maneira os problemas aí envolvidos, poder-se-ia perguntar: "Existe algum elo essencial entre a existência contingente no tempo e o objetivo de nosso anseio mais profundo (isto é, o de desfrutar da felicidade eterna)? Ou nosso envolvimento com a dimensão temporal da vida não passa de uma distração de nossa vida verdadeira, que estaria na contemplação das ideias eternas e de seus vínculos necessários?".

Ainda outra forma de expressar esses problemas seria utilizando a pergunta com que Clímaco inicia o primeiro capítulo: "O quanto a Verdade permite ser assimilada?". O significado dessa dúvida depende de se a verdade deve ser interpretada de modo estritamente objetivo ou se também deve ser interpretada à luz da vida subjetiva. Se a única verdade é a verdade objetiva, toda verdade pode ser formulada, ensinada e aprendida porque toda verdade é proporcional às suas objetificações. Se existe ainda um sentido subjetivo da palavra verdade (aqui representado pela "Verdade" em maiúscula da citação acima), a objetificação dessa verdade é limitada.

Implícito aqui está o confronto entre a posição idealista mencionada antes e a crença cristã de Kierkegaard em que a felicidade eterna do homem está não na contemplação de um sistema de ideias, mas na partilha ativa da vida contingente que Deus assume em sua encarnação. Nesse volume, porém, Clímaco retira o confronto do século XIX e o coloca numa espécie de presente clássico sem nenhuma especificação temporal. No lugar dos hegelianos da época de Kierkegaard, Clímaco coloca como seu adversário o Sócrates do Mênon platônico; e, embora seja a crença na encarnação divina aquilo que opõe a ele, a alusão ao cristianismo é dissimulada por referências ao "Deus" e a um "Mestre" anônimo (implicitamente, Jesus).[23]

---

[23] Para uma abordagem minuciosa da relação de Kierkegaard com Hegel e os hegelianos, ver Niels Thulstrup, *Kierkegaard's Relation to Hegel*. Trad. George L. Stengren. Princeton, Princeton University Press, 1980; e Mark C. Taylor, *Journeys*

No *Mênon*, como já mencionamos no capítulo sobre Lonergan, Sócrates afirmou que todo conhecimento genuíno é uma recordação e que o movimento da ignorância ao conhecimento por meio da investigação na verdade não passa do movimento de uma ignorância aparente à lembrança das verdades conhecidas numa vida anterior e supratemporal. "Desse modo", segundo a visão socrática que aqui resume Clímaco, "a Verdade não é introduzida no indivíduo a partir de fora, mas já se encontrava nele"; isso, afirma, implica então a doutrina da "preexistência" da alma.[24] Esta última afirmação é importante porque o problema principal, ao menos no que diz respeito a Kierkegaard, não é tanto a forma como podemos conhecer os objetos cognitivos, e sim se, ao nos conhecermos como seres humanos, estamos redescobrindo uma existência que já possuímos mas que perdemos de vista.

Esse, para Kierkegaard, é o significado mais profundo do tema da "reminiscência" ou *anamnese*: por acaso já possuiríamos nós uma existência fundamentalmente nossa, a qual estaria no início de uma longa rota de símbolos míticos? Ou a nossa descoberta da existência subjetiva seria algo genuinamente novo – uma percepção nova de uma existência nova? A concepção que Clímaco esboça – e aqui estamos abordando um dos problemas mais elevados de Kierkegaard – é a concepção extremamente radical de que os seres humanos não possuem existência própria, mas só passam a existir na medida em que são "gerados" por Deus, vivendo em Sua encarnação.

A exploração integral desse tema, porém, deve aguardar que seu terreno esteja plenamente preparado. A abordagem de Clímaco parte da pergunta de como é possível "conhecer" verdadeiramente o Mestre. Isso, por sua vez, culmina na distinção entre o conhecimento objetivo e o conhecimento subjetivo. O problema definitivo é aquele do conhecimento subjetivo do Mestre. O foco inicial, no entanto, é o problema dos poderes e limites da cognição objetiva.

---

to Selfhood: Hegel and Kierkegaard. Berkeley e Los Angeles, University of California Press, 1980.

[24] Søren Kierkegaard, *Fragments*, op. cit., p. 11-12.

Nos *Fragmentos*, esse tema surge quando é questionada a forma como podemos conhecer o passado histórico. Tudo aquilo que é factual ou contingente é histórico; uma vez que não se trata de algo necessário, e sim de algo que apenas aconteceu, o contingente situa-se no esquema do tempo, sendo conhecido por meio de um processo temporal que envolve a experiência, a interpretação e o juízo. Quanto às ideias abstratas, Clímaco prontamente admite as afirmações dos idealistas: é possível compreender as ideias e seus vínculos necessários apenas por meio do raciocínio lógico. Nesse caso, porém, o raciocínio não é uma investigação sobre o factual, mas sobre o que é meramente possível. Ele não passa daquilo que, no capítulo sobre Lonergan, foi classificado como uma operação de "nível dois": uma análise ou explicação puramente formal do conteúdo das ideias.

Kierkegaard insiste tanto quanto Lonergan ou qualquer outro realista crítico em que o factual não é conhecido por esse tipo de "raciocínio puro", mas pelo juízo que se segue à reflexão crítica. O raciocínio abstrato conhece o necessário, mas o histórico é precisamente aquilo que "ganhou existência", não sendo portanto necessário, e sim contingente e incerto. A percepção que o investigador tem dessa incerteza dá origem ao que Clímaco chama de "sentimento apaixonado pelo tornar-se existente: o espanto".[25] O espanto é a tensão na subjetividade que leva o indivíduo a sair da incerteza e buscar o conhecimento factual. Esse é um movimento que se dá além da imediação da sensação e da percepção, buscando o historicamente contingente tal como é conhecido pelo juízo de uma verdade factual. Quando se conhece o histórico dessa maneira, não se possui a certeza em sentido formal, a certeza com que se conhece o logicamente necessário; tem-se, antes, o "convencimento", tal como cunhou Newman, acerca do que calhou de acontecer. É a esse convencimento que Clímaco se refere quando afirma: "A sensação e a cognição imediatas não suspeitam da incerteza com que a crença se aproxima de seu objeto, mas também não suspeitam da certeza que nasce dessa incerteza".[26]

---

[25] Ibidem, p. 99.
[26] Ibidem, p. 101.

Nessa passagem, a palavra "crença", também traduzida como "fé" em outros trechos, exige alguns esclarecimentos. Clímaco emprega o termo de duas formas: em seu "sentido direto e comum" e em seu "sentido eminente".[27] Nessa passagem, ele é utilizado no sentido "comum" (isto é, para referir-se ao juízo de um fato contingente). Clímaco afirma que "o órgão que se debruça sobre o histórico deve possuir uma estrutura análoga ao próprio histórico; ele deve abarcar um algo correspondente pelo qual possa negar repetidamente, em sua certeza, a incerteza que corresponde à incerteza de ganhar a existência".[28] Apesar das diferenças linguísticas, é exatamente isso o que Lonergan tratou como "o isomorfismo alcançado entre a estrutura do conhecer e a estrutura do conhecido".[29] O que ambos querem dizer é que a realidade objetiva do fato contingente é aquilo mesmo que pode ser sensatamente afirmado por meio da investigação atenta e do juízo crítico.

Clímaco em seguida dá ao "órgão" do juízo crítico o nome de "fé" (no "sentido comum"): "Ora, a fé possui exatamente o caráter exigido; pois, na certeza da crença [em dinamarquês: *Tro*, crença ou fé], está sempre presente uma incerteza negada, a qual corresponde de todas as formas à incerteza de ganhar a existência. O mesmo se aplica a um acontecimento. Aquele 'o que' do acontecimento pode ser conhecido imediatamente, mas de forma alguma pode-se saber imediatamente que ele ocorreu. Do mesmo modo, também não se pode saber imediatamente que ele ocorre e nem mesmo que ele ocorre como afirmamos ocorrer diante de nossos próprios narizes".[30]

A palavra "fé", quando assim empregada, não possui um sentido teológico (sentido que Clímaco chama de "eminente"), mas refere-se tão somente ao juízo racional que parte da interpretação e da evidência. O que Clímaco quer dizer é que o mundo contingente não é conhecido apenas por meio da sensação, da percepção ou do exame de ideias, mas por meio daquele ato pelo qual a facticidade contingente é sempre conhecida: o ato do juízo

---

[27] Ver a nota do tradutor, ibidem, p. 101.
[28] Søren Kierkegaard, *Fragments*, op. cit., p. 100-01.
[29] Bernard Lonergan, *Insight*, op. cit., p. 385.
[30] Søren Kierkegaard, *Fragments*, op. cit., p. 101.

crítico. O fato de ele afirmar que "a crença não é uma forma de conhecimento, mas um ato livre, uma expressão da vontade",[31] não significa que a crença seja arbitrária, mas apenas que o juízo é uma operação conscientemente intencional (e, portanto, "voluntária") diferente da contemplação das ideias e de suas relações lógicas (aquilo a que se refere o termo "conhecimento" no trecho supracitado). Como já pudemos mencionar, grande parte da intepretação comum e equivocada de Kierkegaard como irracionalista resulta de uma leitura não muito cuidadosa do autor. Para lê-lo cuidadosamente no que toca essa questão, é preciso atentar tanto para como ele utiliza sua linguagem particular quanto para como ele a relaciona à linguagem corrente em seu ambiente filosófico. Tal como o próprio Kierkegaard os descreve, seus oponentes idealistas viam o "conhecimento" – até mesmo o conhecimento do fato histórico – como uma certeza lógica alcançada pela assimilação da necessidade sistemática. A esse modo de pensar ele opõs sua ênfase na contingência do factual e em sua apreensão por meio das operações conscientes pelas quais se pode afirmar sensatamente que os acontecimentos contingentes de fato aconteceram.

Até aqui, Kierkegaard mostra-se perfeitamente de acordo com Lonergan no que diz respeito ao nosso conhecimento do mundo objetivo – salvo o fato de utilizar uma terminologia bastante diferente. No entanto, se tudo se resumisse a isso ele pouco contribuiria para o diálogo entre os filósofos que temos examinado. Sua real contribuição surge exatamente no momento em que esse acordo com a posição crítica realista encontra seu limite. Trata-se do momento em que Kierkegaard insiste na absoluta diferença entre sujeito e objeto. Lonergan, como vimos, afirmou que o sujeito pode ser adequadamente objetificado e conhecido como qualquer outro objeto real. Kierkegaard, por sua vez, se alinha a Voegelin e Ricoeur, seus descendentes filosóficos, e afirma que não importa o tipo de analogia que pode ser traçada entre um sujeito real e um objeto hipotético do conhecimento: a subjetividade é única e não pode ser medida de acordo com nenhuma objetificação.

---

[31] Ibidem, p. 103.

Kierkegaard não apenas nega que o sujeito como tal seja objetivamente conhecível, mas também enfatiza a contradição e o confronto entre a atualidade do sujeito enquanto sujeito e nosso desejo de conhecê-lo de maneira objetiva. Além disso, é sobre essa contradição que ele acredita estar alicerçada a subjetividade humana. É por esse motivo que Kierkegaard tanto enfatiza a categoria do paradoxo. "Não se deve olhar com desprezo o paradoxal", afirma Clímaco nas *Migalhas*, "porque o paradoxo é a fonte da paixão do pensador, e um pensador sem paradoxo é como um amante sem emoção: uma vil mediocridade".[32]

Também isso poderia ser interpretado como prova do irracionalismo de Kierkegaard, mas somente quando não se atenta minuciosamente para seu significado. Há duas razões para o destaque dado ao tema do paradoxo em seu pensamento. A primeira está no fato de que, ao buscar uma forma de falar da subjetividade num ambiente em que a linguagem filosófica estava quase toda orientada para a descrição de objetos da percepção ou da intelecção, Kierkegaard foi levado a usar, de maneira inadequada, a linguagem do discurso filosófico então disponível. Nesse aspecto, o paradoxo kierkegaardiano resulta do colapso de uma linguagem levada além de sua capacidade. Esse paradoxo poderia ser chamado de paradoxo "acidental".

Há, porém, ainda outro tipo de paradoxo no pensamento de Kierkegaard, aquele a que Clímaco se refere como "a fonte da paixão do pensador". Este poderia ser chamado de paradoxo "essencial" – essencial por não ser solucionado quando reformulado em outra linguagem. O paradoxo que é a fonte da paixão do pensador, diz Clímaco mais adiante, é o desejo de alcançar o que é verdadeiramente alheio ao pensamento: "O supremo paradoxo de todo pensamento é a tentativa de descobrir algo que o pensamento não pode pensar. No fundo, essa paixão se faz em presente em todo pensamento (...)".[33]

Uma forma de explicar isso é dizer que todo pensamento, movido como é pelo desejo de saber, busca o desconhecido. Ora, há

---

[32] Ibidem, p. 46.
[33] Ibidem.

aquilo que é desconhecido em sentido acidental: trata-se de algo que ainda não se conheceu mas que é cognoscível. Não é, inerentemente, um mistério, e sim um problema. No entanto, há também aquilo que é essencialmente desconhecido porque incognoscível: trata-se de algo que não pode ser transformado em objeto do entendimento e que *a fortiori* não pode ser declarado realidade objetiva, mas ainda assim é real no sentido mais adequado do termo. Essa é a atualidade subjetiva propriamente dita, a presença e a vida daquilo que Clímaco chama de "o Deus":

> O que é, porém, esse algo desconhecido com que a Razão [nova tradução: "o entendimento"] entra em conflito quando inspirada por sua paixão paradoxal, de modo a perturbar até mesmo o conhecimento de si do homem? É o Desconhecido. Não é um ser humano, ao menos até onde o conhecemos; também não é qualquer outra coisa conhecida. Desse modo, chamamos assim este algo desconhecido: *o Deus*.[34]

O significado disso fica claro quando examinamos o que Clímaco diz sobre Deus no *Post Scriptum*: "O indivíduo existente que escolhe seguir o caminho objetivo ingressa em todo o processo de aproximação pelo qual se propõe trazer Deus à luz objetivamente. Isso, todavia, em momento algum será possível, uma vez que Deus é um sujeito e, portanto, só existe para a subjetividade na interioridade".[35] É aqui que descobrimos o mistério propriamente dito.

O contraste com relação a Lonergan é claro nesse quesito, e um exame da diferença entre ambos pode nos ajudar a retificar quaisquer implicações equivocadas que poderiam parecer implícitas no tratamento de Deus como "sujeito", como se fosse Ele um indivíduo concebido de acordo com aquilo que, para Girard, nada mais é do que a falsa subjetividade do individualismo romântico.

---

[34] Ibidem, p. 49. A troca de "a Razão" por "o entendimento" na nova tradução ajuda a esclarecer o vínculo entre os termos de Clímaco e a terminologia convencional de Kant, na qual "entendimento" (*der Verstand*) se refere à assimilação e ao exame de conceitos – os quais, à luz da análise da intencionalidade, são estritamente objetivos – e a "razão" (*die Vernunft*) vem associada à subjetividade e a uma percepção do transcendente – como no exame do *nous* clássico que Voegelin faz em "Reason: The Classic Experience".

[35] Søren Kierkegaard, *Fragments*, op. cit., p. 178.

O que Clímaco de fato parece dizer está muito mais próximo da concepção girardiana que vê a subjetividade transcendente como fonte da vida de que somos chamados a partilhar com Cristo: ele não afirma que Deus é um indivíduo super-humano, e sim que Deus é absolutamente subjetivo e que sua presença subjetiva é a fonte objetivamente inescrutável e radicalmente interior de toda subjetividade humana verdadeira. Ou seja, Deus não deve ser descoberto no polo objetivo da consciência, mas no polo subjetivo; a experiência imediata que o indivíduo existente tem da atualidade subjetiva é sua experiência da presença de Deus.

Em relação a seu próprio esforço para provar a existência de Deus, Lonergan diz que "é uma e a mesma coisa afirmar que Deus é real, que é um objeto da afirmação razoável, e que existe".[36] A linha de raciocínio que Kierkegaard explora por meio de suas *personae* segue um caminho completamente oposto: Deus não é, para ele, qualquer tipo de objeto – nem um objeto dos sentidos, nem um objeto da intelecção, nem um objeto da afirmação racional. É por isso que Clímaco declara que a existência de Deus *não pode* ser provada: "Desse modo, quem quer que tente demonstrar a existência de Deus (...) acaba provando, na verdade, algo diferente (...)",[37] em virtude de sua própria natureza, qualquer prova teria de ser a prova de algo objetivo, e algo objetivo é exatamente o que Deus não é.

Em sua própria linguagem, Kierkegaard não costuma sequer dizer que Deus "existe"; em geral, ele restringe o uso do termo ao ser humano, como quando faz Clímaco afirmar, no *Post Scriptum*, que "Deus não pensa, cria; Deus não existe, é eterno. O homem pensa e existe, e a existência separa o pensamento do ser, afastando um do outro sucessivamente".[38] O que isso parece indicar é que o modo de existência propriamente divino é aquele da subjetividade – Deus, em sua eternidade, é inteiramente ativo, executante da operação eterna que é seu ser, nem passivo nem estático. Ao contrário do ser humano, Deus não responde, como um recipiente passivo, aos

---

[36] Bernard Lonergan, *Insight*, op. cit., p. 611.
[37] Søren Kierkegaard, *Fragments*, op. cit., p. 54.
[38] Ibidem, p. 296.

dados experienciais que chegam até ele; o que Deus experimenta, imediata e plenamente, é o ato subjetivo que é sua vida eterna.

Como na imagem que Voegelin traz do homem na *metaxy*, a existência humana para Kierkegaard é constituída como uma tensão entre ser e pensamento, entre o polo subjetivo e o polo objetivo. Essa é a base da objeção mais profunda de Kierkegaard àquilo que ele chama de "o Sistema", isto é, o idealismo que associava a Hegel e aos hegelianos. "A Ideia sistemática", diz Clímaco, "é a identidade de sujeito e objeto, a unidade de pensamento e ser, ao passo que a existência é sua separação".[39]

Existir humanamente, segundo essa concepção, é engajar-se de maneira interessada e, portanto, também ativamente consciente (isto é, "subjetivamente") numa busca incessante pelo ato da existência. A existência humana é uma paixão pelo existir. Ela é incessante porque a existência, no sentido pleno do termo – o eterno ser de Deus –, é inerentemente subjetiva, ao passo que ser humano é estruturar-se como uma relação entre o polo subjetivo da consciência (nossa experiência da atualidade dinâmica) e o polo objetivo que constitui o segundo fator necessário na encarnação. Se estivéssemos orientados, pela estrutura da subjetividade encarnada, a um polo objetivo da consciência, nós sequer existiríamos subjetivamente como seres humanos. O objetivo do que Clímaco chama de nosso "*pathos* existencial", isto é, de nossa profunda ânsia pela existência consciente, é um objetivo que só podemos buscar por meio do compromisso com as exigências da encarnação; nossa existência consciente é nosso envolvimento ativo nas operações intencionais, as quais só podem ter lugar enquanto relações entre os polos subjetivo e objetivo da consciência. Para nós, a experiência da presença existencial só pode ser encontrada, na condição de nosso envolvimento intencional neles, no tempo e no mundo – a vida da subjetividade encarnada.

Na base do pensamento de Kierkegaard, portanto, está a distinção entre dois significados diferentes da palavra "existir". No final do capítulo dedicado a Lonergan, eu sugeri que o leitor do *Insight* poderia ter a impressão de que a existência é uma propriedade

---

[39] Søren Kierkegaard, *Postscript*, op. cit., p. 112.

específica dos objetos, e isso apenas na medida em que eles podem ser declarados reais por um conhecedor crítico; ademais, essa impressão é somente reforçada pela declaração posterior, incluída no *Método em Teologia*, de que o "*esse* ['ser' ou existência] é a realidade afirmada no mundo mediado pelo significado".[40] Kierkegaard traça uma distinção clara e absoluta entre esse sentido do termo "existência", ao qual darei o nome de "existência objetiva", e outro sentido que chamarei de "existência subjetiva". Essa distinção já foi abordada em capítulos anteriores com relação à ênfase que Voegelin dá à "existência tal como conhecida de fora" (isto é, objetivamente). Voegelin estava interessado no conhecimento interior daquilo que chamou de "tensão existencial" e que Kierkegaard denominou "paixão".

A distinção entre a existência subjetiva e objetiva é abordada em diversos momentos da obra de Kierkegaard. Encontramos um deles no *Post Scriptum*, em que Clímaco examina a diferença entre o que julga ser a existência no sentido próprio e pleno do termo e a existência em sentido amplo:

> É impossível existir sem paixão, a não ser que compreendamos a palavra "existir" em sentido amplo, como uma espécie de existência. Todo pensador grego, portanto, foi em essência um pensador apaixonado. Muitas vezes refleti sobre como seria possível conduzir um homem a um estado de paixão. Quanto a isso, imaginei que se me fosse possível fazê-lo sentar-se sobre um cavalo e o cavalo se assustasse e galopasse com selvageria... Ou melhor: se, para que se manifestasse essa paixão, eu pudesse tomar um homem que desejasse chegar o mais rápido possível a determinado local, e assim já possuísse certa paixão consigo, colocando-o em seguida sobre um cavalo que mal é capaz de andar – é isso o que a existência parece a quem passa a percebê-la conscientemente. Ou então, no caso de um cocheiro sem inclinações à paixão, se alguém atasse um grupo de cavalos a uma carroça, um deles um Pégaso e o outro, um rocim abatido, e mandasse esse homem conduzi-la – creio que seria possível. É exatamente isso o que significa o existir quando se passa a ter ciência dele. A eternidade é o cavalo alado e infinitamente

---

[40] Bernard Lonergan, *Método em Teologia*, op. cit., p. 294.

rápido; o tempo, o rocim abatido; e o indivíduo existente, o cocheiro. Ou seja, ele é um tal cocheiro quando seu modo de existência não é uma existência assim chamada em sentido amplo; caso contrário, não seria o cocheiro, mas um camponês embriagado que dorme na carroça e deixa os cavalos tomarem conta de si mesmos. Sem dúvida, esse conduz e é condutor; e assim talvez hajam muitos que... também existem.[41]

Aqui, é claro, Kierkegaard está fazendo alusão a um episódio que, como já mencionamos no capítulo a ele dedicado, era também um dos favoritos de Voegelin: aquele do *Fedro* de Platão (246a-248c) em que Sócrates, após discursar sobre o papel do *eros* na vida da alma, afirma que embora seja impossível para o homem conhecer a *psyche* por visão direta, talvez seja possível falar verdadeiramente sobre ela num mito filosófico. Em seguida, ele cria o mito que representa a alma como uma carroça conduzida por um cocheiro que deve orientar as energias dos dois corcéis, um de nobre estirpe e o outro vil, de modo que o movimento para o alto do nobre, combatendo a tendência que tem o outro de buscar o chão, leve a carroça para a região em que "o verdadeiro ser habita sem cor ou forma, incapaz de ser tocado".[42] A conveniência do mito para o que Kierkegaard quer dizer é bem clara. O "verdadeiro ser", que não tem cor e forma, é intangível (isto é, não possui objetividade) e só pode ser alcançado por meio do impulso do *eros* (a paixão ou a tensão existencial) para o alto, corresponde àquilo que Kierkegaard julga ser a existência no sentido próprio da palavra – isto é, a subjetividade. O fundamento tangível a que o corcel se dirige é a objetividade em que tende a cair o pensador de pouco *pathos* existencial.

Se examinarmos a adaptação que Kierkegaard faz dessas imagens, seu cocheiro possui dois modos possíveis de existência. Quando orienta conscientemente os cavalos a um objetivo, está existindo de maneira subjetiva. Quando não o faz, sendo apenas arrastado enquanto permanece inconsciente, sua existência é

---

[41] Søren Kierkegaard, *Postscript*, op. cit., p. 276.
[42] 247c, na tradução de R. Hackforth: *The Collected Dialogues of Plato Including the Letters*. Ed. Edith Hamilton e Huntington Cairns. Princeton, Princeton University Press, 1961, p. 494.

objetiva; pode ser percebido e declarado objetivamente real por um observador, mas em seu estupor embriagado não possui presença subjetiva alguma. Ele está presente como objeto para os outros, mas, enquanto sujeito, não existe. Formulando, na linguagem da teoria cognitiva de Lonergan, o conceito de existência objetiva sustentado por Kierkegaard, a existência objetiva é aquilo que pode ser afirmado por um juízo de adequação referente à interpretação de uma série de dados empíricos. A existência subjetiva, por sua vez, tal como Kierkegaard a concebe, não pode ser um objeto do sentido, da intelecção ou do juízo racional. Ela é experimentada, mas não como dado sensorial ou como algo que se dá no polo objetivo da consciência; ela é experimentada imediatamente no polo subjetivo.

Tendo clara essa distinção, é possível decifrar muitas das declarações paradoxais e aparentemente espantosas encontradas nos escritos de Kierkegaard. Quando Clímaco fala do "Deus", nas *Migalhas*, como "esse Desconhecido que de fato existe, mas é desconhecido e nisso não existe",[43] o que ele quer dizer é que o Deus, presente como fonte da subjetividade, de fato existe subjetivamente, mas não objetivamente. Quando, na mesma ocasião, afirma que "a paixão paradoxal da Razão (...) se choca sem parar com esse Desconhecido" e que "a Razão não pode avançar para além desse ponto, ao mesmo tempo em que, no seu paradoxo, é incapaz de não chegar a esse limite e de não ocupar-se com isto", ele está descrevendo a estrutura intrínseca da consciência intencional do homem, a qual é energizada por uma paixão pela existência em sentido subjetivo mas, por ser estruturada como relação entre os polos subjetivo e objetivo, deve se encaminhar na direção do objetivo. A sabedoria se desenvolve quando, ao perceber e aceitar isso, o indivíduo se compromete a satisfazer fielmente suas exigências – as quais nada mais são do que as condições da subjetividade encarnada. Ou seja, a sabedoria é a descoberta de que o verdadeiro objetivo da vida humana é a existência subjetiva e que a subjetividade humana (isto é, encarnada) possui a estrutura bipolar da consciência intencional.

---

[43] Søren Kierkegaard, *Fragments*, op. cit., p. 55.

Isso possui o mesmo significado que Clímaco expressa, no *Post Scriptum*, com a ideia de que "verdade é subjetividade": "Quando a subjetividade é a verdade, a determinação conceitual da verdade deve incluir a expressão da antítese da objetividade, uma lembrança da bifurcação na estrada em que o caminho muda de direção; essa expressão servirá, ao mesmo tempo, como indicação da tensão da interioridade subjetiva. Eis uma tal definição da verdade: *uma incerteza objetiva a que se adere num processo de apropriação da interioridade mais apaixonada é a verdade*, a verdade mais elevada que um indivíduo *existente* pode alcançar".[44] Se isso fosse tomado como uma definição da verdade objetiva, isto é, como a verdade de uma declaração acerca da realidade objetiva, não passaria de um absurdo. Por outro lado, a verdade estritamente subjetiva da qual ele fala – a verdade mais elevada que um indivíduo *existente* pode alcançar – é a autopresença subjetiva, a existência consciente, a tensão experimentada da "interioridade subjetiva". Trata-se de "uma incerteza objetiva" porque ela jamais pode ser assimilada como objeto. O processo de apropriação é a própria intencionalidade, a estrutura inerente da consciência humana – é um "processo de apropriação" porque a existência subjetiva do homem assume a forma da intenção que parte de um polo subjetivo para um polo objetivo; é "apaixonada" porque é inteiramente tensional; a ela se "adere" porque a intenção apaixonada de existir está na essência do ser humano: se cessa, o indivíduo existente não mais existiria. A "bifurcação na estrada" é a descoberta da distinção entre a existência subjetiva e objetiva nesse processo – a descoberta de que, embora a meta seja subjetiva, suas imagens análogas no polo objetivo desempenham um papel essencial na consciência humana. Existir na subjetividade humana é viver o paradoxo de que, para tornar-se o que se é como subjetivo, é preciso almejar o que não se é (o objetivo), mas descobrindo que, embora o objetivo não seja por si só nossa meta, ser humano é tê-lo em vista.[45]

---

[44] Idem, *Postscript*, op. cit., p. 182.

[45] Cf. Søren Kierkegaard, *Concept of Anxiety*, op. cit., p. 150: "Ao tornar-se verdadeiramente zelosa quanto aquilo que é o objeto do zelo, uma pessoa pode muito bem, caso assim deseje, tratar várias coisas zelosamente; a questão, porém, é se ela primeiro tornou-se zelosa quanto ao objeto do zelo. Esse objeto todo ser humano possui, uma vez que se encontra *nele mesmo* (...)".

O paradoxo, tal como explica Clímaco, é por si só um produto da consciência intencional. Ele se desenvolve quando se tenta falar da existência subjetiva numa linguagem criada para descrever objetos. No entanto, o fato de empregarmos tal linguagem não é um mero acidente, o mero resultado de nossa incapacidade de elaborar outra mais adequada. Nós utilizamos essa linguagem como um instrumento que é necessário porque resulta da estrutura intencional da consciência enquanto relação entre os polos subjetivo e objetivo. A existência subjetiva não pode ser, por si só, um paradoxo, uma vez que não se trata de uma ideia ou proposição; ela é a atualidade dinâmica experimentada imediatamente. Sua formulação na forma de paradoxo só se dá quando tentamos falar da experiência da existência subjetiva como se fosse um objeto da consciência intencional. Como afirmou Clímaco: "Quando a subjetividade, a interioridade, é a verdade, a verdade se torna objetivamente um paradoxo. (...) No entanto, a verdade essencial e eterna está longe de ser um paradoxo por si só; ela se torna paradoxal em virtude de sua relação com um indivíduo existente".[46] Em sua verdadeira forma, portanto, o paradoxo não é o resultado da incapacidade de expressar o pensamento com clareza; para aquele que descobre em seu interior a verdade existencial que é a subjetividade, o paradoxo pode ser uma expressão verdadeiramente adequada, na linguagem da consciência intencional (e jamais pode haver qualquer outra linguagem humana), da diferença absoluta entre sujeito e objeto. Essa é, na opinião de Kierkegaard, a verdadeira sabedoria de Sócrates: ele sabia a diferença entre o que compreendia e o que não compreendia – entre o que era e o que não era, para ele, objeto da intelecção.[47] A existência subjetiva não pode ser contemplada como um objeto intelectual; ela só pode ser vivida: "A ignorância socrática expressa a incerteza objetiva associada à verdade, ao passo que sua interioridade no existir é a verdade mesma".[48]

---

[46] Søren Kierkegaard, *Postscript*, op. cit., p. 183.
[47] Ver a epígrafe de *Concept of Anxiety* e, também, *Postscript*, p. 495.
[48] Søren Kierkegaard, *Postscript*, op. cit., p. 183. Cf. Søren Kierkegaard, *Concept of Anxiety*, op. cit., p. 143: "O conteúdo mais concreto que a consciência pode possuir é a consciência de si, a consciência do próprio indivíduo – não a autoconsciência pura [isto é, a autocontemplação a que aspiraram os idealistas], mas aquela que é de tal maneira concreta que autor algum (...) mostrou-se capaz de a descrever, muito

Nessa passagem do *Post Scriptum*, Clímaco afirma ainda que sua definição de verdade – um "processo de apropriação da interioridade mais apaixonada" – "é uma expressão equivalente da fé".[49] Para compreendermos o que isso significa, será preciso voltar ao raciocínio desenvolvido nas *Migalhas* em que se distinguiu entre a fé "no sentido comum" e a fé "no sentido eminente". Isso também nos possibilitará explorar ainda mais as implicações do tratamento que dá Kierkegaard à "reminiscência" ou *anamnese*, outro importante tema partilhado por ele com Ricoeur e Voegelin.

Como já pudemos mencionar, a "fé no sentido comum" de Kierkegaard não passa do juízo da verdade factual, da transição da ideia à realidade ou da compreensão ao conhecimento. Afirmar que essa fé é um salto nada mais é do que afirmar que se trata da transição de um tipo de operação intencional a outro bastante diferente. Longe de declarar que a fé cristã é uma forma infundada de crença factual (a popular paródia do "salto" de Kierkegaard), a linha de pensamento kierkegaardiana aponta numa direção completamente oposta. Ele não apenas deixa de valorizar, como mencionamos antes com relação à sua antipatia pelo sentido excêntrico da "subjetividade", o juízo arbitrário; Kierkegaard sequer sugere que a crença racional adequadamente fundamentada possa desempenhar um papel que não seja acidental na vida da fé cristã. O salto de fé que é essencial ao cristianismo de Kierkegaard é um salto inteiramente distinto e diz respeito a um significado diferente da palavra "fé".

É a isso que se encaminha a ênfase que Clímaco dá, na parte final das *Migalhas*, ao fato de não poder haver discípulo de segunda mão – o que é exatamente o que tenta ser aquele que concebe a fé cristã como uma crença em sentido factual. É também a isso que se encaminha a declaração de que o histórico,

---

embora todo ser humano seja uma. Essa autoconsciência não é uma contemplação (...) porque ele nota que, nesse ínterim, encontra-se ele mesmo no processo do devir, não podendo portanto ser algo pronto para ser contemplado. Autoconsciência, portanto, é ação, e essa ação é por sua vez interioridade (...)". (Essa passagem pode muito bem ser a fonte de que Voegelin obteve a imagem do homem como ator de uma peça a que não pode assistir de fora – muito embora haja ainda em Kierkegaard outra fonte possível: *Postscript*, p. 141. Aí, a "história do mundo" é equiparada a um palco, e Deus é tanto um espectador real quanto um ator real.)

[49] Søren Kierkegaard, *Postscript*, op. cit., p. 182.

em seu sentido factual e objetivamente cognoscível, só pode ser uma oportunidade para o desenvolvimento da fé cristã, e não sua condição. Acreditar nas proposições objetivas do próprio Deus encarnado não faz de ninguém um discípulo. Clímaco comenta:

> Onde quer que o Mestre surja, a multidão se reúne, curiosa para ver e para ouvir, ansiosa para contar aos outros aquilo que viram e ouviram. Essa multidão curiosa por acaso é o aprendiz? De forma alguma. Ou, então, se algum dos mestres licenciados daquela cidade o procurasse secretamente, no intuito de verificar sua força com raciocínios, seria este o aprendiz? De forma alguma. Se este mestre ou aquela multidão *aprendem* algo, o Deus só serve como uma ocasião em estrito sentido socrático.[50]

Não se trata, aí, apenas de uma multidão ou de um membro do *establishment* religioso que não crê adequadamente no Mestre e, assim, não assimila seu ensinamento objetivo; tal como afirma Clímaco, mesmo se aqueles que dele se aproximam com uma curiosidade objetiva cressem na verdade factual desse ensinamento, sua crença seria incidental ao discipulado. O Mestre é o Deus no paradoxo de sua encarnação, o eterno existindo no tempo – isto é, desempenhando as operações contingentes da consciência intencional. Um mestre ou "antecessor" comum que comunique informações objetivas sobre o Mestre pode "apenas instigar a atenção do aprendiz, nada mais".[51] E isso se aplica até mesmo ao próprio Mestre, na medida em que ele transmite informações objetivas ou se apresenta objetivamente. A presença objetiva "meramente histórica" do Mestre é apenas uma ocasião objetiva e externa; o que é essencialmente importante é a forma como ele transcende o objetivo para fazer-se subjetivamente presente como princípio vivificador da vida concreta do que crê. Quando isso se dá – não importa onde, quando e em quem –, é como atualidade da subjetividade encarnada que o Mestre não é apenas uma ocasião "meramente histórica" capaz de instigar, como signo externo, os interesses do indivíduo pela felicidade eterna; ele mesmo é a condição que satisfaz esse interesse. Ele o

---

[50] Søren Kierkegaard, *Fragments*, op. cit., p. 71.
[51] Ibidem, p. 69.

satisfaz porque sua presença interior vivificante é precisamente a existência pela qual ansiamos.

Sócrates afirmou que não "gerava" o conhecimento em seus ouvintes e que agia apenas como uma parteira que, por meio de suas palavras, assistia exteriormente um processo que se dava no interior por meio de um poder que não era seu. Assim, até mesmo o próprio Mestre, se visto como uma figura histórica objetiva, não passa de um acontecimento cuja presença externa pode nos assistir, mas não causar a geração interna pela qual ele passa a habitar no discípulo como presença subjetiva. O Mestre é mais do que um sinal ou uma parteira porque é mais do que algo objetivo; ele era e é o eterno no tempo, a presença encarnada da profunda fonte de toda subjetividade genuína. "Se assim não fosse", diz Clímaco, "(...) o Mestre não seria o Deus, mas apenas um Sócrates; e, se não se comporta como um Sócrates, nem um Sócrates ele é".[52]

O tema aqui esboçado, portanto, está vinculado à pergunta que Sócrates formula nos diálogos de Platão: "A verdade pode ser ensinada?"; ou, como vimos Clímaco expressar na frase de abertura das *Migalhas*: "O quanto a Verdade permite ser assimilada?".[53] Como resposta, Kierkegaard afirma que se pode ensinar a verdade objetiva, mas não a subjetiva; que o discipulado que ele tem em mente não consiste numa relação objetiva com o Mestre, e sim numa relação subjetiva; e que, portanto, a fé – no sentido de crença – que se volta para a verdade factual nada tem a ver, em essência, com ela.

É em relação à sua abordagem do tema do discipulado verdadeiro que Clímaco apresenta a ideia da "Fé" em sentido eminente – a qual recebeu, na tradução inglesa das *Migalhas* realizada por Swenson e Hong, uma letra maiúscula que a distingue da crença comum ou factual. O traço distintivo dessa Fé é o fato de ela ser inteiramente subjetiva: não é o voltar-se do sujeito para um objeto, mas a experiência da presença subjetiva mesma. O Mestre no qual o discípulo deposita sua fé está presente à Fé não como objeto do conhecimento ou da especulação, mas como sujeito.

---

[52] Ibidem, p. 72.
[53] Ibidem, p. 11.

A Fé em sentido eminente só pode se desenvolver depois que a intencionalidade objetiva foi levada ao seu limite na paixão do pensador por aquilo que Clímaco denomina, segundo vimos, o Desconhecido (por ele também chamado de "o Deus" e "o Paradoxo").[54] Apenas quando alcançado esse limite é que pode ocorrer o "salto" que não é nem um juízo nem um ato da vontade, mas uma interrupção do esforço para capturar a presença subjetiva como uma espécie de objeto. Ao examinar a relevância real da fútil tentativa de provar a existência de Deus, Clímaco pergunta: "E como a existência de Deus emerge da prova? Ela se segue imediatamente, sem qualquer ruptura da continuidade? (...) Enquanto eu estiver agarrado à prova, isto é, enquanto continuar a demonstrar, essa existência não surge, ainda que apenas por estar eu engajado numa tal demonstração; quando, porém, abro mão da prova, eis aí a existência".[55] Ou seja, enquanto se estiver tentando provar a existência, a existência que se tem em vista deve ser concebida como uma existência objetiva. Quando, ao contrário, deixamos de almejar a existência subjetiva como se fosse um objeto, sua presença subjetiva pode ser descoberta.

Esse "abrir mão" é tratado explicitamente por Clímaco como "um *salto*".[56] Trata-se de uma transição entre concepções qualitativamente diferentes da existência e entre posturas relacionadas a ela. Esse não é o tipo de salto que marca a transição da compreensão para o juízo (a fé no sentido comum), mas um salto inteiramente diferente, uma transição radical do desejo de determinado objeto para a presença experimentada da subjetividade transcendente. De acordo com a análise de Clímaco, a tentativa de provar a existência de Deus se fundamenta numa confusão entre a existência objetiva e subjetiva, e o "abrir mão" é a aceitação do dom da existência subjetiva como tal, a descoberta da presença de Deus no interior do polo subjetivo da consciência.

É esse abrir mão que constitui o salto de fé genuinamente cristão no pensamento de Kierkegaard. Ele equivale, em sua obra, àquilo que vimos Voegelin chamar de "abertura da existência".

---

[54] Ibidem, p. 63-67.
[55] Ibidem, p. 53.
[56] Ibidem.

Longe de ser uma crença irracional (o que para Voegelin seria sintoma de uma "existência fechada"), o salto de "Fé" de Kierkegaard, no sentido eminente do termo, é a descoberta na interioridade da presença do "Paradoxo" vivo, o "Momento" em que o eterno ganha existência subjetiva no tempo:

> Como, porém, o aprendiz chega ao entendimento desse Paradoxo? Não pedimos que ele compreenda o Paradoxo, mas apenas que entenda que o Paradoxo é esse. (...) Isso ocorre quando, felizes, a Razão e o Paradoxo se encontram no Momento, quando a Razão se coloca de lado e o Paradoxo se doa. A terceira realidade em que essa união se realiza (...) é aquela contente paixão a que agora daremos nome, ainda não seja o nome o que tanto importa. A essa paixão chamaremos *Fé*. Tal, portanto, deve ser a condição da qual falamos, à qual o Paradoxo contribui.[57]

Essa última afirmação, a da concessão do verdadeiro discipulado e da felicidade eterna pelo Mestre que é o Paradoxo vivo da subjetividade encarnada, vincula o tratamento que Clímaco dá ao tema da Fé ao tema platônico da reminiscência. Como já mencionamos, no *Mênon* Sócrates afirma que aprender é recordar uma verdade já conhecida numa existência anterior à vida neste mundo. Nas *Migalhas*, Clímaco declarou que a doutrina socrática requer que "a Verdade não seja introduzida no indivíduo a partir de fora, mas que já esteja lá em seu interior", de modo que "ao ignorante só seja necessário um lembrete que o ajude a encontrar a si mesmo na consciência daquilo que sabe".[58] Clímaco faz alusão a essa ideia nas frases que se seguem à posterior classificação da Fé como a condição a que o Paradoxo contribui: "Não nos esqueçamos de que, se o Paradoxo não concede essa condição, o aprendiz deve estar em posse dela. Se o aprendiz, porém, tem posse da condição, ele se torna ele mesmo Verdade, e o momento é apenas o momento da ocasião (...)".[59]

Essa implicação se estende às questões mais fundamentais e pode nos ajudar a elucidá-las. Antes, mencionamos que o tema da

---

[57] Ibidem, p. 72-73.
[58] Ibidem, p. 11.
[59] Ibidem, p. 73.

reminiscência está vinculado ao tema da imortalidade e da pre-existência da alma. O que está em questão, aqui, é sobretudo se a existência subjetiva de cada indivíduo é de fato eterna (e, portanto, apenas esquecida ou ignorada) ou se a existência humana é genuinamente contingente. Pois, se a posição socrática estiver correta, nossa vida no tempo é tão somente uma ilusão, visto que o que na verdade somos é eterno: "Que o Deus concedeu ao homem de uma só vez a condição exigida [isto é, uma existência subjetiva própria do indivíduo] é o eterno pressuposto socrático, o qual não se opõe de forma alguma ao tempo, mas também não pode ser mensurado de acordo com o temporal e suas determinações".[60] A própria posição de Clímaco, afirma ele em seguida, é a de que a existência subjetiva do homem não é uma ilusão que mascara nossa identidade eterna; ela é genuinamente histórica. A existência humana envolve, de um lado da subjetividade, o eterno, mas é intrinsecamente uma vida que tem relação com o tempo, uma vida que não apenas teve início num determinado momento do passado, mas que ao longo de toda a sua duração não deixa de ser um nascimento radicalmente contingente no Momento paradoxal da encarnação: "A contradição de nossa hipótese está no fato de o homem receber a condição no Momento. (...) Caso contrário, permanecemos no princípio socrático da Reminiscência".[61]

O princípio socrático colocaria de lado a necessidade do Mestre, e Clímaco concorda que, na medida em que o mestre não confere a condição da experiência da vida subjetiva, o princípio socrático define a relação própria entre quem fala e quem escuta. No entanto, se o homem não possui uma existência própria que seja toda sua, recebendo-a em vez disso do Mestre, esse Mestre não é uma mera parteira, mas a fonte presente e a condição de existência que o discípulo descobre como algo que lhe foi concedido no Momento: "Para que seja capaz de fornecer a condição, o Mestre deve ser o Deus; para que esteja apto a colocar o aprendiz em posse dela, deve ser o Homem. Essa contradição é novamente um objeto de Fé, é o Paradoxo, o Momento".[62]

---

[60] Ibidem, p. 77.
[61] Ibidem.
[62] Ibidem.

Mais uma vez, seria fácil adotar um modo de pensamento objetificante e interpretar a ideia aqui explorada como se ela se referisse a uma relação de causalidade objetiva – como se o Mestre divino-humano desse vida ao discípulo do mesmo modo como o oleiro produz uma jarra, um dr. Frankenstein produz seu monstro ou um Pigmalião produz sua Galateia. Essa está longe de ser a ideia esboçada por Clímaco. O que ele tenta explicar é a contingência subjetiva radical da consciência humana, a qual em sua opinião nasce – e é manifestação – da presença subjetiva do Deus. Ele não está afirmando que um indivíduo super-humano, encarnado 1.800 anos antes como o Mestre histórico, também nos criou como seres humanos em determinado momento de nosso passado pessoal. Antes, está sugerindo que a existência real de cada ser humano – em seu sentido próprio ou "subjetivo" – *na verdade é a existência humana do próprio Mestre na contínua união entre tempo e eternidade que constitui o processo de sua encarnação.* Em outras palavras, o Mestre não causa nossa existência de modo objetivo, mas subjetivo; ele nos constitui interiormente como indivíduos humanos, fazendo-nos partilhar com ele mesmo de sua presença e vida subjetivas.

É por isso que Clímaco sublinha que o discípulo verdadeiramente "contemporâneo" – em contraste tanto com o "contemporâneo imediato" quanto com o suposto "discípulo de segunda mão" – recebe a condição (isto é, a existência subjetiva) no "Momento":

> Como, então, o aprendiz se torna um crente ou um discípulo? Quando a Razão é colocada de lado e ele recebe a condição. Quando ele recebe a condição? No Momento. O que essa condição condiciona? A compreensão do Eterno. No entanto, uma tal condição deve ser uma condição eterna. Por conseguinte, ele recebe a condição eterna no Momento e tem ciência de que assim a recebeu; pois, caso contrário, apenas encontraria a si mesmo na consciência de que a obtivera na eternidade.[63]

Para que se compreenda o que isso quer dizer, é preciso perceber que, quando Kierkegaard fala em eternidade, ele está falando

---

[63] Ibidem, p. 79.

tanto do divino quanto do subjetivo.[64] Como afirmou em *O Conceito de Angústia*: "A interioridade é (...) a eternidade ou o constituinte do eterno no homem".[65] O tempo, por sua vez, é objetivo naquele sentido explorado nos capítulos anteriores deste estudo: ele só é conhecido objetivamente por meio das operações intencionais que operam sobre os dados da memória. A subjetividade é eterna exatamente porque não é objetiva, não podendo portanto ser conhecida como algo temporal ou como elemento inserido no esquema objetivo do tempo.

Tudo isso se segue do princípio fundamental do pensamento de Kierkegaard: o de que há uma diferença absoluta entre sujeito e objeto. Deus, como expresso no *Post Scriptum*, é um sujeito puro, e não um tipo de objeto; só pode ser conhecido na "interioridade" (isto é, na subjetividade). Ou seja, Deus é o eterno, e a palavra "eternidade" se refere à sua presença. Quando Deus ("o Eterno" nas *Migalhas*) adentra a existência humana no Momento, ocorre, nas palavras de Clímaco, uma "síntese" do eterno e do temporal, uma vez que a existência humana é caracterizada pela intencionalidade que vincula o polo subjetivo da consciência (com sua fonte no eterno) ao polo objetivo, do qual o tempo resulta.

Afirmar, portanto, que o discípulo "recebe a condição eterna no Momento" e que ele "tem ciência de que assim a recebeu" é o mesmo que dizer que sua existência é genuinamente contingente e que ele percebe, em sua realidade como indivíduo histórico, que não é idêntico ao Deus eterno, mas constitui-se como conjunto de operações intencionais contingentes energizadas pela "paixão" que, na existência humana, é tanto a imagem quanto a encarnação do amor de Deus. Ou seja, o discípulo percebe que a intencionalidade não é uma posse sua, mas um dom enraizado na presença subjetiva do Deus.

---

[64] Em seu emprego popular, é claro, "eternidade" se refere a uma duração enorme de tempo. Não era isso que o termo significava para a teologia tradicional, que identificava a eternidade com o próprio modo de existência de Deus e a via como algo completamente fora do tempo – uma concepção qualitativamente diferente de qualquer duração temporal. Cf. Tomás de Aquino, *Suma Teológica*, I, q. 10, a. 1.

[65] Søren Kierkegaard, *The Concept of Anxiety*, op. cit., p. 151.

O "contemporâneo imediato" era aquele que, em virtude de sua situação histórica, encontrava-se em posição de perceber o Mestre como objeto dos sentidos; no entanto, não é esse o tipo de contemporâneo em que Clímaco estaria interessado. Ser contemporâneo no sentido verdadeiramente relevante do termo é partilhar do presente do Mestre, isto é, de sua presença subjetiva no Momento.

O Momento a que Clímaco se refere não é um "momento" em sentido comum. Não se trata de um segmento particular do tempo objetivo, uma espécie de receptáculo da encarnação do Deus.[66] Antes, o Momento é o processo da própria encarnação, do nascimento histórico do Eterno como algo envolvido no e com o tempo. Nas palavras de Clímaco: "Se postulamos o Momento, lá está o Paradoxo, pois o Momento é o Paradoxo em sua forma mais abreviada".[67]

É a experiência interior da vida do Momento que é conferida quando a Razão (isto é, a investigação orientada para o objeto) se rende e o Paradoxo da subjetividade encarnada do Deus se doa. A "compreensão do Eterno" que esse dom condiciona é a realização concreta da presença subjetiva do Eterno. Não se trata de uma forma de conhecimento objetivo, mas da Fé em seu sentido eminente: "(...) a Razão se rendia enquanto o Paradoxo a si mesmo doava (*halb zog sie ihn, halb sank er hin*), e a compreensão então se consumou nessa paixão venturosa (...)" a que Clímaco dá o nome de "Fé".[68]

Explorando a relação entre Paradoxo e Fé como uma espécie de "compreensão do Eterno", Clímaco sugere que, além do paradoxo que sintetiza a eternidade e o tempo, o Paradoxo é ainda paradoxal porque, na Fé, o conhecimento que o discípulo tem do Deus e de si mesmo enquanto algo nascido do Deus é uno com o conhecimento que o Deus tem de si mesmo e do discípulo: "Apenas o que crê, isto é, o contemporâneo não imediato, conhece o Mestre, uma vez que recebe dele a condição e, assim, conhece-o tanto quanto é conhecido. (...) O Mestre deve conhecer todos aqueles que o conhecem,

---

[66] Ibidem, p. 152: "(...) assim como o caminho para o inferno está pavimentado de boas intenções, também a eternidade é muito bem aniquilada por meros momentos".
[67] Søren Kierkegaard, *Fragments*, op. cit., p. 64.
[68] Ibidem, p. 67.

e ninguém pode conhecer o Mestre sem ser por ele conhecido".[69] Esse conhecimento paradoxalmente divino e humano é subjetivo; trata-se de um conhecimento que vem todo de dentro – não o conhecimento objetivo de um fato, mas a experiência da subjetividade encarnada. É isso o que significa, nas palavras de Clímaco, ser "contemporâneo como crente, na autópsia da Fé":[70] "autópsia", em grego, significa "ver com os próprios olhos", referindo-se aqui ao fato de que na Fé experimenta-se interiormente a presença real do Deus e, assim, a própria e contingente atualidade subjetiva.

Tal conhecimento é inacessível ao mero percebedor – o "contemporâneo imediato" que, como um acidente de sua situação temporal, calha de conhecer o Mestre a partir de fora, vendo-o com os próprios olhos ou ouvindo-o com os próprios ouvidos. Ele é igualmente inacessível àquele que só sabe do Mestre "de segunda mão", obtendo dos outros suas informações objetivas. Por todo "real contemporâneo" na Fé, porém, esse conhecimento é partilhado:

> Quando o crente é o crente e conhece o Deus após ter recebido do próprio Deus a condição, todo sucessor deve recebê-la nesse mesmo sentido e também do próprio Deus, e jamais de segunda mão. (...) No entanto, o sucessor que recebe a condição do próprio Deus é um contemporâneo, um real contemporâneo; trata-se de um privilégio de que o crente desfruta sozinho, mas do qual também desfrutam todos os outros crentes.[71]

Como, porém, isso pode acontecer? Como o crente pode partilhar não apenas informações objetivas sobre o Mestre, mas também a vida e a experiência interiores dele? Aparentemente, fazê-lo exigiria a aniquilação do crente e a substituição de sua própria vida subjetiva por aquela do Mestre. Como resposta, Clímaco afirma

---

[69] Ibidem, p. 84-85. Voegelin ecoa esse tema de Kierkegaard e do Novo Testamento no ensaio "The Gospel and Culture" (op. cit., vol. 2, p. 79), em que comenta a advertência que Paulo faz, em 1 Coríntios 8,1-3, contra o modo como as pretensões humanas de conhecer a Deus podem "inchar" em vez de "construir": "Tais palavras são dirigidas aos membros da comunidade de Corinto que 'possuem o conhecimento' como doutrina e, sem qualquer sabedoria, aplicam-no como regra de conduta; a esses que possuem a verdade é recordado que o conhecimento que dá forma à existência sem deformá-la é o conhecimento divino do homem".
[70] Søren Kierkegaard, *Fragments*, op. cit., p. 87.
[71] Ibidem, p. 85.

que, de certa forma, é isso mesmo o que acontece. Foi a esse sentido que vimos Clímaco aludir nas linhas retiradas do final de "Der Fischer", poema de Goethe sobre um pescador levado ao afogamento por uma ninfa: "*Halb zog sie ihn, halb sank er hin, / Und ward nicht mehr gesehen*" ("Metade dele ela afogou, metade dele foi afogado, / e então jamais o viram"). Esse também é, claro, um tema abordado no Novo Testamento, tal como expresso na imagem da morte de si que possibilita a nova vida em Cristo. Existe um sentido em que devemos morrer a fim de nos submetermos ao que Clímaco denomina "o *Novo Nascimento*", o qual é responsável por tornar-nos "nova criatura".[72] Esse renascimento, porém, também denominado "Conversão" e "Arrependimento", só poderia ser um aniquilamento literal se aquele que o vivenciasse possuísse uma existência própria anterior que fosse perdida no processo. Nesse caso, contudo, estaríamos novamente na concepção socrática: não poderia haver nenhum nascimento novo e o arrependimento nada mais seria do que uma recordação e uma redescoberta do próprio ser eterno. O Mestre então nada mais seria do que a parteira de um renascimento que só poderia ter um gerador em sentido metafórico.

A concepção defendida nas *Migalhas* expressa exatamente o oposto. A mudança que se dá é aquela mesma que Clímaco, em seu comentário sobre a ideia aristotélica da *kinesis*, trata como "o tipo de mudança do vir a existir":

> Em que sentido há mudança naquilo que ganha a existência? Ou, então, qual é a natureza do tipo de mudança do vir a existir (*kinesis*)? Qualquer outra mudança (*alloiosis*) pressupõe a existência daquilo que muda, ainda quando a mudança consiste na interrupção da existência. Pois, se o sujeito que vem a existir não permanece inalterado durante a mudança do vir a existir, aquilo que vem a existir não é *esse* sujeito que ganha a existência, mas algo mais.[73]

A mudança que faz de alguém uma nova criatura, portanto, é de fato um novo nascimento e uma geração, uma vez que se trata de um início genuíno da existência, uma transição que se dá não

---

[72] Ibidem, p. 23.
[73] Ibidem, p. 90.

de um tipo de ser a outro, mas do não ser ao ser: "No *Momento*, o homem se torna consciente de que nasceu; afinal, seu estado prévio, ao qual ele não pode se agarrar, era um estado de não ser. No *Momento* o homem também toma ciência de seu novo nascimento, pois seu estado prévio era um estado de não ser. Fosse esse estado prévio, em ambos os casos, um estado de ser, o momento não possuiria para ele uma relevância decisiva (...)".[74] Compreender *esse* tipo de mudança como uma versão da reminiscência platônica, afirma Clímaco em seguida, seria impossível porque tratar-se-ia de algo inconcebível: "Sem dúvida seria absurdo esperar de um homem que ele descobrisse por conta própria que não existia [nova tradução: 'que não existe']. Essa, porém, é precisamente a transição do novo nascimento: do não ser para o ser".[75] Apenas aquele que vivencia essa transição se encontra em posição de realizar – por meio da experiência subjetiva, e não da investigação objetiva – a descoberta em questão.

Essa descoberta é aquilo que Clímaco denomina arrependimento. Como só é possível do ponto de vista da transição, o arrependimento é, em virtude de sua própria natureza, algo retrospectivo. Quando aquele que ganhou existência subjetiva olha para trás, só pode ver aquilo que se deu antes da existência. Contudo, o que poderia ser isso que ele vê ao olhar para trás senão uma existência anterior? Clímaco emprega dois termos para abordá-lo: o termo religioso "Pecado" e o termo, mais filosófico, "Erro". Ambos são equivalentes e estão vinculados, em significado, pelo modo como envolvem um afastamento da "Verdade". Nas *Migalhas*, Clímaco ainda não havia definido a "Verdade" como "subjetividade", mas tal sentido estava implícito, e certamente foi para explicitar essa noção crucial que Kierkegaard fez sua *persona* redigir um *Post Scriptum Final Não Científico* a suas *Migalhas Filosóficas*. Se conservarmos esse significado de "Verdade" em mente, conseguiremos seguir o fio do exame que Clímaco faz do arrependimento do pecado – tema com que o presente capítulo teve início, mas que precisou aguardar até agora para que sua compreensão encontrasse fundamentos.

---

[74] Ibidem, p. 25-26.
[75] Ibidem, p. 27.

O que se descobre ao olhar arrependido para trás é o Erro que, segundo Kierkegaard, equivale ao sentido teologicamente relevante do termo pecado (em contraste com a mera violação de normas objetivas).[76] Trata-se de um Erro que se opõe diretamente à Verdade. Como posteriormente afirma o *Post Scriptum*, a Verdade é, claro, a subjetividade, enquanto a subjetividade é a existência em sentido próprio, e não em sentido amplo. Quando Clímaco fala do novo nascimento como um vir a existir, o que tem em mente não é a existência objetiva, mas a subjetiva – a atualidade consciente que é a subjetividade encarnada. É isso o que faltava àquele que vivencia a mudança no Momento. A Verdade em que o pecador arrependido se torna recém-nascido é a existência subjetiva, e o Erro que constituía seu pecado nada mais era do que a falta dela. A "nova criatura" que realiza "a transição do não ser ao ser" obviamente já existia em sentido objetivo, e não é impossível que tenha inclusive experimentado uma presença e uma tensão mínimas – caso estivesse num sono embriagado ou, talvez, numa vigília indistinta.[77] Quando, porém, vivencia a "Conversão", isto é, sua conquista da existência no sentido próprio do termo, ela experimenta um novo grau de presença e atualidade subjetivas que a faz perceber a diferença entre a Verdade e o Erro. E, no *pathos* existencial de sua experiência da Verdade – que é a presença interior do "Deus" –, tal criatura descobre essa diferença de tal maneira que acaba olhando para o Erro passado com um pesar que é o anverso do amor que agora experimenta:

> Na medida em que o aprendiz se encontrava no Erro por culpa própria, essa conversão não pode se dar sem que ele seja retomado em sua consciência ou sem que o aprendiz tome ciência de que seu estado anterior resultava de sua culpa. Com essa consciência, ele então se afastará de seu estado prévio. O que seria

---

[76] Continuarei seguindo a tradução de Swenson e Hong, colocando em maiúscula os termos "Verdade" e "Erro" a fim de recordar que o autor os emprega tendo em vista significados especiais.

[77] Parece ser a isso que Clímaco se referiu ao falar do "fato de o não ser que precede o nascimento novo conter mais ser do que o não ser que precedera o primeiro nascimento" (Søren Kierkegaard, *Fragments*, op. cit., p. 25). No entanto, ele não nos fornece pistas suficientes para que saibamos com certeza se a frase deve referir-se à distinção entre a existência objetiva e a existência subjetiva ou, talvez, como será brevemente examinado, à distinção entre a existência possível e a existência real.

uma despedida, porém, sem a sensação de tristeza? Nesse caso, contudo, a sensação de tristeza se deve ao fato de o aprendiz ter por tanto tempo permanecido em seu estado anterior. Chamemos esse pesar de *Arrependimento*; afinal, o que é o arrependimento senão uma espécie de despedida que de fato olha para trás, mas de tal modo que rapidamente acelera os passos rumo àquilo que se encontra adiante?[78]

Ou seja, a conversão e o arrependimento só se tornam possíveis quando se conhece a Verdade viva do amor divino da única forma que, como aquilo que jamais pode ser objeto da intelecção ou de um juízo *a fortiori*, ela é verdadeiramente conhecida: a partir de dentro.

Se, no entanto, a diferença entre Verdade e Erro é a diferença entre a existência subjetiva real e sua ausência, em que contribui para o nosso entendimento chamar esta última de Erro? Por que não chamá-la simplesmente de ausência? E por que tratá-la como culpável? Em seu sentido comum, a ideia do erro insinua uma falha cognitiva que não é apenas a ausência de um ato correto do entendimento, mas também uma incompreensão positiva. Ademais, recordemos, como no início deste capítulo, que em *O Desespero Humano* o Anti-Clímaco falou do pecado como algo positivo, e não como mera ausência ou fruto de nossa finitude. Ao que parece, Clímaco e o Anti-Clímaco não sustentariam – ao menos não sem uma explicação – concepções diferentes daquilo que pode ser indicado pelo termo "pecado". Para que compreendamos por que o Erro não é apenas uma ausência de compreensão, mas uma incompreensão positiva pela qual aquele que se arrepende pode se considerar responsável, será preciso examinar alguns aspectos do problema que o próprio Kierkegaard não explicita.

Para começar, será útil analisar que tipo de erro cognitivo poderia subjazer ao Erro existencial que representa o pecado para Clímaco. Relacionada a isso está a questão do tipo de ato intencional que a incompreensão poderia envolver – afinal, se nenhum ato subjetivo estivesse envolvido, como o suposto culpado poderia ser declarado responsável por ela?

---

[78] Søren Kierkegaard, *Fragments*, op. cit., p. 23.

Em primeiro lugar, voltemo-nos para o equívoco. Se o Erro está relacionado à Verdade como a não existência está relacionada à existência, o erro no Erro, como poderíamos chamá-lo, teria de ser a equivocada crença em que de fato se existia. A existência em questão, porém, é subjetiva, e não objetiva. Desse modo, a não existência deve também ser subjetiva, de modo que o erro não seja a crença na própria existência objetiva, e sim na própria existência subjetiva.

Além disso, uma importante fonte do equívoco que se encontra no âmago do pecado deve ser a confusão da existência subjetiva e objetiva que nos leva a supor que, se pudermos crer sensatamente em que existimos no sentido objetivo (assim como cria o camponês embriagado na carroça), nós também existimos em sentido subjetivo. Clímaco diria que não se ganha a existência subjetiva ao descobrir o que se é enquanto objeto, e sim descobrindo o que não se é. Segundo esse ponto de vista, a existência é alcançada num movimento que parte do Erro rumo à Verdade – onde Verdade é a existência subjetiva e o Erro que se lhe opõe se fundamenta na crença de que há uma existência subjetiva própria além daquela que é a presença, na interioridade, do Deus que nos redime do pecado e do Erro ao fornecer-nos a nova vida que é o Paradoxo de sua vida em nós.

Essa crença é aquilo que poderíamos denominar "egoísmo": a crença em que se existe como sujeito entitativo ou, como visto no capítulo anterior, como "sujeito-objetivo". O que Clímaco quer ao tratar o "indivíduo existencial" como "um sujeito" não é afirmar que ele é um tal ente, e sim um exemplo individual da subjetividade encarnada. Ao final do último capítulo, aludi à investigação feita por Kierkegaard daquilo que o "indivíduo existente" é e não é – e aquilo que ele não é, ao menos para João Clímaco, é um ente quase objetivo. Obviamente, todo ser humano individual é objetivo em sua realidade física, mas para ser "existente" em sentido kierkegaardiano deverá caracterizar-se por aquela "interioridade" que é irredutivelmente subjetiva. O processo de apropriação em que se adere à subjetividade na interioridade não é o processo de tornar-se um ente objetivo; trata-se de um processo em que se passa à existência subjetiva por meio da vida que é conferida interiormente pela presença subjetiva do Mestre. Seria muito fácil deixar de pensar de modo objetificante e egoísta e passar a achar que só é necessário olhar para o Mestre quando se deseja obter informações sobre aquilo que está relacionado à realidade objetiva; esquecer-se-ia, nesse caso, que aquilo de que se necessita e aquilo pelo qual se anseia e deve ser buscado no Mestre não é o conhecimento que diz respeito a objetos, mas a atualidade subjetiva.

É precisamente esse tipo de esquecimento e de incapacidade que faz do Erro não apenas um equívoco cognitivo, mas um pecado. Sem dúvida, há de fato aí um equívoco: aquele a que nos referimos como egoísmo, a ilusão de que se é um sujeito entitativo e quase objetivo dotado de existência própria. É esse o erro do Erro. No entanto, o pecado que mantém o indivíduo no Erro é algo mais. O pecado a que a ilusão egoísta dá origem e se apega não é a incapacidade de compreender corretamente, mas a incapacidade de procurar compreender. Ambos formam um círculo vicioso: a indistinção entre o subjetivo e o objetivo é o fundamento da crença na individualidade egoísta, e essa crença, por sua vez, alicerça o apego ao eu que leva o indivíduo a defender a própria individualidade afirmando que a existência é uma posse sua – ainda que em suposta humildade ele reconheça, no que talvez seja uma das guinadas mais sutis do egoísmo, que em algum momento do passado a recebera como dom de Deus. Qualquer que seja a guinada, diz Clímaco, "[n]a perspectiva socrática cada indivíduo é seu próprio centro e todo o mundo se centra nele (...)".[79]

Na linguagem tradicional da religião cristã, a ânsia por uma existência autônoma está no âmago daquilo que é chamado de pecado do Orgulho. Foi essa individualidade ilusória e egoísta que Dante descreveu no *Purgatorio* como a grande pedra carregada nas costas pelos Orgulhosos, fardo do qual estariam livres caso houvessem se rebaixado. Para Clímaco, porém, esse não é apenas um "pecado" entre tantos outros; em seu vocabulário, trata-se do pecado propriamente dito: "A esse estado, porém, de estar no erro em virtude da própria culpa, que nome daremos? Escolhamos *Pecado*".[80] A ênfase de Kierkegaard no que diz respeito ao pecado se dirige tipicamente ao fator subjetivo. Em sua

---

[79] Ibidem, p. 14.
[80] Ibidem, p. 19.

opinião, o pecado no sentido próprio do termo não é um delito objetivo, mas está na raiz da incapacidade subjetiva.

A exemplo de Ricoeur (e Dante), Kierkegaard retrata o pecado como uma espécie de cativeiro autoimposto. A passagem que se segue àquela que acabamos de citar praticamente antecipa o exame que Ricoeur faz da "vontade servil". Clímaco afirma sobre aquele que se encontra no Erro por culpa própria: "Ele pode parecer livre, uma vez que ser o que se é por meio de seus próprios atos é liberdade. Na realidade, porém, ele não é livre, mas preso e exilado; pois estar livre da Verdade é estar exilado dela, e exilar-se por conta própria é estar preso".[81] Em seguida, Clímaco afirma que "nenhum cativeiro é tão terrível e tão impossível de ser violado como aquele em que o indivíduo se mantém".[82] É por libertar o indivíduo dessa "prisão autoimposta" e do consequente "fardo da culpa" que, segundo o autor, o Mestre pode ser denominado "Salvador", "Redentor" e "Expiador";[83] (nova tradução: "salvador", "libertador" e "reconciliador"). Ele também declara que é precisamente por ser incapaz de se libertar desse cativeiro que o indivíduo necessita de um Mestre que é algo mais do que um mero mestre do conhecimento objetivo.

Por que, no entanto, isso deveria ser assim? Se a prisão é autoimposta, por que não é possível apenas descartá-la por conta própria? O próprio Clímaco levanta essa questão: "Mas como está preso por conta própria, não poderia ele afrouxar suas amarras e libertar-se?".[84] Tudo o que Clímaco tem a dizer nesse trecho do início das *Migalhas* é que "ele deve desejá-lo antes de mais nada" e que, se fosse capaz de desejá-lo, já estaria apto a fazê-lo, precisando apenas ser lembrado disso pelo Mestre – e nesse caso estaríamos de volta à posição socrática segundo a qual já possuímos o ser eterno e só precisamos recordá-lo.

Essa, porém, não parece ser a resposta, e ao que indica apenas nos desvia da pergunta. A real resposta de Clímaco surge mais

---

[81] Ibidem.
[82] Ibidem, p. 21.
[83] Ibidem.
[84] Ibidem, p. 19.

adiante, quando da análise da "consciência ofendida" e da "ilusão acústica". Ela se inicia com a declaração: "Se o Paradoxo e a Razão vêm juntos numa compreensão mútua de sua dessemelhança, o encontro de ambas será venturoso como o entendimento do amor, venturoso na paixão a que ainda não demos nome" – como vimos, ele então a denomina Fé.[85] Traduzido nos termos da análise da intencionalidade, isso significaria que: se a presença subjetiva do Deus encarnado (o Paradoxo) e a intenção do conhecimento objetivo (a Razão) concordam quanto à absoluta diferença (a dessemelhança) entre os polos subjetivo e objetivo da consciência, o encontro de ambas será satisfatória enquanto concretização de sua finalidade mútua, que é a subjetividade encarnada.

Por trás dessa ideia encontra-se o exame precedente do amor mútuo entre a intencionalidade humana e sua fonte eterna: "(...) a Razão, em sua paixão paradoxal, deseja precisamente sua própria queda. É isso, contudo, o que deseja também o Paradoxo, e assim ambos, no fundo, estão vinculados no entendimento (...)".[86] Ou seja, a Razão busca, como mencionado antes, aquele Desconhecido que não é apenas relativamente desconhecido (como seria um objeto ainda não apreendido ou verificado), mas que também jamais pode ser conhecido objetivamente porque não é um objeto, e sim a atualidade subjetiva. A razão busca esse Desconhecido inerentemente misterioso *como se* ele fosse objetivo, uma vez que é da natureza da intencionalidade fazê-lo. No entanto, isso sempre a coloca em risco de esquecer o "como se" metafórico e de pensar naquilo que busca como algo literalmente objetivo. É assim, diz Clímaco, que pode acontecer de "a Razão perder-se ao tentar determinar o Desconhecido como o diferente, confundindo então o diferente com o igual"[87] – confundindo, em outras palavras, o subjetivo com o objetivo. "Se o homem deve receber qualquer conhecimento verdadeiro sobre o Desconhecido (o Deus)", afirma Clímaco em seguida, "ele deve tomar ciência de que este é diferente dele, absolutamente diferente", ultrapassando até mesmo a capacidade da Razão – a qual, enquanto conhecido positivo, só pode conhecer o

---

[85] Ibidem, p. 61.
[86] Ibidem, p. 59.
[87] Ibidem, p. 57.

objetivo. A compreensão inteiramente negativa da dessemelhança absoluta só é possível como a compreensão que o próprio Paradoxo tem no Momento da encarnação. Quando se reconhece, pela presença subjetiva do Paradoxo, a dessemelhança absoluta entre sujeito e objeto, essa busca intencional que é a vida da Razão não é apenas inofensiva, mas também boa, uma vez que sem a intencionalidade não haveria consciência humana e, portanto, também encarnação, que é o objetivo em vista do qual o Paradoxo se doa.

Se vista sob essa luz, a Razão, no sentido kierkegaardiano que a encara como intenção subjetiva da verdade objetiva e da "Verdade" subjetiva, só pode ter lugar quando a "dessemelhança" entre as duas é assimilada. Caso contrário, falar-se-ia da Razão de modo amplo ou análogo, tal como indica Clímaco quanto introduz a ideia do possível encontro infausto entre ambas, isto é, da "Ofensa": "Se o encontro não se dá na compreensão, tal relação se torna infausta; e, se assim me é permitido chamá-lo, esse amor infausto da Razão (o qual, deve-se observar, só é análogo àquela forma particular de amor infausto que tem sua raiz no amor-próprio...) pode ser caracterizado de modo mais específico como *Ofensa*".[88]

"Ofensa", aqui, é um termo que equivale a pecado, e a análise que Clímaco faz dele responde, ao menos em parte, às questões levantadas antes acerca do tipo de ato intencional que estaria envolvido no pecado e acerca do motivo por que aquele que se liga ao pecado carece da força necessária para desprezá-lo. Clímaco imediatamente afirma:

> Toda ofensa é, em sua raiz mais profunda, passiva. Nesse aspecto, assemelha-se àquela forma de amor infausto a que acabamos de aludir. Até mesmo quando um tal amor-próprio (e não já parece contraditório que o amor de si deva ser passivo?) se anuncia nos feitos da ousadia intrépida, nas conquistas espantosas, ele é passivo e ferido. É a dor de sua ferida o que lhe confere sua força ilusória, expressando-se naquilo que parece ser autoatividade e que pode facilmente enganar, uma vez que o amor-próprio tende de modo muito especial a dissimular sua passividade.[89]

---

[88] Ibidem, p. 61.
[89] Ibidem.

A passividade aqui mencionada nada mais é do que a falta da atualidade subjetiva genuína. A existência subjetiva é a atividade consciente e intencional. A pessoa que tem um comportamento que a faz parecer ativa, mas que carece da subjetividade, na realidade só é ativa num sentido objetivo e exterior. A diferença, aqui, se dá entre uma ação intencional – a "autoatividade" de Clímaco – e aquilo que poderíamos chamar de "contração" e "espasmo". O espasmo, por mais vigorosa que sua ação seja objetivamente, jamais é uma ação intencional. Na descrição que lhe dá Clímaco, o espasmo em questão é uma reação à dor, ao passo que sua energia é a energia que dessa dor advém.

O que, então, seria a dor? Essa resposta é óbvia: trata-se da dor de ansiar pela existência subjetiva. Esse anseio, no entanto, é algo experimentado. Não se trata de uma ilusão, mas ao menos do começo da existência subjetiva. Poder-se-ia até mesmo descrevê-la como a dor do parto. Contudo, no caso da "Ofensa" de Clímaco, que rejeita inclusive a ideia de que se faz necessário um novo nascimento na Verdade, a dor é experimentada como se fosse o trabalho de parto interminável de um perpétuo natimorto. Do ponto de vista do orgulho que o pecador incontrito possui em sua existência autônoma, não há afronta maior do que ouvir exatamente aquilo que precisa saber: que ele não existe. Essa verdade libertadora, porém, só pode ser descoberta no passado – ou seja, da perspectiva do arrependimento e do renascimento, os quais olham para o que veio antes e descobrem que, na verdade, o indivíduo ainda não existia propriamente em sentido subjetivo.

Existe, aqui, um vínculo claro entre o pensamento de Kierkegaard e aquele de Girard, ainda que esse vínculo não envolva qualquer influência direta. A convergência de ambos jaz na ideia de "ofensa", a qual, segundo indica Clímaco em nota de rodapé, é uma tradução do grego *skandalon*: "A palavra advém de *skandalon* (ofensa ou pedra de tropeço), e assim significa ofender-se ou colidir com algo".[90] Como evita fazer qualquer referência direta ao cristianismo, Clímaco não menciona que o significado pelo qual se interessa advém do uso do termo no Novo Testamento,

---

[90] Ibidem, p. 62-63.

em passagens populares como: "(...) se teu olho direito te ofende, arranca-o; (...) se tua mão direita te ofende, corta-a e lança-a para longe de ti";[91] nas palavras dirigidas a Pedro: "Afasta-te, Satanás! És para mim ofensa";[92] ou em: "Mas todo aquele que ofender um desses pequeninos que creem em mim, melhor fora que amarrasse uma pedra de moinho em seu pescoço e se afogasse nas profundezas do oceano".[93]

Na análise de Girard, o *skandalon* que leva o indivíduo a tropeçar ou que o bloqueia e deixa estagnado é aquilo que, segundo vimos, recebeu o nome de modelo-obstáculo, a figura do fascínio que nos cativa por sua aura de poder e prestígio. O bloqueio resultante pode assumir numerosas formas. Pode ser que o indivíduo se submeta ao encanto pelo modelo e se torne, em alguma medida, seu escravo condescendente. Ou, num caso de servidão menos clara, ele pode se tornar seu leal auxiliador, partilhando de seus sonhos e gozando de sua glória. Pode ser, ainda, que ele ataque o modelo e tente obter o poder que lhe confere prestígio aos seus olhos. Tanto nesses casos quanto em casos semelhantes, a dinâmica do processo tende a ser bastante inconsciente, de modo que se imita o modelo sem que se admita sequer que o modelo foi tomado como tal.

Clímaco, como observado antes, descreve a Ofensa como algo enraizado no "amor-próprio incompreendido" e na incapacidade de valorizar a "dessemelhança absoluta" entre o humano e o divino e entre os polos objetivo e subjetivo da consciência. O mesmo poderia ser dito do *skandalon* de Girard. Sua qualidade essencial é a fixação num símbolo de poder e prestígio pessoais; seu dinamismo é essencialmente a energia de um anseio por tornar-se invulnerável como o modelo, figura que é sempre concebida como ontologicamente segura. Essa crença ingênua na condição entitativa do modelo enquanto sujeito-objetivo humano, divino e autônomo fundamenta-se na tendência, elevada pelo poder do encantamento, a juntar o subjetivo e o objetivo na noção de um ente cuja subjetividade está enraizada apenas em sua vontade e

---

[91] Mateus 5,29-30.
[92] Mateus 16,23.
[93] Mateus 18,6.

que também possui a solidez objetiva de uma rocha. A atitude resultante diante do modelo, ainda quando assume a forma da submissão abjeta, é sempre uma forma de "amor-próprio incompreendido", uma vez que o encantamento se dirige a uma imagem do que se gostaria de ser: invulnerável, poderoso e imune ao medo e a represálias.

Clímaco também descreve a "consciência ofendida" como algo que, apesar de suas pretensões ao poder ativo, é "sempre passivo".[94] O que ela quer é sobretudo evitar o reconhecimento de sua própria passividade e de como o Paradoxo se faz necessário tanto para suas energias quanto, até mesmo, para o ínfimo grau de existência de que desfruta – uma vez que, nas palavras de Clímaco, "a ofensa ganha existência com o paradoxo; *ela ganha existência*. Mais uma vez encontramos, aqui, o Momento do qual tudo depende".[95] O que afirma a consciência ofendida é que ela existe e que, motivada por sua energia autônoma, também age como um sujeito-objetivo independente, agarrando-se ferozmente à sua condição ainda quando (na análise que Clímaco faz em *O Desespero Humano*) essa ferocidade é a máscara adotada pelo desespero.

Do ponto de vista girardiano, essa afirmação poderia ser considerada uma espécie de assimilação espasmódica de uma imagem. Ela é essencialmente passiva porque se dá não como expressão de uma intenção genuína, mas como um mecanismo do ímpeto mimético. Vendo-se diante de uma imagem de poder pessoal – seja ao encontrar um rival, seja pela influência de uma cultura desencaminhada –, o indivíduo imprudente é levado pela força do ímpeto mimético a tentar conquistar aquele poder para si mesmo. Assim desorientado, ele passa a orbitar ao redor de uma pedra de tropeço – como o asno que rodeia incessantemente a pedra de moinho na parábola de Mateus 18,6.[96] Tudo isso é obscuro para o

---

[94] Søren Kierkegaard, *Fragments*, op. cit., p. 62.

[95] Ibidem, p. 64.

[96] Na versão francesa da Bíblia de Jerusalém citada por Girard, lemos: "(...) seria melhor que amarrasse ao redor do pescoço uma daquelas pedras de moinho que os asnos movem (...)." Girard relaciona essa imagem à imagem do *skandalon* em *Des Choses Cachées* (op. cit., p. 575).

indivíduo, que está preso mas julga-se livre e poderoso. A imitação é um mecanismo inconsciente do ímpeto mimético, apesar de as pretensões a que ele dá origem serem conscientemente verbalizadas – e até mesmo desafiadoramente vociferadas – para o mundo.

Tudo isso permite responder à questão sobre o que poderia haver de intenção subjetiva no pecado. O pecado (Ofensa) é por si só subjetivamente passivo, uma mera guinada para longe da vida pela qual se anseia. No entanto, ele se dá num contexto em que existe pelo menos um grau mínimo de subjetividade – a consciência do ídolo que fascina, da própria rebeldia ou da dor que pode parecer apenas desproposidada e frustrante. Aquele que experimenta essa dor pode não compreendê-la, mas mesmo na pior das hipóteses o anseio pode representar já o começo da existência subjetiva. Enquanto subjetividade real, essa tensão existencial é a presença do Deus no Momento (isto é, no processo de encarnação). Do ponto de vista de Clímaco, esse mínimo de presença subjetiva é partilhado por toda pessoa que possui alguma consciência. É por isso que, como já mencionamos, ele afirma no *Post Scriptum* que todo mundo é ao menos "um pouco de sujeito": toda pessoa que não esteja estirada em completa inconsciência – como o condutor embriagado – experimenta a tensão ou a "paixão" exigida pela dor da frustração, no caso da Ofensa, e pela felicidade da satisfação, no caso da Fé.

Clímaco enfatiza que o eu ilusório e egoisticamente concebido a que a Ofensa se agarra não possui existência subjetiva própria e que a energia de seus espasmos na verdade advém do processo de encarnação do Deus, fonte única da vida subjetiva na qual o ego ilusório só pode viver como parasita. É por isso que Clímaco trata a impressão que temos da vida do ego como "uma ilusão acústica", semelhante àquela que pode nos dar a sensação de que o boneco do ventríloquo possui vida própria: "Desse modo, embora as expressões em que a ofensa se anuncia – qualquer que seja a sua espécie – soem como se adviessem de outro lugar, quiçá até da direção oposta, elas são ecos do Paradoxo. É isso o que chamamos de ilusão acústica".[97] Até mesmo a crença da consciência ofendida em sua

---

[97] Søren Kierkegaard, *Fragments*, op. cit., p. 63.

individualidade objetiva obtém sua energia subjetiva do Paradoxo: "Mas é exatamente por ser passiva a ofensa que a descoberta (...) não deriva da Razão, e sim do Paradoxo; pois, se a Verdade é *index sui et falsi* [o critério de si e do falso], também o é o Paradoxo, e a consciência ofendida [nova tradução: "ofensa"] não compreende a si mesma, mas é compreendida por ele".[98] A "Ofensa", afirma Clímaco em seguida, "é a avaliação equivocada, a consequência inválida, com que o Paradoxo repele e coloca de lado. O indivíduo ofendido não fala valendo-se de seus próprios recursos, mas toma de empréstimo os recursos do Paradoxo – tal como aquele que imita ou parodia outro não inventa, mas somente copia perversamente".[99]

Essa também seria a resposta de Clímaco para o anseio de Ricoeur por uma forma de descobrir a vontade má. Ricoeur, para usarmos a linguagem que temos empregado aqui, desejava seguir um rastro de símbolos paradoxais para alcançar um ponto de fuga da objetividade em que fosse possível vislumbrar, pelo ingresso no paradoxo, a intenção subjetiva do mal como a coisa-em-si no âmago do homem caído. O comentário de Clímaco sobre essa busca a declararia infrutífera – e não pelo motivo que levou Kant a declarar que a coisa-em-si não pode ser apreendida, mas porque a intenção subjetiva do mal, exatamente por carecer de subjetividade, não pode existir.

Como, segundo vimos, Kierkegaard também usou o Anti-Clímaco de *O Desespero Humano* para expressar a ideia de que o pecado para o cristianismo é algo "positivo", e não mera ausência, é bem provável que ele julgasse possível atribuir, à vontade má, tanta existência objetiva quanto a atribuída ao "sujeito" objetivo que Lonergan defendia. Obviamente, é essa mesma a questão: ela é apenas objetiva, não subjetiva. Exceto no sentido amplo de uma "espécie de existência", ela não existe. A realidade da vontade má é apenas a realidade daquilo a que, acima, nos referimos como um espasmo ou contração.

---

[98] Ibidem. Em termos girardianos, a "ofensa" (a pedra de tropeço ou o próprio tropeço que ela nos causa) nada mais seria do que um mecanismo inconsciente que se opõe às operações intencionais motivadas pelo desejo da verdade, a qual manifesta a única presença divina real: aquela do "deus das vítimas". Ver René Girard, *Des Choses Cachées*, op. cit., livro 2, cap. 4, "Amour et Connaissance", p. 393-97.
[99] Søren Kierkegaard, *Fragments*, op. cit., p. 63.

Talvez a imagem mais útil nesse caso seja a da cãibra. A cãibra é objetivamente real e proporciona uma experiência verdadeira; no entanto, por mais enérgica que seja, não é por si só uma ação intencional. No caso da vontade má, a cãibra é a posse da ilusão da existência egoísta. A posse é real ou "positiva", mas não nasce da apreensão de um bem real, e sim da incapacidade de compreender o que é verdadeiramente desejado. É por isso que Clímaco diz, em nota referente à declaração de que "a consciência ofendida não conhece a si mesma": "Nesse sentido, o princípio socrático segundo o qual pecado é ignorância se justifica. O pecado não se compreende na Verdade, mas disso não se segue que não se compreenderá no Erro".[100] O "desejo de si mesmo" do pecado é a cãibra. Sua energia, porém, é tomada parasitariamente do Deus. Sua única atualidade subjetiva é aquela do anseio por existir subjetivamente, um anseio que é por si só real, mas que no erro é mal orientado para aquilo que não existe e não pode de fato existir: o suposto eu do indivíduo concebido como sujeito-objetivo. A única existência subjetiva é aquela do Deus no Momento, e a única atualidade subjetiva que o indivíduo existente pode obter é a atualidade que o Deus leva ao Momento que é sua encarnação.

O que Clímaco está dizendo aqui seria abordado de um ponto de vista explicitamente cristão no famoso episódio do Parque dos Cervos incluído no *Post Scriptum*. Trata-se da dependência existencial absoluta que cada pessoa tem da única fonte de toda atualidade subjetiva: todo caso de subjetividade imanente depende do transcendente, daquilo que, na presença imanente e nas operações contingentes, se torna "o Paradoxo" de Clímaco. Ainda que deseje acreditar que depende de uma fonte transcendente, aquele que vê as coisas do ponto de vista da ilusão egoísta encontra-se muito suscetível a interpretar a dependência em termos relativos – como uma crença em que, no que diz respeito a atos como os "pecados", as pequenas ações boas ou as ações moralmente indiferentes, o indivíduo possui uma capacidade "natural", ao passo que para os feitos heroicos ou para as virtudes santas Deus se faz necessário.

---

[100] Ibidem, p. 63

No episódio do Parque dos Cervos, a questão é formulada como uma pergunta sobre o que significaria falar da dependência de Deus no caso de algo tão simples como um passeio de férias:

> Devemos sempre ter em mente, diz o clérigo, que um ser humano não pode fazer nada sozinho; assim, também quando sai para um passeio no Parque dos Cervos ele deve recordar-se disso – por exemplo, que não pode gozar de si mesmo. A ilusão de que ele certamente é capaz de fazê-lo no Parque dos Cervos, uma vez que sente tamanho desejo disso, é a tentação de sua imediação; e a ilusão de que ele de fato pode realizar esse passeio, visto ser-lhe fácil fazê-lo, é a tentação de sua imediação.[101]

(Por "imediação" indica-se uma falta de reflexividade; o "homem imediato" acredita que aquilo que ele sabe é aquilo que percebe e que aquilo que ele compreende é todo modelo de pensamento que lhe parece natural.)

Clímaco então passa a examinar as várias formas como um indivíduo poderia examinar a proposição de que por si só não pode fazer nada. A tarefa do indivíduo, em sua opinião, é "compreender que não é nada diante de Deus"[102] – o que equivale à descrição, feita anteriormente nas *Migalhas*, do "novo nascimento, do não ser ao ser",[103] o qual exige que aquele que o vivencia descubra "que não existe". Após examinar as formas que poderia assumir uma relativização comparativamente mundana da ideia, ele examina a versão mais sutil do erro – a relativização religiosa:

> O homem não pode fazer nada por conta própria – isso ele deve ter presente à mente. O indivíduo religioso também se encontra nessa situação: é, portanto, incapaz de passear no Parque dos Cervos, mas por quê? (...) Isso acontece porque ele entende a todo momento que não pode fazer nada. Em sua enfermidade, o indivíduo religioso é incapaz de unir o Deus-ideia à finitude acidental de algo como passear no Parque dos Cervos.[104]

---

[101] Søren Kierkegaard, *Postscript*, op. cit., p. 422.
[102] Ibidem, p. 412.
[103] Søren Kierkegaard, *Fragments*, op. cit., p. 27.
[104] Idem, *Postscript*, op. cit., p. 434.

Isso, no entanto, é apenas mais uma versão da pretensão à individualidade independente, ainda quando a "ofensa" egoísta analisada nas *Migalhas* veste o disfarce da humildade religiosa.

Essa humildade, de acordo com o ponto de vista apresentado no *Post Scriptum*, é uma das formas mais refinadas e nobres, mas também a mais resoluta, que a Verdade do Paradoxo pode assumir. Para alguém que se deixou cativar por sua própria humildade religiosa, a transição dessa ilusão à Verdade teria de envolver a descoberta de que *não existe* uma vida criada impotente e ontologicamente separada, mas apenas aquela que é a humanidade do Deus encarnado.

De acordo com a análise que Clímaco tece desse cativeiro e de uma possível libertação, o religioso deve se livrar da ilusão de que possui e está preso a uma vida egoísta e imperfeita:

> Ele sente essa dor [sua incapacidade de passear no Parque dos Cervos], e certamente trata-se de uma expressão mais profunda de sua impotência o fato de compreendê-la em relação a algo tão insignificante. (...) A dificuldade não está em ser ele incapaz de fazê-lo humanamente; difícil é para ele compreender essa incapacidade e, assim, anular a ilusão, uma vez que deve sempre ter em mente que não pode fazer nada por si só – tal dificuldade foi por ele superada, e agora resta-lhe uma outra: a de conseguir levar aquilo a cabo com a companhia de Deus.[105]

Como afirma Clímaco nas *Migalhas*, o pecado e o erro são parasitariamente dependentes da subjetividade do Deus no Momento. É por isso que o Momento é tanto um "momento" em sentido temporal quanto algo mais: ele está "repleto do Eterno",[106] unindo eternidade e tempo. Em seu aspecto eterno, o Momento é a presença subjetiva daquilo que Clímaco denominou o Deus. Em seu aspecto temporal, o Momento é o processo em que, energizadas pela presença do Deus, as operações contingentes que constituem a subjetividade encarnada se dão. A mera existência do pecado e do erro depende da presença divina incipiente que é

---

[105] Ibidem, p. 434-35.
[106] Søren Kierkegaard, *Fragments*, op. cit., p. 22.

experimentada – perceba o indivíduo ou não – como um anseio pela satisfação do movimento da encarnação. Quando esse processo se completa, quanto toda a gama de operações intencionais é atualizada em todos os níveis existenciais, o Momento pode ser chamado de "*Plenitude do Tempo*".[107] O pecado e o erro são meros desvios da energia que satisfaria esse movimento. No entanto, nada do que podem fazer – uma vez que carecem de qualquer vida própria – é capaz de reduzir o Momento a um simples momento de tempo objetivo, muito embora seja essa a direção para a qual se encaminham.

O Momento, portanto, é sempre um movimento rumo à plenitude do tempo na encarnação. Por mais incompleta ou distorcida que seja, todo caso de subjetividade encarnada continua sendo no mínimo um começo. A fim de que se esclareça integralmente essa concepção da existência humana, será útil examinar como Clímaco representa o movimento de uma atualização menor para uma atualização maior da subjetividade.

Mencionamos antes que um dos temas das *Migalhas* é a concepção aristotélica da *kinesis* como "o tipo de mudança do vir a existir".[108] Nessa obra, a importância do tema é enfatizada, mas ele ainda é tratado de maneira um tanto abstrata. Um dos valores que o *Post Scriptum* possui enquanto suplemento das *Migalhas* está precisamente no fato de sublinhar esse assunto como um processo concreto de transição de um estágio da existência a outro.

Esse movimento é um processo de atualização, de vir a existir em sentido próprio. Mais para o fim do capítulo sobre Voegelin, sugeri que a concepção aristotélica do movimento que vai da potencialidade à atualidade poderia servir para neutralizar a tendência que a imagem da *metaxy* tem de retratar a existência humana como uma deficiência necessária que anseia por uma suficiência inalcançável. A imagem da *metaxy* tende a situar o "ser" no polo mais afastado de uma tensão, ou Eros, que deve sempre ansiar por ele porque jamais conseguirá alcançá-lo. Inerente a essa imagem espacializada – seja Platão, Voegelin

---

[107] Ibidem.
[108] Ibidem, p. 90.

ou Ricoeur a utilizá-la – encontra-se a tendência a formular a questão em termos estáticos: o ser é retratado como uma estase que se encontra "além" do âmbito do movimento entre os polos; o estado de deficiência do homem é essencialmente estático em sua inevitabilidade, ao passo que o tempo, como imagem movente da estase eterna, é em essência uma ilusão, uma distorção cognitiva do que é de fato real. Falar de um movimento da potencialidade à atualidade ou de uma plenitude menor a uma plenitude maior é também empregar uma imagem metafórica, mas talvez essa seja uma imagem menos capciosa, e em geral Kierkegaard tendia a adotá-la. Ela tem a vantagem de enfatizar o dinamismo do atual em vez de a estase do ideal.

Kierkegaard também deu uso frequente à imagem, igualmente metafórica, da síntese. No *Post Scriptum*, Clímaco afirma: "A existência é uma síntese do infinito e do finito, e o indivíduo existente é tanto infinito quanto finito".[109] É importante não interpretar essa ideia da "síntese" (em grego: "colocar junto") como uma fusão; Kierkegaard empregou deliberadamente o termo com o sentido grego de uma combinação de elementos que continuam distintos e diferentes. Hegel é muitas vezes descrito como alguém que pensou a fusão da "tese" e da "antítese" numa síntese, mas, como mencionado no capítulo sobre Lonergan, não era essa a real linguagem hegeliana. O que Hegel abordava aí era a "mediação", a qual vinha concebida como uma superação e uma negação do tipo de diferença genuína em que Kierkegaard continuou a insistir. Kierkegaard optou pelo termo "síntese" a fim de diferenciar seu pensamento do modo de pensar de Hegel, que insistia na diferença absoluta entre o subjetivo e o objetivo, o infinito e o finito, a eternidade e o tempo.[110]

À luz da imagem da síntese empregada por Kierkegaard, todo e qualquer caso de subjetividade encarnada une (sem a aniquilação da diferença) o subjetivo (o infinito) e o objetivo (o finito) na intencionalidade que tem o subjetivo como um de seus polos ou aspectos e o objetivo como o outro. O termo que Kierkegaard

---

[109] Søren Kierkegaard, *Postscript*, op. cit., p. 350.
[110] Cf. Søren Kierkegaard, *Concept of Anxiety*, op. cit., p. 10-12; e Mark C. Taylor, *Journeys to Selfhood*, op. cit., p. 170-72.

emprega para referir-se a essa síntese, e ao qual dou o nome de "intencionalidade", é "espírito": "O homem é uma síntese do psíquico e do físico; no entanto, uma síntese é inconcebível se ambos não se unirem num terceiro elemento. Esse terceiro elemento é o espírito".[111] Esse mesmo significado, claro, foi expresso nas *Migalhas* quando da abordagem da ideia de que o Momento é uma síntese do eterno (o polo subjetivo) e do tempo (o polo objetivo).

A imagem da síntese e a imagem da atualização têm como importante característica comum o fato de subentenderem a participação de ambos os polos naquilo em que se unem. Falar de uma síntese é falar de algo em que pode haver a distinção de aspectos opostos, mas que ainda assim continua uno. Além disso, embora seja em determinado aspecto "uma transição da não existência à existência",[112] a imagem do movimento de atualização abarca a ideia de um aumento daquela que *já é* a presença existencial. A atualização de uma possibilidade acrescenta o que poderia ser chamado de novo conteúdo existencial, mas isso não significa necessariamente que antes dessa nova atualidade não existia qualquer tipo de conteúdo existencial anterior. O desenvolvimento da subjetividade pode ser descrito como um processo em que o âmbito da operação subjetiva – e, assim, a presença subjetiva real – aumenta grau a grau. Esse seria o mesmo processo a que Lonergan se referiu quando afirmou, em "The Subject": "Pois nós somos sujeitos gradualmente, por assim dizer".[113] Para Kierkegaard, o processo de tornar-se sujeito existente – isto é, de ganhar existência subjetiva – é o processo de tornar-se cada vez mais o que, em certa medida, já se é. Não se trata da transformação de um tipo de coisa em outro, mas de um aumento na subjetividade: passa-se de "um pouco de sujeito"[114] a um sujeito mais completo.

Essa, portanto, seria a resposta de Kierkegaard acerca do valor e das limitações da imagem da *metaxy*. Ele mesmo a esclarece no *Post Scriptum*, valendo-se da pena de Clímaco: "Dá-se com essa visão da vida o que se dá tanto com a interpretação platônica

---

[111] Søren Kierkegaard, *Concept of Anxiety*, op. cit., p. 43.

[112] Idem, *Fragments*, op. cit., p. 91.

[113] Bernard Lonergan, *Second Collection*, op. cit., p. 80.

[114] Søren Kierkegaard, *Postscript*, op. cit., p. 116.

do amor como carência quanto com o princípio de que não apenas sofre de carência aquele que deseja algo que não tem, mas também aquele que deseja a posse contínua do que já possui".[115] Clímaco então declara: "Poder-se-ia (...), em virtude de uma incompreensão, opor a finalidade à busca persistente da verdade [isto é, da subjetividade]. Nesse âmbito, porém, isso nada mais seria do que um equívoco interpretativo".[116] A tensão e a busca persistentes que se encontram na essência da existência humana não são, na descrição que lhes dá Clímaco, elementos que dizem respeito a uma deficiência que anseia pela suficiência inalcançável; trata-se, na vida da Fé, da contínua busca subjetiva pelo aumento da presença subjetiva de que já se desfruta.

Para aquele que ainda não ingressou na Fé – ou, como Clímaco prefere dizer, para aquele que ainda não foi descoberto pelo Paradoxo –, a plenitude relativa e incipiente da presença não pode ser experimentada como prazer. Tal qual no caso daquele que se refugia na ilusão da individualidade egoísta, ela pode ser experimentada como um tormento. Ou, então, por aquele que cambaleia desnorteadamente, ela talvez seja vivenciada como uma questão importuna e ardilosa que insinua outra possibilidade de vida. Tal como descrito concretamente por Clímaco, o processo de ingresso na Fé começa como um movimento que atravessa uma série de estágios da existência, e é provável que em vários momentos dessa viagem aquele que a realiza experimente tanto o desconforto quanto a perplexidade. Na especificação fornecida pelo *Post Scriptum*, os estágios propriamente ditos vão da existência estética à existência ética, passam pela existência "ético-religiosa" ("religiosidade A") e, por fim, alcançam a existência "paradoxalmente" ou "dialeticamente" religiosa ("religiosidade B").

Esse esquema dos estágios da existência – na forma simplificada que o reduz ao estético, ao ético e ao religioso – talvez seja o tema mais famoso de Kierkegaard, e isso até mesmo entre aqueles que não chegaram a ler suas obras. Trata-se, por exemplo, do único assunto especificamente kierkegaardiano a que Lonergan

---

[115] Ibidem, p. 110.
[116] Ibidem.

faz alusão em seus livros.[117] Tentarei resumir a teoria dos estágios da maneira mais simples possível. Os estágios estético e ético são bem diretos. O termo "estético", nesse caso, se refere ao sentimento e à imediação. Para a pessoa que pensa de modo estético, o bem, por exemplo, não passa daquilo que é imediatamente agradável, daquilo que soa ou parece bom a quem não levanta quaisquer questões ulteriores. Acerca das questões sobre o real, a pessoa estética tende a presumir que a realidade é o objeto da percepção. Ela se encontra tipicamente inclinada à passividade no que diz respeito a tudo o que lhe interessa: o bom é aquilo que proporciona sensações boas; o real é aquilo que se imprime em suas faculdades perceptivas etc. A existência ética, por sua vez, é mais reflexiva e também exige mais esforços de si mesma. No que tange seu principal interesse – a questão do bem –, a pessoa ética deseja *ser* boa ou *fazer* o bem, aproximando-se dessa tarefa por meio de perguntas que não teriam qualquer relevância para o homem estético: ela pergunta, por exemplo, se aquilo que é imediatamente agradável seria de fato satisfatório em longo prazo ou se estaria de acordo com suas obrigações.

A ênfase do exame kierkegaardiano do ético se volta mais para a primeira do que para a última dessas duas questões. Do ponto de vista kantiano que prevalecia no ambiente filosófico de Kierkegaard, o problema da satisfação profunda e duradoura provavelmente não passaria de um refinamento do ascetismo, e não algo verdadeiramente ético. Aquilo que parecia mais urgente e preocupante às figuras arquetipicamente éticas de Kierkegaard – como o juiz Guilherme de *Ou isso, ou Aquilo* ou o Cavaleiro da Resignação Infinita de *Temor e Tremor* – era como um fato ou ação poderia

---

[117] Bernard Lonergan, *Insight*, op. cit., p. 573. Frederick Crowe, ex-diretor do Lonergan Center da Universidade de Toronto, afirmou na página 90 de *The Lonergan Enterprise* que o interesse por Kierkegaard seria um bom pano de fundo para a leitura do *Método* de Lonergan. O próprio Lonergan, porém, não parece conhecê-lo muito (se é que o conhece em alguma medida). Em palestra que ministrou, como tributo aos oitenta anos de Lonergan, na Universidade de Santa Clara em 1984, o padre Crowe se debruçou sobre as evidências daquilo que o próprio filósofo teria lido. Durante as perguntas que se seguiram à fala, tive a oportunidade de lhe perguntar se havia qualquer prova de que Lonergan lera Kierkegaard. Ele respondeu que não conhecia nenhuma e que, como Kierkegaard estava em voga na década de 1950, a referência que Lonergan faz aos estágios da existência poderia ter se baseado em algo que ele ouvira, e não lera.

situar-se num esquema inteligível de obrigações. O objetivo kantiano era a transcendência do egoísmo moral, e para Kant a religião não passava de um auxílio prático rumo a essa meta. Kierkegaard, no entanto, sustentava uma concepção muito diferente de cristianismo e da transcendência do egoísmo. Tal como esboçado em *Temor e Tremor*, seu Cavaleiro da Fé era alguém que não apenas produzia a resignação infinita do homem ético, mas também aceitava novamente, e com reverência, todas as possibilidades de prazer, encarando-as como dons. Nesse aspecto, a existência religiosa lá esboçada unia os traços do estético e do ético de tal maneira que teria escandalizado os kantianos, para quem o Cavaleiro da Fé nada mais seria do que um hedonista ou, nas palavras que W. H. Auden empregou em "The Quest", "semelhante demais a um merceeiro para ser respeitado".[118]

O tratamento dado à existência religiosa no *Post Scriptum* é muito mais complexo do que aquele das primeiras obras, envolvendo a ulterior distinção entre os dois níveis ou tipos de religiosidade denominados, acima, "religiosidade A" e "religiosidade B". A religiosidade do Cavaleiro da Fé seria, na terminologia posterior, uma versão da religiosidade B, considerada por Clímaco o único tipo correspondente a uma fé cristã genuína.[119] A religiosidade A, por sua vez, é uma versão da existência ética, localizando-se no ponto de transição do ético para a vida da Fé. Ela é religiosa porque está interessada naquilo que lhe parece ser a relação entre o homem e Deus. É ética porque está interessada na ação correta em obediência a Ele. No entanto, ela não chega a ser o que para Clímaco era a religiosidade propriamente dita (a religiosidade B), uma vez que interpreta equivocadamente tanto Deus quanto o homem e a relação entre ambos. Ela almeja uma autotranscendência em que o eu, visto tanto como o transcendente quanto o transcendido, é egoisticamente concebido como um sujeito-objetivo que existe de maneira independente; numa irônica consequência, isso faz com que seu interesse pelo autoaprimoramento nada mais seja do que um refinamento do egoísmo. Sua compreensão

---

[118] W. H. Auden, *Collected Poetry*. Nova York, Random House, 1945, p. 260.
[119] Cf. Søren Kierkegaard, *Postscript*, op. cit., p. 505, nota: "(...) a fé pertence essencialmente à esfera do paradoxal-religioso. (...) Toda fé que não esta é tão somente uma analogia".

equivocada de Deus é igualmente egoísta porque esse Deus que para ela exige o ético é apenas outro ente que, embora melhor e mais poderoso, não difere em essência de si mesma. Em outras palavras, a ideia ético-religiosa da autotranscendência não passa da subordinação de um ente egoisticamente concebido a outro.[120]

Uma complicação ulterior se dá porque essas duas formas de religiosidade não esgotam a questão. Embora Clímaco não chame qualquer outra pelo nome, existe ao menos uma distinção implícita entre a religiosidade A em seu modo genuinamente ético e uma religiosidade mais ingênua e fundamentalmente estética a que ele se refere como "imediata": "A religiosidade imediata jaz na pia superstição segundo a qual Deus pode ser visto diretamente em tudo; o indivíduo 'desperto' se prepara descaradamente para receber a presença de Deus onde quer que esteja, de modo que encontrá-lo é encontrar também Deus, dado que o indivíduo 'desperto' O traz no bolso".[121] O que Clímaco quer dizer aqui é que esse indivíduo se julga capaz de sentir a presença de Deus em toda parte, como se o divino não passasse de um aspecto especial das coisas; ele traz Deus "no bolso" porque O reduziu a algo perceptível ou imaginável. "O estético", diz Clímaco, "consiste sempre no fato de o indivíduo achar que está assimilando e se apossando de Deus e no conceito de que ele só será inteligente se puder se apossar dEle como algo externo".[122]

Um tal estetismo não se limita inteiramente àqueles que enfatizam o sentimento. O dogmatismo intelectualista nada mais é do que outra versão do tipo estético porque também ele reduz o divino à forma de um objeto – nesse caso, de um objeto da intelecção. Segundo Kierkegaard, Deus, sendo pura subjetividade,

---

[120] À luz do sistema girardiano examinado no capítulo anterior, essa subordinação se resumiria a um rebaixamento autossacrificial diante do "mediador externo". Ela poderia ter algumas vantagens sociais se comparada à guerra entre os mediadores internos, mas, do ponto de vista de Girard, uma religião que interpretasse a relação entre o homem e Deus de tal modo se desviaria da fé cristã e de sua concepção de Deus como o "Deus das vítimas", adotando em seu lugar um Deus que exige sacrifícios. Nesse aspecto, apesar de não haver qualquer influência direta, existe uma afinidade clara entre a crítica que Girard faz do que denominou "cristianismo histórico" e o próprio "ataque à cristandade" de Kierkegaard.

[121] Søren Kierkegaard, *Postscript*, op. cit., p. 451-52.

[122] Ibidem, p. 498.

não pode ser, de forma alguma e em nenhuma medida, objeto das operações intencionais. Não é apenas difícil assimilar Deus; é absolutamente impossível compreendê-lo, uma vez que não se trata de um objeto intelectual. Qualquer esforço para assimilá-lo intelectualmente só expressaria uma compreensão equivocada do divino e um desvio fundamental do cristianismo. Tratar-se-ia, nesse caso, daquilo que Clímaco chama de tentativa de "conduzir o cristianismo de volta à esfera estética – no que os hiperortodoxos, inadvertidos, se mostram particularmente bem-sucedidos –, em que o incompreensível assim o é de maneira relativa (...)".[123]

O humor, que para Clímaco delimita a fronteira entre a religiosidade A e a religiosidade B, protege o indivíduo dessa ingenuidade ao recordar-lhe que Deus é absolutamente diferente de – e não pode ser medido por – tudo aquilo que há no âmbito objetivo: o sensível, o perceptível, o concebível ou o verificável. "A religiosidade, tendo o humor como disfarce", diz ele, "é (...) uma síntese da paixão religiosa absoluta com a maturidade de espírito, o que afasta a religiosidade de toda exterioridade e a conduz mais uma vez ao interior, onde volta a ser a paixão religiosa absoluta".[124] O humor – ou a ironia, sua prima inferior – recorda ao indivíduo estético que Deus não é um objeto do sentimento ou da contemplação, do mesmo modo como recorda ao indivíduo ético que Deus não é um ideal de comportamento e que, ainda que assim o fosse, seria impossível alcançá-lo.

O humor também seria o antídoto mais eficaz contra a ideia quase trágica de que a existência humana está encerrada num anseio insaciável de que não se pode escapar. O que Kierkegaard provavelmente afirmaria acerca da metáfora platônica da *metaxy* é que não se trata aí de um símbolo da condição humana, mas de um símbolo que expressa o que a existência humana deve parecer quando encarada do ponto de vista do estágio ético-religioso da existência, e não ainda do ponto de vista do Paradoxo.

O fato de tanto o estético quanto o ético serem risíveis da perspectiva de Clímaco poderia dar a impressão de que, segundo ele,

---

[123] Ibidem, p. 499.
[124] Ibidem, p. 452.

não haveria qualquer desenvolvimento relevante na passagem do primeiro para o segundo. É bem verdade que a passagem para a religiosidade B deve fazer com que ambos sejam lançados na mesma categoria – aquela da finitude ou da consciência que está orientada ao objeto. No entanto, há um aspecto em que o desenvolvimento do primeiro para o segundo prepara a transição derradeira de modo absolutamente essencial. Trata-se do fato de a religiosidade ética ser o fundamento necessário ao arrependimento, o qual pertence, segundo Clímaco, "à esfera ético-religiosa e, assim, se posiciona de maneira a ter apenas uma esfera superior: a esfera religiosa em sentido estrito".[125] Ou seja, o arrependimento é o portal que conduz à religiosidade B, que por sua vez é a vida do próprio Paradoxo.

Como já vimos neste mesmo capítulo, para Clímaco o arrependimento é sobretudo o pesar com relação ao fracasso. O arrependido olha com tristeza para sua vida passada porque experimenta o amor presente da verdadeira vida, a qual, imerso em seu egoísmo, ele fora incapaz de compreender ou estimar. Esse é um passo crucial de sua preparação para o novo nascimento, pois trata-se do ato de abrir mão daquilo que o impedia.

Além disso, o arrependimento jamais pode ser deixado inteiramente para trás. A subjetividade encarnada tal como a experimentamos envolve, entre outras coisas, a memória. Mesmo na perspectiva da religiosidade B, a vida do indivíduo no tempo é composta de camadas que correspondem a estágios existenciais. O indivíduo sempre se descobre no interior da estrutura da memória e, portanto, do tempo. E, na mesma medida em que examina, do ponto de vista da consciência preocupada (ou da "paixão"), a lembrança dos feitos que fizera ou deixara de fazer, ele sempre os julgará carentes. O arrependido encontra, a todo momento, uma vida pregressa que serve como pano de fundo para seu presente – e esse passado inclui sempre um começo falso:

> A tarefa é apresentada ao indivíduo na existência; e, do mesmo modo como está pronto para bem apresentar-se (o que só pode ser feito *in abstracto* e teoricamente, dado que as calças largas do

---

[125] Ibidem, p. 463.

sujeito abstrato são muito diferentes da camisa de força daquele que existe) e deseja começar, ele também descobre que um novo começo se faz necessário, o começo no imenso desvio da morte para a imediação. Quando aqui esse começo está prestes a ser realizado, esse indivíduo então percebe que, por ter o tempo nesse ínterim passado, está realizando um começo impróprio e que o começo correto só deve ser retomado com a assunção de sua culpa e, doravante, com o aumento da culpa capital total segundo uma taxa de juros usurária.[126]

Para aquele que se descobre no tempo, portanto, o arrependimento não é um acidente a ser desprezado, mas um elemento essencial do processo pelo qual ele alcança a atualidade subjetiva. "O arrependimento", diz Clímaco, "(...) não deseja ter, do ponto de vista religioso, uma duração que lhe é dada, tornando-se então passado consumado; a incerteza da fé não tem validade cujo término a relegue ao passado; a consciência do pecado não possui tempo de vida – nesse caso, retornaríamos ao estético".[127]

A religiosidade B, na qual "o perdão dos pecados" é descoberto, se dá com base no desenvolvimento de uma autocompreensão que tem a consciência da culpa como expressão inicial e que, em seguida, desdobra-se na consciência do pecado. Também o arrependimento, portanto, possui seus estágios. O que leva Kierkegaard a crer, como já mencionamos antes, em que a consciência do pecado é o "primeiro mergulho profundo na existência"[128] é o fato de ela se desenvolver, no estágio ético, como resultado da percepção de que aquilo pelo qual se anseia não é uma coisa ou sensação mundanas, mas uma vida – não um objeto, mas uma atualidade subjetiva. Trata-se apenas do primeiro mergulho porque ela permanece presa à ilusão de que o ato exigido seria o ato do ego que se empenha autonomamente. Com a transição da ideia da culpa para a ideia do pecado, a ênfase passa da autocensura ao amor daquilo de que o eu é incapaz, do foco retrospectivo voltado ao próprio fracasso a uma antecipação da presença do Deus.

---

[126] Ibidem, p. 469.
[127] Ibidem, p. 467, nota.
[128] Ibidem, 473.

Como afirma Clímaco: "(...) a consciência da culpa ainda jaz essencialmente na imanência, na distinção entre ela e a consciência do pecado. Na consciência da culpa, é o mesmo sujeito que, mantendo a culpa em relação com uma felicidade eterna, torna-se essencialmente culpado, mas a identidade desse sujeito é tal que a culpa não o torna um novo homem – o que seria característico da ruptura".[129] Quando se dá, essa ruptura é o novo nascimento que constitui o paradoxo da religiosidade B.

Como ponto de transição da religiosidade A para a religiosidade B, o arrependimento está intimamente relacionado ao humor que delimita a fronteira entre ambas. A capacidade de examinar-se à luz do humor está no âmago da concepção de arrependimento de Kierkegaard. Ou seja, como deslocamento da sedução do ego para a Verdade que é a presença viva do Paradoxo, o processo de arrependimento não se completa até que o humor referente às pretensões do ego penetre e abale suas defesas. Nas palavras de Clímaco: "Os diferentes estágios existenciais se estruturam de acordo com sua relação com o cômico, dependendo de se o possuem dentro de si ou fora de si (...)".[130] A consciência "imediata", afirma ele em seguida, possui o cômico fora de si; a ironia é o lume do humor incompreendido por sua vítima. Quando a vítima se torna capaz de rir internamente de si mesma, de seus fascínios e até mesmo de seus ideais, a visão egoísta que nos cativa tanto nos estágios estético e ético começa a perder seu encanto. O novo nascimento na religiosidade paradoxal não pode se dar até que esse encanto seja interrompido, e tanto o humor quanto o arrependimento são ímpetos da força que o anula.

A força propriamente dita é a intelecção. Aquilo que ela compreende, porém, não é nem uma ideia, nem uma forma inteligível. Em seus estágios iniciais, na transição do estético para o ético, a intelecção libertadora toma a forma da percepção negativa de que os objetos pelos quais se cria ansiar não eram, na verdade, aquilo que se desejava. Na transição do ético para o religioso, ela é a compreensão negativa – tratada nas *Migalhas* como a percepção de que "não se existia" – de que o ego-ente que o indivíduo acreditava

---

[129] Ibidem, p. 474.
[130] Ibidem, p. 463.

ser não é nada mais do que um fantasma. Ou seja, não se trata da compreensão daquilo que se é, mas daquilo que não se é.

Se existe alguma espécie de conteúdo intelectual positivo nessa intelecção, ela teria de ser formulada como a compreensão de que a única subjetividade encarnada é aquela que nas *Migalhas* foi chamada de "o Deus no tempo" – ela teria de ser formulada, portanto, como a compreensão de que apenas em Deus nós vivemos, nos movemos e encontramos nosso ser. Mesmo isso, porém, não deve ser interpretado como uma compreensão positiva dessa ideia. Deus não é um objeto, e sim algo puramente subjetivo; assim, não pode ser elemento de qualquer esquema objetivo de relações. O fundamento substantivo da percepção da verdade existencial não é um ato da intelecção, mas uma experiência da atualidade subjetiva imaculada pela ilusão egoísta. A intelecção contribui para a percepção estritamente negativa de que ela livra o indivíduo dessa mácula. Isso se dá por meio do esclarecimento de que a subjetividade experimentada como única vida consciente não é criação própria, mas uma descoberta e um dom. Experimenta-se essa presença e essa vida na "interioridade", ou subjetividade, mais perfeita. Ela não é percebida, sentida, compreendida ou conhecida objetivamente, uma vez que está longe de ser objetiva. A compreensão que surge do humor e do arrependimento, portanto, é a compreensão puramente negativa daquilo que a existência subjetiva não é. Uma vez percebido o que ela não é, pode-se deixar de tentar assimilá-la como se fosse uma espécie de objeto experiencial, intelectual ou entitativo – ou, na expressão empregada no *Post Scriptum*, como uma espécie de "exterioridade". Essa combinação da intelecção negativa com a presença subjetiva experimentada – à qual me referi como a percepção da verdade existencial – é precisamente aquilo que Clímaco indicou, nas *Migalhas*, como a Fé em sentido eminente.[131]

Se não é, porém, um sujeito entitativo, quem então possui a intelecção? Existem duas formas de responder a isso. Para Clímaco, que recorre à linguagem da tradição cristã, Deus possui (ou melhor, "faz") a intelecção, mas de tal modo que ela também se torna

---

[131] É também o que Voegelin queria dizer com "abertura" ou "existência aberta".

ato pleno do indivíduo humano. É isto o que as *Migalhas* tratam como o Paradoxo que se doa no Momento: a vida mesma do Deus que está presente na Fé. Ou seja, a única subjetividade humana genuína é aquela do Paradoxo, do Deus que adentra a existência no Momento que é sua encarnação. "A edificação paradoxal", tal como expressa o *Post Scriptum*, "corresponde (...) à delimitação do Deus no tempo como o homem individual (...)".[132]

Kierkegaard poderia falar ainda em termos estritamente negativos, afirmando que nenhum ente possui a intelecção e que ela seria, em vez de ente, um processo. Esse modo de falar tem sido muito usado na tradição budista, em especial nas escolas de pensamento de Madhyamaka e Yogachara.[133] Kierkegaard, é claro, dificilmente retirou essa alternativa linguística de seu ambiente. Os cristãos sempre falaram do divino em termos positivos e quase entitativos, ainda que às vezes tenham insistido em que essa linguagem deve ser analógica.[134]

Os teólogos medievais tinham uma máxima – *analogiae claudicant* ("as analogias claudicam") – segundo a qual todas as analogias, por mais úteis que fosse, trazem consigo implicações capciosas. Do ponto de vista da análise de Kierkegaard, capciosa nesse caso seria a implicação de que Deus é objetivo, uma vez que, como esclarecido por nossa prévia análise da teoria cognitiva, falar de um ente real é falar daquilo que, ao menos em princípio, deve ser algum tipo de objeto concebível e verificável. Deve ficar igualmente claro que não era a isso que a linha de pensamento de Kierkegaard se encaminhava. Quando empregam o termo "Deus", suas *personae* não estão se referindo – e disso elas nos recordam com grande insistência – a nenhum tipo de objeto, mas à fonte irredutivelmente subjetiva de toda presença subjetiva.

---

[132] Søren Kierkegaard, *Postscript*, p. 498.

[133] Ver, por exemplo, Frederick J. Streng, *Emptiness: A Study in Religious Meaning*. Nashville, Abingdon Press, 1967; e Diana Y. Paul, "The Structures of Consciousness in Paramartha's Purported Trilogy", *Philosophy East and West*, vol. 31, n. 3, julho de 1981, p. 231-55. Outras obras recentes a abordarem esse tema são Robert Magliola, *Derrida on the Mend*. West Lafayette, Purdue University Press, 1984; e Mark C. Taylor, *Erring: A Postmodern A/theology*. Chicago e Londres, University of Chicago Press, 1984.

[134] Ver, por exemplo, Santo Tomás de Aquino, *Suma Teológica*, I, q. 13.

Aos olhos da maioria de nós, porém, falar assim beira a ininteligibilidade. A linguagem que em geral usamos está envolvida de modo tão profundo num sistema interpretativo que não traça a distinção kierkegaardiana entre sujeito e objeto, que nos vemos incapazes de falar sobre "um sujeito" sem concebê-lo como uma espécie de ente. Equiparar o vir a existir do Deus no Momento com o vir a existir do indivíduo em seu novo nascimento no Momento faz surgir à imaginação a imagem de uma colisão ou uma fusão entre dois entes.

O principal problema que Kierkegaard enfrentava como escritor era o de encontrar uma forma de falar daquele que sempre foi o mistério central da fé cristã: o fato de Deus ser capaz de tornar-se homem e redimir, assim, a humanidade de seu cativeiro egoísta. O desafio de Kierkegaard era encontrar uma linguagem que lhe permitisse assinalar ao leitor esse mistério sem fazer com que ele caísse numa das duas armadilhas que sempre parecem acompanhar as tentativas de abordar o tema: a ideia de que Deus e o homem são duas coisas diferentes e o erro, ainda mais perigoso, de achar que ambos são iguais. Como resposta, Kierkegaard insistiu no caráter paradoxal de toda linguagem usada para expressar o mistério, como quando faz Clímaco dizer, a respeito da ideia da "delimitação do Deus no tempo como o homem individual", que "[o] fato de não ser possível pensar isso é precisamente o paradoxo". Ele então enfatiza "a afirmação, por parte do cristianismo, de que o paradoxo de que ele fala não pode ser pensado, sendo portanto diferente do paradoxo relativo que, no final das contas, traz dificuldades ao pensamento".[135] "O traço característico do cristianismo", diz ele, "é o paradoxo, o paradoxo absoluto".[136] Afirmar que o Deus eterno ganha existência no tempo e se torna verdadeiro homem é afirmar o que na linguagem comum é necessariamente uma contradição, uma junção de categorias incompatíveis; não obstante, falar menos que isso seria o mesmo, para Kierkegaard, que reduzir o cristianismo a uma mera espécie de paganismo.

Afirmar isso pode parecer o mesmo que afirmar que ser cristão é acreditar no absurdo. Sem dúvida, as *personae* de Kierkegaard

---

[135] Søren Kierkegaard, *Postscript*, op. cit., p. 498.
[136] Ibidem, p. 480.

declaram que o Paradoxo existencial não é um paradoxo linguístico, e sim que o paradoxo linguístico é aquilo que acontece com a linguagem que procura tratar o existencial como se fosse objetivo. No entanto, se só é possível seguir o caminho de Kierkegaard falando numa linguagem que sucumbe na autocontradição ou deixando a linguagem completamente de lado, a tentativa de fazê-lo poderia parecer, na melhor das hipóteses, algo questionavelmente aconselhável ou mesmo intelectualmente irresponsável. Aqui, eu procurei mostrar que Kierkegaard na verdade não é o antirracionalista que dizem ser, mas é preciso admitir que em determinado momento ele abandona o esforço para utilizar uma linguagem inteligível e que esse momento pode ter sido precoce demais.

Há questões importantes que até mesmo um simpatizante do modo de pensamento kierkegaardiano poderia querer enfrentar antes de definir que a linguagem jamais é capaz de desenvolver recursos que a possibilitem abordá-las. Além disso, algumas dessas questões podem até influenciar diretamente a busca existencial a que o filósofo nos impele. Falar da percepção de que "não se existia", por exemplo, necessariamente dá origem a questões de direta relevância ao entendimento do que a proposição significa e de quais são as opções de conhecimento adequado que Kierkegaard poderia desejar que buscássemos.

Jamais tratada especificamente por Kierkegaard, uma dessas questões é aquela do que podemos significar com a ideia de "pessoa" e de como ela se relaciona com a ideia de "sujeito". Se, como enfatiza Kierkegaard, o ponto central do cristianismo é o fato de Deus ser o sujeito eterno que adentra a história ao tornar-se indivíduo humano ou pessoa, parecerá importante compreender com exatidão as diferenças e semelhanças entre a pessoa e o sujeito. Isso poderia nos ajudar, por exemplo, a indicar a diferença entre o Deus no tempo e o pecador que ele redime enquanto esclarece por que e como seria possível a união ou o envolvimento mútuo de ambos no Momento. Isso também nos ajudaria a esclarecer a relação entre o camponês embriagado que é arrastado em sua carroça e o outro que conduz conscientemente seus cavalos. Não seria desejável afirmar que em certo sentido o camponês inconsciente continua sendo uma pessoa humana real, ainda que não exista de fato enquanto sujeito? Chamado a descobrir que "não existia" em sua falta de contrição, o pecador não seria ainda assim um pecador, existindo em algum sentido psicológico?

Outra questão intimamente relacionada a essa, portanto, é aquela que já foi levantada várias vezes: a questão da relação entre existência e realidade. Em nosso emprego cotidiano da linguagem, presumimos que esses termos estão diretamente relacionados ou que são até mesmo idênticos – isto é, presumimos que a realidade existe e que a existência é real. O modo de pensar de Lonergan, como vimos, seria compatível com uma tal declaração. O de Kierkegaard, por sua vez, é bastante diferente, mas sua explicação de como ambos diferem não alcança plena clareza. A chave para seu entendimento parece estar no fato de sua ênfase na absoluta diferença entre sujeito e objeto implicar uma diferença paralela entre existência e realidade: a existência enquanto subjetiva e a realidade enquanto objetiva. Com essa diferença em mente, seria possível expressar, de modo muito significativo, aquilo que no uso comum pareceria absurdo: que a realidade não existe e que a existência não é real. Esclarecer que essa é a melhor forma de falar dos problemas de Kierkegaard e de explicitar o que essa linguagem pode significar seria libertar seus significados – e talvez também o de Voegelin, Ricoeur e outros pensadores da tradição existencial – da armadilha do paradoxo linguístico que às vezes faz com que eles pareçam absurdos, irracionais ou arbitrários. Lidar com essas questões será um dos objetivos do próximo capítulo.

7. Diferenciação e integração da consciência no indivíduo e na história

Ao longo deste estudo, certos temas se mostraram cruciais à compreensão do fenômeno da consciência. Numa perspectiva mais ampla, poderíamos afirmar que toda a nossa análise aponta para o desafio de bem interpretar, como afirmou Voegelin, nosso papel na peça do ser. Apesar de suas diferentes abordagens e ênfases, os vários pensadores examinados aqui têm em comum uma concepção basilar acerca de onde o desafio se encontra: numa diferenciação da consciência que conduza a uma integração nova, e mais reflexiva, do agente humano enquanto executor racional e responsável das operações intencionais que constituem especificamente a existência humana.

Todo homem vem ao mundo dotado tanto da capacidade quanto da necessidade de se envolver em algum tipo de ação, ainda que se trate apenas de chorar para pedir alimento ou afeto. À medida que tal capacidade é desenvolvida, o indivíduo aos poucos também passa a refletir mais quando de seu exercício. Nos primeiros estágios do desenvolvimento humano, existe uma espécie de integração inicial da consciência em torno do impulso que torna possível a ação consciente rudimentar e que a faz ocorrer apenas com um mínimo de hesitação ou perturbação interna. À medida que a reflexividade se desenvolve, essa suavidade inicial encontrada nas reações e nas operações pode vacilar, uma vez que o indivíduo se encontra ainda mais apto a examinar questões referentes ao campo de ações possíveis e aos vários caminhos que poderiam ser percorridos por meio delas.

Uma das possíveis reações a isso é a rejeição dos desafios da reflexividade e a tentativa de recuperar o paraíso perdido do impulso espontâneo. Outra resposta possível, ainda que seja difícil levá-la a cabo de maneira consistente, é a tentativa deliberada de cultivar tanto um grau máximo de reflexividade quanto a percepção diferenciada da experiência e da operação que isso viabiliza. Os nomes que temos analisado acreditam que o último caminho deve ser privilegiado, do mesmo modo como esperam que a integração da consciência nele buscada viabilize a melhor satisfação das aspirações à existência humana ativa que, segundo creem, se agitam no interior de cada um de nós.

Os desafios da diferenciação e da integração da consciência são vivenciados tanto no plano da sociedade e da cultura como um todo quanto no plano dos indivíduos que ali vivem. A capacidade que cada pessoa tem de desenvolver a consciência reflexiva é inevitavelmente influenciada pelo nível de reflexividade alcançado pelos que pertencem a seu ambiente histórico e pelas posturas que esses assumem diante dele. A cultura pode estimular ou desestimular a reflexão crítica e o desenvolvimento das capacidades do juízo e da decisão racionais. Quando os indivíduos enfrentam ou se esquivam desses desafios, o exemplo que dão pode nortear ou desnortear os outros, o que também acontece com as filosofias adequadas ou inadequadas que desenvolvem a fim de elucidar ou obscurecer as possibilidades que a consciência nos abre.

Os desafios envolvidos na existência humanamente consciente se impuseram a todo aquele que esteve apto à reflexão – talvez até mesmo desde o surgimento de nossa espécie. A crescente diferenciação da consciência verificada, ao menos em alguns seres humanos, em diferentes períodos da história aumentou a dificuldade desse desafio ao longo do tempo. Voegelin, como vimos, examinou em *Order and History* os desafios que algumas figuras eminentes introduziram no mundo antigo a partir das experiências de diferenciação da consciência que ele chamou de "pneumática" ou espiritual e de "noética" ou intelectual – Israel e Grécia, respectivamente. Nossa própria época, poderíamos dizer, experimenta esses desafios com uma intensidade especial. O desenvolvimento dos métodos modernos de investigação e a rápida comunicação não apenas das descobertas, mas também das perguntas, fazem que muito mais gente tome ciência da diferença, expressa por Kierkegaard em referência à sabedoria especial de Sócrates, entre aquilo que sabemos e aquilo que não sabemos, e isso por sua vez nos estimula a refletir sobre a consciência e sobre como podemos vir a conhecer qualquer coisa.

Parece ter sido mais fácil para os indivíduos do passado produzir mapas míticos da realidade e depositar neles sua confiança. Ao longo do processo pelo qual cada vez mais nos tornamos reflexivamente cientes de nossos procedimentos cognitivos, temos tentado desenvolver mapas que estejam o mais próximo possível da precisão objetiva e da isenção de qualquer simbolismo da imaginação mítica. Nas ciências naturais, isso não tem se mostrado inerentemente difícil – ao menos para os que estão dispostos a se comprometer com essa tarefa. Nas ciências humanas, por sua vez, alcançar tal objetivo se mostrou árduo, e o grau de sua possibilidade tem sido um dos principais pontos de discórdia entre as figuras trabalhadas nesta obra. De modo particular, Polanyi, Lonergan e Girard se declararam interessados em desenvolver uma ciência do homem genuinamente científica, a qual faria justiça a tudo o que distingue o homem dos outros fenômenos da natureza. As figuras restantes partilharam desse interesse em algum grau, mas sempre com enorme cautela quanto aos riscos de um possível reducionismo.

Grande parte da controvérsia entre Lonergan e Voegelin, por exemplo, e também, de modo implícito, entre Lonergan e outros pensadores existenciais, como Jaspers, Kierkegaard e Ricoeur, gira em torno da possibilidade de uma demitologização radical da imagem da existência humana que Platão chamou de *metaxy* ou Entremeio. Como pudemos examinar, Voegelin se opunha a Lonergan e afirmava que há algo sobre o homem ao qual apenas o tipo de mito filosófico de Platão poderia fazer justiça. Para

Voegelin, o símbolo central de um mito filosófico verdadeiramente adequado era o Entremeio, retratado como uma região que está entre aquilo que é apenas biologicamente humano e o divino. O fenômeno central da consciência era, para ele, a "tensão existencial" de que tomamos ciência na forma de um dinamismo experimentado na área que separa os dois polos. Como vimos no capítulo que lhe foi dedicado, também Ricoeur recorreu à imagem platônica do Entremeio para esboçar o problema da compreensão do especificamente humano, e Kierkegaard pensava de modo semelhante quando retratou o homem como "síntese do infinito e do finito".[1]

Numa tentativa de demitologizar essa imagística, Lonergan procurou reconceber seus elementos como conceitos metafísicos fundamentados numa teoria cognitiva. Isso envolvia a concepção do homem enquanto sujeito entitativo, com o Além platônico de Voegelin sendo interpretado na condição de um (ou melhor, "o") sujeito divino concebido de acordo com o que parece ser, ao menos no *Insight*, um molde igualmente entitativo. Grande parte dos últimos capítulos foi dedicada a examinar as limitações dessa abordagem à luz das objeções levantadas por pensadores existenciais como Jaspers, Voegelin, Ricoeur e Kierkegaard.

O fundamento de outra abordagem possível também foi esboçado no exame das ideias de Girard acerca da psicologia social do desejo. Muito provavelmente, Girard e pensadores semelhantes, como seu colaborador Jean-Michel Oughourlian, se debruçariam sobre o problema da demitologização interpretando a imagem da *metaxy* como se retratasse várias facetas da relação entre um imitador e seu modelo. Desse ponto de vista, não há nenhum "sujeito" ou "eu" entitativo que pudesse servir como termo aproximado da relação entre o homem e "o Além". Antes, o homem tal qual o conhecemos – ou qualquer "eu" que possa existir – toma forma na relação "interdividual" entre imitador e modelo. Ao menos nesse aspecto, essas figuras concordam com Voegelin, para quem a *psyche* não era uma coisa ou parte de uma coisa, e sim uma atividade – um processo de interação dinâmica entre

---

[1] Søren Kierkegaard, *Concluding Unscientific Postscript to the Philosophical Fragments*. Princeton, Princeton University Press, 1941, p. 350.

os polos da *metaxy*. Como afirmariam Girard e Oughourlian, o "eu" não é um ente, mas um produto, o aspecto de um processo de relacionamento em que o princípio dinâmico se encontra no ímpeto mimético que motiva cada um de nós no plano dos atos pré-reflexivos. De modo semelhante, "o Além", ou o termo remoto da relação que constitui o "Entremeio", representa um código para todas as qualidades associadas ao mediador: verdadeiro "ser", prestígio ou, em última análise, poder.

De uma perspectiva lonerganiana, declarar que a *metaxy* é mítica é apenas declarar que ela não é a expressão de um sistema conceitual plenamente desenvolvido e verificado. Da perspectiva girardiana, afirmá-lo é o mesmo que afirmar que é um constructo simbólico o que age tanto para retratar quanto para dissimular uma rede de relações que são essencialmente sociais e que têm como interesse a aquisição ou a manutenção do poder – o que, no fundo, nada mais é do que a capacidade de exercer a violência sem correr o risco de retaliações. É típico de Lonergan que ele definisse o mito como o oposto da metafísica[2] e a consciência mítica como aquilo que é "incapaz de se guiar pela regra segundo a qual o ato impalpável de assentimento racional é a condição necessária e suficiente para conhecer a realidade".[3] E é igualmente característico que Girard interpretasse o mito como a codificação ingênua da estrutura da "crise sacrificial" e de sua solução.

Para Lonergan, o mito não passa de um erro cognitivo referente ao mundo objetivo; para Girard, trata-se de um erro decisivo e fecundo relacionado ao mundo social. No sistema definido pela visão mítica, a crise sacrificial de Girard encontra sua resolução no assassinato coletivo de um bode expiatório/deus ambíguo, e a ingenuidade da codificação mítica é essencial à ambiguidade em que esse processo busca sua solução tradicional. Ao mascarar o fato de que a vítima é apenas uma vítima, não sendo portanto a fonte sobre-humana da violência e da reconciliação coletivas, a visão mítica torna possível a sociedade tradicional. Se esse, porém, continua sendo um procedimento viável num mundo em que as

---

[2] Bernard Lonergan, *Insight: Um Estudo do Conhecimento Humano*. Trad. Mendo Castro Henriques e Artur Morão. São Paulo, É Realizações, 2010, p. 505.
[3] Ibidem, p. 502.

forças da violência se tornam poderosas o bastante para destruir todos nós é uma questão completamente diferente – a qual deve, segundo Girard, ser agora levantada.

Na controvérsia entre Lonergan e Voegelin, Girard concordaria com a declaração de Voegelin de que o mito expressa um significado que não deve ser desprezado como tentativa malsucedida de elaborar um sistema conceitual. No entanto, segundo vimos no capítulo dedicado ao seu pensamento, ele também afirmaria que o simbolismo da *metaxy* necessita de análise crítica para que o significado por ele codificado não permaneça obscurecido ali onde poderia adulterar nossas tentativas de compreender a vida e de nos libertar do ciclo de violência que nos manteve cativos ao longo da história. Aos olhos de Girard, talvez viesse a parecer característico não apenas de certos aspectos do pensamento de Voegelin, mas também do pensamento mítico como tal, que aquele desse tamanha ênfase à noção platônica que trata a *philosophia* como a descoberta, por parte do filósofo, de que a sabedoria (*sophia*) só é alcançável pelos deuses. Ele partilharia com Voegelin a crença em que se deve atentar para a tentação da autodeificação, mas teria cautela para não deixar que essa mesma prudência fosse apenas outra armadilha pela qual a visão mítica nos prende a seu cenário sacrificial.

Voegelin tinha motivos para nos advertir dos perigos daquilo que ele chamava de "gnosticismo", isto é, a tentativa de omitir a condição humana e defender tanto uma moral quanto uma perfeição ou preeminência cognitiva injustificáveis.[4] Os estudos históricos de Voegelin empregaram esse conceito de gnosticismo a fim de analisar os vários movimentos de massa e as várias crenças revolucionárias que encantaram sociedades inteiras no mundo moderno, precipitando-as em "holocaustos" e "revoluções culturais" que espalharam cadáveres por toda a nossa história recente.

Tal análise expressava uma verdade importante, mas do ponto de vista girardiano poderia parecer bastante áspera, talvez até crua. Ela trata aqueles movimentos como o resultado de uma

---

[4] Para um exame do conceito de gnosticismo sustentado por Voegelin, ver Eugene Webb, *Eric Voegelin: Philosopher of History*. Seattle/Londres, University of Washington Press, 1981, p. 198-207.

espécie de autoavaliação arrogante, o que em determinados aspectos está correto; é, contudo, incapaz de explicar a dinâmica psicológica do desejo e da rivalidade "interdividuais" que também estão aí envolvidos, pressupondo, talvez muito precocemente, que a vitimização social resulta de um "descarrilamento" acidental, e não do que pode ser um traço estrutural da sociedade (ao menos na medida em que as sociedades são predominantemente formadas por pessoas que desconhecem os mecanismos inconscientes que as impelem à busca do poder).

Em vez de interpretar a verdadeira sabedoria como uma qualidade "divina" que está além de nosso alcance, Girard acredita que existe uma sabedoria genuinamente libertadora (e, portanto, "divina" num sentido um tanto diferente) que não apenas é alcançável, mas também urgente. A identificação que aos olhos de Voegelin existe entre a sabedoria e o Além e entre a vida no Entremeio e o anseio perpétuo pode muito bem parecer, a Girard, menos uma expressão da humildade que cabe ao homem do que a fuga daquela que, em sua opinião, seria a busca verdadeira e imperativamente humana pela sabedoria, que está no desmascaramento e na revelação do mecanismo mimético que de outra forma nos controlaria de modo inexorável e nos levaria a executar repetidas vezes, no âmbito da realidade social, variações infindáveis e sanguinárias do tema da vitimização sacrificial.

De acordo com esse ponto de vista, usar o mito é brincar com fogo. O mito é capaz de expressar simbolicamente uma extensão da realidade humana que escaparia da rede da metafísica, mas isso é feito de modo sedutor. Ele revela nossa violência, mas não a desmascara por completo. Até mesmo com aquilo que desvela ele continua a nos instigar. Ademais, no sentido que Girard dá à palavra, o próprio exame que Voegelin faz do gnosticismo possui um quê mítico, trazendo os "gnósticos" como os vilões da história e, assim, instigando-nos a adotar o papel de seus heróis num roteiro melodramático que opõe "nós" a "eles". Por um lado, o conceito desenvolvido por Voegelin foi um instrumento de análise desmistificadora; por outro, ele continuou a funcionar como expressão involuntária do velho cenário mítico do sacrifício. Ironicamente, ao ser perseguido em sua pátria austríaca por aquele movimento que, com muita perspicácia, julgou ser um movimento de "ativistas gnósticos" (os nazistas), Voegelin acabou muitas vezes questionando o que fazer com alguns dos entusiastas que atraíra e que pareciam querer transformar numa caça às bruxas a busca por gnósticos modernos.

No final das contas, portanto, Girard provavelmente concordaria com Lonergan quanto ao fato de que, independentemente do que envolva, "a consciência mítica é a ausência do autoconhecimento"[5] – ainda que ambos ofereçam intepretações diferentes acerca do que isso de fato significa.

Se vistas como corretivos às diferentes formas de confiança ingênua no mito de que são capazes os insuficientemente críticos tanto das teorias objetivas do mundo quanto de suas próprias operações e motivações subjetivas, as declarações de Lonergan e Girard devem ser valorizadas e recordadas. Voegelin, Ricoeur e Kierkegaard, por outro lado, também declarariam – e com boas razões – que, assim como o mito ou a metáfora podem ser ingenuamente mal empregados, seria também ingênuo concluir que é possível prescindir deles. Há áreas do questionamento da dimensão subjetiva da consciência que a linguagem do mito revelou para exploração.

A interpretação voegeliana da imagem da *metaxy*, por exemplo, envolvia muito mais do que apenas uma ideia do Além como objetivo inalcançável. Tratava-se também de uma imagem capaz de ser utilizada para elucidar a estrutura da consciência como algo que deve sempre envolver as dimensões objetiva e subjetiva. Até mesmo a imagem do Além inalcançável contribui para um tal significado do mito filosófico. Afinal, do modo como é interpretado por Voegelin, o Além de Platão não é mais bem compreendido como se representasse um tipo de objeto elevado, ainda que tais conotações tendam a acompanhar sua imagística. Antes, o mito emprega suas imagens para objetificar aquilo que de outra forma não seria imaginável, mas que na verdade também está longe de ser um objeto. Independentemente de qual tenha sido a ideia

---

[5] Bernard Lonergan, *Insight*, op. cit., p. 505.

de Platão, para Voegelin o Além é inalcançável enquanto objeto exatamente por não ser um objeto – "ele não deve ser encontrado nem entre as coisas do mundo exterior, nem entre os objetivos da ação hedonista e política" –, e sim algo irredutivelmente subjetivo.[6] Compreendido dessa forma, um mito tal qual o da *metaxy* só seria fonte de desnorteio de modo acidental e para o leitor ou ouvinte incauto. Se interpretado de maneira cuidadosa, ele pode nos orientar, ao menos em certa medida, na exploração das possibilidades existenciais.

Esse papel explorador que o mito e a metáfora desempenham no pensamento – em contraste com o papel sociopsicológico que Girard critica – tem sido crucial para o desenvolvimento de nossa capacidade de levantar os mesmos tipos de questão que os pensadores estudados neste volume investigaram. Não há motivos para supormos que ambos não continuarão a desempenhar um tal papel no futuro do pensamento humano. Na verdade, para a exploração do que é irredutivelmente subjetivo e, portanto, inerentemente misterioso, o mito e a metáfora parecem indispensáveis. No mínimo, pensadores como Voegelin e Ricoeur mostraram com suas análises históricas que a sensibilidade diante do significado mítico pode desempenhar uma função importante na busca pelo autoconhecimento.

As várias figuras estudadas aqui divergiram de modo relevante acerca daquilo que a consciência humana plenamente desenvolvida deve envolver. Por outro lado, cada uma delas concorda que é isso o que devemos buscar antes de qualquer outra coisa. Além disso, a partir da maneira como cada qual realiza essa busca, podemos afirmar que, apesar de suas diferentes ênfases, esses nomes têm em comum linhas gerais amplas de uma teoria da consciência humana. Todos eles concordam que a consciência não é um mero fato, mas um chamado e uma tarefa; além disso, de modo bastante semelhante, todos nos instigam a executar ativamente essa tarefa por estar nela nossa maior esperança de desempenhar de modo adequado nossos papéis na peça da existência humana.

---

[6] Eric Voegelin, "Reason: The Classic Experience". In: *Anamnesis*. Notre Dame/Londres, University of Notre Dame Press, 1978, p. 96.

Examinemos, portanto, em nossa conclusão, tanto os problemas e os pontos de convergência que surgiram na análise precedente quanto aquilo que eles podem consolidar. Os problemas dizem respeito a várias questões centrais: o modo como podemos interpretar a consciência enquanto algo que envolve um aspecto ou polo subjetivo e um objetivo; a relação e a possível distinção entre existência e realidade; e as possíveis formas de compreender o que o termo "pessoa" pode vir a significar.

Dois dos pressupostos mais fundamentais partilhados por todos esses pensadores são o fato de experimentarmos a consciência como algo que envolve uma distinção entre os polos subjetivo e objetivo e o fato de que isso de alguma forma é essencial à sua estrutura. Era sobretudo à descoberta dessa distinção que Voegelin se referia, por exemplo, ao utilizar a expressão "diferenciação da consciência". Vimos Michael Polanyi examinar o problema à luz da distinção entre as atenções focal e subsidiária ou entre as dimensões explícita e tácita da consciência; o que ele afirma – e creio que a isso os outros pensadores aqui estudados subscreveriam – é que a consciência humana encontra-se sempre estruturada como uma relação entre a dimensão tácita da consciência e os objetos especificados ou focais sobre os quais sua atividade se debruça.

Lonergan partilhou com Polanyi a visão da consciência como relação dinâmica entre as dimensões subjetiva e objetiva. Sua ênfase se voltou à possibilidade de um esquema organizado no interior desse dinamismo. A "diferenciação da consciência" que ele analisou consistia na percepção das distinções e relações que podem ser descobertas entre as operações intencionais que formam o dinamismo da investigação em todas as suas formas: a experiencial, a intelectual, a racional e a ética. Como procurei demonstrar, os pensadores examinados nos capítulos subsequentes também reconheceram os tipos de distinção desenvolvidos por Lonergan de modo um tanto explícito, assim como também compreenderam o esquema normativo de relações que Lonergan julgou constituir a existência humana racional e responsável.

Desse modo, e deixando por ora de lado o problema espiritual de como exigir que a consciência se relacione consigo mesma, nossa investigação dos elementos de uma filosofia da consciência adequada conduz, na pior das hipóteses, à conclusão de que a consciência pode ser compreendida como a experiência de desempenhar mesclas estruturadas de operações intencionais que inter-relacionam os elementos da experiência em esquemas inteligíveis e que também relacionam a dimensão subjetiva ou "tácita" da consciência a uma dimensão ou polo objetivo.

Por outro lado, o que vem a significar a diferença entre as dimensões ou polos subjetivo e objetivo da consciência tem sido um importante ponto de discórdia entre nossos pensadores, tal qual entre muitos outros nomes da tradição filosófica. Afirmar essa diferença seria o mesmo que afirmar a existência de um ente "real", de uma "substância" metafísica unitária, de um "sujeito" que depara com um mundo de "objetos"? Ou tratar-se-ia de algo completamente diferente? Até que seja examinada a fundo, a ideia de "sujeito" – equivalente, em significado, ao termo "pessoa" – parece quase autoevidente. Se a consciência envolve atos intencionais, diria o senso comum, então os atos devem ser objetivados por *alguém*, e é provável que até mesmo um pensador que leve suas investigações para além do escopo do pensamento comum encontre dificuldades para rejeitar a ideia de que ele mesmo, aquele que investiga, é uma espécie de ente unitário e ontologicamente estável.

Seria repetitivo resumir, aqui, todas as formas pelas quais os pensadores estudados atacaram a questão (e, por vezes, até mesmo uns aos outros). Para elucidarmos as vantagens de rejeitar a noção de sujeito entitativo, talvez baste assinalar alguns problemas simples com os quais deparará qualquer tentativa de encontrar uma solução metafísica.

Para começar, a existência de um sujeito entitativo como objeto "real" só pode ser conhecida por meio dos procedimentos da investigação racional, e não deve parecer controverso afirmar, após o nosso exame da análise da intencionalidade e da teoria cognitiva, que isso deve envolver dados experienciais; o desenvolvimento de uma hipótese clara e adequadamente abrangente, capaz de explicar os dados; e um método que verifique a hipótese e possa declará-la válida. Talvez seja menos óbvio, mas igualmente crucial, que para ser satisfatoriamente provada a hipótese não deve apenas ser capaz de interpretar uma série de dados, mas também ser necessária enquanto hipótese e responsável por uma explicação melhor do que aquela oferecida pelas hipóteses concorrentes. Ela também deve se mostrar capaz de levar em consideração não somente os dados utilizados para respaldá-la, mas ainda todo dado relevante e toda interpretação alternativa capazes de desafiá-la.

Os dados que Lonergan forneceu como prova de que o sujeito da consciência existe objetivamente enquanto hipótese metafísica foram as operações intencionais que o sujeito deveria desempenhar. No entanto, um problema óbvio que surge com a tentativa de validar, por meio do pressuposto de que ele é necessário, a hipótese de um sujeito ontológico continuamente autoidêntico como executor de tais operações advém do fato de que a necessidade desse pressuposto pode ser questionada. Pressupor que as operações devem ser desempenhadas por um operador pode não passar de uma petição de princípio. Esse pressuposto pode até mesmo ser explicado como resultado do poder sedutor da linguagem que estamos acostumados a empregar – uma linguagem que em geral formula os processos como transações (indicadas por verbos) entre sujeitos e objetos (indicados por substantivos e, portanto, tomando a forma de entes). Não há nada de inerentemente autocontraditório (ainda que isso soe estranho ao senso comum) num processo que se dá apenas como processo, sem possuir qualquer necessidade de entes que o "realizem".

Como mencionado na introdução deste livro, foi William James quem, em *Principles of Psychology* (1891), assinalou o problema dessa abordagem dada à questão da realidade entitativa do "eu" ou do sujeito. A relevância das observações de James à nossa análise e àquilo que se seguirá é grande demais para justificar a reprodução do resumo que dá fim ao capítulo "The Consciousness of Self":

> A consciência de Si envolve um fluxo de pensamento, do qual cada parte, enquanto "Eu" [*I*], pode 1) recordar aquelas que vieram antes e conhecer o que elas conheciam; e 2) enfatizar e tomar algumas delas como "eu" [*me*], *assimilando a estas* o resto. O núcleo do "*eu*" é sempre a existência corpórea que é tida como presente no momento. Todo sentimento passado que se

assemelha a esse sentimento presente está fadado a pertencer ao mesmo *eu* com ele. Tudo aquilo que é tido como *associado* a esse sentimento está fadado a fazer parte da *experiência* daquele eu. Destes últimos, alguns (os quais em alguma medida vacilam) são vistos como *constituintes* do eu num sentido mais amplo – e isso ocorre com as roupas, as posses materiais, os amigos, as honras e estimas recebidas ou que podem ser recebidas. Esse eu [*me*] é um agregado empírico de coisas conhecidas objetivamente. O *Eu* [*I*] que as conhece não pode ser, por si só, um agregado; e também ele não precisa ser considerado um ente metafísico imutável, como a Alma, ou um princípio como o Ego puro, visto como algo "exterior ao tempo". Trata-se de um *Pensamento*, o qual é diferente a cada momento daquele do momento anterior, mas que *se apropria* tanto do último quanto de todos os que este último chamava de seu. Todos os fatos experienciais têm seu lugar nessa descrição, isenta de qualquer hipótese que não aquela da existência de pensamentos ou estados de espírito transitórios. O mesmo cérebro pode fomentar muitos eus conscientes, sejam eles alternados ou coexistentes; no entanto, as modificações por que sua ação passa e a possibilidade de haver intervenções de condições ultracerebrais são questões que não podem ser agora respondidas.[7]

(A essas questões, Jean-Michel Oughourlian tentou oferecer algumas respostas, tal como veremos mais adiante.)

O mero fato de haver operações intencionais, portanto, não necessariamente faz com que elas sejam objetivadas ou desempenhadas por um sujeito entitativo. Uma forma de interpretar a estrutura da consciência – a qual tem a vantagem de ser simples – é aquela que a declara um processo bipolar cujo aspecto subjetivo é constituído de operações intencionais (o "Pensamento" de que fala James), ao passo que o aspecto objetivo se compõe de tudo aquilo sobre o qual tais operações se debruçam: experiências, ideias etc. Ainda que apenas com vistas à simplicidade, a investigação racional que seguisse o princípio da parcimônia teria motivos para favorecer um tal modelo.

---

[7] William James, *Great Books of the Western World*. Chicago, William Benton, 1952, vol. 53, p. 258-59 (grifos no original).

Segundo esse ponto de vista, pode-se dizer que aquilo que ocorre como processo subjetivo constitui a "existência" humana (isto é, o fluxo de operações intencionais que é experimentado como o processo humano de "existir"). O "real", por sua vez, tal como determinado por essas operações, só pode ser encontrado no interior da estrutura do polo objetivo da consciência. O fluxo de operações é experimentado desde dentro – naquela dimensão que Polanyi denominou subsidiária ou tácita – e, portanto, não pode ser convertido em objeto focal ou num conjunto de tais objetos. Uma vez que esse polo ou aspecto subjetivo da consciência não pode ser reduzido a qualquer combinação de objetos interpretáveis, ele não pode ser adequadamente usado como dado por uma hipótese. Seria ao mesmo tempo desnecessário e enganador, portanto, interpretá-lo como "real" ou como um "sujeito" entitativo.

Outro problema referente à pressuposição de um sujeito metafísico – o qual pode dar nova força à hipótese mais simples – está no fato de ser possível encontrar, além do mero fato das operações intencionais, dados empíricos ulteriores que dificilmente se acomodariam com a ideia de um tal ente. Aplicando, em *Un Mime Nommé Désir*, a teoria do desejo mimético de Girard à análise de uma série de fenômenos psicológicos, Jean-Michel Oughourlian tece uma crítica profunda à ideia de "sujeito" enquanto analisa alguns casos empíricos. No lugar dela, ele coloca a hipótese de que a consciência de fato se dá como resultado do desejo[8] e de que o melhor uso do termo "sujeito" ("*le véritable sujet*")[9] o empregaria com referência ao desejo e ao sistema de sentimentos e memórias que se organiza ao redor dele. Após examinar, por exemplo, um caso que exemplifica o fenômeno por vezes denominado "possessão", ele tira a seguintes conclusões:

– É o desejo o sujeito do discurso [isto é, as palavras ditas pelo indivíduo em estado de possessão].

– O desejo é, em virtude de seu próprio movimento, constitutivo do eu.

---

[8] Jean-Michel Oughourlian, *Un Mime Nommé Désir*. Paris, Grasset et Fasquelle, 1978, p. 138.
[9] Ibidem, p. 156.

Apenas uma nova antropologia que descreva o eu enquanto algo que se forma e se produz, sem cessar, como *eu-do-desejo* [*moi-du-désir*] nos permitirá compreender que o sujeito do discurso é o desejo mesmo e que o sujeito da ação é o eu desse mesmo desejo.[10]

Visto que Oughourlian interpreta o desejo como um processo mimético dado entre dois indivíduos humanos (os quais, segundo vimos no capítulo dedicado a Girard, ele denomina "hólons", evitando assim as conotações de termos como "pessoa", "eu" ou "sujeito"), tudo isso também significa que o "eu" não deve ser identificado com o indivíduo, sendo tão somente resultado dos relacionamentos "interdividuais" em que ele ou ela se envolve. Novos relacionamentos podem resultar numa organização radicalmente nova do desejo e da memória e, portanto, num novo "eu" que pode até mesmo ser experimentado como completamente diferente daquele que o precedera. Em alguns casos, o novo eu apenas substitui o antigo, e assim fala-se de um "renascimento" ou de uma renovação radical. Noutros, o velho eu pode se alternar com o novo e se opor à sua presença concorrente. É precisamente isso o que ocorre, segundo Oughourlian, nos casos de possessão. De acordo com sua leitura, o exorcismo é a tentativa de expulsar o "eu" experimentado como estranho por meio do sistema de personalidade dominante.

Trazer o fenômeno da possessão como prova num tal exame pode dar a impressão de que se está indo muito além do âmbito da investigação científica, em especial porque, segundo sua interpretação tradicional, a possessão é uma noção altamente mitificada e porque exemplos desse fenômeno sempre tiveram manifestação imprevisível. Exceto em virtude dos padrões repetidos que, para Oughourlian, eles apresentam quando acontecem, esses casos não parecem ser reproduzíveis por outros investigadores, exigência habitualmente imposta às provas experimentais.

O próprio Oughourlian dá mais ênfase à evidência fornecida pelo fenômeno da hipnose, o qual é inteiramente reproduzível num indivíduo hipnotizável e serve para esclarecer, segundo ele, o subjacente mecanismo do fenômeno da possessão.

---

[10] Ibidem, p. 166-67.

De acordo com Oughourlian, a hipnose "constitui a revelação concreta da relação interdividual [*le rapport interdividuel*] e do desejo mimético", sendo "a verificação de todas as hipóteses formuladas" em sua obra.[11] Ele também afirma que a hipnose propicia o ácido teste pelo qual se prova que "o eu é uma noção mítica": "(...) qualquer outra antropologia [que não aquela da psicologia interdividual] tornaria completamente ininteligíveis, e portanto misteriosos, os fenômenos hipnóticos".[12]

Para trabalhar as particularidades experimentais desses fenômenos, Oughourlian recorre sobretudo aos casos registrados nas obras de Pierre Janet e outros investigadores da hipnose. Os exemplos mais impressionantes estão relacionados ao papel da memória no estado hipnótico. Na perspectiva convencional, o "sujeito" ou "eu" é visto como um ente unitário e perdurável que pode ser temporariamente eclipsado ou deslocado (quando dormindo ou em coma), mas que ainda assim retorna como o mesmo eu ao despertar e "tem a posse", por meio da memória, de toda a experiência acumulada ao longo do tempo.

A exemplo de James, Oughourlian acredita que essa é uma concepção fundamentalmente falsa. A prova que a hipnose coloca contra ela é o fato de o estado hipnótico apresentar, em casos de transe profundo, padrões de memória que a concepção comum de personalidade é incapaz de explicar, mas os quais, segundo Oughourlian, podem ser muito bem esclarecidos pela teoria da mimese interdividual.[13] Janet descobriu que a memória de um

---

[11] Ibidem, p. 274.

[12] Ibidem, p. 252.

[13] A literatura científica dedicada à hipnose inclui descrições de vários níveis de transe hipnótico, do muito leve ao muito profundo. Nos níveis mais leves, os fenômenos da memória dependente do estado, aqueles que são importantes para a análise de Oughourlian, não ocorrem. Todos eles são fartamente documentados, porém, nos casos de transe profundo. Para um exame precoce dos diversos níveis de transe possíveis, ver Hippolyte Bernheim, *De la Suggestion et de ses Applications à la Thérapeutique*. 2. ed. rev. e ampl. Ed. Octave Doin. Paris, 1888, vol. I, p. 1-29, traduzido em Maurice M. Tinterow, *Foundations of Hypnosis: from Mesmer to Freud*. Springfield, Ill., Charles C. Thomas, 1970, p. 438-59. Os níveis que Bernheim lista são, em grau crescente de profundidade: sonolência, sono leve, sono profundo, sono muito profundo, sonambulismo leve e sonambulismo profundo. Os fenômenos em que Oughourlian se concentra são característicos do nível que Bernheim chama de "sonambulismo profundo".

indivíduo profundamente hipnotizado seguia aquilo que ele chamou de três "leis", todas as quais encontrariam dificuldades para se adequar à hipótese do sujeito unitário: (1) o esquecimento completo, durante o estado de vigília normal, de tudo aquilo que se deu quando do sonambulismo, (2) a recordação integral, durante um novo estado de sonambulismo, de tudo aquilo que se deu ao longo dos sonambulismos anteriores e (3) a recordação integral, durante o sonambulismo, de tudo aquilo que se deu ao longo do estado de vigília.[14]

A explicação de Oughourlian se desenvolve como segue.

A hipnose é um processo em que a atenção do hipnotizado se volta sem reservas a um outro prestigioso, o hipnotizador. Se em nossas relações interdividuais comuns há sempre a influência mútua de seus "hólons", no caso da hipnose a mimese é unilateral: o hipnotizado imita os gestos e, de modo mais importante, os desejos íntimos do hipnotizador, ao passo que o hipnotizador não experimenta qualquer estímulo comparável para imitar o hipnotizado. Ademais, nas relações interdividuais comuns, o sentimento de uma rivalidade real ou possível sempre contribui para certa cautela mútua por parte de cada hólon, enquanto na hipnose o hipnotizado cede por completo ao modelo.

Segundo a hipótese de Oughourlian, a consciência é um atributo do eu, que por sua vez é fruto do desejo.[15] A memória desempenha um papel essencial na consciência e na formação desse eu, uma vez que serve para focalizar ou registrar o desejo em torno do qual o eu se forma, ao mesmo tempo em que exclui por meio do esquecimento os padrões de desejo concorrentes. O mesmo processo sistemático da memória e do esquecimento também serve para excluir toda e qualquer percepção de que o desejo não se origina no interior do suposto eu, mas na relação com o outro. Na hipnose, o hipnotizado só tem ciência

---

[14] Pierre Janet, *L'Automatisme Psychologique*, p. 88, citado em Oughourlian, *Un Mime Nommé Désir*, op. cit., p. 296. Como explicado antes, essas descobertas se aplicam aos casos de transe profundo. Quando do transe leve e da auto-hipnose, a continuidade entre a consciência hipnótica e a consciência não hipnótica não é rompida radicalmente.

[15] Jean-Michel Oughourlian, *Un Mime Nommé Désir*, op. cit., p. 291.

dos desejos do hipnotizador, mas os apreende inteiramente como seus. Há, assim, a formação de um "eu" novo: "(...) cada dialética do desejo engendra um psicogênese, uma memória e, portanto, um eu".[16]

Segundo Oughourlian, esse processo de psicogênese não se encontra apenas no estado hipnótico; ele é essencialmente o mesmo que se dá também nos casos comuns. Uma criança pequena se relaciona com seus pais ou com outros modelos do mesmo modo como o hipnotizado se relaciona com o hipnotizador. No caso da hipnose, poder-se-ia dizer, a intensa dependência e a intensa maleabilidade da criança retornam até mesmo a um adulto.

Para explicar a descontinuidade da memória observada por Janet nos casos de transe profundo, Oughourlian recorre ao fato de que o eu antigo ou convencional, carente do padrão de experiência, desejo e memória em torno do qual o novo eu toma forma, não tem nenhuma consciência em comum com esse eu novo. O novo eu, por sua vez, registra a experiência que se lhe apresenta assim que ele toma forma, incluindo aquela que se dá por meio das capacidades perceptivas do hólon durante o estado de vigília normal, quando o velho eu voltou a controlar o organismo. O velho eu recebe a mesma experiência, mas a assimila à sua própria maneira (isto é, em seu próprio sistema de desejo e memória): "Quando, porém, o hólon é 'redesperto', o eu-desejo volta a ser o que era, com sua consciência e memória. Essa memória é a memória do eu velho do velho desejo; ela foi formada *antes* da nova memória, a memória do eu novo do novo desejo. Desse modo, não pode recordar a experiência do novo eu; na melhor das hipóteses, pode apenas prevê-la".[17]

Há aí, como importante consequência, o fato de que "o estado de sonambulismo é", nas palavras de Oughourlian, "sempre futuro em relação ao estado habitual do hólon".[18] Isso se dá porque o tempo psicológico, a exemplo do eu que o experimenta, resulta do desejo:

---

[16] Ibidem.
[17] Ibidem, p. 297.
[18] Ibidem.

O tempo psicológico, o qual é (...) o tempo-do-desejo [*le temps-du-désir*] do mesmo modo como o eu [*le moi*] é um eu-do-desejo [*moi-du-désir*], (...) não está sujeito às leis do tempo físico. É o movimento o que constitui o tempo. O movimento da gravitação universal constitui o tempo físico. O movimento da mimese universal constitui o tempo ou a memória psicológica, tal como o tempo ou a história sociológica.[19]

O mesmo princípio se aplica ao fenômeno da re-hipnose do hipnotizado. Segundo provam os experimentos de Janet, é possível hipnotizar um indivíduo e realizar mais uma vez o processo hipnótico com o novo eu desenvolvido sob a hipnose.[20] Isso resulta na formação de um "eu" hipnótico ulterior capaz de recordar suas próprias experiências e aquelas que se deram após a psicogênese – as quais porém são inacessíveis a todos os eus precedentes: o eu desperto habitual ou o primeiro eu hipnotizado. Depois de analisado, aquilo que aparentemente impugnaria os casos de recordação pós-hipnótica ocorridos durante o estado de vigília se mostra completamente diferente. Durante os momentos de recordação, o eu hipnótico relevante retorna à consciência e logo volta a imergir, e disso resulta que o eu precedente não possui qualquer lembrança do que se deu durante o intervalo.

As implicações disso para este estudo são profundas e dão origem a questões que devem parecer perturbadoras do ponto de vista que o senso comum sustenta acerca da personalidade. Por um lado, se a antropologia girardiana de Oughourlian for sensata, ela faz que a ideia convencional do "eu" ou do "sujeito" pareça mitológica, respaldando assim o grupo existencial dos nomes que temos examinado. Ao fazê-lo, porém, ela torna altamente problemática toda questão referente à personalidade. Se não podemos responder à pergunta do "o que" com a teoria do sujeito entitativo, também não podemos responder de maneira mais simples à pergunta do "quem". Se os desejos que experimentamos e com os quais nos identificamos devem ser compreendidos como frutos da relação interdividual, se eles não se originam em nós mesmos,

---

[19] Ibidem, p. 298-99.
[20] Ibidem, p. 298, referindo-se a Pierre Janet, op. cit., p. 98-103. Mais uma vez, isso se aplica aos casos de transe profundo.

e sim no outro a partir do qual nos pautamos e que é igualmente dependente do interdividual, então "de quem" são esses desejos? Ou ainda, seguindo Oughourlian e Girard, se distinguimos os apetites naturais dos apetites artificiais, classificando apenas estes últimos como "desejos", seria possível questionar que tipos de apetite restariam se o descarte do desejo fosse possível e "de quem" eles poderiam ser.

Essas não são questões sobre as quais os dois se debruçaram de maneira sistemática, mas as passagens sobre o Logos joanino e o amor divino em *Coisas Ocultas* se mostram relevantes ao tema. Ali, Girard fala de uma "epistemologia do amor" existente em certas passagens do Novo Testamento, como em: "Aquele que diz que está na luz, mas odeia o seu irmão, está nas trevas até agora. O que ama o seu irmão permanece na luz, e nele não há ocasião de queda".[21] Comentando essa passagem, Girard afirma que "o amor de que fala João escapa das ilusões odientas acerca dos duplos" (isto é, do combate dos eus rivais do desejo). O amor assim o faz porque percebe aqueles pressupostos ilusórios referentes à personalidade, a de si mesmo e a dos outros, sobre os quais seu sistema de pensamento se fundamenta.

Do ponto de vista de Girard, portanto, o conhecimento e a verdade que importam não são aqueles que dizem respeito à compreensão teórica do mundo dos objetos, mas aqueles que nascem de uma percepção interior e têm o poder de nos libertar das compulsões de uma subjetividade falsa. Apenas isso, acredita ele, viabiliza a paz e o amor entre os indivíduos, e é somente com referência a essa experiência da verdade viva que é possível falar, de modo verdadeiramente não mitológico, da presença de Deus:

> Nenhum processo puramente "intelectual" pode conduzir ao entendimento verdadeiro, visto ser apenas ilusório o suposto desapego daquele que, do alto de sua sabedoria, contempla os irmãos-inimigos. Toda sabedoria humana é ilusória na proporção em que não enfrentou a provação dos irmãos-inimigos. (...)

---

[21] 1 João 2, 9-11, citado por René Girard, *Des Choses Cachées depuis la Fondation du Monde*. Paris, Grasset et Fasquelle, 1978, p. 394.

Apenas o amor é verdadeiramente revelador, dado que foge do espírito de retaliação e vingança que ainda macula nosso mundo e o limita como arma contra o duplo. Somente o amor perfeito de Cristo pode alcançar sem violência a revelação perfeita para que todos nós, apesar de tudo, avançamos, mas num caminho que atravessa as dissensões e divisões corretamente previstas pelo texto evangélico.[22]

Falar da sabedoria de Cristo como se ela fosse um princípio interior de libertação e vida nova é retornar aos paradoxos com que deparamos ao final do capítulo dedicado a Kierkegaard, mas talvez haja agora uma base que nos possibilite retirar deles um significado inteligível. João Clímaco falou, nas *Migalhas Filosóficas*, da percepção crucial de que "não se existe", noção que deve ter soado espantosa quando mencionada antes. À luz da crítica que Oughourlian dirige à ideia da personalidade, porém, isso talvez se atenue. Perceber que os eus cuja presença experimentamos não são entes substanciais, mas "eus-do-desejo", e que eles podem se transformar ou multiplicar até mesmo no interior de um único "hólon" pode nos ajudar na tentativa de descartar aquele ímpeto de defender nossa personalidade que se apodera de nós quando do combate contra nossos "irmãos-inimigos". É a crença egoísta em que a existência de que desfruto é idêntica ao "eu" que imagino o que me leva a lutar para proteger esse eu de toda ameaça advinda de um rival. O "eu" assim concebido é na verdade um amálgama compactamente apreendido de nossas experiências da vida orgânica, da memória, dos desejos, das antecipações e das imagens míticas dos papéis heroicos que desempenhamos nos melodramas de nossos devaneios. Da perspectiva do vislumbre que vê além dessa concepção, contudo, o que sofre ameaças não é a realidade substancial, mas uma autopercepção ilusória, uma intepretação gerada inconscientemente no processo interdividual. Quando enfim compreendemos isso, vemo-nos em posição de abrir mão dela e de reconhecer que o dinamismo fundamental da consciência, a verdadeira vida que se move em cada um de nós, não pertence a nenhum "eu" substancial, visto que um tal eu não existe.

---

[22] Ibidem, p. 394.

Olhar a personalidade humana desse modo também pode nos ajudar a assimilar o que Clímaco assinalou ao tratar a presença subjetiva do Mestre no aprendiz como aquilo que torna o discípulo seu "contemporâneo" em sentido reflexivo, e não "imediato" – isto é, o sentido em que ela se torna a condição eterna que o discípulo partilha com o Mestre no Momento. Kierkegaard parece ter se aproximado da mesma concepção da presença de Cristo sugerida por Girard quando fez Clímaco afirmar: "Todo aquele que recebeu a condição a recebeu do próprio Mestre; assim, o Mestre deve conhecer todos aqueles que o conhecem, e ninguém pode conhecer o Mestre sem ser por ele conhecido".[23] No Momento, poder-se-ia dizer, existe uma vida, a vida do "Deus no tempo" que se faz concretamente encarnado em situações históricas diversas. Ou, em termos mais girardianos, a única subjetividade verdadeira, surgida em nossas vidas somente na proporção em que nos libertamos do mito da personalidade substancial, é aquela que vimos Girard denominar "*l'amour parfait du Christ*". "O amor, tal qual a violência", diz ele, "abole as diferenças",[24] mas o faz não pela fusão irracional de identidades por parte da multidão, e sim pelo poder da verdade, colocando a paz da fraternidade genuína no lugar da rivalidade.

A ideia kierkegaardiana que define a verdadeira contemporaneidade com o Mestre como a descoberta subjetiva de sua presença no Momento é ecoada na interpretação que Girard dá à descoberta da verdadeira subjetividade em Cristo: "Reconhecer Cristo como Deus é reconhecer nele o único ser capaz de transcender aquela violência que, até sua vinda, transcendera o homem em absoluto. Se a violência é o sujeito de toda estrutura mítica e cultural, Cristo é o único sujeito que escapa dessa estrutura a fim de libertar-nos de seu domínio".[25]

Tanto Kierkegaard quanto Girard empregam a linguagem da fé cristã para falar sobre aquilo (ou "aquele") que poderia surgir como o princípio subjetivo da consciência à medida que o egoísmo é transcendido. No entanto, a muitos leitores pode parecer que usar esse tipo de linguagem seja flertar perigosamente com um

---

[23] Søren Kierkegaard, *Fragments*, op. cit., p. 85.
[24] René Girard, *Des Choses Cachées*, op. cit., p. 384.
[25] Ibidem, p. 318-19.

mito que ainda exerce grande poder de sedução em nossa cultura. Ambos esses pensadores provavelmente concordariam com a cautela. As críticas que Girard dirige ao "cristianismo histórico" e que Kierkegaard lança contra a "cristandade" revelam como eles tinham ciência das tentações a que a religiosidade está sujeita. No entanto, é apenas no pensamento religioso – ainda que somente em seu plano mais criticamente reflexivo e espiritualmente sensível – que tem se desenvolvido uma linguagem capaz de examinar a contingência radical da personalidade humana e a possibilidade de esta última ser transcendida. Caso se deseje explorar esses problemas, parece não haver escolha senão partir da linguagem daqueles que os investigaram antes – e isso mais uma vez significa que, para explorar a filosofia da consciência, dificilmente se pode evitar certo nível de envolvimento com as linguagens tradicionais do mito e da religião. Há, no entanto, boas razões para se ter em mente os perigos que acompanham qualquer pensamento que busque extrair o poder de tal linguagem. W. H. Auden, que tanto como poeta quanto pensador religioso mostrou-se sensível a esses perigos, disse certa feita que "só Prosa ao cristão convém / Pois poesia é Mágica".[26] Ao mesmo tempo, porém, ele também acrescenta que essa mágica poderia ser empregada para exorcizar tanto quanto para encantar. A única forma de garantir que a religião e a mitologia agirão como forças benéficas na vida humana é ter plena ciência tanto de seu poder de sedução quanto de seu poder de libertação.

A ambiguidade que perpassa o pensamento religioso, tal como seu possível valor duradouro, pode ser muito bem ilustrada por um exame ulterior da abordagem fenomenológica de Mircea Eliade, cujo influente *O Sagrado e o Profano* foi brevemente analisado no capítulo sobre Girard. Eliade trata toda religiosidade como se enraizada em certo esquema experiencial, o sentimento do sagrado. Esse sentimento é descrito como o sentimento de espanto e fascínio (medo e atração simultâneos) experimentado diante do que se crê ser o misterioso, o poderoso e o "completamente outro". De acordo com a forma de análise de Eliade, o sentimento

---

[26] Epígrafe de *Collected Shorter Poems, 1927-1957*. Para um exame da poesia e do pensamento religioso de Auden nesse contexto, ver Eugene Webb, *A Pomba Escura*. Trad. Hugo Langone. São Paulo, É Realizações, 2012.

do sagrado está arraigado numa "sede ontológica insaciável".²⁷ "O homem religioso", afirma ele, "tem sede do *ser*".²⁸

Essa imagem da "sede" insaciável parece se referir à mesma experiência que Voegelin chama de "tensão existencial", e em ambos os casos a conclusão da análise é semelhante: a "tensão" ou "ímpeto" é uma experiência humana fundamental, e a tentativa de rejeitá-la seria tanto desnorteadora quanto infecunda; antes, a forma correta de se relacionar com ela é aceitando-a como essencial à condição humana e deixando-se guiar pela imagística que comunica que apenas "os deuses" desfrutam da experiência da existência além da tensão.²⁹

Exatamente do que, porém, seria essa sede? Ou, em outras palavras, o que é o "ser" para o homem religioso? A resposta do próprio Eliade, expressa na citação reproduzida no capítulo sobre Girard, é ambígua: "(...) o homem religioso muito deseja *ser*, participar da *realidade*, saturar-se de poder".³⁰ A declaração de Eliade convida a duas interpretações bastante diferentes: uma em termos lonerganianos, a outra em termos girardianos, dependendo da palavra tomada como crucial – "realidade" ou "poder".

Iniciando pela abordagem lonerganiana, consideremos primeiro as implicações de outro enunciado de Eliade: "O desejo que o homem religioso tem de viver *no sagrado* é na verdade equivalente ao seu desejo de residir na realidade objetiva, de não deixar-se paralisar pela relatividade incessante de experiências puramente subjetivas".³¹ Caso se aceite a análise de Lonergan da ideia de "realidade objetiva", esta é adequadamente compreendida como aquilo que se alcança pela execução satisfatória das operações, ao mesmo tempo distintas e inter-relacionadas, da atenção, da interpretação

---

²⁷ Mircea Eliade, *The Sacred and the Profane: The Nature of Religion*. Nova York, Harcourt Brace, 1959, p. 64.

²⁸ Ibidem. Nessa e nas citações subsequentes de Eliade, os grifos são do autor.

²⁹ Voegelin e Eliade, como vim a descobrir ao conversar com cada um em 1976, de fato leram e estimaram as obras um do outro. O que ambos tinham em comum era a certeza de que a experiência em questão é universal e central ao entendimento da existência humana. Como será explicado mais adiante, porém, os dois divergiam de maneira relevante quanto à forma como ela deveria ser interpretada.

³⁰ Mircea Eliade, *The Sacred and the Profane*, op. cit., p. 13.

³¹ Ibidem, p. 28.

e do juízo crítico acerca do quão precisa é a leitura de determinado conjunto de dados experienciais. O realismo ingênuo, tal como batizado por Lonergan, pressupõe que a realidade é conhecida pela experiência ou percepção imediatas (o "olhar-para"); do ponto de vista, porém, de uma consciência crítica mais diferenciada, a operação de primeiro nível do "olhar" não fornece o real, mas somente uma impressão perceptiva. No entanto, grande parte de nossa vida é formada pela percepção, a qual consiste no acondicionamento acrítico da experiência – e na maioria das vezes contentamo-nos com isso. A reflexão crítica só entra em cena quando sentimos necessidade dela, o que ocorre ao percebermos alguma discrepância entre uma percepção e outra – como quando a vareta que parece torta sob a água se mostra reta na mão.

De acordo com esse ponto de vista, a "profunda nostalgia"[32] que Eliade crê impelir o homem religioso a buscar o sagrado como garantia do real parece ser, ao menos em parte, a nostalgia de uma experiência isenta da necessidade de reflexão crítica. Ou seja, ela parece ser a nostalgia de uma vida confortavelmente incrustada na consciência acrítica e indiferenciada que experimentamos quando a sensação e os hábitos mentais se unem para formar nossas percepções.

Se encarado por esse ângulo, o esquema tripartite do "'sistema de mundo' prevalecente nas sociedades tradicionais"[33] parece uma forma de lidar de maneira indireta e acrítica com o problema da estrutura de três níveis do saber. Segundo o resumo que Eliade fornece desse "sistema", ele envolve uma "ruptura" do espaço ou tempo comuns que é "simbolizada pela abertura por que se torna possível a passagem de uma região cósmica a outra (do paraíso à terra e vice-versa; da terra ao submundo)". O "paraíso" desse esquema é o âmbito dos deuses, a casa do "verdadeiramente real" e a fonte da verdadeira ordem ou forma, ao passo que o "submundo" serve como imagem do caos e do perigo da dissolução. A "terra" encontra-se entre ambos e partilha das características de cada um: tem participação parcial na verdadeira ordem porque os seres humanos e o cosmos seguem um modelo divino, mas também

---

[32] Ibidem, p. 65.
[33] Ibidem, p. 37.

desfrutam de uma falta de ordem parcial, visto que os modelos divinos jamais são reproduzidos à perfeição neste mundo. Esses níveis míticos do ser parecem corresponder aos polos objetivos dos três níveis básicos de operação intencional: a confusão informe da experiência pura e simples; o âmbito mais claro, mas ainda confuso, das várias interpretações possíveis; e a realidade segura de uma interpretação verificada.

Se essa insinuação estiver correta, o anseio que o homem religioso sente por "residir na realidade objetiva" e, assim, escapar da "náusea" (para tomarmos de empréstimo a sugestiva imagem de Sartre) experimentada em meio à "relatividade incessante" passa a soar como uma nostalgia da ingênua segurança desfrutada antes de os primeiros movimentos da consciência reflexiva começarem a torná-lo desconfortavelmente ciente de que o mundo de sua percepção não é o único mundo existente. De modo semelhante, a repulsa do homem religioso pelas "experiências puramente subjetivas" passa a parecer o desconforto inicial que pode ser experimentado quando da percepção inicial de que a consciência envolve a subjetividade no sentido em que o termo tem sido utilizado neste estudo: como a execução consciente e criticamente reflexiva das operações intencionais. Ter de conhecer a realidade por meio de operações críticas e do modo limitado e sempre relativo que tais operações possibilitam pode parecer desnorteador para alguém que tende basicamente ao percepcionismo do realista ingênuo. Não é de surpreender, portanto, que o *homo religiosus* de Eliade se deixasse seduzir pela ideia do desvelamento de um âmbito superior pelo qual o "verdadeiramente real" pode adentrar o mundo para imprimir-se como "realidade objetiva" num receptor essencialmente passivo (isto é, em alguém que não é subjetivamente ativo por não desempenhar de modo consciente e proposital as operações da investigação).

Se nos voltarmos, porém, a uma abordagem girardiana do mesmo fenômeno, a locução crucial do esclarecimento da ânsia do homem religioso por "ser" torna-se "saturar-se de poder". Além disso, o "sentimento do sagrado" passa a ser aí o complexo de medo e atração sentido diante de um "mediador" poderoso ou da imagem cultural de um, enquanto a vida religiosa é vista como uma auto-humilhação sacrificial que é, de modo muito ambíguo, tanto um ato de rendição quanto uma tentativa de fundir-se com o mediador e, assim, participar de seu poder. É por isso que Girard identifica o próprio sagrado com a violência, como pudemos demonstrar em seu capítulo.

Ambas as abordagens – a lonerganiana e a girardiana – podem elucidar os fenômenos descritos por Eliade, mas ao mesmo tempo também parece haver algo mais na experiência da "sede ontológica insaciável" do que uma mera nostalgia da complacência cognitiva ingênua, por um lado, ou uma expressão de nosso fascínio pela violência, de outro. Como já pudemos afirmar, é possível haver, no retrato voegeliano da experiência como "tensão existencial" que busca um "Além" divino, nuanças do sentido da "mediação" sustentado por Girard, mas esse está longe de ser o significado que Voegelin desejava transmitir com suas imagens. Sua ênfase no exame da experiência em questão se voltou sobretudo para o dinamismo da própria consciência, na plenitude de suas dimensões – uma plenitude que englobava a reflexão racional e a decisão responsável. Ela não vinha associada de forma alguma à nostalgia de um realismo ingênuo, expressão do que para Voegelin não passaria de um escapismo gnóstico. Antes, sua "tensão da existência", em especial como explicada em "Reason: The Classical Experience", foi claramente vinculada à diferenciação noética e à diferenciação pneumática da consciência. Ou seja, ele a concebia como a experiência de um imperativo interior que conduzia ao desenvolvimento de uma racionalidade plena em relação ao mundo e de uma abertura espiritual em relação ao que o autor chamou de "fundamento divino" da existência.

A "sede ontológica insaciável" ou o profundo desejo de "ser" do homem religioso, portanto, apontam para uma destas duas direções: ou para trás, rumo a uma fuga da consciência reflexiva, ou para a frente, em busca de seu maior desenvolvimento. Na medida em que aponta para a frente, a experiência corresponde em grande parte àquilo a que Lonergan se referiu como a "força da pergunta" ou a "noção transcendental" – a força que, de acordo com seu pensamento, nos estimula a desempenhar operações intencionais.

Essa associação da "sede" de ser com a energia das operações intencionais pode servir como pista para a solução de alguns dos problemas legados pelas fontes examinadas antes. Um desses problemas é a questão de que papel poderia haver para a ideia da autodescoberta num sistema de pensamento que submete a ideia do eu a uma crítica desconstrutiva. Outro é como desenvolver uma compreensão do papel desempenhado pelo desejo na existência que seja mais diferenciada do que aquelas que os girardianos e outros analistas críticos, como os do pensamento budista, têm a oferecer. A psicologia budista em geral aborda de modo muito negativo o desejo, interpretando-o como a raiz de todo engano (*avidya*) e de todo sofrimento humano que ele engendra. Girard, por outro lado, traça como vimos uma distinção explícita entre desejo e apetite, sem condenar como um todo os aspectos apetitivos da existência humana.[34] Não obstante, Girard e os girardianos pouco falaram sobre os tipos de apetite que são genuínos e legítimos e, assim, diferenciam-se dos apetites artificiais (isto é, os "desejos") que a mimese e a competitividade interdividual originam.

Um desenvolvimento ulterior dessa distinção crucial poderia nos ajudar bastante a esclarecer o que se faz necessário a uma diferenciação e uma integração adequadas da consciência. Se a categoria do "apetite" for expandida para incluir a "tensão existencial" de Voegelin ou as "noções transcendentais" de Lonergan, a autodescoberta – ao menos no sentido da descoberta experiencial do apetite genuíno – será vista como essencial ao processo de libertação dos enganos e de conquista da atualidade existencial da qual de

---

[34] Em prol da clareza, porém, deve-se afirmar que as declarações budistas acerca do desejo tendem a dar uma impressão mais negativa da visão budista do apetite humano do que na verdade ela é. Na prática, a tradição budista também traça uma implícita distinção entre desejo e apetite que em muito se assemelha à de Girard. Um santo budista (*bodhisattva*) continua capaz de experimentar o apetite e de desfrutar de sua satisfação, e na verdade pode até mesmo desfrutá-lo ainda mais por estar livre do "desejo". Infelizmente, a incapacidade de tornar explícita essa distinção leva muitos leitores ocidentais a supor que o budismo recomenda uma rejeição virtualmente suicida do mundo. O próprio Girard parece ter nutrido essa suposição: em *Coisas Ocultas* (*Des Choses Cachées*, op. cit., p. 552), o autor afirma que, "nas grandes religiões do Oriente", a crítica do desejo mimético e da violência que ele origina culmina no desejo de fugir completamente deles por meio da renúncia de todos os empreendimentos mundanos – uma fuga rumo àquilo que Girard caracteriza como "uma espécie de morte viva".

fato temos sede. Independentemente do que pode ainda implicar, a linguagem de grande parte da religião e do mito também pode ser interpretada como se comunicasse intimações que se referem precisamente à possibilidade desse tipo de vislumbre libertador.

A linguagem da religião e do mito tem se mostrado historicamente necessária, e é provável que assim sempre o seja; afinal, além das tarefas da diferenciação da estrutura bipolar da consciência e das diversas operações intencionais pelas quais o polo subjetivo pode se relacionar com o polo objetivo, há também a questão – deixada, antes, temporariamente de lado – de como a consciência é exortada a se relacionar consigo mesma. Ou seja, além das exigências da objetividade, existe também um aspecto estritamente interior da diferenciação e da integração da consciência que deve envolver os indivíduos em todos os níveis.

Isso inclui o processo de perceber ativamente, por meio do vislumbre experiencial e daquilo que na linguagem religiosa é chamado de "arrependimento", a diferença entre os apetites existenciais genuínos e os desejos artificiais entrelaçados com a personalidade ilusória que em geral nos mantém cativos. Trata-se do processo de descobrir aquilo que se ama de verdade e o tipo de vida pela qual profundamente se anseia, e sua articulação na consciência exige uma linguagem adequada a esse amor, a esse anseio e a esse arrependimento. Esse processo de elucidação meditativa das profundezas da própria vida é o que se faz necessário, na prática, para desobstruir o caminho que conduz ao surgimento de um apetite ativo e eficaz pela existência real.

Não se trata, aí, de um apetite pela existência ilusória de um eu concebido, miticamente, como ente para quem o desejo de "existir" não passa de uma luta por poder contra eus rivais. Ao contrário, quando adequadamente compreendido, ele será visto como um apetite pela atualidade genuína das operações intencionais que é motivado pelo amor autotranscendente. Para a vida vivida à luz de uma tal compreensão dos próprios anseios genuínos (em contraste com os anseios artificiais e inconscientemente miméticos), o verdadeiro objetivo de nossa "sede ontológica" será não um tipo de objeto, mas a existência subjetiva constituída dessas operações. Estas, por sua vez, não serão vistas como se adviessem de um "eu" reificado, e sim de uma fonte irredutivelmente misteriosa na dimensão subjetiva da consciência.

Levando tudo isso em consideração, talvez a melhor forma de empregar o problemático termo "pessoa" no contexto de uma filosofia da consciência adequada seria com referência ao sistema integral formado pelo organismo humano (o "hólon" de Oughourlian) e suas funções mentais e físicas – incluindo também, aí, suas profundezas espirituais misteriosas. Vista dessa forma, poder-se-ia dizer que a pessoa possui aspectos exteriores ou objetivos e aspectos interiores ou subjetivos, dependendo de como ela é examinada: como objeto de operações empíricas, intelectuais e racionais ou como algo formado pelo processo subjetivo de execução dessas operações.

Nesse sentido, nossa "realidade" consiste em tudo aquilo que pode ser conhecido objetivamente acerca de nós mesmos. É na experiência de desempenhar nossas operações, por sua vez, que se pode dizer que "existimos" no sentido humanamente importante da palavra. A existência pela qual experimentamos um apetite genuíno (e não um "desejo" artificial) não é a existência objetiva de um ente objetivo, mas a existência subjetiva que é nossa vida real. A descoberta desse apetite existencial genuíno parece ser o único objetivo da "hermenêutica da recuperação" descrita por Ricoeur.

Ainda que, no entanto, a existência subjetiva seja o objetivo de nossos verdadeiros anseios enquanto seres humanos, não devem ser desprezados a existência objetiva do organismo humano e o papel instrumental que ela desempenha nas operações subjetivas que desempenhamos concretamente. Sem olhos não haveria visão. Sem ouvidos não haveria audição. Sem pernas não haveria caminhar. Do mesmo modo, sem um sistema nervoso central não haveria experiência, interpretação ou juízo, e sem estes não poderia haver qualquer decisão ou ação. Vista dessa maneira, a "pessoa" humana não pode ser reduzida nem a seu aspecto "real", nem a seu aspecto "existencial".

Até mesmo algo tão aparentemente objetivo como aquilo que chamamos de nosso "corpo" pode ser visto como se partilhasse daquela ambiguidade irredutível que caracteriza a existência humana. É aqui, onde tocamos o tema da encarnação, que a ideia da "habitação" de Polanyi, tal como o caráter funcional da atenção subsidiária, pode revelar sua relevância plena. De acordo com o que vimos no primeiro capítulo, Polanyi abordou a forma como habitamos os objetos físicos e fazemos com que eles "formem uma parte de nosso próprio corpo" à medida que se tornam instrumentos de nossa presença consciente.[35] Segundo ele, a pessoa que usa uma sonda volta seu foco para a extremidade da sonda, de modo a destinar uma atenção subsidiária à sonda propriamente dita e às sensações advindas da ponta de seus dedos. Dessa forma, incorpora-a à sua vida de tal modo que é possível dizer que se encarna no instrumento, tal como em seu organismo, seus pensamentos, suas palavras e seus gestos. Tudo isso funciona como elementos da vida da "pessoa", que não pode ser identificada com, ou reduzida a, nenhum elemento ou conjunto de elementos; ela vive em cada um deles e atravessa a todos.

De modo semelhante, e passando ao ponto a que Oughourlian dá ênfase, uma pessoa não é fisicamente completa como hólon isolado; é em suas relações com os outros que ela se torna o que é. Poder-se-ia até mesmo dizer que a "pessoa" como tal nasce no processo em que ela se encarna – em seu organismo, no "corpo" a que Polanyi atribui um sentido amplo, em suas várias operações e, ainda, em seus relacionamentos "interdividuais".

Nesse último aspecto da vida da pessoa, o impulso mimético desempenha um papel importante, precipitando-a nos dramas da adulação ou do conflito e gerando os eus-do-desejo que em geral cremos ser o núcleo da personalidade, mas que Oughourlian e os budistas consideram problemáticos.

Podemos, contudo, descobrir também que o interdividual ostenta sua própria ambiguidade. É possível que haja circunstâncias – quando os o modelos disponíveis são do tipo certo, como no caso da *imitatio Christi* dos santos – em que a dimensão interdividual da vida humana conduza a possibilidades que vão além

---

[35] Michael Polanyi, *Personal Knowledge*, op. cit., p. 59. Ver também Mary Gerhart, "Paul Ricoeur's Notion of 'Diagnostics': Its Function in Literary Interpretation", *Journal of Religion*, vol. 56, 1976, p. 139-40.

do meramente adulatório e conflituoso. Se o conceito de habitação de Polanyi for estendido ao *rapport interdividuel*, ele pode indicar uma concepção de vida humana genuinamente fraterna em que o mimético funciona não como fonte de conflito ou dominação, mas como a base essencial do envolvimento mútuo na afinidade e na afeição – e até mesmo, talvez, como instrumento do amor de Deus.

Uma tal ampliação do conceito girardiano do "interdividual" parece necessária, de fato, se quisermos que o próprio Girard se adapte à possibilidade de nossa participação mútua no amor de Deus, tal como ele mesmo interpretou nos comentários à primeira epístola de João.[36] O impulso mimético pode formar a personalidade de acordo com o eu egoísta, mas no caso de uma diferenciação da consciência que culmine no amor autotranscendente, ele também pode conduzir à autoabnegação do santo ou do *bodhisattva* e ao surgimento, na pessoa desses, de uma vida que está além do mundo – a qual também seria, na linguagem de Kierkegaard, a vida do Deus no tempo tal como experimentada no Momento. Na medida em que pode ser descoberta, essa seria uma vida na qual se poderia definir a consciência como a presença de Deus – o qual, por sua vez, poderia ser definido como a única fonte de vida, da qual nossas vidas individuais são meros movimentos finitos. Se vista sob essa perspectiva, a imagem voegeliana da peça a que somos convidados enquanto atores se adequaria muito bem à imagem dos teatros de Deus concebida por Kierkegaard:

> O desenvolvimento ético do indivíduo constitui o pequeno teatro privado em que Deus é de fato um espectador, mas no qual o indivíduo também acaba como espectador de tempos em tempos, muito embora seja essencialmente um ator cuja tarefa não é iludir, mas revelar, visto que todo desenvolvimento ético consiste em tornar-se aparente ante Deus. A história do mundo, porém, é o palco real em que Deus é espectador, em que Ele não é de modo acidental, mas essencial, o espectador único, visto ser Ele o único que *pode* ser. A esse teatro nenhum espírito existente tem acesso. Caso se imagine espectador aqui, estará tão somente esquecendo que é ator no palco do pequeno teatro,

---

[36] René Girard, *Des Choses Cachées*, op. cit., p. 394.

devendo deixar a cargo do espectador e ator real como Ele o utilizará no drama real, o *drama dramatum*.[37]

Seria igualmente fácil, claro, passar dessa visão da transcendência e da personalidade humana a uma visão mítica da substituição ou manipulação de um velho eu egoísta por um novo eu "transcendente". Sempre que tem voz, o vislumbre que liberta do egoísmo parece cair de maneira quase inevitável numa mitologia renovada. Se vista sob esse prisma remitificante, o processo a que São Paulo se referiu como o "despir-se do homem velho" para "vestir Cristo" seria interpretado como se tratasse dos estados sucessivos da "possessão", naquele mesmo sentido sobre o qual se debruçou Oughourlian.[38] Oughourlian cunhou o termo "adorcismo" e o contrastou ao exorcismo a fim de tratar o modo como as religiões, tal como as tradições culturais em geral, procuram estimular a aceitação de modelos legitimados como forma de controlar a personalidade. Lido dessa forma, Paulo poderia estar falando de uma combinação de exorcismo e adorcismo – a expulsão do velho "eu" pecaminoso e a invocação de um eu novo e sem pecados. Sem dúvida, é possível que Paulo de fato tivesse em mente algo "mítico" (no sentido girardiano), mas nesse caso tratar-se-ia não de uma redenção genuína da verdadeira pessoa humana, mas apenas de sua substituição ou possessão por um "eu" novo e mais estimado.

No geral, as tradições culturais religiosas parecem preferir o exorcismo e o adorcismo em detrimento do desafio de um vislumbre que exporia as implicações reificantes de sua imagística mitológica e as neutralizaria de modo a deixar que os elementos do vislumbre genuíno da mitologia fizessem seu trabalho. Do mesmo modo como o "cristianismo histórico" de Girard exige um autossacrifício que pode ter o irônico efeito de reforçar o sentimento de individualidade egoísta ainda quando o condena – uma vez que a sacralidade, para Girard, tende sempre a dizer respeito a suas vítimas –, também o budismo histórico parece ter tendido ironicamente a canonizar a individualidade

---

[37] Søren Kierkegaard, *Concluding Unscientific Postscript*, op. cit., p. 141.
[38] Cf. Romanos 13,14; Gálatas 3,27; Efésios 1,24; Colossenses 3,9.

cuja existência foi sempre negada pelo nível mais reflexivo da tradição. No plano da tradição popular, o budismo tem visto a mitologia índica da reencarnação, interpretada como a transmigração dos eus perduráveis para novos corpos, obscurecer a doutrina do *anatman* ("não-eu"), a qual é muito mais crucial e distintivamente budista.

Para que sejamos justos com ele, porém, o budismo como um todo parece ter se dado melhor em sua tradição histórica do que o cristianismo. Aquelas vozes que na tradição budista adquiriram autoridade com o tempo sempre foram as vozes que recordavam aos fiéis a crítica do egoísmo que lhe dera origem. Historicamente, a tradição cristã tendeu a dar um destaque relativamente maior à voz de figuras que, em vez de testarem os limites de suas metáforas, estavam mais interessadas em utilizar as imagens míticas herdadas como arma contra os inimigos de suas pretensões exclusivistas à autoridade. As autoridades institucionais da "cristandade" em geral suspeitavam de intelectuais sondadores como Kierkegaard, e, a julgar pelo modo como Kierkegaard veio a ser amplamente aceito entre os cristãos, parece que isso se deu por meio de uma leitura que evita o verdadeiro desafio de seu pensamento.

Esse desafio, nas palavras do próprio Kierkegaard, é o desafio de tornar-se "indivíduo existente". É ainda, como também descreveu ele, o desafio de "tornar-se cristão". O que essa última expressão significa, porém, se opunha por completo à submissão a certas autoridades e à humilhação diante de um objeto de adorcismo.

Se não for lido cuidadosamente, será fácil acreditar que a defesa kierkegaardiana da imitação de Cristo é uma exortação ao adorcismo. Por outro lado, seus próprios escritos esclarecem que essa "admiração", como ele mesmo declarou, seria na melhor das hipóteses a atitude do que Clímaco chamou de religiosidade A, a qual ainda não é cristianismo. Na verdade, ela pode não ser nem isso, mas apenas uma fuga das sérias exigências da existência ética – e nesse caso ela seria uma forma de estetismo com pretensões a algo mais elevado. "Senhor Jesus Cristo", escreveu Kierkegaard em *Prática do Cristianismo* (1851), obra comparativamente tardia e isenta de qualquer pseudônimo, "Tu não vieste ao mundo para ser servido, mas certamente também não vieste para ser admirado ou, nesse sentido, para ser cultuado. Tu eras o caminho e a verdade – e foram apenas seguidores o que exigiste. Desperta-nos, portanto, se nos aproximamos desta ilusão, salva-nos do erro de desejar admirar-Te em vez de seguir-Te e imitar-Te".[39] "Apenas os 'seguidores' são os verdadeiros cristãos", afirmaria ele mais adiante;[40] "os 'admiradores' na verdade travam uma relação pagã com o cristianismo".

Do ponto de vista de Kierkegaard, o problema da admiração e da auto-humilhação cultual está no fato de elas, muito embora estabeleçam uma espécie de relação com o que é superior, tratarem o superior como objeto, fazendo da relação objetiva um fim em si mesmo. "A admiração representa uma relação enganadora, ou então pode tornar-se prontamente uma", como afirma João Clímaco no *Post Scriptum*: "Não é preciso ser psicólogo para saber que há certa insinceridade no espírito, o qual busca proteger a si mesmo da impressão ética por meio dessa mesma admiração".[41] O verdadeiro desafio – tanto ético quanto religioso – é existir. Para aquele que ainda não se tornou um indivíduo existente, tentar destituir-se da própria existência em sacrifício que se dá no altar de um objeto da admiração seria apenas oferecer uma existência ilusória a um Deus ilusório.

Essa forma de pensar – seja em sua forma cristianizada, seja no adorcismo de todo modelo cultural legitimado – pode trazer para a sociedade a vantagem de substituir os perigos do que Girard denominou "mediação interna" (a imitação de possíveis rivais) pela segurança da mediação "externa", que coloca o modelo além da rivalidade. Por outro lado, há também a desvantagem de ser ela apenas outra variação do mito antigo, sacrificial e sanguinário em que "sujeitos" reificados são concebidos como objetos de ódio ou de louvor.

Esse mito teve sua utilidade ao longo da história, e no passado pode até ter causado – ao menos por algum tempo – mais bem do

---

[39] Søren Kierkegaard, *Training in Christianity*. Princeton, Princeton University Press, 1967, p. 227.
[40] Ibidem, p. 247.
[41] Søren Kierkegaard, *Postscript*, op. cit., p. 321.

que mal. Muito além, contudo, da questão que Girard levanta acerca dos perigos da mentalidade sacrificial em nosso atual contexto histórico, o poder que seu mito tem de conquistar aderentes está sendo rapidamente solapado por uma série de desenvolvimentos dados no interior das tradições culturais que ele criou.

Olhando a situação cultural da modernidade do modo mais positivo possível – talvez até de maneira exagerada –, isto é, como se fosse ela a era da ciência e da reflexão crítica, poder-se-ia dizer que o velho caminho da mediação externa não parece ser uma alternativa viável para todo aquele que tenha refletido cautelosamente sobre as questões examinadas pelos pensadores deste estudo. Tendo percebido que toda compreensão, todo juízo e toda decisão genuínos – a existência humana genuína de Kierkegaard – dependem de seu desempenho das operações subjetivas, o indivíduo não pode mais esperar que a resposta ao desafio existencial da vida do homem venha de sua relação com um objeto da admiração. Quando se percebe a diferença entre a consciência diferenciada e a consciência compacta e entre a subjetividade crítica e a subjetividade acrítica, não se pode mais escolher para si, conscientemente, o pensamento mítico em seu modo sacrificial, reificante e deificante, ainda que seja muito fácil recuar de modo inconsciente quando a consciência reflexiva enfraquece.

Sem dúvida, caso sejam ignoradas as advertências de Girard acerca dos perigos inerentes a esse tipo de pensamento, é também possível que, em prol do controle social, o indivíduo recomende às massas a "mediação externa" e o autossacrifício, a exemplo do que faz o Grande Inquisidor de Dostoiévski. Também esse caminho, contudo, está prestes a ser fechado por um traço da cultura moderna que Kierkegaard já examinava no ano de 1846, em *Duas Eras*.

A obra analisa a situação cultural da "era atual" e prevê a direção em que ela se desenvolverá. A situação que Kierkegaard descreve é aquela em que um "processo nivelador", motivado pela pandemia de inveja, tem arruinado toda figura de destaque e admiração, toda forma possível de liderança e autoridade legitimada. Esse próprio nivelamento é maléfico porque nasce do impulso de destruir ou negar toda qualidade superior possível a fim de que o indivíduo não se sinta inferior. No entanto, trata-se também de um processo em que Deus está direcionando a história rumo ao surgimento da atualidade potencialmente universal da existência.

Como afirma Kierkegaard, essa estrutura ambígua da história, formada como é pela dinâmica da inveja, "mostra-se dialeticamente oposta à sistematização que faz da geração, pré-formada nos homens de excelência, o fator que dá suporte aos indivíduos", uma vez que "se volta agora, polemicamente, contra eles"; contudo, diz ele, ela assim o faz "a fim de salvar religiosamente todo e qualquer indivíduo".[42] Na velha ordem cultural, os heróis ou as figuras de admiração eram capazes de fornecer ao indivíduo o sentimento de que, pela participação em sua eminência – isto é, pela partilha de suas atitudes, opiniões, paixões, etc. –, também ele poderia obter suas qualidades. Ou, então, os indivíduos apenas seguiam seus líderes como ovelhas. Na "era atual", porém, à medida que a possibilidade da admiração diminui, as pessoas precisam se unir como "público" para se verem encorajadas a pensar:

> Antes, o governante, o homem de excelência, os homens proeminentes – cada qual tinha sua própria visão; os outros mostravam-se tão acomodados e serenos que não ousavam ou podiam ter opinião. Hoje todos podem opinar, mas é preciso haver um aglomerado numérico para tanto. Vinte e cinco assinaturas para a mais estúpida das ideias formam uma opinião.[43]

Sob as novas condições culturais, a liderança e a autoridade são, claro, impossíveis à maneira antiga, mas isso acaba por abrir, na ironia daquilo que Kierkegaard crê ser um processo providencial, o caminho que culmina num novo modo de liderança capaz de ter a maiêutica consequência de auxiliar cada um na superação do desafio da existência subjetiva. Se antes, diz ele,

> os suboficiais, os comandantes, os generais, o herói (isto é, os homens de excelência, os homens de destaque em seus vários escalões, os líderes) eram *reconhecíveis*, (...) hoje os homens de excelência, os líderes, (...) carecerão de qualquer autoridade

---

[42] Søren Kierkegaard, *Two Ages: The Age of Revolution and the Present Age, a Literary Review*. Trad. Howard V. Hong e Edna H. Hong. Princeton, Princeton University Press, 1978, p. 107.
[43] Ibidem, p. 106.

porque terão compreendido divinamente o princípio diabólico do processo de nivelamento. Como policiais à paisana, eles serão *irreconhecíveis*, escondendo suas distinções e só oferecendo suporte de maneira negativa (...).⁴⁴

Ou seja, os verdadeiros líderes no curso divinamente orientado da história devem ocultar sua eminência no intuito de não tentarem as pessoas a admirá-los e a viverem uma vida vicária. "Como agentes secretos, (...) eles são irreconhecíveis (sem autoridade) em virtude de sua apreensão do universal em igualdade ante Deus, de sua contínua aceitação dessa responsabilidade (...)."⁴⁵

Isso permitirá que o processo chegue ao fim de seu curso providencial, precipitando a massa da humanidade numa devastação espiritual em que ninguém mais será capaz de encontrar qualquer alternativa ao desafio divino da conquista da existência:

> Quando a geração, que na verdade quis por si só nivelar-se, quis emancipar-se e revoltar-se, quis abolir a autoridade, (...) quando a geração momentaneamente se entreteve com a ampla visão do infinito abstrato, a qual não se deixa perturbar por elevação alguma, havendo antes "tão somente ar e mar" – é este o momento em que a obra tem início –, é aí que os indivíduos devem auxiliar-se, cada qual individualmente. Nada mais será como antes, quando os indivíduos podiam buscar orientação na eminência mais próxima tão logo as coisas se enturvassem ante seus olhos. Essa época já faz parte do passado. Ou devem eles se perder na vertigem do infinito abstrato, ou devem ser salvos infinitamente na essencialidade da vida religiosa.⁴⁶

O próprio processo nivelador, portanto, precisa continuar, e os servos de Deus não devem tentar impedi-lo, ainda que "todo homem venha por vezes a encontrar ocasiões em que poderia chorar de desespero".⁴⁷ Antes, aqueles que o compreendem devem silenciar

---

⁴⁴ Ibidem, p. 107.
⁴⁵ Ibidem.
⁴⁶ Ibidem, p. 107-08.
⁴⁷ Ibidem, p. 109.

e deixar o nivelamento ter continuidade, visto que "Deus o permite e deseja cooperar com os indivíduos, isto é, com cada um individualmente, tirando o máximo de tudo isso".[48]

A ironia do processo histórico descrito por Kierkegaard lembra aquela a que Girard aludiu em *Coisas Ocultas*, em que fala sobre como a oposição moderna à tradição religiosa ocidental está por si só forçando a revelação de seu significado verdadeiro, antissacrificial:

> Nesse aspecto, o pensamento moderno recorda aqueles inumeráveis escavadores do Dêutero-Isaías, todos aqueles escravos cujo poder se intensifica em nossa própria época por meio de buldôzeres magníficos, os quais não sabem sequer o porquê de estarem aplainando as montanhas e preenchendo os vales com um furor tão estranho. Eles pouco sabem sobre o grande rei que deve passar triunfante pela estrada que preparam.[49]

Em seguida, Girard cita em inglês a versão bíblica do rei Jaime: "*The voice of him that crieth in the wilderness, Prepare ye the way of the Lord, make straight in the desert a highway for our God (...)*".[50]

O fato de até mesmo Girard recorrer à linguagem do mito nesse momento é, claro, uma indicação ulterior de que a linguagem mítica não é por si problemática; assim o é somente a forma como geralmente a trazemos ao esquema de uma mentalidade objetificante, reificante e "sacrificial" (em sentido girardiano). Ao final do movimento pelo qual a dimensão objetiva – ou noética, na linguagem de Voegelin – é elucidada, o que inevitavelmente assoma é sua dimensão subjetiva ou espiritual complementar, e jamais houve até hoje qualquer linguagem capaz de comunicar a percepção desse âmbito, de seus desafios e de seu chamado imperativo além daquela dos símbolos analógicos e dos símbolos religiosos e mitológicos em particular, como os do cristianismo ou os que Voegelin retirou de Platão.

---

[48] Ibidem.
[49] René Girard, *Des Choses Cachées*, op. cit., p. 397-98.
[50] Ele cita Isaías 40,3-8 ["Uma voz clama: 'No deserto, abri um caminho para Iahweh; na estepe, aplainai uma vereda para o nosso Deus'"].

O desafio espiritual diz respeito sobretudo ao modo pelo qual a consciência é chamada a comprometer-se consigo mesma – isto é, com sua própria estrutura e seu próprio dinamismo. Como na análise de Voegelin, trata-se aí de ceder e se entregar à tensão da existência, e não de fugir dela. Uma tal fuga seria apenas uma tentativa de escapar da realidade objetiva e da existência subjetiva. Responder no amor ao chamado divino, por outro lado, é optar pela existência no sentido pleno e humano da palavra – é estar disposto a viver espiritualmente e a viver e agir no mundo da realidade.

Na interpretação que lhes deu Voegelin, os mitos filosóficos de Platão nos norteiam no desenvolvimento da consciência, o qual é retratado como uma ascensão no ser. Trata-se do impulso presente em sua leitura da fábula platônica do cordão dourado do *Nous*: existe uma dimensão subjetiva, retratada na narrativa como a dimensão vertical do movimento, em que o homem experimenta um chamado sagrado e imperativo (retratado como o puxão divino advindo do alto). Essa imagem e a imagem da *metaxy* são valiosas por representarem a consciência como se envolvesse uma dimensão horizontal e uma dimensão vertical, ambas essenciais à existência especificamente humana. A dimensão horizontal é o ato de ter em vista a realidade objetiva como algo cognoscível por meio do exercício de nossas capacidades de investigação noética. A vertical é a dimensão "pneumática" ou espiritual, aquela em que o chamado à consciência é ouvido e considerado ou obscurecido e desprezado. Nenhuma dessas dimensões, por mais distinta que seja, pode existir sem a outra – daí o dito de Voegelin citado em seu capítulo: "Adentrar a *metaxy*, explorando-a em todas as direções e orientando a si mesmo na perspectiva garantida ao homem por sua posição na realidade, é a tarefa própria do filósofo".[51]

Segundo creio, todos os outros pensadores aqui estudados concordariam com isso, uma vez que, independentemente de suas ênfases, cada qual partilha a crença fundamental em que a consciência só pode ser adequadamente conhecida à luz de ambas as suas dimensões – sejam elas classificadas como objetiva

---

[51] Eric, Voegelin, *Anamnesis*, op. cit., p. 107.

e subjetiva, como intelectual e espiritual, como horizontal e vertical ou de acordo com qualquer outro par de imagens capaz de insinuar o que deve ser diferenciado na consciência a fim de que ela possa ser convenientemente integrada.

A humanidade que deu origem à mentalidade e à mitologia sacrificiais analisadas por Girard – uma humanidade que, obviamente, ainda está longe de ser extinta – manifestou uma consciência compacta, e não a consciência integrada de que temos tratado. Foi essa mesma compacidade que se expressou na prontidão para projetar o mal sobre objetos alheios. Para alguém, porém, que já experimentou e ainda deseja a atualidade subjetiva que constitui a existência humana verdadeira, a velha mentalidade não pode ser uma opção consciente. Aos olhos desse alguém, o roteiro sacrificial não é a verdade da peça que nos exorta a alcançar o melhor de nossas possibilidades. Para aquele que experimentou, mesmo que brevemente, a liberdade de uma vida em que não pode haver nem mestres, nem escravos, nem "irmãos-inimigos", mas somente companheiros no sofrimento e no prazer; para aquele que viveu de maneira consciente o drama da existência humana a ponto de ver esclarecidos os verdadeiros desafios e as verdadeiras possibilidades, não há escolha livre possível senão a de se empenhar ao máximo na busca tanto pela verdade objetiva quanto pela verdade subjetiva – a verdade da realidade e a verdade da existência.

Bibliografia

Abrams, Meyer H. *Natural Supernaturalism: Tradition and Revolution in Romantic Literature*. Nova York: Norton, 1973.

Adorno, Theodore W. *The Jargon of Authenticity*. Trad. Knut Tarnowski e Frederic Will. Evanston: Northwestern University Press, 1973.

Altizer, Thomas J. J. "A New History and a New But Ancient God? A Review-Essay". *Journal of the American Academy of Religion* 43, 1975, p. 757-64.

Aquino, Santo Tomás. *The Summa Theologica of St. Thomas Aquinas*. Traduzido pelos padres da Província Dominicana Inglesa. Revisto por Daniel J. Sullivan. *Great Books of the Western World*, vol. 19 e 20. Chicago: William Benton, 1952.

Aristóteles. *The Basic Work of Aristotle*. Ed. Richard McKeon. Nova York: Random House, 1941.

Auden, Wystan Hugh. *Collected Poetry*. Nova York: Random House, 1945.

_____. *Collected Shorter Poems*, 1927-1957. Nova York: Random House, 1966.

Benz, Ernst. "Theogony and the Transformation of Man in Friedrich Wilhelm Joseph Schelling". In: Joseph Campbell (ed.). *Man and Transformation: Papers from the Eranos Yearbooks*, 5. Princeton: Princeton University Press, 1964.

BLEICHER, Joseph. *Contemporary Hermeneutics*. Londres: Routledge and Kegan Paul, 1980.

BROWN, Peter. *Augustine of Hippo: A Biography*. Berkeley e Los Angeles: University of California Press, 1967.

BUTLER, B. C. "Lonergan and Ecclesiology". In: Philip McShane (ed.). *Foundations of Theology: Papers from the International Lonergan Congress*, 1970, 1-21.

BYRNE, Patrick H. "The Thomist's Sources of Lonergan's Dynamic World-View". *The Thomist* 46, 1982, p. 108-45.

COBB, John B., Jr. *Beyond Dialogue: Toward a Mutual Transformation of Cristianity and Buddhism*. Filadélfia: Fortress Press, 1982.

COLLINS, James. *The Mind of Kierkegaard*. Princeton: Princeton University Press, 1983.

CONN, Walter E. "Bernard Lonergan on Value". *The Thomist* 40, 1976, p. 243-57.

COPLESTON, Frederick. *A History of Philosophy*, vol. 7 (I). Nova York: Image Books, 1965.

CROWE, Frederick. *The Lonergan Enterprise*. Cambridge, Mass.: Cowley, 1980.

DAVIS, Charles. "Lonergan and the Teaching Church". In: Philip McShane (ed.). *Foundations of Theology: Papers from the International Lonergan Congress*, 1970, p. 60-75.

DERRIDA, Jacques. *Speech and Phenomena and Other Essays on Husserl's Theory of Signs*. Tradução e introdução David B. Allison. Prefácio Newton Garver. Evanston: Northwestern University Press, 1973.

DORAN, Robert M. "Aesthetic Subjectivity and Generalized Empirical Method". *The Thomist* 43, 1979, p. 257-78.

_____ . *Jungian Psychology and Lonergan's Foundations: A Methodological Proposal*. Washington, D. C.: Universtiy Press of America, 1979.

_____ . *Subject and Psyche: Ricoeur, Jung and the Search for Foundations*. Lanham, Maryland: University Press of America, 1980.

_____. "Subject, Psyche, and Theology's Foundations". *Journal of Religion* 57, 1977, p. 267-87.

DOUGLAS, Bruce. "A Diminished Gospel: A Critique of Voegelin's Interpretation of Cristianity". In: *Eric Voegelin's Search for Order in History*. Ed. Stephen A. McKnight. Baton Rouge e Londres: Louisiana State University Press, 1978.

DRUCKER, Peter Ferdinand. *Adventures of a Bystander*. Nova York: Harper and Row, 1979.

DULLES, Avery, S. J. Review of Lonergan's *Method in Theology*. *Theological Studies* 33, 1972, p. 553-54.

DUMOUCHEL, Paul (ed.). *Violence et Verité: Autour de René Girard*. Paris: Grasset, 1985.

DUMOUCHEL, Paul e DEGUY, Michel. *René Girard et le Problème du Mal*. Paris: Grasset, 1982.

DUMOUCHEL, Paul e DUPUY, Jean-Pierre. *L'Enfer des Choses: René Girard et la Logique de l'Économie*. Paris: Éditions du Seuil, 1979.

DUPUY, Jean-Pierre. *Ordres et Désordres: Enquêtes sur un Nouveau Paradigme*. Paris: Éditions du Seuil, 1982.

ELIADE, Mircea. *The Sacred and the Profane: The Nature of Religion*. Trad. Willard R. Trask. Nova York: Harcourt Brace, 1959.

ERMARTH, Michael. "The Transformation of Hermeneutics". *Monist* 64, 1981, p. 175-94.

FREUD, Sigmund. *Group Psychology and the Analysis of the Ego*. In: *The Standard Edition of the Complete Psychological Works of Sigmund Freud*. Ed. e trad. James Strachey. 24 vols. Londres: Hogarth Press, 1953-66, 18: 105.

GADAMER, Hans-Georg. "Hedeigger and the History of Philosophy". Trad. Karen Campbell. *Monist* 64, 1981, p. 434-44.

_____. *Philosophical Hermeneutics*. Trad. e ed. David E. Linge. Berkeley e Los Angeles: University of California Press, 1976.

_____. *Truth and Method*. Nova York: Seabury Press, 1975.

GARRET, Jan Edward. "Hans-Georg Gadamer on 'Fusion of Horizons'". *Man and World* II, 1978, p. 392-400.

GELWICK, Richard. *The Way of Discovery: An Introduction to the Thought of Michael Polanyi*. Nova York: Oxford University Press, 1977.

GERHART, Mary. "Imagination and History in Ricoeur's Interpretation Theory". *Philosophy Today* 23, 1979, p. 51-68.

_____ . "Paul Ricoeur's Notion of 'Diagnostics': Its Function in Literary Interpretation". *Journal of Religion* 56, 1976, p. 137-56.

GILL, Jerry H. *On Knowing God*. Filadélfia: Westminster, 1981.

_____ . "Of Split Brains and Tacit Knowing". *International Philosophical Quarterly* 20, n. I, março 1980, p. 49-58.

_____ . "Reasons of the Heart: A Polanyian Reflection". *Religious Studies* 14, n. 2, junho 1978, p. 143-57.

GIRARD, René. *Critiques dans un Souterrain*. Paris: Grasset, 1976.

_____ . *Deceit, Desire, and the Novel: Self and Other in Literary Structure*. Trad. Yvonne Freccero. Baltimore: Johns Hopkins University Press, 1965. [*Mentira Romântica e Verdade Romanesca*. Trad. Lilia Ledon da Silva. São Paulo: É Realizações, 2009.]

_____ , com Jean-Michel Oughourlian e Guy Lefort. *Des Choses Cachées depuis la Fondation du Monde*. Paris: Grasset et Fasquelle, 1978.

_____ . *La Route Antique des Hommes Pervers*. Paris: Grasset, 1985.

_____ . *The Scapegoat*. Trad. Yvonne Freccero. Baltimore e Londres: Johns Hopkins University Press, 1986.

_____ . *Violence and the Sacred*. Trad. Patrick Gregory. Baltimore e Londres: Johns Hopkins Universtiy Press, 1977.

GOMBRICH, Ernst Hans. *Art and Illusion: A Study in the Psychology of Pictorial Representation*. 5. ed. Londres: Phaidon, 1977.

GRAM, Moltke S. "Gadamer on Hegel's Dialetic: A Review Article". *The Thomist* 43, 1979, p. 322-30.

GUEGUEN, John A. "Voegelin's from Enlightenment to Revolution: a Review Article". *The Thomist* 42, 1978, p. 123-34.

HALL, Ronald L. "Wittgenstein and Polanyi: The Problem of Privileged Self-Knowledge". *Philosophy Today* 23, 1979, p. 267-78.

HALLOWELL, John H. "Existence in Tension: Man in Search of His Humanity". *Political Science Reviewer* 2, 1972, p. 181-84. Reimpresso em *Eric Voegelin's Search for Order in History*. Ed. Stephen A. McKnight. Baton Rouge e Londres: Louisiana State University Press, 1978.

HANS, James S. "Hans-Georg Gadamer and Hermeneutic Phenomenology". *Philosophy Today* 22, 1978, p. 3-19.

_____ . "Hermeneutics, Play, Desconstruction". *Philosophy Today* 24, 1980, p. 299-317.

IHDE, Don. *Hermeneutic Phenomenology: The Philosophy of Paul Ricoeur*. Evanston: Northwestern University Press, 1971.

INNIS, Robert E. "Art, Symbol, and Consciousness: A Polanyi Gloss on Susan Langer and Nelson Goodman". *International Philosophical Quarterly* 17, 1977, p. 455-76.

_____ . "Hans-Georg Gadamer's Truth and Method: A Review Article". *The Thomist* 40, 1976, p. 311-21.

_____ . "The Logic of Consciousness and the Mind-Body Problem in Polanyi". *International Philosophical Quarterly* 13, 1973, p. 81-98.

JAMES, William. *Essays in Radical Empiricism and a Pluralistic Universe*. Volume único. Ed. Ralph Barton Perry. Gloucester, Mass.: Peter Smith, 1967.

_____ . The Principles of Psychology. In: *Great Books of the Western World*, vol. 53. Chicago: William Benton, 1952.

JASPERS, Karl. *Philosophy*. Trad. E. B. Ashton. 3 vols. Chicago e Londres: University of Chicago Press, 1969-71.

_____ . *Reason and Existenz: Five Lectures*. Tradução e introdução William Earle. Nova York: Noonday Press, 1955.

JOHNSON, John F. "The Relationship between Direct and Reflective Understanding as an Issue in Lonergan's Insight". *Kinesis* 10, 1980, p. 87-91.

JOY, Morny. Review of Paul Ricoeur, *Time and Narrative*, vol. I. *Religious Studies Review* 12, 1986, p. 247-51.

KAUFMANN, Walter. *Discovering the Mind*. Vol. 1: *Goethe, Kant, and Hegel*. Nova York: McGraw-Hill, 1980.

_____. *Discovering the Mind*. Vol. 2: *Nietzsche, Heidegger, and Buber*. Nova York: McGraw-Hill, 1980.

_____. *Discovering the Mind*. Vol. 3: *Freud versus Adler and Jung*. Nova York: McGraw-Hill, 1980.

_____. *Hegel: A Reinterpretation*. Notre Dame: University of Notre Dame Press, 1978.

KEPNES, Steven D. Review of Paul Ricoeur, *Time and Narrative*, vol. I. *Religious Studies Review* 12, 1986, p. 247-51.

KIERKEGAARD, Søren. *The Concept of Anxiety: A Simple Psychologically Orienting Deliberation on the Dogmatic Issue of Hereditary Sin*. Editado e traduzido por Reidar Thomte com a colaboração de Albert B. Anderson. Princeton: Princeton University Press, 1980.

_____. *Concluding Unscientific Postscritpt to the Philosophical Fragments: A Mimic-Pathetic-Dialectic Composition: An Existential Contribution*. Trad. David F. Swenson e Walter Lowrie. Princeton: Princeton University Press, 1941.

_____. *Journals and Papers*. Vol. 2: F-K. Editado e traduzido por Howard V. Hong e Edna H. Hong, assistido por Gregor Malantschuk. Bloomington e Londres: Indiana University Press, 1970.

_____. *Philosophical Fragments or a Fragment of Philosophy*. Trad. David F. Swenson e Howard V. Hong, introdução e comentários Niels Thulstrup. Princeton: Princeton University Press, 1962.

_____. *Philosophical Fragments; Johannes Climacus*. Edição, tradução, introdução e notas Howard V. Hong e Edna H. Hong. Princeton: Princeton University Press, 1985.

_____. *The Sickness unto Death: A Christian Psychological Exposition for Upbuilding and Awakening*. Ed. e trad. Howard V. Hong e Edna H. Hong. Princeton: Princeton University Press, 1980.

_____. *Training in Christianity*. Tradução, introdução e notas Walter Lowrie. Princeton: Princeton University Press, 1967.

_____. *Two Ages: The Age of Revolution and the Present Age, a Literary Review*. Edição, tradução, introdução e notas Howard V. Hong e Edna H. Hong. Princeton: Princeton University Press, 1978.

KIRBY, John, e THOMPSON, William M., (eds.). *Voegelin and the Theologian: Ten Studies and Interpretation*. Toronto Studies in Theology, vol. 10. Nova York e Toronto: Edwin Mellen Press, 1982.

KIRKLAND, Frank M. "Gadamer and Ricoeur: the Paradigm of the Text". *Graduate Faculty Philosophy Journal* 6, 1977, p. 131-44.

KITCHENER, Richard F. "Piaget's Genetic Epistemology". *International Philosophical Quarterly* 20, 1980, p. 377-405.

KROGER, Joseph. "Polanyi and Lonergan on Scientific Method". *Zbornik Slovenskeho Naradnaho Muzea. Serie: Historie* (Bratislava) 21, n. I, 1977, p. 2-20.

_____. "Theology and Notions of Reason and Science: A Note on a Point of Comparison in Lonergan and Polanyi". *Journal of Religion* 56, 1976, p. 157-61.

LAWRENCE, Frederick. "Gadamer and Lonergan: A Dialectical Comparison". *International Philosophical Quarterly* 20, 1980, p. 25-47.

LEFORT, Guy; GIRARD, René e OUGHOURLIAN, Jean-Michel. *Des Choses Cachées depuis la Fondation du Monde*. Paris: Grasset et Fasquelle, 1978.

LINDENFELD, David F. *The Transformation of Positivism: Alexius Meinong and European Thought, 1880-1920*. Berkeley e Los Angeles: University of California Press, 1980.

LOCKE, John. *An Essay Concerning Human Understanding*. Ed. Alexander Campbell Fraser. In: *Great Books of the Western World*, 35: 85-395. Chicago: William Benton, 1952.

LONERGAN, Bernard J. F. *Caring About Meaning: Patterns in the Life of Bernard Lonergan*. In: Thomas More Institute Papers, vol. 82. Ed. Pierrot Lambert, Charlotte Tansey e Cathleen Going. Montreal: Thomas More Institute, 1982.

_____. *Collection: Papers by Bernard Lonergan*, S. J. Ed. Frederick E. Crowe, S. J. Nova York: Herder and Herder, 1967.

_____. *De Constitutione Christi Ontologica et Psychologica*. Roma: Gregorian University Press, 1956.

_____. *De Deo Trino: Pars Analytica*. Roma: Gregorian University Press, 1961.

_____. *Grace and Freedom: Operative Grace in the Thought of St. Thomas Aquinas*. Nova York: Herder and Herder, 1971.

_____. *Insight: A Study of Human Understanding*. 3. ed. Nova York: Philosophical Library, 1970. [*Insight: Um Estudo do Conhecimento Humano*. Trad. Mendo Castro Henriques e Artur Morão. São Paulo: É Realizações, 2010.]

_____. *Method in Theology*. Nova York: Herder and Herder, 1972. [*Método em Teologia*. Trad. Hugo Langone. São Paulo: É Realizações, 2012.]

_____. *Philosophy of God, and Theology*. Filadélfia: Westminster Press, 1973.

_____. "Reality, Myth, and Symbol". In: *Myth, Symbol, and Reality*. Ed. Alan M. Olson, p. 31-37.

_____. *Second Collection*. Ed. William F. Ryan, S. J., e Bernard J. Tyrell, S. J. Filadélfia: Westminster Press, 1974.

_____. "Theology and Praxis". In: Catholic Theological Society of America, *Proceedings of the Thirty-Second Annual Convention Toronto*, 1977, p. 1-16.

_____. *The Way to Nicea: The Dialectical Development of Trinitarian Theology*. Trad. Conn O'Donovan. Filadélfia: Westminster Press, 1976. [Tradução da Parte I do *De Deo Trino*.]

Lovejoy, Arthur O. *The Great Chain of Being: A Study of the History of an Idea*. Cambridge, Mass. e Londres: Harvard University Press, 1936.

MacIntyre, Alasdair. *After Virtue*. Notre Dame: University of Notre Dame Press, 1981.

Magliola, Robert. *Derrida on the Mend*. West Lafayette: Purdue University Press, 1984.

Malantschuk, Gregor. *Kierkegaard's Thought*. Ed. e trad. Howard V. Hong e Edna H. Hong. Princeton: Princeton University Press, 1971.

MANN, Thomas. *Joseph and His Brothers*. Trad. H. T. Lowe-Porter com introdução do autor. Nova York: Knopf, 1948.

MARCEL, Gabriel. *The Mystery of Being*, vol. I. Chicago: Henry Regnery, 1960.

_____ . *Tragic Wisdom and Beyond, including Conversations between Paul Ricoeur and Gabriel Marcel*. Trad. Stephen Jolin e Peter McCormick. Evanston: Northwestern University Press, 1973.

MARGOLIS, Joseph. "Puzzles Regarding the Cultural Link between Artworks and Criticism". *Journal of Aesthetic Education* 15, 1981, p. 17-32.

MARTIN, Graham Dunstan. "The Tacit Dimension of Poetic Imagery". *British Journal of Aesthetics* 19, 1979, p. 99-111.

MATHEWS, William. "Lonergan's Economics". *Method: Journal of Lonergan Studies* 3, n. I, março 1985, p. 9-30.

MCKNIGHT, Stephen A. (ed.). *Eric Voegelin's Search for Order in History*. Baton Rouge e Londres: Louisiana State University Press, 1978.

MCPARTLAND, Thomas J. "Horizon Analysis and Historiography: The Contribution of Bernard Lonergan toward a Critical Historiography". University of Washington, 1976. (Tese de Doutorado)

MCSHANE, Philip (ed.). *Foundations of Theology: Papers from the International Lonergan Congress 1970*. Notre Dame: University of Notre Dame Press, 1972.

_____ (ed.). *Language, Truth, and Meaning: Papers from the International Lonergan Congress 1970*. Notre Dame: University of Notre Dame Press, 1972.

MISGELD, Dieter. "On Gadamer's Hermeneutics". *Philosophy of the Social Sciences* 9, 1979, p. 221-39.

MOORE, George Edward. *Philosophical Studies*. Nova York: Hartcourt Brace, 1922.

NEWMAN, John Henry. *An Essay in Aid of a Grammar of Assent*. Ed. Charles Frederick Harrold. Nova York: Longmans, Green and Co., 1947.

NIEMEYER, Gerhart. "Eric Voegelin's Philosophy and the Drama of Mankind". *Modern Age* 20, 1976, p. 28-39.

Oakley, Francis. *Omnipotence, Covenant, and Order: An Excursion in the History of Ideas from Abelard to Leibniz*. Ithaca e Londres: Cornell University Press, 1984.

Olding, A. "Polanyi's Notion of Hierarchy". *Religious Studies* 16, 1980, p. 97-102.

Olson, Alan M. "Myth, Symbol, and Metaphorical Truth". In: Alan M. Olson (ed.). *Myth, Symbol, and Reality*. Notre Dame: University of Notre Dame Press, 1980, p. 99-125.

Opitz, Peter J. e Sebba, Gregor. *The Philosophy of Order: Essays on History, Consciousness, and Politcs* [Para Eric Voegelin em seu octogésimo aniversário, 3 de janeiro de 1981]. Stuttgart: Klett-Cotta, 1981.

Oughourlian, Jean-Michel. *Un Mime Nommé Désir: Hystérie, Transe, Possession, Adorcisme*. Paris: Grasset et Fasquelle, 1982.

Oughourlian, Jean-Michel, com René Girard e Guy Lefort. *Des Choses Cachées depuis la Fondation du Monde*. Paris: Grasset et Fasquelle, 1978.

Pagels, Heinz. *The Cosmic Code: Quantum Physics as the Language of Nature*. Nova York: Simon and Shuster, 1982.

Paul, Diana Yamaguchi. *Philosophy of Mind in Sixth-Century China: Paramartha's Evolution of Consciousness*. Palo Alto: Stanford University Press, 1984.

_____. "The Structures of Consciousness in Paramartha's Purported Trilogy". *Philosophy East and West* 31, n. 3, julho 1981, p. 231-55.

Piscitelli, Emil J. "Paul Ricoeur's Philosophy of Religious Symbol: A Critique and Dialectical Transposition". *Ultimate Reality and Meaning* 3, 1980, p. 275-313.

Platão. *The Collected Dialogues of Plato Including the Letters*. Ed. Edith Hamilton e Huntington Cairns. Princeton: Princeton University Press, 1961.

Polanyi, Michael. *Knowing and Being: Essays by Michael Polanyi*. Ed. Marjorie Grene. Chicago: University of Chicago Press, 1969.

_____. *Personal Knowledge: Towards a Post-Critical Philosophy*. Edição corrigida. Chicago: University of Chicago Press, 1962.

_____. *Science, Faith, and Society*. Chicago e Londres: University of Chicago Press, 1964.

_____. *The Study of Man*. Chicago e Londres: University of Chicago Press, 1959.

_____. *The Tacit Dimension*. Garden City, N. Y: Doubleday, 1966. Nova York: Anchor Books, 1967.

Rasmussen, David M. "From Problematics to Hermeneutics: Lonergan and Ricoeur". In: Philip McShane (ed.). *Foundations of Theology: Papers from the International Lonergan Congress* 1970, p. 236-71.

Ricoeur, Paul. *The Conflict of Interpretations: Essays in Hermeneutics*. Ed. Don Ihde. Evanston: Northewestern University Press, 1974. (Publicado originalmente em francês, 1965.)

_____. "Conversations between Paul Ricoeur and Gabriel Marcel". In: Gabriel Marcel, *Tragic Wisdom and Beyond, including Conversations between Paul Ricoeur and Gabriel Marcel*. Trad. Stephen Jolin e Peter McCormick. Evanston: Northewestern University Press, 1973.

_____. *Essays on Biblical Interpretation*. Ed. Lewis S. Mudge. Filadélfia: Fortress Press, 1980.

_____. *Fallible Man: Philosophy of the Will*. Trad. Charles Kelbley. Chicago: Henry Regnery Co., 1965. (Publicado originalmente em francês, 1960.)

_____. *Freedom and Nature: The Voluntary and the Involuntary*. Tradução e introdução Erazim V. Kohák. Evanston: Northewestern University Press, 1966. (Publicado originalmente em francês, 1950.)

_____. *Freud and Philosophy: An Essay on Interpretation*. Trad. Denis Savage. New Haven e Londres: Yale University Press, 1970. (Publicado originalmente em francês, 1965.)

_____. *Gabriel Marcel et Karl Jaspers: Philosophie du Mystère et Philosophie du Paradoxe*. Paris: Temps Présent, 1948.

_____. *History and Truth*. Tradução e introdução Charles A. Kelbley. Evanston: Northewestern University Press, 1965. (Publicado originalmente em francês, 1955.)

_____. *Husserl: An Analysis of His Phenomenology*. Evanston: Northwestern University Press, 1967.

_____. *Karl Jaspers et la Philosophie de la l'Existence*. Com Mikel Dufrenne. Paris: Editions du Seuil, 1947.

_____. *Political and Social Essays*. Ed. David Stewart e Joseph Bien. Atenas: Ohio University Press, 1975.

_____. *The Reality of the Historical Past*. The Aquinas Lecture, 1984. Milwaukee: Marquette University Press, 1984.

_____. *The Rule of Metaphor: Multidisciplinary Studies of the Creation of Meaning in Language*. Trad. Robert Czerny com Kathleen McLaughlin e John Costello. Toronto, Buffalo e Londres: University of Toronto Press, 1977.

_____. *The Symbolism of Evil*. Trad. Emerson Buchnan. Boston: Beacon Press, 1967. Nova York: Harper and Row.

_____. *Temps et Récit*. Vol. 3: *Le Temps Raconté*. Paris: Editions du Seuil, 1985.

_____. *Time and Narrative*, vol. 1 e 2. Trad. Kathleen McLaughlin e David Pellauer. Chicago e Londres: University of Chicago Press, 1984, 1986.

RYAN, William F. J. "Intentionality in Edmund Husserl and Bernard Lonergan". *International Philosophical Quarterly* 13, 1973, p. 173-190.

SAGAN, Eli. *At the Dawn of Tyranny: The Origins of Individualism, Political Opression, and the State*. Nova York: Alfred A. Knopf, 1985.

SALA, Giovanni. "The *A Priori* in Human Knowledge: Kant's Critique of Pure Reason and Lonergan's Insight". *The Thomist* 40, 1976, p. 179-221.

SANDOZ, Ellis. *The Voegelinian Revolution: A Biographical Introduction*. Baton Rouge e Londres: Louisiana State University Press, 1981. [*A Revolução Voegeliniana: Uma Introdução Biográfica*. Trad. Elpídio Mário Dantas Fonseca. São Paulo: É Realizações, 2010.]

_____ (ed.). *Eric Voegelin's Thought: A Critical Appraisal*. Durham: Duke University Press, 1982.

SARTRE, Jean-Paul. *Nausea*. Trad. Lloyd Alexander. Nova York: New Directions, 1949.

Schelling, Friedrich Wilhelm Joseph von. *Schelling Werke*. 6 vols. Ed. Manfred Schröter. Munique: C. H. Beck e R. Oldenbourg, 1927-28.

Schuchman, Paul. "Aristotle's Phronesis and Gadamer's Hermeneutics". *Philosophy Today* 23, 1979, p. 41-50.

Schürmann, Reiner. "The Loss of Origin in Soto Zen and Meister Eckhart". *The Thomist* 42, 1978, p. 281-312.

Searle, John. *Intentionality: An Essay in the Philosophy of Mind*. Cambridge: Cambridge University Press, 1983.

Shmueli, Adi. *Kierkegaard and Consciousness*. Princeton: Princeton University Press, 1971.

Skousgaard, Stephen. *Language and the Existence of Freedom: A Study in Paul Ricoeur's Philosophy of Will*. Washington, D. C.: University Press of America, 1979.

_____ . "Revisiting Fundamental Ontology: Ricoeur versus Gadamer". *Tulane Studies in Philosophy* 29, 1980, p. 119-32.

Smith, Marc. "Religious Experience and Bernard Lonergan". *Philosophy Today* 23, 1979, p. 359-66.

Smith, P. Christopher. "Gadamer's Hermeneutics and Ordinary Language Philosophy". *The Thomist* 43, 1979, p. 296-321.

Streng, Frederick J. *Emptiness: A Study in Religious Meaning*. Nashville: Abingdon Press, 1967.

Taylor, Charles. *Hegel*. Cambridge: Cambridge University Press, 1975.

Taylor, Mark C. *Erring: A Postmodern A/theology*. Chicago e Londres: University of Chicago Press, 1984.

_____ . *Journeys to Selfhood: Hegel and Kierkegaard*. Berkeley e Los Angeles: University of California Press, 1980.

Thulstrup, Niels. *Kierkegaard's Relation to Hegel*. Trad. George L. Stengren. Princeton: Princeton University Press, 1980.

Tracy, David. *The Achievement of Bernard Lonergan*. Nova York: Herder and Herder, 1970.

Tyrell, George N. M. *Man the Maker: A Study of Man's Mental Evolution*. Nova York: E. P. Dutton, 1952.

Voegelin, Eric. *Anamnesis*. Trad. e ed. Gerhart Niemeyer. Notre Dame e Londres: University of Notre Dame Press, 1978. [*Anamnese: Da Teoria da História e da Política*. Trad. Elpídio Mário Dantas Fonseca. São Paulo: É Realizações, 2009.]

_____ . "Configuration of History". In: Paul G. Kuntz (ed.). *The Concept of Order*. Seattle e Londres: University of Washington Press, 1968, p. 23-42.

_____ . "Equivalences of Experience and Symbolization in History". In: *Eternità e Storia: I Valori Permanenti nel Divenire Storico*. Florença: Valecchi, 1970, p. 215-34.

_____ . *From Enlightenment to Revolution*. Ed. John H. Hallowell. Durham: Duke University Press, 1975.

_____ . "The Gospel and Culture". In: Donald G. Miller e Dikran Y. Hadiddian (eds.). *Jesus and Man's Hope*. 2: 59-101. Pittsburgh: Pittsburgh Theological Seminary, 1971.

_____ . *The New Science of Politics: An Introduction*. Chicago: University of Chicago Press, 1952.

_____ . "On Hegel: A Study on Sorcery". *Studium Generale* 24, 1971, p. 335-68.

_____ . *Order and History*. Vol. I: *Israel and Revelation*. Baton Rouge: Louisiana State University Press, 1956.

_____ . *Order and History*. Vol. 2: *The World of the Polis*. Baton Rouge: Louisiana State University Press, 1957.

_____ . *Order and History*. Vol. 3: *Plato and Aristotle*. Baton Rouge: Louisiana State University Press, 1957.

_____ . *Order and History*. Vol. 4: *The Ecumenic Age*. Baton Rouge: Louisiana State University Press, 1974.

_____ . *Order and History*. Vol. 5: *In Search of Order*. Baton Rouge: Louisiana State University Press, 1987

_____ ."The Origins of Scientism", *Social Research* 15, 1948, p. 462-94.

_____. *Die Politischen Religionen*. Viena: Bermann-Fischer, 1938.

_____. *Die Rassenidee in der Geistegeschichte von Ray bis Carus*. Berlim: Junker and Duennhaupt, 1933.

_____. "Response to Professor Altizer's 'a New History and a New But Ancient God?'". *Journal of the American Academy of Religion* 43, 1975, p. 765-72.

WEBB, Eugene. *The Dark Dove: The Sacred and Secular in Modern Literature*. Seattle e Londres: University of Washington Press, 1975. [*A Pomba Escura: O Sagrado e o Secular na Literatura Moderna*. Trad. Hugo Langone. São Paulo: É Realizações, 2012.]

_____. *Eric Voegelin: Philosopher of History*. Seattle e Londres: University of Washington Press, 1981.

_____. "Eric Voegelin's Theory of Revelation". *The Thomist* 42, 1978, p. 95-122. Reimpresso em Ellis Sandoz (ed.). *Eric Voegelin's Thought: A Critical Appraisal*, p. 157-78.

_____. "The Pneumatology Bernard Lonergan: A Byzantine Comparison". *Religious Studies and Theology* 5, n. 2, 1985, p. 13-23.

_____. "Politics and the Problem of a Philosophical Rethoric in the Thought of Eric Voegelin". *Journal of Politics* 48, 1986, p. 260-73.

WILHELMSEN, Frederick D. "The New Voegelin". *Triumph*, janeiro 1975, p. 32-35.

WITTGENSTEIN, Ludwig. *Philosophical Investigations*. 3 ed. Trad. G. E. M. Anscombe. Nova York: Macmillan, 1958.

WORGUL, George S. "The Ghost of Newman in the Lonergan Corpus". *Modern Schoolman* 54, n. 4, maio 1977, p. 317-32.

ÍNDICE REMISSIVO

A

Acontecimento teofânico (Voegelin), 178, 188
Adão, em Ricoeur, 209
Admiração (Kierkegaard), 408-09, 411
Adorcismo (Oughourlian), 407-09
Agora
  humano (subjetivo) *versus* abstrato (objetivo) (Ricoeur), 242, 245-47
Agostinho, 65, 239, 243
  defendeu a perseguição aos hereges, 252
Além, o (Voegelin), 183-84, 285, 378-79
  definição, 147
  não é um objeto, 382-83
  também um "Interior divino", 159
Altizer, Thomas J. J., 218n
Amor
  como apetite existencial, 403
  como libertação do egoísmo (Girard), 396-97
  como resposta ao desafio existencial, 410
  de Deus (Girard), 406
  epistemologia do (Girard), 394
  Ricoeur sobre, 204-05
  transcendente, 302
Análise da Existência [*Dasein*] (Jaspers), 166-67
Analogia, 371, 413
  Lonergan e Ricoeur sobre, 222-23

Anamnesis. *Ver* Reminiscência
Anatman, doutrina budista, 408
Anaximandro, 179, 285
Apetite existencial, 403-04
  em Kierkegaard, 325
Apetites e necessidades
  distintos de desejo (Girard), 256-57, 402
Aporia, 246-47
Aposta
  como um tema em Ricoeur, 211-12, 214
Aristófanes, 235-36
Aristóteles, 83, 99, 104, 126, 221, 230, 233-34, 236-37, 277, 284, 290, 359
  comparado com Lonergan, 187
  comparado com Platão, 185-86
  Ver também Metafísica aristotélica
Arrependimento, 197, 403
  Kierkegaard sobre, 314, 342-43, 351, 368-69
Assassinato, como origem da sociedade
  em Freud, 262
  em Girard, 273
Atenção focal e subsidiária (Polanyi), 44, 77, 80-83, 150, 240-41, 384
  correlacionada com "interior" e "exterior", 99-100
  relação entre parte e todo, 122
Atenção subsidiária (Polanyi), 111, 405. *Ver também* Atenção focal e subsidiária

Atualidade
  e potencialidade (Aristóteles), 185
  subjetiva, 351, 370, 415. *Ver também*
  Atualização; Existência possível
  versus real
Atualização, 359, 361
  na história (Kierkegaard), 411-12
Auden, W. H., 253n, 364, 397

B

Bacon, Francis, 70
Bateson, Gregory, 265
Bem
  da ordem (Lonergan), 136
Bentham, 64
Benz, Ernst, 192-93
Bergson, Henri, 51
  mencionado, 46
Bíblia
  Girard sobre, 302-02. *Ver também*
  Adão; Cristo; Diabo; Jesus; Satã
Bode expiatório
  em Platão, 283-84. *Ver também*
  Mecanimo vitimário
Boehme, Jacob, 191
Brentano, Franz, 68
Broz, Josip. *Ver* Tito, marechal
Budismo, 371, 402, 408
Buscar e ser atraído (Voegelin), 171, 188.
  Ver também Tensão existencial

C

Caráter linguístico (Ricoeur), 203, 222,
  226. *Ver também* Linguagem, Palavra
  de Deus e palavra do homem
Cavaleiro da fé (Kierkegaard), 364
Círculo
  de Viena, 65
  hermenêutico, 215
Cognição
  tácita (Polanyi), 108-11. *Ver também*
  Teoria cognitiva; Perceptualismo
  teoria da c. passiva, 98
Coisa
  como concebida por Lonergan, 125

Complexo de Édipo (Freud)
  crítica de Girard, 260-64
Comte, Auguste, 67
Conhecimento
  de Deus (Kierkegaard), 340-41, 396
  "de fora" e "de dentro", 136, 139, 327,
    345
  distinto da experiência (Lonergan), 97
  tácito (Polanyi), 108-09, 131
Consciência
  como concebida por Girard, 255
  como função do desejo (Oughourlian),
    389, 391
  como um termo, 36-43
  compacta, 415
  contingência radical da (Kierkegaard),
    338
  definida por Lonergan, 110-14
  e sociedade, 376
  estruturada entre polos subjetivo e
    objetivo, 39, 83, 119, 126-27, 226, 246,
    308, 326, 329, 360, 384-85
  indiferenciada (Lonergan), 127. *Ver*
    também Diferenciação da Consciência;
    Diferenciação Noética; Diferenciação
    Pneumática
Convencimento (J. H. Newman), 102, 320
Conversão (Kierkegaard), 342, 344-45
Cordões de ouro e de ferro
  imagem em Platão, 147-48
  interpretada por Voegelin, 151, 153,
    158, 242-42, 302, 414
Corpo, 405-06
  como concebido por Lonergan, 125
  em Polanyi, 82-83, 85, 93
Corporificação (Ricoeur), 241. *Ver*
  também Encarnação
Crer
  Lonergan e Kierkegaard sobre, 164-65
  no sentido de juízo racional
    (Kierkegaard), 321-22
Cristianismo, 52-59
  "histórico" (Girard), 299, 305, 397,
    407

Cristo
    Girard sobre, 297-98, 304
    imitatio dos santos de, 405, 408
    Lonergan sobre, 110, 304-05
    verdadeira subjetividade em, 396.
    Ver também Cristologia; Jesus
Cristologia, 53, 110
Crowe, Frederick, S. J., 363n
Cuidado (Heidegger e Ricoeur), 240-41, 243
Culpa
    no pensamento de Kierkegaard, 314, 369

D

Dante Alighieri, 347-48
Dasein
    Heidegger, 240
    Jaspers, 166-67
Davis, Charles, 153
Deformação dos símbolos. *Ver* Símbolos, deformação dos
Demitologização, 283, 378
    em Freud, 292
    em Lonergan, Voegelin e Girard, 290-91
    Girard sobre, 288, 292, 301
Derrida, Jacques, 229, 284
Descartes, René, 68, 70, 74, 77, 102, 198, 199
    crítica de Polanyi a, 78-79
    mencionado, 74, 317
Desconhecido conhecido (Lonergan), 161
Desconhecido, o (Kierkegaard), 329
    como objetivo final da razão, 349-50
Desconstrução, 229, 282, 288, 402
Desejo
    e o eu (Oughourlian), 387, 392-93
    metafísico (Girard), 256-57, 266-67, 290, 294
    mimético ou triangular (Girard), 255.
    Ver também Apetites e necessidades
Desmistificação, 52, 282, 381
Dessimbolismo (Girard), 280
Determinismo, 128

Deus
    a concepção de Girard de, 53, 292-93, 296-97, 394
    como concebido "egoisticamente", 364-65
    como concebido por Kierkegaard, 323-26, 364-65
    como concebido por Lonergan, 162-63, 324-25
    como concebido por Schelling, 192-93
    como objeto de desejo metafísico, 290
    como uma "projeção" (Freud), 291
    encarnação de, 405
    objetificado, 303. *Ver também* Divindade
Dever (Lonergan), 137
Diabo
    como desejo mimético (Oughourlian), 304n
    em Ricoeur, 208. *Ver também* Satã
Diferença
    como origem da cultura (Girard), 270
    como um princípio cognitivo (Girard), 289-90
Diferenciação
    noética da consciência (Voegelin), 38, 168, 401, 413-14
    pneumática da consciência (Voegelin), 168, 401, 414-15
Diferenciação da consciência, 38-39, 376, 382, 414-15
    em Lonergan, 118.
Dimensão tácita (Polanyi), 49, 74, 108-09, 122, 384
Dimensões subjetiva e objetiva da consciência
    correlação com mistério e problema, 49-50
Divindade
    como um símbolo de poder (Girard), 266
Doran, Robert M., 156-57
Dostoiévski, Fiódor, 410
Doutrinação (Voegelin), 180. *Ver também* Símbolos, deformação dos

Drama
  como imagem para a existência humana (Voegelin), 143-44, 149, 151-52, 168-69, 279, 375
  em Voegelin e em Kierkegaard, 331n, 406-07. *Ver também* Ésquilo; Aristófanes; Eurípedes; Forma narrativa; Sófocles; Tragédia
Drucker, Peter, 61-65
Dualismo
  a libertação de Ricoeur do, 242-43
  cartesiano, 39
  nas imagens de Voegelin, 176-79, 186-87, 194, 242
  no mito da alma exilada (Ricoeur), 207-08
Dulles, Avery, S. J., 162n
Duplo vínculo (Girard), 265
Duplos (Girard), 269

E

Egoísmo, 346-47, 358, 362, 364, 367, 395-96, 407
  como enraizado na "ilusão acústica" (Kierkegaard), 354-55
Einstein, Albert, 71, 100, 101, 132
Elevação (Lonergan), 117
Eliade, Mircea, 258-59, 397-400
Emergência
  Lonergan, 130
  Polanyi, 88
Encarnação, 54, 326, 333, 350, 371
  do Filho de Deus, 304. *Ver também* Corpo; Paradoxo, encarnação como; Subjetividade encarnada
Enredamento (Ricoeur), 233, 247
Ente teórico (Lonergan), 128
Entremeio, 377, 381. *Ver também* Metaxy
Epistemologia (Lonergan), 102. *Ver também* Amor, epistemologia do
Eros, 328. *Ver também* Paixão; Tensão existencial
Escotose (Lonergan e Voegelin), 145, 198
Espiral de Fraser
  ilustração, 107
  implicações para teoria cognitiva, 106-11, 118
Espírito (Kierkegaard), 360-61
Ésquilo, 235-37
Essencialismo
  Girard sobre, 290
Estetismo, 408
  em Ricoeur, 231-35
Estruturalismo, 229, 290
Eternidade (Kierkegaard), 247-48, 338-39
Eu, 378-79, 407
  como concebido por Oughourlian, 388-91
  como um termo, 138
  concepção de Ricoeur de, 200
  reificado, 403-04, 408.
  Ver também Egoísmo
Eudaimonia (Aristóteles), 187
Eurípides, 235
Existência
  aberta *versus* fechada (Voegelin), 51, 180, 201, 335-36
  como concebida por Ricoeur, 223, 226-28
  como concebida por Voegelin, 160
  como termo, 138
  como um processo de operações intencionais, 387
  como uma síntese (Kierkegaard), 360, 378
  contingência subjetiva radical da (Kierkegaard), 338, 357-58
  estágios da (Kierkegaard), 362-69
  possível *versus* real (Kierkegaard), 344n77, 347
  subjetiva *versus* objetiva (Kierkegaard), 308, 327-29, 335, 344, 346-47
Existência e realidade
  distinção entre, 384, 404, 414-15
  Kierkegaard, 374
Existência humana
  drama como imagem para, 142-43
Existência subjetiva, 143, 146, 228-29, 307, 414

como a presença de Deus (Kierkegaard), 325
como desafio, 411-12
em Kierkegaard, 315-16, 336, 351, 355
"vir a existir" (Kierkegaard), 244, 359. *Ver também* Atualização; Existência possível *versus* real; Existência e realidade; *Existenz*; *Existenzerhellung*
Existencial
  definição do termo, 135
  no uso de Lonergan, 139
Existencialismo, 146
  Ricoeur sobre, 204-05. *Ver também Existenz*; *Existenzerhellung*
Existenz
  como existência subjetiva, 155
  termo em Jaspers, 152, 155
Existenzerhellung (Jaspers)
  como um termo, 152
  distinto da "análise da existência" e da metafísica, 166-67
  Girard e, 288
  semelhante à oração, 165
Exorcismo
  adorcismo distinto de, 407
  como interpretado por Oughourlian, 389
Experiência
  como concebida por Lonergan, 97-98, 110-14
Exterioridade
  como termo em Kierkegaard, 370-71

F

Fé
  a "autópsia" da (Kierkegaard), 340-41
  como concebida por Kierkegaard, 311, 362, 364
  como definida por Lonergan, 136
  como paixão (Kierkegaard), 336, 348-49
  hermenêutica da (Ricoeur), 252
  "no sentido eminente" e "no sentido comum" (Kierkegaard), 164, 321-22, 332, 334, 336, 340
  pós-crítica (Ricoeur), 202-03
  salto de (Kierkegaard), 332, 335-36
Fermi, Enrico, 132
Fichte, Johann Gottlieb, 216-17
  mencionado, 46, 308
Filosofia
  como enraizada na religião (Girard), 283
  como um termo, 36
  concepção de Lonergan de, 36, 146
  concepção de Ricoeur de, 198-99
  concepção de Voegelin de, 146
  cristã, 53-58
  linguística, 36
Forma narrativa
  como metáfora para existência humana, 249-50
  Ricoeur, 228-30
Freud, 51, 69, 197, 213, 255, 271, 291-93
  a posição de Voegelin e Ricoeur em relação a, 202
  mencionado, 47
  teoria da religião, 260-62
  teoria do inconsciente, 262-63. *Ver também* Complexo de Édipo

G

Gadamer, Hans-Georg, 46
Gill, Jerry H., 87n71
Girard, René, 37, 47-50, 195, 233, 236, 253, 304, 377-79
  comparado com Freud, 261-66
  comparado com Kierkegaard, 351-53, 353n
  comparado com Lonergan, 287-88
  comparado com Ricoeur, 279, 299-300
  comparado com Voegelin, 277, 279
  concepção de consciência, 255
  concepção de divindade, 266
  concepção de mito, 276, 280
  concepção de subjetividade genuína, 295, 302
  contrastado com Eliade, 398-99
  crítica da psicologia freudiana, 292-93
  crítica do objetivismo e do subjetivismo, 303-04

e dessimbolismo, 280
e duplos, 269
e essencialismo, 290
filosofia da história, 411
influência na França, 65
mencionado, 182-83, 310, 388.
sobre a Bíblia, 301, 413
sobre apetites e necessidades, 256, 402-03
sobre Deus, 293-94, 295
sobre hominização, 270-73
sobre mediação interna e externa, 260-61, 285, 409
sobre o "assassinato fundador", 273
sobre o budismo, 402n
sobre o cristianismo histórico, 299, 305, 397, 407
sobre o inconsciente, 262-63
sobre o pecado e mal humano, 299-301
sua epistemologia do amor, 394.
Ver também Ser; Demitologização; Desejo; Metafísica; Mimese; Modelo-obstáculo; Religião; Mecanismo vitimário
Gnosticismo
crítica de Voegelin do, 177, 182, 184, 187, 380
Goethe, Johann Wolfgang von, 69
Guilherme de Ockham. *Ver* Ockham, Guilherme de

H

Habitação (Polanyi), 240-41
como princípio cognitivo, 80-81, 84
Hayek, Frederick, 64
Hegel, Georg Wilhelm Friedrich, 57-58, 69, 98-99, 102-04, 194, 218n, 246
cognição como processo ativo, 217
em Ricoeur, 213, 218n
em Voegelin, 218n
mencionado, 46-47, 308
Heidegger, Martin, 240-41, 243, 284
mencionado, 46
Heisenberg, Werner, 101

Helvetius, 65
Hermenêutica
da fé (Ricoeur), 202, 252, 286-87
da recuperação, 52, 404
da suspeita, 46, 50-52, 202-03, 286-87
do autoconhecimento, 207
Ricoeur sobre, como exploração da subjetividade, 239-40
Hierarquia
do ser (Polanyi, Lonergan), 86-87, 131
do tempo (Ricoeur), 243, 247-48
Hipnose
a teoria de Oughourlian da, 389-93
Hipostasiação
a crítica de Voegelin da, 160, 172, 187
História
como concebida por Voegelin, 159-60, 190-91
em Schelling e Voegelin, 192-93
filosofia da (em Agostinho, Ricoeur e Voegelin), 249-50
filosofia da, em Girard, 413
filosofia da, em Kierkegaard, 411-13.
Ver também Forma narrativa
Hobbes, Thomas, 37
Hominização
Girard sobre, 270-73
Hume, David, 67
Humor
Kierkegaard sobre, 366, 369
Husserl, Edmund, 39, 41

I

Idealismo, 39, 316, 318
em Hegel, 194
Idolatria
crítica de Girard da, 301-03
crítica de Ricoeur da, 203, 213
Imediação
Kierkegaard, 357
Lonergan, 121
Inconsciente, o
teoria de Girard do, 262-63
Integração da consciência, 60, 376, 403, 414-15

Intencionalidade, 361
  análise da: assemelhada à análise da existência (Jaspers), 166
  termo, como usado por Voegelin, 153
Interdividual [*Interdividuel*]. *Ver* Psicologia interdividual
Interdividual, relação (Oughourlian), 390-93
Interior, o (Voegelin), 159
Interioridade, 290
  como um "âmbito de significados" em Lonergan, 119, 127, 131
  comparada com a "dimensão tácita" de Polanyi, 122
Introspecção (Kierkegaard), 164, 346, 370. *Ver também* Subjetividade
Inveja, 410-11
Ironia
  Kierkegaard acerca da, 366, 369
Isomorfismo entre o conhecer e o conhecido (Lonergan), 321
Isso, o (Voegelin), 192

J

James, William, 39-42, 386-87
Janet, Pierre, 390-93
Jaspers, Karl, 146, 152, 155, 163, 165-67, 169, 174, 251, 378
  comparado com Marcel, 161-62
  mencionado, 46, 288
Jesus
  problema do conhecimento histórico sobre (Kierkegaard), 310, 319. *Ver também* Cristo
Julgamento racional
  Lonergan, 102-03
  Ricoeur, 222
Jung, Carl, 157

K

Kant, Immanuel, 74, 102, 157, 230, 286, 316-17
  crítica de Polanyi a, 74
  influência sobre Ricoeur, 211-15, 218-20
  influência sobre Voegelin, 189, 250-51
  mencionado, 41, 46, 47, 77, 308

Kantismo, 364
  crítica de Lonergan ao, 214-17
  pós-hegeliano, em Ricoeur, 217-18
Katharsis, 284
  Ricoeur sobre, 234-35
Kaufmann, Walter, 99, 316
Kierkegaard, Søren, 46, 174, 338-39, 371, 377, 378, 382, 406-07
  autoria sob pseudônimos, 307-09
  comparado com Lonergan, 31, 320-22
  comparado com Ricoeur, 348, 355
  cristandade, 397
  diferenças entre sujeito e pessoa, existência e realidade, 373-74
  espírito em, 360-61
  estágios da existência, 362-66
  estrutura da história, 411-13
  existência subjetiva e objetiva, 327-30, 335, 346-47, 351, 368-69
  imediação, 357
  influência de, 155
  ironia e humor, 366-67
  mencionado, 253, 288, 305
  mistério e problema em, 317n
  não é um irracionalista, 49, 312, 314, 322, 335-36
  objetividade e subjetividade, 314-17, 320
  pathos existencial, 326
  pecado e culpa, 368-69
  pecado e erro, 344-48, 356, 358-59
  problema do conhecimento histórico, 310, 320
  recordação em, 319, 342
  sobre a conversão, 341-42, 344
  sobre a crença, 164, 320
  sobre admiração, 408-11
  sobre a fé, 311, 332, 335-36, 341-42, 361-62, 364
  sobre a ilusão acústica, 354-55
  sobre introspecção, 164, 346, 370
  Sócrates em, 318, 377
  subjetividade encarnada, 333-40, 344, 349, 354-55, 358-60, 370
  tipos de religiosidade, 364-66, 408-09. *Ver também* Momento; Paradoxo;

Paixão; Razão; Arrependimento;
Princípio socrático; Verdade
Koehler, Wolfgang, 69

L

Leibniz, Gottfried Wilhelm von, 73
Liberdade
    como parte essencial da personalidade (Ricoeur), 210
    nos mitos trágico e Adâmico (Ricoeur), 208-10
Lindenfeld, David F., 67-68
Linguagem
    discurso metafórico *versus* discurso especulativo (Ricoeur), 224-29
    do paradoxo (Kierkegaard), 330-31
    e caráter linguístico (Ricoeur), 202, 222, 226
    filosófica e mítica, 169, 175, 181-82
    função referencial da (Ricoeur), 229-30
    mítica e religiosa, valor da, 397-98, 403, 413
    mito como, 141
    o poder sedutor da, 289, 386
    tende a objetificar, 382
    teológica, 53
Locke, John, 37-38, 67, 70, 102
Lonergan, Bernard J. F., S. J., 36, 38, 46, 57-58, 66, 158, 361, 379, 382, 398-99
    argumento para a existência de Deus, 162-63, 324
    como teólogo cristão, 56
    comparado com Aquino, 187
    comparado com Girard, 289-90
    comparado com Hegel, 57
    comparado com Jaspers, 166-67
    comparado com Polanyi, 48-49
    comparado com Ricoeur, 219-27
    comparado com Voegelin, 143-78, 187, 190, 290n
    comparado com William James, 39-40
    concepção de experiência, 95-97, 110-13
    concepção de pessoa, 200-01, 210
    concepção de subjetividade e objetividade, 317
    crítica ao platonismo, 177
    crítica do kantismo, 214-16
    criticado por Avery Dulles, S. J., 162n
    criticado por Charles Davis, 153
    definição de consciência, 110-14, 117-20, 123, 129
    definição de fé, 136
    demitologização em, 290
    diferença entre mistério e problema, 164-65
    distinção entre conhecimento mediado e imediato, 124
    distinção entre "corpo" e "coisa", 125
    Doran sobre, 156-57
    e J. H. Newman, 102
    e Kierkegaard, 317, 319-25, 335-36, 361n
    e Polanyi, 94, 99-102
    elevação, 117
    imediação em, 121
    interesse em economia, 66
    rejeição da psicologia da faculdade, 222
    sobre "adoração", 164
    sobre a diferença entre teoria cognitiva, epistemologia e metafísica, 104
    sobre a filosofia, 35-36, 146
    sobre a teoria da relatividade, 71
    sobre analogia, 223-24
    sobre Cristo, 110, 304-05
    sobre dever, 137
    sobre Jaspers, 146, 148, 290n
    sobre metafísica, 290-91, 379
    sobre o mistério, 160-63
    sobre o mito, 169-70, 291, 379
    sobre o pecado, 313n
    sobre o positivismo, 36
    sobre o ser proporcionado, 126, 130
    sobre o sujeito e o objeto, 40, 177
    sobre teoria, 119, 127, 131-32
    tradição aristotélico-tomista, 177.
    Ver também Operações intencionais; Interioridade; Conhecimento; Objeto; Escotose; Sujeito; Noção transcendental
Lovejoy, Arthur O., 58
Luminosidade (Voegelin), 153, 161, 178

M

Má fé
  Ricoeur sobre, 210
Mach, Ernst, 67, 68, 71-72
Mal
  mitos da origem e do fim do (Ricoeur), 207-09
Mal humano, 50, 51, 207-09
  Kierkegaard sobre, 355
  mecanismo mimético como a fonte do (Girard), 301
Marcel, Gabriel, 49, 161, 164, 251
  diferença entre mistério e problema, 50
  mencionado, 288
Mécanisme victimaire. Ver Mecanismo vitimário
Mecanismo vitimário (Girard), 52, 269, 276, 282, 297. *Ver também* Sacrifício, Girard sobre
Mediação (Girard), 260-61, 285, 309
Merleau-Ponty, Maurice, 46
Metafísica, 379, 381, 385-86
  aristotélica, 126
  como concebida por Jaspers, 165-66
  criticada por Voegelin, 181, 186
  de Lonergan, 99, 290-91
  escolástica, 133, 153
  Girard sobre, 283, 287, 379. *Ver também* Desejo metafísico
Metáfora, 50, 382-83
  Ricoeur sobre, 207, 223-30
Metaxy (Platão)
  e visão trágica da vida, 204-05
  em Ricoeur, 198, 200-01
  em Voegelin, 42-43, 172-73, 183, 242, 326, 359-60, 377-79, 382, 414
Michelson-Morley, experimento, 71
Mill, John Stuart, 68
Mimese
  em Freud, 263
  em Girard, 264, 288, 295-96
  em Oughourlian, 393
  em Ricoeur, 230, 232. *Ver também* Desejo mimético
Mises, Ludwig von, 64

Mistério, 372, 404
  em Voegelin, 160
  problema de encontrar uma forma de falar sobre, 372
  Ricoeur sobre, 223
Mistério e problema, 50, 60, 248, 302, 324, 325
  diferença entre (Marcel), 49-50
  em Kierkegaard, 317n
  Lonergan sobre, 164
Mito, 50-51, 134, 141, 147, 174, 377-83, 396, 413
  a visão de Lonergan do, 169
  como linguagem para subjetividade, 303
  como linguagem simbólica (Ricoeur), 209
  como uma expressão de pré-compreensão (Ricoeur), 198
  concepção de Girard de, 276, 281
  e a metafísica de Lonergan, 291
  em Schelling, 192-94
  filosófico, 57-58, 169-70, 183, 285
Modelo-obstáculo (Girard), 265-67, 300-01, 352
Momento, o (Kierkegaard), 335-39, 350, 354, 356-57, 371, 396
Mussolini, Benito, 62

N

Narcisismo
  teoria de Freud, 291-93
Newman, John Henry, 102, 320
Newton, Isaac, 72, 101, 105
Nietzsche, Friedrich, 155, 284
Noção transcendental (Lonergan), 115-16, 173, 177, 303, 401

O

Objetividade
  concepção de Kierkegaard de, 314, 316-17
  concepção de Lonergan de, 316
Objetivismo e subjetivismo, 303-04

Objeto (Lonergan)
    como "já, fora, aí, real ...", 122, 125, 290
    teórico, 127
Ockham, Guilherme de, 58-59, 102
Ofensa
    Girard, 351
    Kierkegaard, 350-58
Olding, A., 88-92, 122, 124, 127
Operações intencionais, 43-44
    como energia, 402
    Lonergan, 104-06
    não implicam um "operador", 386
    Ricoeur, 222
Ordem (Voegelin), 179-80
    Schelling como fonte da concepção de Voegelin de, 193
Otto, Rudolf, 258
Oughourlian, Jean-Michel, 37, 48, 60, 271n, 378, 387-93, 404, 407
    sobre adorcismo, 407-09
    sobre desejo, 304n, 387, 392-93. *Ver também* Psicologia interdividual

P

Pagels, Heinz, 100, 132
Paixão
    Kierkegaard, 326-29, 336, 339, 354, 367
    Polanyi, 64-65
Palavra de Deus e palavra do homem (Ricoeur), 248, 251-52
Paradoxo (Agostinho e Ricoeur), 245, 247
Paradoxo (Kierkegaard), 312, 354-55, 362, 395
    como função de linguagem para subjetividade, 331, 372-73
    como "religiosidade B", 367-68
    como "traço característico do cristianismo", 372
    distinção entre essencial e acidental, 323
    encarnação como, 333, 335-37, 349-50, 354, 356, 367, 371
Parcimônia. *Ver* Princípio de Parcimônia

Parmênides, 317
Participação no ser (Voegelin), 143, 170-72
Pascal, Blaise, 198
Pecado
    Kierkegaard, 312-14, 343-48, 356, 358-59, 369
    Lonergan, 313n. *Ver também* Ofensa; Pecado original
Pecado Original
    Girard sobre, 299-300
    Kierkegaard sobre, 312-13
    Ricoeur sobre, 204-05, 252
Pensamento mítico
    em Freud, 291
    em Lonergan, 291
Perceptividade, 100, 102, 216, 220-21
Perdão dos pecados (Kierkegaard), 368
Pergunta "quem", 134, 239, 253, 302, 309, 393. *Ver também* Sujeito; Subjetividade
Periagoge. Ver Platão
Péricles, 235
Pessoa, 93, 385, 404-05
    e sujeito, 373
    Ricoeur sobre, 210-11
Piscitelli, Emil J., 155, 215
Platão, 104, 148, 174, 177, 198, 201, 233, 263, 283-85, 334, 359, 377
    comparado com Aristóteles, 185-86
    mencionado, 317, 359-60
    periagoge, 170-71
Platão, obras de
    Banquete, 172, 183
    Fedro, 57, 178, 183, 199, 328
    Filebo, 172
    Leis, 147-48
    Mênon, 96, 318, 336
Poder
    interpretado como plenitude do ser (Girard), 266, 309. *Ver também* Desejo metafísico; Sagrado
Pol, Otto. *Ver* Polanyi, Otto
Polanyi, Adolph, 62
Polanyi, John, 55, 62n, 67n

Polanyi, Karl, 61, 63-64
Polanyi, Laura, 62
Polanyi, Michael, 45, 46, 64, 127, 150, 384
   a descrição de Drucker de, 64
   comparado com Aristóteles, 83
   crítica de Kant, 74
   criticado por A. Olding, 122-24
   distinção entre processo e ato, 87-88
   e cristianismo, 54-55
   e Descartes, 74
   e Lonergan, 48-49, 94, 95-102, 118-19, 122-23, 131
   e o caráter funcional da atenção subsidiária, 111, 405
   sobre "alteridade", 83
   sobre a teoria da relatividade, 101-02
   sobre conhecimento tácito, 108-09
   sobre emergência, 88
   sobre o "corpo", 81-82, 84, 93
   sobre positivismo, 48, 67-74
   sobre série hierárquica, 85-86. *Ver também* Atenção focal e subsidiária; Habitação; Interioridade; Teleologia
Polanyi, Otto, 61-62
Polaridade tensional, 240
Popper, Karl, 78
Positivismo, 36
   origens históricas do, 67-68
   Polanyi sobre, 48, 67-71
Possessão
   como interpretada por Oughourlian, 389-90, 407
Pré-compreensão ou pré-entendimento (Ricoeur), 198-99, 208
Princípio de parcimônia, 387
Princípio socrático, o (Kierkegaard), 337, 342, 356
Problema. *Ver* Mistério e problema
Processo e ato
   a distinção de Polanyi entre, 87-88
Psicologia da faculdade
   rejeitada por Lonergan e Ricoeur, 222
Psicologia interdividual, 37, 258, 292-93, 303, 402
Público, o (Kierkegaard), 411

Q
Questão, a (Voegelin), 173

R
Rasmussen, David, 155-56
Razão
   concepção de Kierkegaard de, 338, 350
   concepção de Voegelin de, 159
Realidade
   aquilo que é conhecível pelas operações intencionais, 185-86, 388
   como concebida por Lonergan, 160-61
   distinta da existência, 162-63, 227, 247, 405, 415
   e existência (Kierkegaard), 374
Realismo crítico
   em Kierkegaard, 317, 322
   em Ricoeur, 290, 397-98
Realismo ingênuo, 303, 399
   crítica de Girard do, 287
   crítica de Ricoeur do, 221.
   Ver também Realismo crítico
Referência
   como tema em Ricoeur, 230
Reificação, 403-04, 409
   Girard sobre, 289
   oposição de Ricoeur à, 200.
   Ver também Hipostasiação
Religião
   e adorcismo (Oughourlian), 407
   Girard sobre, 259, 260-62, 267
Religiosidade, tipos de (Kierkegaard), 364-69, 408-09
Reminiscência
   em Kierkegaard, 319, 343
   em Ricoeur, 201
Revelação
   amor como (Girard), 395
   distinta da razão (Voegelin), 159
   distinta de "informação" (Voegelin), 145-46
Ricardo, David, 64
Ricoeur, Paul, 45, 47, 155, 195, 277, 285-86, 377, 383
   Adão em, 209-10

comparado com Girard, 278-79, 286, 299-301
comparado com Kierkegaard, 348, 355
comparado com Lonergan, 219-26
comparado com Voegelin, 50-51, 198-203, 249-50
crítica da idolatria, 202, 213
e cristianismo, 55, 204
e Freud, 202
e o problema do mal humano, 302
esteticismo em, 231-34
existencialismo em, 205
inclinação para hermenêutica da fé, 212, 252
influenciado por Jaspers e Marcel, 155
interesses políticos, 66
kantismo em, 214-18, 220, 228
linguagem e caráter linguístico, 202, 221-26
mencionado, 125, 211, 226, 229-30, 239, 270, 285-89, 303, 310, 312, 359-60, 374
Palavra de Deus e palavra do homem, 248, 252
realismo crítico em, 219-20
rejeição da psicologia da faculdade, 222
sobre amor, 204-05
sobre aposta, 211-12
sobre catarse, 234-35
sobre cuidado, 240-42, 243
sobre existência, 221, 223
sobre forma narrativa, 228-32
sobre hermenêutica, 202-03, 206-07, 239-40, 252, 286-87
sobre metáfora e discurso metafórico, 207, 223-29
sobre mimese, 230, 233
sobre mistério, 223
sobre mito, 199, 210
sobre pessoa ou sujeito, 199, 210, 213, 222-23, 227-28
sobre simbolismo, 204, 207, 249
sobre subjetividade encarnada, 239-45
sobre sujeito e objeto, 240
sobre teleologia, 231
sobre tempo, 240-45, 248-49
sobre tragédia, 204-05, 208, 233
sobre transcendência, 250-51.
Ver também Dualismo; Corporificação; Enredamento; *Metaxy*; Pré-compreensão; Tensão
Rivalidade (Girard), 267-68, 409
Romantismo
  em Ricoeur, 279-84
  em Voegelin, 194, 284
  Girard sobre, 233, 258-59, 291, 293, 295

S

Sacrifício, 53, 409
  Girard sobre, 270, 272-75, 298-99, 410
Sagan, Eli, 271-72
Sagrado, o
  dualidade do, 252, 270, 275
  Eliade sobre, 258-59, 397-401
  Girard sobre, 256, 265-68, 275, 292
Salto
  de fé (Kierkegaard), 334-35
  no ser (Voegelin), 168
Sartre, Jean-Paul, 46, 400
Satanás, 304, 352. *Ver também* Diabo
Schelling, Friedrich Wilhelm Joseph von, 286
  influência sobre Voegelin, 188, 190-94
  mencionado, 46-47, 308
Schlick, Moritz, 67
Schopenhauer, Arthur, 188-89
Scot, John Duns, 98, 102, 217
Senso comum
  como um "âmbito de significados" em Lonergan, 122-23, 126-27, 131
  em Voegelin, 67
Ser
  interpretado como poder (Girard), 266, 309, 379, 398
  proporcionado (Lonergan), 126, 130
Simbolismo
  ambiguidade inerente do, 182, 192
  "dá origem ao pensamento" (Ricoeur), 223-24
Simbolismo primário (Ricoeur), 207.

Ver também Voegelin, sobre símbolos primários e secundários
Símbolos
    concepção reveladora dos, em Ricoeur e Voegelin, 250
    da ordem e desordem existencial (Voegelin), 179-80
    deformação dos (Voegelin), 160
    no pensamento de Ricoeur, 201, 202, 223, 250-51
    primários e secundários (Voegelin), 180-82, 193-94
    Ricoeur sobre "dedução transcendental" dos, 212-13.
    Ver também Dessimbolismo
Skandalon (Girard), 300-01, 305, 351-52.
    Ver também Ofensa
Sociedade
    e consciência, 376
Sócrates, 57, 334, 336
    em Kierkegaard, 318, 377
Sófocles, 277-78
Subjetividade
    a concepção de Kierkegaard de, 314-16
    a concepção de Lonergan de, 316
    do Jesus histórico (Lonergan), 110, 304
    e eternidade, 247
    existencial, 188, 296
    mistério da, 302.
    Ver também Interioridade; Agora
Subjetividade encarnada, 93, 239-45, 297, 325-26, 33-39, 344, 351, 354-55, 359, 367, 370. *Ver também* Encarnação
Subjetivismo. *Ver* Objetivismo e subjetivismo; Pergunta "quem"
Substituição (Girard), 274
Sujeito
    como concebido por Kierkegaard, 346-47, 355
    como concebido por Oughourlian, 389
    como um termo, 138
    definido por Lonergan, 113-14, 133-34, 222
    distinto de pessoa, 373
    entitativo, 53, 150-51, 385

existencial (Lonergan), 49, 187-88
reificado, 385, 389, 409
Ricoeur sobre, 213, 222, 228
truncado (Lonergan), 129
Sujeito e objeto
    como termos, 43
    diferença absoluta entre (Kierkegaard), 322, 339, 350, 374
    Ricoeur sobre a relação entre, 240.
    Ver também Existência e realidade
Sujeito humano
    como objeto de desejo metafísico, 290
    hipostaziação do, 290-91, 296
    Oughourlian e Girard sobre, 295
Sujeito-objetivo, 296, 304, 346, 356, 364.
    Ver também Egoísmo

T

Teleologia
    Lonergan, 137
    Polanyi, 91
    Ricoeur, 231-32
Tempo
    Agostinho e Ricoeur sobre, 243-45, 247-49
    psicológico (Oughourlian), 392
Tensão existencial (Voegelin), 38, 147, 149-50, 171-73, 175, 183, 188, 193, 198, 201, 285, 302, 327, 330, 378, 398, 401-02, 414
    comparada com a "noção transcendental" de Lonergan, 173
    em Kierkegaard, 320, 354
    na fenomenologia do sagrado, 397
    paralelo em Ricoeur, 198, 246.
    Ver também Cuidado (Heidegger)
Teoria
    como "âmbito de significados" em Lonergan, 119-20, 138
    cognitiva (Lonergan), 104
    quântica, 132
Tito, marechal, 62
Tomás de Aquino, 58, 221
    sobre a graça, 186
    comparado com Lonergan, 187

Tragédia
 a teoria de Voegelin da, 235-36
 Girard sobre, 276-81
 Ricoeur sobre, 233
Transcendência
 como um "âmbito do significado" em Lonergan, 135-36
 Ricoeur, 250
 Voegelin sobre, 146-47

V

Van der Leeuw, Gerardus, 258
Verdade
 "da existência" (Voegelin), 184
 existencial, 249-50
 historicidade da (Voegelin), 176
 na metáfora e na narrativa (Ricoeur), 229
 objetiva e subjetiva, 334
 subjetiva (Kierkegaard), 344, 346, 348
 subjetiva, como um modo de existência, 175
Visão polarizada
 Girard sobre, 276, 285
Visão trágica
 a afinidade de Ricoeur pela, 218n
 Ricoeur sobre, 204-05, 208
Vitalismo, 129
 Polanyi criticado pelo, por A. Olding, 88-89
Voegelin, Eric, 38-39, 45-46, 49-50, 60, 134, 242, 285, 359, 376, 381-82, 402, 413-14
 a historicidade da verdade, 174
 a Questão, 173
 acontecimento teofânico, 178, 188
 comparado com Girard, 277, 279, 380-83
 comparado com Kierkegaard, 377
 comparado com Lonergan, 141-77, 187, 190
 comparado com Marcel e Jaspers, 163
 comparado com Ricoeur, 50-51, 198-201, 250-51
 conceito do "Isso", 192
 concepção de existência, 161
 concepção de filosofia como *zetema* existencial, 145, 157
 concepção de *psyche*, 378-79
 concepção de razão, 159
 concepção de revelação, 145-46, 160
 contra hipostasiação, 160, 172, 189
 crítica a Hegel, 57-58, 218n
 demitologização em, 290
 e cristianismo, 53-54, 204
 e Freud, 202
 e William James, 39, 42-43
 filosofia da história, 158, 191-94, 249-50
 influência de Schelling, 188, 190-94
 interpretação sobre os cordões de ouro e de ferro de Platão, 151, 153-54, 158, 242, 302, 414
 luminosidade, 153, 159, 178
 mencionado, 288, 290, 308, 322, 374-75
 o Interior divino, 159
 problemas com a ênfase na linguagem mítica, 170-95
 reputação injustificável de "conservador", 65
 romantismo em, 194, 285
 salto no ser, 168-69
 senso comum em, 190
 sobre a diferenciação noética e pneumática da consciência, 38, 168, 401, 413-14
 sobre crença na relatividade, 72
 sobre doutrinação, 180
 sobre existência aberta e fechada, 51, 180, 201
 sobre gnosticismo, 177, 182, 184, 218, 380
 sobre intencionalidade, 153
 sobre metafísica, 181, 186
 sobre mistério, 160
 sobre mito filosófico, 57-58, 158, 183, 285
 sobre participação no ser, 143, 149, 170-72
 sobre símbolos primários e secundários, 180-82, 193-94, 201-02

sobre tensão existencial, 38, 147, 149-50, 171-72, 174-75, 183, 188, 240, 285, 302, 327-28, 403, 414
sobre teoria da relatividade, 72-73
sobre verdade existencial, 184, 248-49
teoria da simbolização espontânea, 186, 187-94
teoria da tragédia, 235-38
tom trágico em, 178-79, 186, 189
trama e história em, 142-43, 149-51, 168-69, 179-80, 280-81, 332n, 275, 406.
Ver também Além; Dualismo; *Metaxy*; Escotose; Símbolos

W
Wittgenstein, Ludwig, 289

Z
Zetema (Voegelin), 145, 170

Dados Internacionais de Catalogação na Publicação (CIP)
(Câmara Brasileira do Livro, SP, Brasil)

Webb, Eugene
 Filósofos da consciência : Polanyi, Lonergan, Voegelin, Ricoeur, Girard, Kierkegaard / Eugene Webb ; tradução Hugo Langone. – São Paulo : É Realizações, 2013. – (Coleção filosofia atual)

Título original: Philosophers of consciousness: Polanyi, Lonergan, Voegelin, Ricoeur, Girard, Kierkegaard
ISBN 978-85-8033-055-7

1. Consciência 2. Filosofia moderna - Século 19   3. Filosofia moderna - Século 20   I. Título. II. Série.

12-06962   CDD-126.0904

Índices para catálogo sistemático:
1. Filósofos da consciência   126.0904

Este livro foi impresso pela Geográfica Editora para É Realizações, em agosto de 2013. Os tipos usados são Minion Condensed e Adobe Garamond Regular. O papel do miolo é Off White Norbrite 66g, e o da capa, Curious Metallic Botanic 300g.